人間の本性《ほんせい》

キリスト教的人間解釈

ラインホールド・ニーバー

髙橋義文・柳田洋夫〔訳〕

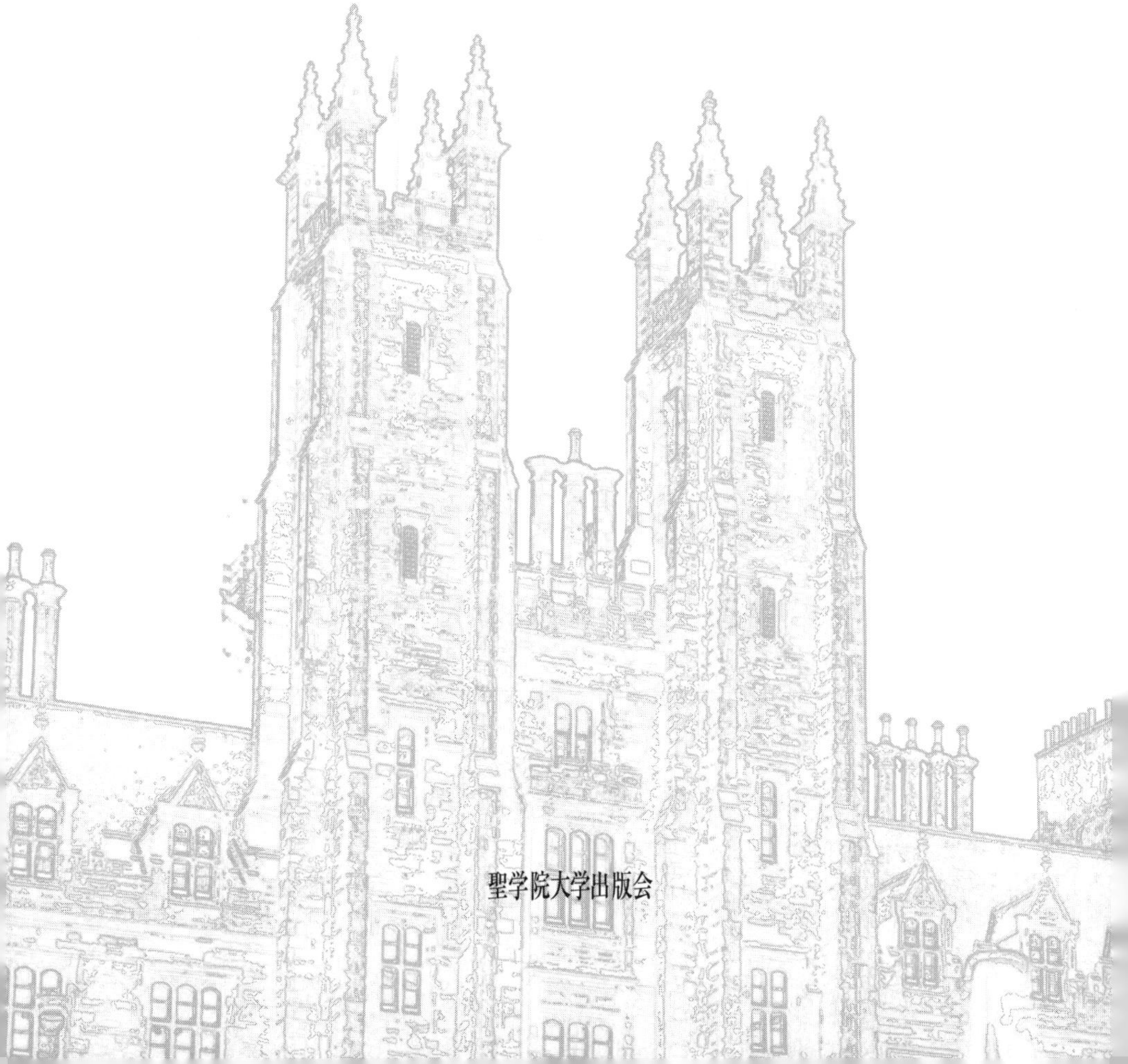

聖学院大学出版会

Reinhold Niebuhr

The Nature and Destiny of Man:

A Christian Interpretation

Vol. I: ***Human Nature***

目次

凡例　10

序文　15

付　一九六四年版への序文（抄訳）　18

第一章　《人間自身にとっての問題》としての人間　22

Ⅰ　序　22

Ⅱ　古典的人間観　26

Ⅲ　キリスト教的人間観　34

Ⅳ　近代的人間観　41

第二章　人間の本性における生命力と形式の問題　50

Ⅰ　序　50
Ⅱ　人間本性をめぐる合理主義的見解　54
Ⅲ　合理主義に対するロマン主義の異議　58
Ⅳ　ロマン主義の誤り　65
Ⅴ　マルクス主義におけるロマン主義の要素　70
Ⅵ　対立する諸理論の社会的基礎　75

第三章　近代文化における個人性　81

Ⅰ　序　81
Ⅱ　個人性についてのキリスト教的感覚　84

Ⅲ　ルネサンスにおける個人性の理念　88
Ⅳ　ブルジョワ文明と個人性　93
Ⅴ　自然主義における個人性の破壊　96
Ⅵ　観念論における自己の喪失　103
Ⅶ　ロマン主義における自己の喪失　109

第四章　近代人の安易な良心　121
Ⅰ　序　121
Ⅱ　特定の歴史的原因に悪の根源を求めようとする努力　125
Ⅲ　徳の源泉としての自然　134
Ⅳ　観念論の楽観主義　142

第五章　キリスト教的人間観の妥当性　155

Ⅰ　序　155
Ⅱ　個人的啓示と一般啓示　158
Ⅲ　啓示としての創造　164
Ⅳ　歴史的啓示と特殊啓示　170

第六章　神の像としての人間と被造物としての人間　185

Ⅰ　序　185
Ⅱ　人間観をめぐる諸教理の聖書的基礎　186
Ⅲ　被造物としての人間についての教理　201

第七章　罪人としての人間　212

Ⅰ　序　212
Ⅱ　誘惑と罪　214

Ⅲ 傲慢の罪 221
Ⅳ 不誠実と傲慢との関係 237

第八章 罪人としての人間（承前） 241
Ⅰ 序 241
Ⅱ 罪の平等と罪責の不平等 253
Ⅲ 肉欲としての罪 262

第九章 原罪と人間の責任 274
Ⅰ 序 274
Ⅱ ペラギウス的な見解 278
Ⅲ アウグスティヌス的な見解 282
Ⅳ 誘惑と罪の不可避性 284

Ⅴ　不可避であるにもかかわらず存在する責任　288
Ⅵ　字義的解釈の誤り　294

第一〇章　原初的義（justitia originalis）　298
Ⅰ　序　298
Ⅱ　本質的性質と原初的義　303
Ⅲ　原初的義の位置　309
Ⅳ　律法としての原初的義の内容　313
Ⅴ　原初的義の超越的性格　329

注記　335

訳者あとがき　371

索引

聖書 (2)
人名 (4)
事項 (7)

凡例

1. 原書では、各章の序論部分には表題も番号もないが、そのあとは、Ⅱから始まり、表題も付けられている。そこで、本訳書では、各章の序論部分に、「Ⅰ　序」と番号と題を付けた。

2. 聖書および旧約聖書外典は、断わりのない限り、『新共同訳――旧約聖書続編つき』（日本聖書協会、一九八七年、一九八八年）を使用した。

3. 人名の日本語表記は、原則として、『岩波　西洋人名辞典』増補版（岩波書店、二〇〇〇年）および『キリスト教人名辞典』（日本基督教団出版局、一九八六年）に拠った。ただし、両辞典で表記が異なる場合、また両辞典にない場合は、訳者の判断による。

4. ラテン語、ギリシャ語、ドイツ語等で表記されている語句は、原則として、翻訳した上で、それらの原語を括弧に入れて付した。ただし、文脈によっては、翻訳せずにカタカナで表記し、括弧内に原語と意味を記した。また、比較的知られていると思われる語（「アガペー」等）については、カタカナ表記のみを用いたところもある。

5. 引用および参照文献に邦訳がある場合、引用文の翻訳は、原則として既存の訳を使用し、原文献名の後に、［　］に訳書情報を入れた。既存の訳を修正して使用した場合ないし使用しなかった場合は、「参照」と付記した。

6. 引用された文章と邦訳書の文章とが合致しない場合は、ニーバーが引用した文章に沿って訳し、訳書情報に「参照」と付記した。

7. 注におけるニーバーの出典明示には、しばしば不正確な部分が見られる。また文献情報も、書名が短縮され、出版所や出版年が明記されていないものも多い。訳者の判断で、一部修正・補足を施したが、徹底はできなかった。

8. 注における重複記載や一貫性に欠けた表記は、一部、訳者の判断で適宜整理・修正した。

9. 注における文献情報に著者名が付されていない場合、本文ないし注の文章の内容から特定できる場合も、わかりやすくするため、すべてに著者名を付した。

10. 本文および注において「第二巻」とだけ表記されているものは、以下を指す。Reinhold Niebuhr, *The Nature and Destiny of Man: A Christian Interpretation*, Vol. II: *Human Destiny* (1943).［ラインホールド・ニーバー『人間の本性と運命』第二巻『人間の運命』(髙橋義文、柳田洋夫訳、聖学院大学出版会、二〇一七年)。］

11. 本文、注を問わず、［　］内は、すべて訳者による説明や付加である。ただし、ニーバーが引用している文章中の［　］は、ニーバー自身によるものである。また、《　》は、訳文をわかりやすくするため、訳者が付けたものである。

人間の本性《ほんせい》

執筆を助けてくれた妻

アースラ

と

しばしば執筆を妨げた子どもたち

クリストファーとエリザベスに

序　文

キリスト教信仰の視点からなされた人間本性をめぐる本研究は、『人間の本性と運命――キリスト教的解釈』と題されてエディンバラ大学でなされた二部からなるギフォード講演[※1]の第一部に相当する。この研究は、キリスト教信仰には、近代文化において失われてきた人間本性を理解するための資源があるという確信に基づくものである。人間本性に関するさまざまな科学的研究が、どのような主張をしようとも、一定の哲学的前提に根ざしていることは明らかである。そうした哲学は、おおまかに言えば、観念論哲学と自然主義哲学のいずれかである。観念論哲学の場合、人間を、その理性的能力の観点からのみ理解しがちであり、それゆえに人間を誤解しがちである。観念論者たちは、人間の「精神」の次元を十全に理解することもなければ、人間の精神と人間の身体的有機体との密接な関係をその寄る辺なさと弱さとにおいて理解することもない。他方、自然主義者は、人間の生を、「自然」の次元と可能な限り同一視しようとする。自然の次元には人間の生が組み込まれているが、それにもかかわらず人間はその次元を超越している。人間を主として半ば合理的な生命力の視点から解釈するロマン主義的自然主義者が、人間本性をめぐる研究に多くの価値ある洞察を加えてきたことに疑いの余地はない。しかし、かれらは、人間の行動の諸局面を純粋に生物学的観点から説明しようとすることによって、自分たちの洞察を混乱させてきた。人間の行動は、あらゆる人間の行動が示すように「自然」と「精神」との奇妙な組み合わせの局面として初めて理解されうるのである。

このギフォード講演の第二部は、『人間の運命』と題され、人間の生と歴史の成就をめぐるキリスト教教理とその救済論に代わる現代の諸説との関係に取り組んでいるが、第一部との同時出版には間に合わせることができなかった。第二部は、向こう一年以内には出版できるであろう。[※2] 第二部は、本書において提示する第一部と一体をなしていることを強調しておきたい。したがって、本書におけるキリスト教的人間論の展開の不完全な部分については、第二部が出版される前に早まって評価されることがないようにお願いしたい。

この講演の第一部は、ヨーロッパに不気味な戦争の暗雲が立ち込めていた一九三九年四月および五月になされ、その暗い予兆は、第二部がなされた一九三九年十月にはすでに現実のものとなっていた。[※3] ギフォード卿によって創設されたこの歴史的な講演の担当依頼を受けるという名誉に深く感謝している。しかし、わたしが、他のあらゆる事柄に優って特権と感じたのは、戦争初期の数か月の間、エディンバラという偉大な教会と大学の中心地での生活をその地の人々と共有したことである。その経験は、スコットランドとイギリスの人々が示す驚くべき精神的な健全さと活力について、かねてから抱いていた印象をさらに強めることになった。ヨーロッパにおける悲劇的な葛藤がどのような結果をもたらすとも、わたしは、次のような確信を表明しないではいられない。すなわち、西欧キリスト教国のすべてが堅固で健全な状態にないとしても、この偉大な国に残されている健全さは、その帝国的文明の中心にあって、誰であれ、友好的で公平な観察者の称賛と尊敬を呼び起こすに違いない、という確信である。わたし自身の信仰、あるいはわたし自身の偏見によって強く促される確信は、イギリスにおけるこの高度の社会的、道徳的、宗教的健全さが、次のような事実と無関係ではないということである。すなわち、西欧世界のどの地域よりも、キリスト教信仰の資源が失われずに残っており、その資源が、文化と文明の全構造と密接に関わっているという事実である。

わたしの講義を好意的に傾聴してくださった大学の多くの親しい友人たちへの感謝の念に加えて、エディンバラ大学神学部のジョン・ベイリー教授と哲学科のノーマン・ケンプ・スミス教授には、多くの有益な批判と示唆を寄せてくださったことに対し、特にお礼を申し上げる。また、かつての学生フレッド・デンボー牧師には索引作成でお世話になった。

一九四一年一月

ニューヨーク市　ユニオン神学大学院

ラインホールド・ニーバー

付　一九六四年版への序文[※4]（抄訳）

四半世紀前にエディンバラで行われたギフォード講演は、「人間の本性」と「人間の運命」と題されて二巻にまとめられたが、そこで集中して取り上げたのは次のような命題であった。すなわち、西洋文化に流れる二つの主要な強調である、《個人》の感覚と《意味のある歴史》の感覚が、聖書の信仰に根ざし、主としてヘブライ的な源泉を有しているという命題である。本書の目的は、それらの二つの概念が、西洋史の各時代において、どのように発展し、逸脱し、純化したかについて、その跡をたどることにあった。それは、それらの概念の歴史的源泉と、人間の問題に関心を寄せる現代文化のいくつかの学問領域との間に、さらに良い理解を創り出すためである。

西洋においてなされてきた個人の強調について、わたしが今も変わらず維持している命題の第一点は、個人が自己であることが表現されるのは、自己自身を超越する自己の能力においてであって、概念分析的な過程に対する自己の理性的能力においてではない、ということである。したがって、一貫した理想主義と一貫した自然主義は、いずれも自己性の次元を曖昧にする。前者は、自己を普遍的な理性と同一視することによって（プラトンやヘーゲルのように）、後者は、自己を自由のない自然に還元させ、出来事や原因や結果の変動を超越する視点から自己自身と世界とを見ることができなくなることによって、自己性の次元を曖昧にするのである。

人間の自己性についての聖書的ヘブライ的強調の第二の点は、自然の必然性から自由であるとともに、被造物として自然のあらゆる必然性に巻き込まれてもいる自己の、体と知性と精神における統一性であった。この統一性は、あらゆる形態の二元論において曖昧にされた。デカルトの二元論は、その格好の例であるが、自己を二つの実体、すなわち、体と知性ないし体と精神とに分割する。自己の統一性を表現することができるのは、ただ、詩的で宗教的で隠喩的な象徴によってのみである。

この講演がなされて以降、現代の「自我心理学」、特に友人のエリク・エリクソン［アメリカの心理学者・精神分析学者］によって詳細に提示された心理学は、自己のこの逆説的な位置を科学的に展開してきた。わたしはその見解に同意する。この見解をあらかじめ知っていたら、それに促されて、人間本性の実体についてのわたしの論述にはいくつかの変更が施されたことであろう。

人間の自己性についての第三の問題は、自己の道徳性に関係する。わたしが信じていたのは、そして今も信じているのは、主として過剰な自己執着に表れる人間の悪が人間の本質的な自由の堕落であり、その自由とともに増大するということである。したがって、悪を、全面的に、知性の無知や体の衝動と同一視することは、混乱を招くものであり、誤りである。わたしは、こうした概念に対応するために、伝統的な「堕罪」と「原罪」という宗教的象徴を用いた。わたしが唯一後悔しているのは次の点である。すなわち、一方において「堕罪」の伝説的な性格と、他方において「原罪」に含まれる曖昧な意味合いとが、現代人にはきわめて不快であることに気がつかなかったため、それらの用語の使用が、わたしの本質的な命題と、人間の本性についての「理想主義的」ではない「現実主義的」解釈とを曖昧にしてしまったことである。

聖書的ヘブライ的信仰についてのもう一つ主要な強調は、歴史には意味があるという冒険的な主張にある。……本書では……新約聖書の終末論を特に強調した。……わたしは、核の時代の危険が、この命題を提示した時に抱いた予想をはるかに超えて、この解釈をあざやかに立証していると考えている。しかし、そうした歴史的象徴が、悲劇的でアイロニックで、ルネサンスや啓蒙主義に見られるメシア待望的でユートピア的な希望に反するような歴史を、現代人がこれまで以上によく理解することに貢献することになるかどうか、今のわたしに十分な確信はない。

それゆえ、明らかなことは、老人たちは、自分たちの本質的な強調を変えることができず、自分たちが見分けようとした真理の一部が、絶えず変化する歴史のドラマによって立証されることを願いながらも、どのような場合であれその証拠に従わなければならない、ということである。論駁され、歴史の塵取りに投じられた洞察について言うことは、何もない。

一九六三年　ラインホールド・ニーバー

訳注

※1　ギフォード講演は、十九世紀、スコットランドの法律家アダム・ロード・ギフォードによって寄付された基金による神学・哲学の著名な講演シリーズである。一八九九年に始まり、アバディーン、セント・アンドリューズ、グラスゴー、エディンバラのスコットランドの四大学に委ねられて開催されている。寄付者の意図は、「自然神学」を主題とする講演シリーズであったが、実際には多様な主題が扱われるようになった。ニーバーはアメリカ人として五人目の講演者であった。講演は、春に十週間、秋に十週間の日程で行われた。

※2　実際に第二部が出版されたのは、二年後の一九四三年である。

※3　ナチス・ドイツのポーランド侵攻によって第二次世界大戦が勃発したのは、一九三九年九月、ニーバーがギフォード講演第二部を始める直前であった。講演の最中に一度、エディンバラ近くの軍港から爆撃の音が聞こえたという。

※4　この序文は、一九六四年に出版された、『人間の本性と運命』のペーパーバック版のために執筆され、第一巻、第二巻それぞれにこの同じ序文が掲げられた。したがって、本序文は、第二巻の内容も含めたものとなっているが、ここでは主として第一巻に関わる部分を訳出した。ちなみに、本書は、元来、一九四一年に第一巻、一九四三年に第二巻が出版された。その後、一九四九年に合本版が出され、それは一九六四年まで続き、その年のペーパーバック版で再び二巻に分けられ、以後、その形態で出版されている。

第一章

《人間自身にとっての問題》としての人間

Ⅰ　序

人間は人間自身にとって常に最も厄介な問題であった。人間は自らのことをどのように考えればよいのだろうか。自らの偉大さや徳、宇宙における自らの位置といったことについて人間が下すあらゆる断定は、詳細に分析してみるとさまざまな矛盾に巻き込まれている。そうした分析によって露わになるのは、その断定が確認しようとしたことを否定しているように見える前提やそこに含まれる意味である。

人間は、自らが自然の子であって、明らかに動物であるのにそれ以上のものであるかのように見せかけるべきではないと主張するとしたら、その人間は少なくとも、自分がそのように見せかける傾向と能力とを共に具備する奇妙な動物であることを暗黙のうちに認めていることになる。他方、人間が、自然界における特異で際立つ自らの立場を強調し、その理性的な能力を自らの特別な卓越性の証拠として挙げるとしたら、そのような特異性を公言することには常にある種の不安の響きがつきまとう。それは、獣と同族関係にあるという自らの無意識の感覚に背いているのではないかという不安である。この不安の響きは、ダーウィン論争を提起しダーウィンの命題に抵抗したときに伝統主義者たちが示した熱狂と敵意に強烈な意味をもたらしている。人間の理性の能力の重要性を評価しようとする努力はそれ自体、自分自身をある程度超越しているということでもある。そしてそれは、通常「理性」が意味するものによっては十分に定義も説明もされない。というのは、自らの理性的能力の重要性を評価する人間は、ある意味で「理性」以上のものであり、一般概念を形成する力を超える能力を持っているからである。

もし、自らの特異性を当然のように受け止めるなら、人間は直ちに自らの徳の問題をめぐる疑問と矛盾とに巻込まれる。もし、自らを本質的に善なるものと信じ、人間の歴史に認められるさまざまな悪の原因を特殊な社会的歴史的状況によるものとするなら、人間は循環論法に入り込む。というのは、仔細に分析するなら、そうした悪の特定の歴史的原因はすべて、人間自身に内在する《悪への傾向》からもたらされる特定の結果や歴史的な形態にほかならないことが明らかになるからである。人間自身に内在する《悪を行う能力》と《悪への傾向》とが前提されていなければ、悪の原因は全く理解することができない。他方、もし、人間が、自らについて悲観的な結論に至るとしたら、そのような判断を下す能力そのものが、その判断の中身を否定しているように見える。自らが悪であると知っているとしたら、どうして人間は「本質的に」悪でありえようか。自らを対象化し、その対象自体にそのような破壊的な判断を下す究極的な主体である典型的な「わたし」とは、どのような性格のものであろうか。

もし、人間の生の価値の問題に眼を転じ、生が生きるに値するかどうかを問うとしたら、この問いの性格そのものが示すのは次のようなことであろう。すなわち、この問いを発する者はある意味で、そのように判断され評価されている生の外に立ち、またそれを超越することができなければならないということである。人間がこの超越を一層明白に示すことができるのは、実際に自ら生命を絶つことによってであるが、そればかりではない。生命を否定し、涅槃のような「生命の無い」永遠を、生の唯一可能な目的と見なす宗教や哲学を入念に練り上げることによってもその超越を示すことができよう。

宗教における彼岸性をそのように激しく非難する者たちはこれまで、たとえそれらの非難が妥当であるとしても、人間がどのような存在であるかをめぐって、生を否定する誤りに含まれる意味を十分に理解してきただろうか。「生」を否定することができる人間は、単なる生命力以上のものであるはずである。自然的生命力と歴史的存在とを無視しないようにするあらゆる努力は、人間のうちには、自然的生命力と歴史を見晴らす視点とがあるということを示している。そうでなければ、人間は、思いとどまるべき誤りに誘われるはずはないであろう。

宇宙における人間の位置も、同様の二律背反を免れない。人間は、宇宙の中心を占めていると装うために、繰り返し良心の呵責と眩暈の発作とに悩まされてきた。あらゆる生の哲学は人間中心的な傾向を帯びている。神を中心とする宗教でさえ、世界の創造者が、人間をその特異の窮境から救い出すことに関心を持つと信じている。しかし、人間は絶えず、その思い上がりを抑え、人間が、取るに足りない恒星［太陽］にへばりついているこれまた取るに足りない惑星［地球］の上に生きる不安定な小動物にすぎないことを認めるように教えられ、またそうするよう自分に言い聞かせている。この謙遜さが近代人の際立った特徴であり、それは星間空間の広大さを発見したことの結果であると信じる近代人もいる。しかし、次のように告白したのは、近代の天文学者ではなかった。「わたしは、あなたの指のわざなる天を見、あなたが設けられた月と星とを見て思います。人は何者なので、これをみ心にとめられるのですか。人の子は何者なので、これを顧みられるのですか」（詩篇八・三、四［口語訳］）。それにもかかわらず、人が自らを無意味な存在であると判断する視点はむしろ重要である。この事実は、宇宙の広大さを前にした謙遜さがこの広大さを発見した誇りによってかなりの程度弱められた近代人たちにも失われてはいなかった。次のように得意満面に歌ったのは、近代人の一人、詩人のスウィンバーン［アルジャーノン・チャールズ・スウィンバーン、十九世紀後半イギリスの詩人］であった。

人間の知のしるしは確かであり、真理と人の精神とは一つに結ばれる……
いと高き所では、栄光、人にあれ、人間は万物の主であるゆえに

この詩句によって、スウィンバーンは、世界についての人間の知の進歩が人間の傲慢を抑制することがないことを明らかにしているのである。

人間の自己認識をめぐるこうした逆説は、単純な定式に簡単にまとめ上げるわけにはいかない。とはいえ、それらの逆説はすべて、人間について、次のような二つの事実を指し示している。一方は明白な事実であり、他方はそれほど明白ではない事実である。この二つは、同等の共感によって受け止められないのがふつうである。明白な事実とは、人間が、《自然の子》であり、自然の有為転変に服し、自然の必然性に強いられ、自然の衝動に駆り立てられているものであり、自然がその多様な有機的形態を容認し、それらに行き過ぎない程度の自由を認めているような束の間の年月のうちに限定されているということである。もう一つのあまり明白ではない事実とは、人間が、自然、生、自己自身、理性、世界の外に立つ《精神》であるということである。この後者の事実は、さまざまな哲学によってその諸局面の幾分かは受け入れられている。しかし、その全面的な意義が評価されることは少ない。人間が自然の外に立つということは、ある意味で、自らを可能な限り自然に近づけることをもくろむ自然主義者でさ

え認めていることである。そうした自然主義者は少なくとも、人間が「ホモ・ファーベル」(homo faber［工作人］)すなわち道具を作る動物であることは認めるはずである。人間が世界の外に立つということは、アリストテレスとともに人間を理性的な動物と定め、理性を一般的諸概念を作り上げる能力と解する者たちのような合理主義者によっても認められている。しかし、合理主義者はいつも、人間の理性的な能力が自己自身の外に立つさらなる能力をも含むものであると理解しているわけではない。そのさらなる能力とは、自己超越の能力もしくは自己を自らの対象にする能力である。それは、哲学者たちが人間の特異性を説明するために通常用いる、「ラティオ」(ratio［理性］)や「ヌース」(nous［理性］)やその他いかなる概念によっても、完全に理解もされなければそれらの概念に含まれることもないような精神の特質である。

人間の特異性と、人間より下位にある自然界との類似性の双方を公平に評価することの困難さは、次のようなほとんど不変の傾向によって立証されている。すなわち、人間の理性的な能力もしくはその自己超越の能力を評価し強調するあまり、自然との関係を忘れ、早まって無条件に自らを神的で永遠的なものと同一視してしまう合理主義的哲学の傾向と、人間の特異性をあいまいにしてしまう自然主義哲学の傾向である。

II　古典的人間観

人間は常に自分自身にとって問題であったとはいえ、近代人はそのあまりに単純で早まった解決によって、この問題を一層悩ましいものにしてきた。観念論者であれ自然主義者であれ、あるいは合理主義者であれロマン主義者であれ、近代人を特徴づけるのは自分自身をめぐる単純な確信である。自分自身をどのように理解すべきかという問題を近代人が一層悩ましいものにしてきたのは、こうした確信が、相互矛盾に陥るか、それとも歴史とりわけ現代史の明白な事実に反するか、すなわち、その歴史によって論駁されるか、それとも明白な歴史の事実に逆らって維持されるか、そのいずれかだからである。近代文化すなわちルネサンス以降のわれわれの文化は、自然理解においては最大の進歩をもたらし、人間理解においては最大の混乱をもたらしていると断言しても不当ではない。われわれの文化のこの功罪は、おそらく、論理的に互いに関連しあっているのであろう。

人間の本性をめぐる近代の相克を十分に評価するためには、典型的な近代人間論が、西洋文化を形成してきた伝統的な人間本性観と歴史上どのような関係にあるかを見定める必要がある。近代のすべての人間本性観は、主として、以下の、際立って特徴的な二つの人間観の適用であり、変形であり、多様な合成物である。すなわち、（a）古典古代すなわちギリシア・ローマ世界の見解、および、（b）聖書の人間観である。留意すべき重要なことは、これら二つの見解が、明白に区別されるものであり、部分的には相容れないものであるにもかかわらず、実際には、中世カトリシズムの思想において融合しているということである（この融合の最適な表現は、アウグスティヌスの思想とアリストテレスの思想のトマス・アクィナス的総合に見出される）。近代文化の歴史は、事実上この総合の崩壊とともに始まるが、その崩壊は、唯名論に前兆が現れ、ルネサンスと宗教改革で完結した。この総合の崩壊過程において、ルネサンスはその総合から古典的な要素を抽出し、宗教改革はその古典的な要素から聖書的な要素を解放しようとした。リベラル・プロテスタンティズムは、二つの要素を再結合させようとする努力（全体としては不成功に終わった努力）であった。実際、その二つに共通するものはほとんどない。この二つの見解に共通するものは、近代思想が古典的人間観をそれより有力な自然主義の方向に再解釈し、変容させて以降、ほとんど全くと言ってよいほど失われてしまった。こうして近代文化は、人間の本性をめぐる二つの相反する見解の戦いの場となってきた。この戦いは解決されえなかった。その戦いは、近代化された古典的人間観のほぼ完璧な勝利に終わった。この勝利は、近年危険に瀕しているが、それは何らかの外的な敵によるのではなく、勝利自体の内的混乱によるものである。この問題分析を立証するためには、人間本性に関する古典的見解とキリスト教的見解を予備的に簡略に分析しておく必要がある。

主としてプラトンとアリストテレスとストア哲学の人間本性概念から成る古典的人間観は、当然多様な強調点を含むものの、次のような共通の確信において一致していると見なすことができよう。すなわち、人間は、主としてその理性的な能力という特異性の観点から理解されるべきだという確信である。人間において特異なものは「ヌース」である。ヌースは「精神」と訳されるであろうが、その主要な強調は思考と理性の能力にある。アリストテレスでは、ヌースは純粋に知的活動の手段であり、外から人間の中に入ってくる普遍的で不滅の原理である。ヌースのうちのただ一つの要素、すなわち「能動的」ヌースと区別された「受動的」ヌースだけが、特定の体を有する有機体の個別性に関わり、またそれに従属する。アリストテレスのヌースがいかに徹底して知的なものであるかは、アリストテレスが自己を意識するヌースの能力を明白に否定したことによって最もよく理解することができよう。ヌースは、知られるべき事物を意識の対象とすることを除けば、自らを自身の対象とすることはない。「理性〔思惟するもの〕はその理性それ自身を思惟するが、それは、その理性がその思惟の対象の性を共有することによってである。というのは、この理性は、これがその思惟対象に接触しこれを思惟しているとき、すでに自らその思惟対象そのものになっているからであり、こうしてそれゆえ、ここでは理性〔思惟するもの〕とその思惟対象〔思惟されるもの〕とは同じものである」(1)。この定義は、自己認識の観点からのみ表現されているアリストテレスの神的意識の捉え方と対比させるとき、一層意義深いものとなる。

プラトンでは、ヌースもしくは「ロギスティコン」（logistikon〔理性〕）は、アリストテレスの場合ほど魂から峻別されていない。それはむしろ魂における至高の要素であり、他に、「活発な要素」（τιμοειδέσ）と「欲望の要素」（επιθυμετικόν）の二つの要素がある。プラトンにおいてもアリストテレスにおいても、「知性」は体から明確に区別されている。知性は、統合し指示する原理すなわちロゴスの器官であって、ロゴスが世界の創造的形成的原理であるように、魂の営みに調和をもたらす。ギリシアの形而上学の諸前提は、当然のことながら人間論に対しても決定的である。パルメニデス以来、ギリシア哲学は、一方において存在と理性とが同一であると想定し、他方で、理性が、完全に制御されがたい何らかの無定形で未発達の素材に作用することを前提としていた。アリストテレスの思想では、質料は、「名残のようなものであって、それ自体では存在しえない、理性にとって不可知で無縁の非存在であり、事物を解明して形相と概念にもたらす過程を経てなお残るものである。質料は、存在するのでもなければ、存在しないのでもない。それは『まだ存在していないもの』、つまり、それが何らかの概念規定の手段となる限りにおいてのみ実在性を獲得するのである[2]」。

このように、プラトンとアリストテレスは、共通する理性主義を共有しているが、同時に、プラトンの場合は明示的なかたちで、アリストテレスの場合は暗示的で隠されたかたちで、二元論をも共有している[3]。この理性主義と二元論の影響は、古典的人間論にとっても、それを借用したあらゆる近代的人間論にとっても決定的であった。その結果は以下のとおりである。（a）理性主義は、事実上、理性的な人間（すなわち本質的人間）と神的なものとを同一視する。というのは、理性は、創造原理として神と同一だからである。個別性は重要な概念ではない。体という特殊性に依拠しているにすぎないからである。アリストテレスの思想では、能動的なヌース、すなわち厳密に霊魂に関与していない知性だけが不滅である。また、プラトンにとって、イデアの不変性は精神の不滅性の証拠と見なされている。（b）二元論は、体を悪と同一視し、知性や精神を本質的に善であると想定する人間論に影響を与えている。この身心二元論と、身心の双方に対する価値判断は、聖書的人間観ときわめて鋭い対照をなしており、その後に現れるあらゆる人間本性論に決定的な影響を与えている。聖書には、知性が善で体が悪という思想はない。

一元論的で汎神論的なストア哲学は、アリストテレスやプラトンの概念と多くの面で著しく異なっているが、人間本性をどう見るかについては、相違点よりも類似点を多く示している。それどころかその類似点はきわめて大きく、ストア哲学を一般的「古典的」人間観の中に位置づけることができるほどである。ストア哲学における理性は、世界の変化においても人間の魂と体においても、プラトン主義におけるよりも深く内在している。それにもかかわらず、人間は本質的に理性である。そこには二元論でさえ全くないわけではない。なぜなら、ストア哲学は、全体として、古典的な概念を本質的には制限しない確信に達しているからである。もっとも、人間を統御する理性が、人間を、理性の外に見出される自然を見習うように説得すべきなのか、それとも人間を、神的理性の特殊なきらめきとして自然の衝動に対抗させるべきなのか、そのどちらであるかについて常に確信を持っていたわけではない(4)。ストア哲学の心理面における人間の自由の強調は、その形而上学が持っている汎神論的な自然主義を克服する。また、ストア哲学が、どれほど理性を基本的に肉体内部における調和の原理として捉えているとしても、感情と人間の衝動的な生全体とを徹底して否定するその態度は、理性を肉体の衝動に対立するものと位置づけている。

「古典的」人間観を規定する、プラトンやアリストテレスやストア哲学の諸概念が、人間本性に関するギリシアの思索のすべてを網羅していないことは、言うまでもない。近代の生気論やロマン主義は、その先達を、初期のディオニュソスの宗教や、究極的実在を流転や火とするヘラクレイトスの概念、とりわけギリシア悲劇におけるディオニュソス的主題の展開に持つ。(5)それらに続いて現れる神秘主義は、オルフェウス教やピタゴラス主義の先駆者である。近代文化の発展にとって、さらに重要なのは、デモクリトスとエピクロスが、その自然主義と唯物論とに従って、人間を、人間独自の理性の力によって自然の外に立つ存在としてではなく、全体として自然の一部として解釈したことである。このギリシアの唯物論は、プラトン主義やアリストテレス主義に劣らず合理主義的であり、世界に内在する理性を機械的必然に引き下げ、人間をこの機械論の観点から理解しようとした。近代文化がそのもっとも特徴的な人間解釈を第一義的に《自然の子》として表現する概念に逢着したのは、ストア哲学をデモクリトスとエピクロスの自然主義とに結びつけたことによるのである。

留意すべきは以下のことである。すなわち、人間の徳についての古典的な見解が、キリスト教的見解に比べると、（人間の人格性の中心に欠陥を全く認めないゆえに）楽観主義的で、理性的人間の徳に絶大な信頼を寄せているにもかかわらず、その古典的見解は、あらゆる人間が有徳もしくは幸福になりうるという近代人の確信を共有していないということである。このように、ギリシア人の生には憂愁の雰囲気が覆っているが、その雰囲気は、古典的世界観とギリシア的人間観を単に回復したにすぎないとするブルジョワ文化自体の想定にもかかわらず、現在滅びつつあるブルジョワ文化の圧倒的な楽観主義とは鋭い対照を成している。「まこと、地上を歩み呼吸するあらゆるいきものの中でも、人間ほど惨めなものはない」とゼウスは『イリアス』の中で宣言している［ホメロス『イリアス』下、第十七歌、松平千秋訳、岩波書店、一九九二年、一七八頁参照。］が、その調子は、ホメロスからヘレニズム時代に至るギリシア思想を貫いている。ギリシア人たちを憂愁に誘ったのは、主として、命のはかなさと人間の死すべき運命であった。かれらは、霊魂不滅に関するプラトンの確信や、墓の向こう側には何もないゆえに死は恐るるに足らずというエピクロスの勧告のいずれによっても、この雰囲気から解き放たれることはなかった。

アリストテレスは、「生まれないことが最善であり、死は命よりも善い」と告白し、憂いは天才につきものであることを持論としていた。哲学者たちは、賢人は有徳であるという確信においては楽観主義的であったが、悲しいかな、多くの者が賢人でありうるという確信はかれらにはなかった。ストア哲学のクリュシッポスは、幸福は賢人にのみ認めうるものであり、ほとんどの人間は愚者であると確信した。ストア哲学は、人間には神的理性のきらめきがあるとの立場に立って、すべての人間を兄弟愛の関係の中に位置づけようとするが、他方において大衆は合理性の明白な恩恵に浴していないとして、かれらを憐れんだ。このように、ストア哲学の平等主義は、貴族的鼻持ちならなさへと急速に退行したが、それは、奴隷を「生きている道具」と見なすアリストテレスの軽蔑と何ら変わらないものであった。セネカは、その立派な普遍主義にもかかわらず、「世の人々を許したまえ、かれらはみな愚か者であるゆえに」と祈っている。

ギリシアおよびローマの古典主義者たちのいずれも、人間の歴史における意味についてどのような概念も持ち合わせていなかった。歴史は、一連の循環であり、終わりなき反復の領域である。アリストテレスは、芸術と科学は見失われては見出されるものであるが、それは一度で終わることなく無限に繰り返されるものだと主張した。[6] ゼノンは、世の終わりを、世界の本体を滅ぼす巨大な大火として思い描いた。人間とその歴史に関するこの悲観主義は、プラトン主義の限界をはるかに超えてギリシア思想を特徴づける心身二元論の必然的な結果である。この悲観主義は必ず、「体は墓場である」(σῶμά-σῆμα)[7] との確信に行き着くが、それは、新プラトン主義をギリシア思想の論理的完成とする確信である。

ギリシア悲劇の悲観主義は、哲学者たちのそれと多少異なり、ほとんど生のキリスト教的解釈に接近している。しかし、キリスト教思想と違って、ギリシア悲劇にはそれが提起している問題への答えはない。アイスキュロスとソフォクレスの場合、ホメロスの伝説における死すべき人間へのゼウスの気まぐれな嫉妬が、人間の情熱の無法さに反対する法と秩序の究極的原理という正当化された嫉妬へと切り替えられていた。しかし哲学者たちと違って、悲劇作家は、人間の情熱を単なる肉体の衝動以上のものと考えている。ゼウスによって示された秩序と規範の原理は、創造的であるとともに破壊的でもある人間の生における生命力の反発を受けている。人間の歴史の悲劇はまさに次のような事実の中にある。すなわち、人間の生は破壊的であることなしに創造的でありえず、生物学的衝動は悪魔的精神によって強められ高められるが、この悪魔的精神は傲慢の罪を犯さずに自らを表現することができない、という事実である。ギリシア悲劇の英雄たちは、常に自らが死すべき運命にあることを覚え、適切な抑制力を保つことによって「ネメシス」（νέμεσις［憤り］）を避けるよう忠告されている。しかし、ゼウスを怒らせる「ヒュブリス」（ὕβρις［傲慢］）は、歴史における創造的な行動に避けがたくつきまとうものである。悲劇の英雄たちは、節度を守るようにとのこの賢明な忠告を無視するがゆえにまさに英雄である。この意味において、ギリシア悲劇は、ニーチェの次のような考察の展開である。「行為者は皆、愛されるに値する以上にはるかに多く自らの行為を愛する。最善の行為も、そのような行き過ぎた愛から生じるゆえに、およそ愛の名に値するものではない。たとえ、そうした行為が非常に偉大であるとしてもである」[8]。さらに、人間の歴史のさまざまな生命力は、ゼウスとの対立の中にあるばかりでなく、生命力同士の対立の中にもある。国家と家族との対立に単純な解決はない。この対立はふつう男性と女性との対立に象徴されるが、女性は、政治共同体と対比される血縁社会や家族共同体を代表している（『アウリスのイピゲネイア』［古代ギリシアのエウリピデスのギリシア悲劇］および『アンティゴネー』［ギリシア神話］に見られるように）。要するに、ギリシア悲劇における対立は、神々の間の対立すなわちゼウスとディオニュソスとの対立であって、神と悪魔との対立でもなければ精神と物質との対立でもない。人間の精神は、知性の調和力においてだけでなく、自らの生命力においても自らを表現する。また、前者が秩序の理性的な原理であり、一層究極的である（この点で悲劇作者は典型的にギリシア的である）とはいえ、人間の生における創造性は、この秩序を乱すという代価を払って初めて可能になるものである。

このように、ギリシア悲劇によれば、生はそれ自身との戦いの中にある。生命力と規範原理との対立には何の解決もない。あるとしても悲劇的な解決にすぎない。ゼウスはなお神である。しかし、人は、ゼウスを否定する者たちに対する賞賛も憐憫も禁じえない。重要なことは、ギリシア悲劇によって提起されたこの深遠な問題が、古典思想を復興し、表向きにはギリシア思想を基礎にして人間観を打ち立てた近代人には全く気づかれなかったということである。近代人は、プラトンやアリストテレスを理解したり誤解したりしたかもしれないが、アイスキュロスとソフォクレスの真意については、理解することもなければ誤解することもなかった。その真意は、それを評価もし一部誤解もした近代文化に見られるわずかなロマン主義的傾向を除けば、全く無視されたのである。

III　キリスト教的人間観

キリスト教的人間観は、近代文化によって表向きには全体として否定されているとはいえ、近代文化が自ら認める以上に、その人間本性についての評価に影響を与えてきた。本書では、このようなキリスト教的人間観について一層詳しい分析がなされるであろう。さしあたって、キリスト教的見解を古典的人間論と区別することによって、後に詳しく述べる内容にあらかじめ簡単に触れておくことにする。古典的な見解がギリシアの形而上学的前提によって決定づけられているように、キリスト教的見解は、究極的な前提であるキリスト教信仰によって規定されている。世界の創造者としての神を信じるキリスト教信仰は、合理性の規準や二律背反とりわけ精神と物質、意識と外延との対立を超越する。神は、所与のかたちなきものに形を与える単なる知性ではない。神は生命力であるともに形式であり、すべての存在の源泉である。神は世界を創造した。この世界は神ではない。しかし神でないからといって悪ではない。世界は神の創造物であるゆえに善なのである。

キリスト教思想のこのような世界観が人間本性観にもたらしたのは、観念論者や自然主義者が得ることができなかった、人間の人格性における体と魂との統合の意義を認めるようになったことである。さらに、その人間本性観は、知性を本質的に善なるものもしくは永遠なるものと見なし、体を本質的に悪と見なす観念論の誤りを防止するものである。しかしそれは、《自然としての人間》に善を求め、《精神もしくは理性としての人間》に悪を求めるロマン主義の誤りを未然に防ぐものでもある。聖書の見解によれば、人間は、体と精神からなる造られた有限な存在である。超理性的な前提に依拠する見解が、合理的に説明されるや否や危険にさらされることは明白である。というのは、理性は、すべてのものを合理的で首尾一貫した表現に持ち込もうとして、ある既知のものを説明の原理とし、他の一切をそれから引き出そうとしがちだからである。理性のきわめて自然な傾向は、理性自体をそのような究極的な原理とし、事実上それ自体を神として宣言することである。キリスト教的な心理分析や哲学もこの過ちを完全に免れえたためしはない。このことは、自然主義者が、誤ってであれ、キリスト教信仰こそ観念論の源泉そのものだとまことしやかに見なす理由となっている。

このことはまた、体と魂の統合体としての人間という聖書的見解が、ヘブライ人の原始的な心理分析がもたらしたもの以上の何ものでもないかのように思われる理由でもある。ヘブライ思想では、人間の魂は人間の血の中に存在していて、死すべき体における不滅の精神というような概念は一貫して知られていない。もちろん、一定の区別が徐々になされたことは事実である。最初、「ルアハ」(ruach)も「ネフェシュ」(nephesh)も、「息」以上の意味はほとんどなかった。しかしそれらは徐々に区別されて、ルアハは大雑把に言って知性もしくはヌースと同義となり、ネフェシュは魂もしくは「プシュケー」(psyche［息、命、魂］)と同義となった。しかし、ギリシア思想と違い、この区別は二元論的な帰結には至らない。聖書的見解の一元論は、アナクサゴラス以前のギリシア思想を特徴づけている「フュシス」(physis［体］)とプシュケーとヌースとを区別しないだけでなく、それ以上のものである。それはまた、単に、未発達な心理分析がもたらしたものでもない。それは究極的に、神を創造者とする聖書の見解と《創造の善》に対する聖書の信仰に由来するのである。

キリスト教的人間観の第二の重要な特徴は、人間が、第一義的に神の観点から理解されており、人間の理性的な能力の特異性や自然との関係の観点から理解されているわけではないという点にある。人間は「神の像」に造られているのである。この表現が、人間を理性的動物と定義するときに哲学が意図しているものについての宗教的で絵画的な表現以上の何ものでもないと見なすことは、多くのキリスト教的合理主義者が犯してきた誤りである。人間の精神には、自己が際限なく自己を超え出るものであるという意味で、絶えず自己自身の外部に立つ特殊な能力があるが、この事実についてはすでに言及した。意識は、世界を概観し、支配中枢のようなところから行動を規定する能力である。自己意識は、超越のさらに進んだ段階を示すものであるが、そこでは、自我(エゴ)が最終的に常に主体であって対象ではないというかたちで、自己は自己自身を自らの対象とする。したがって、世界を見渡し、一般的な諸概念を構成し、世界の秩序を分析する理性的な能力は、キリスト教が「精神」として考えているものの一面にすぎない。自己は、自己が世界を知っている範囲で世界を知る。なぜなら、自己は、自己自身と世界の双方の外に立っているからである。それは、自己と世界を超えたところから理解される以外に、自己は自己自身を理解することができないということでもある。

人間精神のこの本質的な寄る辺なさがすべての宗教の基礎である。なぜなら、自己自身と世界の外に立つ自己は、自己自身や世界の内部に生の意味を見出すことができないからである。自己は、生の意味を自然における因果律と同一視することもできない。というのは、自己の自由は明らかに、自然の必然的な因果関係とは異なっているからである。自己はまた、意味の原理を合理性と同一視することもできない。なぜなら、自己は、自己自身の合理的過程を超越するゆえに、たとえば、自己の理性的な形式と自然の反復と形式との間に関連性があるかどうかを問題にすることもあるからである。偉大な文化や哲学者たちを駆り立てて、最終的に合理主義を超越し、存在の無制約的根拠における生の意味を尋ね求めることへと向かわせるのは、この自由の能力である。しかし、人間的な思考から見れば、この無制約的存在根拠すなわちこの神は、ただ否定的に定義されうるにすぎない。神秘宗教一般とりわけ西洋文化における新プラトン主義的伝統が、キリスト教との興味深い類似性を有しながらも、人間本性に関する評価において異なっているのはこのゆえである。かれらは、キリスト教と共通して、自己超越の能力の観点から人間精神の深みを測ろうとする。このようにして、プロティノスは、ヌースを、アリストテレスとは異なったかたちで定義する。プロティノスにとって、ヌースは、第一義的に自己認識の能力であるが、それは、永遠には達しないが限界がない。神秘主義とキリスト教とは、人間を永遠の観点から理解するという点で一致している。しかし、神秘主義は、未分化の究極的な実在につながるものゆえに、個人性を含む特殊性を本質的に悪と見なさざるをえない。それゆえ、個人性が、神秘主義が強調する自己意識の能力に固有なものである以上、あらゆる神秘的宗教には個人性を強調する特徴があるが、それは、単なる身体上の特殊性以上のものである。しかし、あらゆる神秘主義的哲学は、自らが最初に強調したまさにその特殊性を究極的には喪失してしまう。なぜなら、有限な特殊性は、存在の無差異の神的根拠の中へと没し去られるからである。

したがって、意志また人格としての神は、キリスト教信仰の概念によれば、自己意識の唯一可能な前提ではないにしても、真の個人性の唯一可能な根拠である。しかし、意志また人格としての神への信仰は、神自身を啓示する神の力への信仰に基づく。こうして、キリストの啓示において頂点に達する神の自己開示へのキリスト教信仰は、人格性と個人性に関するキリスト教概念の基礎である。この信仰に照らすと、人間は自身を、神の意志にその目的を見出す意志の統合として理解することができる。こうして、われわれは、人間本性の問題において、長年にわたって繰り返し神学の関心事であった一般啓示と特殊啓示との関係をめぐる多くの表現の一つを見出すのである。人間が、あまりにも徹底して自然と理性双方の外に立ちすぎるため、そのどちらの観点においても自身を誤解せずに理解することができないという確信は、人間の状況についての鋭敏な分析がどれも一般啓示に至らざるをえないという意味で、一般啓示に属する。しかし、さらなる神の啓示［特殊啓示］に欠けるとしたら、人は、自然と理性の条件から逃れようとして、これまた自身を誤解することになろう。そのような人は、同時にすべてでもあり無でもある神的実在に同化しようとすることになる。自らを真に理解することは、次のような信仰から始めることを意味する。すなわち、人間は自分自身を超えたところから理解されること、また人間は神に知られ愛されていること、そして、神の意志への服従において自己自身を見出さなければならないこと、そのような信仰である。神と人間の意志とのこの関係によって、次のことが可能になるであろう。すなわち、人間が自らを神であるかのように見せかけることなく神と関わることであり、人間本性の悪がその有限性に起因するものであると信じることなく被造物として神との距離を受け入れることである。体と歴史における人間の有限な存在は、自然主義が願うのと同じように肯定されうるものである。それにもかかわらず、人間精神の特異性は、人間と神との間に適切な区別を常に維持しているとはいえ、観念論が評価する以上に評価されうる。同様に、精神と体との統合は、知性も体も創造した創造者でありまた救済者でもある存在との関係において強調されうるものでもある。以上は、人間に関するキリスト教的知恵の超理性的な基礎であり前提である。

しかしながら、人間の大きさについてのこの概念は、完結したキリスト教的な人間像ではない。「神の像」の概念に示唆されている人間の偉大さについての高い評価は、キリスト教思想における人間の徳についての低い評価と逆説的に並立している。人間は罪人である。人間の罪は、神への反逆として定義される。人間の悪をめぐるキリスト教的評価は、悪を人間の人格性のまさに中心すなわち意志の中に位置づけるゆえに、きわめて深刻である。この悪は、人間の有限性の必然的な結果もしくは人間が自然の偶然と必然に巻き込まれていることの結果であると安易に考えることはできない。罪はまさに次のような事実によって引き起こされる。すなわち、人間が自らの「被造性」を認めることを拒否し、自らが生の統合体全体の一員にすぎないことを受け入れることを拒否するという事実である。人間は、人間であること以上のものであるように装う。また、人間は、合理主義的二元論や神秘主義的二元論のように、自らの罪を、真の自己ではない自己の部分、すなわち自然の必然に巻き込まれている自己の部分に属するものとして片づけることもできない。キリスト教では、有限な人間を裁くのは永遠的な人間ではない。罪深い人間を裁くのは永遠の聖なる神である。さらに、救済は、有限な人間から徐々に脱皮していく永遠的な人間の能力の中にあるのでもない。人間は、内部分裂を起こし、その結果、本質的な人間が非本質的なものから解放されうるというのではない。人間は、その真の本質の範囲の中で自身と対立しているのである。人間の本質は自由な自己決定である。人間の罪は、その自由を誤用することであり、その結果として自由を破壊することである。

人間は分けることができない存在であるが、自己充足的ではない。人間本性の法則は、愛、すなわち神的中心と生の根源への服従における生と生の調和ある関係である。この法則は、人間が自身を自らの生の中心また源にしようとするときに破られる。したがって、人間の罪は、精神的なものであって肉的なものではない。たとえ反逆の感染が精神から肉体に広がり、肉体の調和を乱すことがあるとしてもそうである。言い換えれば、人間は、全体の中の限られた個であるから罪人なのではなく、むしろ、自己自身を全体と見なすために全体を俯瞰するまさにその能力によって裏切られるゆえに罪人なのである。

人間の生命力は基準となる法を無視して自らを表現せざるをえないという事実は、キリスト教信仰を前提にしなくても観察されうることである。ギリシア悲劇におけるこの事実の分析についてはすでに触れた。しかし、罪の源泉を人間自身の内部に見出すことは、キリスト教信仰の前提がなければ不可能である。ギリシア悲劇は、人間の悪を、生命力と形式すなわちディオニュソスの神々とオリンポスの神々との戦いの結果と見なす。人間が、罪の根を人間自身の内部に見出すことができるのは、ただ啓示宗教においてのみである。その神は、人間自身を超えたところから、また生命力と形式との差異を超えたところから自らを人間に啓示する。人間の本質はその自由にある。罪はその自由において犯される。それゆえ、罪を人間本質の欠陥によるものとすることはできない。罪とは、この人間の自由という事実によって可能となるものの、その自由から必然的に生じるものではないという意味において、自己矛盾としてしか理解しえないものである。

したがって、キリスト教は、不安な良心をめぐる宗教的な表現にならざるをえない。キリスト教信仰の枠内で初めて、人間は、自己自身における悪の現実を理解するだけでなく、その悪を自分以外のものによるものとする誤りをも免れることができる。もちろん、人間はその置かれた状況によって罪に誘われるものであると指摘することもできる。人間は、自然と精神の接合点に立っている。人間の精神の自由は自然の調和を破壊させ、精神の傲慢は新しい調和の確立を妨げる。精神の自由は、人間に、自然のさまざまな力や過程を創造的に利用することができるようにさせる。しかし、自らの有限な存在の限界をわきまえることができないため、人間は、自然と理性双方のさまざまな形態や拘束力に逆らう。人間の自己意識は、広く包括的な世界を見晴らす高い塔である。自己意識は、自らがそこに見ているのは広い世界であって、世界の移ろいやすい砂のただ中に不安定にかろうじて立っているような塔ではない、と空しく想像する。

本書の目的の一つは、キリスト教的罪概念を従来よりも詳細に分析し、キリスト教の宗教において表現される不安な良心を説明することである。さしあたり、キリスト教的人間本性観が、他の人間学に比べて、人間がより高貴で偉大な存在であると主張することと、人間の悪をより深刻に受け止めることとの逆説に関わっているという事実を記すにとどめることで満足しなければならない。

Ⅳ　近代的人間観

近代的人間観は、ある程度、古典思想とキリスト教思想および顕著に近代的な思想などの基調によって特徴づけられている。古典的要素には、典型的な古典思想であるプラトンやアリストテレスの合理主義から一層自然主義的な合理主義へとひそかに移行する傾向がある。すなわち、ギリシア古典時代には従属的な位置にとどまっていたエピクロスやデモクリトスの自然主義が、近代では支配的になっているということである。この近代自然主義は、人間を「被造物」とするキリスト教的人間概念には合致するが、人間を「神の像」とするキリスト教的人間概念とは矛盾する。人間を「神の像」とするこの概念は、初期ルネサンスが、人間を被造物で罪人であるとするキリスト教的な考え方に反対して強調した立場である。人間本性をめぐる、古典的概念とキリスト教的概念および顕著に近代的な概念とのこの奇妙な複合は、近代の人間学に深く関わっているが、さまざまな困難や混乱を引き起こしている。それらは次のようにごく簡潔に要約できよう。

（a）人間本性に関する近代的概念における内的矛盾、すなわち、観念論的合理主義や自然主義的合理主義との、および合理主義者（観念論的なそれであれ自然主義的なそれであれ）と生命主義者とロマン主義者との間に生じる矛盾。（b）近代史が見失っていくところの、近代文化における人間本性についての確信、とりわけ個人性についての確信。（c）歴史の周知の事実と矛盾する、人間の本性とりわけ人間の善性についての確信。

（a）近代文化において解決されていない二律背反の一つは、観念論者と自然主義者の矛盾する強調である。観念論者は、キリスト教的謙虚に異議を唱え、人間の被造性の教理も罪の深刻さの教理も否認しがちである。これがルネサンスの持つ雰囲気であり、この問題をめぐるルネサンスの思想は、プラトン主義と新プラトン主義およびストア哲学の諸概念によって決定づけられた。ブルーノの関心は、人間の自己意識の無限性を確立することにあるが、その汎神論的な体系では、宇宙の無限性は、この精神の無限性の興味深い類似物にすぎない。ブルーノは、コペルニクスによる天文学の業績を重んじたが、それは、コペルニクスが「いわば小さな窓越しにしか星を見ることができなかった獄舎から、われわれの知を解放してくれた」からである。同様に、レオナルド・ダ・ヴィンチは、数学の方法が、自然を克服するための道具であることを証明するよりも、自然の神秘を解き明かし、自然の規則正しさと信頼に値する自然の反復性とを明らかにする人間知性の偉大さの成果であり象徴であることを証明しようと努めた。ペトラルカは、自然を、人間が自分の真の偉大さを映す鏡と見なしている。

それにもかかわらず、ルネサンスには、最終的に十八世紀の自然主義的合理主義に通じる小さな兆候があった。それは、フランシス・ベーコンの自然への主要な関心や、モンテーニュが人間をその自然的分化の多様な相違性においてて理解しようとした努力に表れている。ベーコンは、人間性の真のしるしとしてブルーノが賛美する無限への憧れそのものである「人間精神の不安」が、科学の慎重な帰納作業を伴うような「原因の発見」にとって「きわめて有害な妨げになる」のではないかと心配する。このようにして、近代文化は、ルネサンス初期におけるプラトン主義の本質から、デカルトやスピノザのストア哲学および十七世紀全般へ、さらには十八世紀の一層徹底した唯物的でデモクリトス的な自然主義へと移行するのである。近代人は、自己自身を、自らと自然との関係において理解しようとするが、《自然における理性》と《人間における理性》との関係については、ストア哲学をはるかに上回る混乱状態にある。フランス啓蒙主義の思想はこの混乱をものの見事に示している。この自然主義に対する観念論的反動はドイツ観念論に見出される。ドイツ観念論においては、カントを除いて、理性と存在とが、プラトン主義の場合よりもさらに無条件に同一視されている。近代文化の祖であるデカルトは、人間を純粋に思惟として、自然を純粋に機械的なものとして、すなわち両者の間に何の有機的統一もないものとして何とか把握しようとするが、その結果、自分自身の内に、近代性に伴うさまざまな矛盾や行き過ぎを抱え込む。

社会史的に見れば、近代思想のこの歩み、すなわち、人間を被造物であり、また罪人であると見なすキリスト教的理解に対する観念論の抗議から、「神の像」としての人間に対する自然主義の反抗に至る歩みは、ブルジョワ的人間が尻すぼみになっていく歴史として解釈できるであろう。中産階級世界は、人間精神には自然を克服する力があるとの途方もない感覚から始まった。しかし、ブルジョワ的産業技術世界は、結局、自然の信頼性と平静さとに隠れ家を探そうとする。それは、ブルジョワ的産業技術世界が次のような保証を破壊してしまったためである。すなわち、中世の人々が、たとえ実際には自然に依存していることを認めながらも、精神的にはそれによって自然を超越したその究極的な保証である。近代資本主義は、明らかに両方の考え方を同時に表している。資本主義の精神は、豊かな生活と見なされうる一切のものを保証する富の宝庫として受け止められる自然を不遜にも搾取する精神である。人間は自然をほしいままにする。しかし、資本主義の社会機構は、少なくとも理論的には、自然が人間を支配し、予め確立されている自然の調和によって、人間の企ては、どのような深刻な破局にも巻き込まれないようになるという素朴な信仰にも基づいている（重農主義的理論）。

観念論的合理主義者と自然主義的合理主義者との対立は、ロマン主義的自然主義者からの抗議というさらなる要素によって複雑になる。ロマン主義的自然主義者は、人間を第一義的に生命力として解釈し、弱々しい理性にも機械的な自然にも、人間の真の本質を解く十分な鍵を見出さない。このロマン主義的人間解釈は、いくつかの点で、近代的人間学における最も新しい要素である。というのは、このような人間解釈は、古典主義思想にもキリスト教思想にも部分的にしか予示されていないからである。ロマン主義的人間解釈の最も苦い果実は、現代のファシズムである。マルクス主義思想はこの型をさらに複雑なものにする。というのは、この思想は、人間をあるがままに、主として生命主義の観点から解釈し、自分自身の有限性をわきまえない理性的人間の偽装を信用できないと正当に考えるにもかかわらず、将来の人間は、生命と生命との、利害と利害との際立って顕著な合理的一貫性によって統御された社会を構築するであろうと考えるからである。合理主義者とロマン主義者との対立は、ありとあらゆる宗教的政治的意味合いを伴って、今日の最も重大な問題の一つとなっている。要するに、近代人は、自分自身を、主として理性の特異性の視点から理解すべきか、それとも自然との親和性の中で理解すべきか決めかねているのである。もし後者であるとしたら、人間の本質への現実的な手がかりは、自然の無害な秩序と平和か、あるいは自然の生命力か、そのどちらかである。このように、近代人の確信のあるものは互いに矛盾しているのである。問題となるのは、その対立が、近代文化がこの問題に対処する際の前提の範囲内で解決されうるかどうかということである。

（b）近代文化における個人性の概念は、自己自身をめぐる近代人特有の確信に属する。近代人自身の歴史は、その確信を少しずつ失っていった。ルネサンスにおける個人性に対する途方もない強調が、キリスト教の土壌において初めて成長することのできた花であることは明らかである。なぜなら、ルネサンスが表向きそこへ復帰した古典主義文化にはこの強調が全く欠けていたからである。イタリアのルネサンスは、人間の尊厳や自由という自らの思想を確立するために、主として新プラトン主義の諸概念を利用している。しかし、そうした諸概念は、キリスト教思想が前提されなかったとしたら、個人という概念を生み出すことはなかったであろう。ルネサンスが特に没頭したのは、神の予定についてのキリスト教の教理に対抗して、人間精神の自由を確立することであった。[9] ピコ・デラ・ミランドラは、プラトン主義から引き出された諸概念の中の人間精神の自由を称賛している。ピコによれば、神は人間に次のように語る。「おまえだけは、われわれが与えた意志でそれを選び取ることをしない限り、いかなる束縛によっても制限されない。わたしはおまえを世界の中心に据えたが、それは、世界の中に存在するいかなるものをも、おまえが中心からうまく見回しうるためである。わたしは、おまえを天上的なものとしても、地上的なものとしても、死すべきものとしても、不死なるものとしても造らなかった。それは、おまえがおまえ自身の創造者になり、いかなる形であれ、おまえが自らのために引き受ける形を選び取ることができるためである」。［ジョヴァンニ・ピコ・デッラ・ミランドラ『人間の尊厳について』、大出哲、阿部包、伊藤博明訳、国文社、一九八五年、一六―一七頁参照。］

ルネサンスは、人間の特異性や精神の自由を強調することによって、人間の依存性や弱さをめぐるキリスト教思想に挑戦するために古典思想を利用したが、古典思想が、ルネサンスがきわめて明白に保持した個人性の概念を提示することができなかったことは明らかである。この個人性の概念は、一部キリスト教の遺産として、また一部、中世世界の歴史的で伝統的な団結や型や拘束力から浮上してきたブルジョワ的個人の出現の結果として見なされなければならない。このブルジョワ的個人は、自らを自身の運命の支配者であると受け止め、古典的および中世的生活双方を特徴づけている宗教的で政治的な連帯性には我慢ができなかった。社会的に言えば、ブルジョワ的個人は、中世的連帯性を破壊することによって個人性を確立するや否やその個人性を見失ってしまったと言えるであろう。ブルジョワ的個人は、自分が、農業社会において知られていたいかなるものよりも人間を奴隷化する非人間的相互依存性と集団性とを造り出す技術文明の考案者であることに気がついた。それのみならず、農業社会の有機的形態においてであれ、技術社会の一層非人間的な形態においてであれ、いかなる者も、ブルジョワ個人主義が考えるほど完全で分別のある個人になることはできないのである。

哲学的争点に照らして考えると、ブルジョワ個人主義の基礎は不安定であった。それは、個人主義が最初に自らを表現したプラトン主義や新プラトン主義においてだけでなく、十八世紀および十九世紀の後期自然主義においてもそうである。観念論は、人間の自由と、自然からの超越とを強調することから始まるが、理性的諸概念の普遍性と、究極的には神的なるものの未分化の全体性とにおいて結局個人を見失うことになる。自然主義は、自然の多様性と特殊性を強調することから始まる。したがって、モンテーニュの関心事は、地理的多様性の影響のもとに、社会的道徳的慣習の多種多様な形態を描写することであった。しかし、自然における多様性は個人性の域にまでは達しない。純粋な知性もしくは純粋な自然のどちらにも、個人性の占める場所はない。観念論者が絶対精神のうちに個人性を見失うように、自然主義者は、個人性を心理学的に取り扱う際の「意識の流れ」のうちに、また、個人性を社会学的に考える際の「運動の法則」のうちに個人性を見失う。それゆえ、ルネサンスと十八世紀の個人主義は文化的に消失する。それは、ブルジョワ的自由至上主義の観念論が政治的に崩壊し、ファシズムやマルクス主義の集産主義に屈するのと全く同様である。真正な個人性は、宗教的な前提に立って初めて維持されうるのである。その宗教的な前提とは、人間の個人性が、歴史のあらゆる有機的形態や社会的緊張に直接巻き込まれるものであることを公平に評価することができ、しかも、個人性の自己超越の最も高い領域において、あらゆる社会的歴史的状況を究極的に超越するものであることを正しく認識するような前提である。被造物としての人間と神の子としての人間という逆説は、個人性の概念の不可欠の前提である。この前提には、歴史の圧迫に対して個人性を維持するだけの強さがあり、社会生活の有機的な結合を公平に評価するだけの現実性がある。

（c）近代人間学の究極的確実性は、悪の問題についての楽観主義的な処理である。近代人は、本質的に安易な良心の持ち主であり、人間の罪深さについてのキリスト教的見方に対する近代人の一致した反対ほど、近代文化の多様な不協和音に大きな調和を与えているものはない。人間が罪深いのは、人間の人格の中心そのものすなわち人間の意志においてであるという考え方は、広く拒否されている。キリスト教の福音を近代人に対して無意味なものにしているように見えるのは、この拒否である。そしてそれは、福音の信じがたさについてのいかなる確信よりもはるかに重要な事実である。もし近代文化が、人間を第一義的にその理性的能力という特異性の観点から受け止めるとしたら、それは、人間の悪の根源を、人間が自然の衝動や自然の必然性に巻き込まれていることの中に見出す。近代文化は、人間の理性的な能力を増大させることによって人間をその状況から自由にすることを願っているのである。この本質的にプラトン的な考え方は、たとえそれらが表面上自然主義的で非プラトン的であるときでさえ、多くの社会理論や教育理論に巧みに入り込んでいる。他方、人間を第一義的に自然との関係の観点から受け止めるとしたら、近代文化は、人間を、人間の精神的生が巻き込まれている悪魔的な混沌から調和と平静と自然との無害な統一へと、人間を騙して連れ戻すことによって救い出そうと願うであろう。この点において、機械論的合理主義者とフランス啓蒙主義のルソー的ロマン主義者とは、共通の基盤の上にあるように見える。合理的人間と自然的人間のいずれかが本質的に善なるものとして受け止められる。それゆえに、人間が救われるためには、自然の混沌から精神の調和へと上昇するか、あるいは精神の混沌から自然の調和へ下降するか、そのいずれかでありさえすればよいのである。救済の方策がそのような相互矛盾の中にある事実こそ、近代人にとって人間の生における悪の問題の解決がいかに困難な課題であるかを証明するものである。

近代楽観主義のもう一つの結果は、進歩の思想に表現される歴史哲学である。自然それ自体に内在する力によってであれ、合理性を漸進的に拡大することによってであれ、司祭職や専制政治や社会における階級区分といった悪の特定の源泉を除去することによってであれ、ある種の完全な社会に近づいていくことを近代人は期待している。進歩の思想には、多くの要素が複合している。とりわけ重要なのは、近代文化が全く忘れ去っている一つの要素について考えておくことである。すなわち、進歩の思想はキリスト教文化を基礎にして初めて可能だという点である。進歩の思想は、聖書の黙示思想と、ギリシア人たちの《意味のない歴史》とは対照的なヘブライ的感覚である《意味ある歴史》との世俗版である。しかし、人間の罪性というキリスト教教理が排除されているゆえに、キリスト教哲学における複雑な要因が除去され、歴史の単純な解釈に道を開いてしまった。その解釈は、歴史の推移を可能な限り密接に生物学的推移と間連づけ、人間特有の自由と、人間が犯すその自由の悪魔的な乱用とを公平に評価することができないのである。

個人の営みについても、人間全体の営みについても、この楽観主義に対して悲観主義的な反動が生じることは言うまでもない。ホッブズの機械論的自然主義やニーチェのロマン主義的自然主義には、徹底した悲観主義が入念に提示されている。ニーチェの思想の現代における果実の一つは、フロイトの悲観主義である。ここには人間本性についての善い評価は見られないが、それにもかかわらず、この悲観主義に不安な良心はない。キリスト教思想が罪の本質と見なし、ブルジョワ・リベラリズムの見解が、新しい教育や新しい社会機構によって廃棄される欠陥と見なす利己主義や《権力への意志》は、正常でもあり、規範的でもあると見なされる。《権力への意志》を、ホッブズは受容し、ニーチェは賞賛する。ホッブズにおいては、個人的利己主義に反対する政治的見晴らしのきく地点は得られるが、国家に具現化される集団的利己主義に反対する地点は得られない。ニーチェの価値転換においては、生と生との対立を助長する人間的生の特徴は、理想の高みに引き上げられる。今日の政治におけるホッブズのシニシズムとニーチェの虚無主義の宿命的な結果はいたるところに明らかである。

キリスト教的人間概念が、近代性の混乱を照らすことができる光源として適切であることを擁護するために、ここで瞥見してきた近代文化の諸問題を、続く三つの章においてさらに詳細に検討することにする。

第二章

人間の本性における生命力と形式の問題

Ⅰ　序

あらゆる被造物は、一定の統一と秩序と形式の限界の中で旺盛な生命力を表す。動物存在はいつも変わらない確固たる生存への意志を示すが、その意志の方策は、個体のためであれ、種のためであれ、種や属の範囲内の特定の存在形式に従って多様に表れる。このように、生命力と形式とは創造の二つの相である。人間存在は、創造への限定的な関与によって動物の生から明白に区別される。その限定に応じて、自然の形式を打ち破り、生命力の新たな形態を造り出す。自然の過程を超越することによって、人間存在には、自然が知るような生命力の既存の形式や統一に介入する機会が提供される。これが、自然とは異なり、諸形式を徐々に変化させる人間の歴史の基礎である。自然は歴史を知らない。自然が知るのは、それぞれの既存の形式の範囲内でなされる無限の反復だけである。

人間は、一方において自然の形式に深く巻き込まれ、他方においてそれらから自由であるゆえに、また、人間は、性や人種や、また（やや軽度ではあるが）地理などの限定を避けがたい運命の力と見なさなければならないにもかかわらず、一定の限界内で、自然の生命力や統一に繰り返し調整を加えることもできる。したがって、人間の創造性の問題が複雑さに満ちたものであることは明らかである。人間の状況において、以下の四点が検討されなければならない。（1）自然の生命力（その衝動と活力）。（2）自然の諸形式と諸統一、すなわち本能の諸決定や自然の結束と分化。（3）限界内で自然の形式を超越し、生命力の方向づけを重ねる精神の自由。（4）最後に、精神の形成能力と、一貫性と秩序の新たな領域を創造する能力。これら四つの要因すべては、人間の創造性のうちにあるとともに、人間の破壊性のうちにも暗示されている。創造性は、生命力にも形式にも関わる（シラー［フリードリヒ・フォン・シラー］の用語を用いれば、「形式衝動」(Formtrieb) と「素材衝動」(Stofftrieb)［感性的衝動］である［シラー『人間の美的教育について』、小栗孝則訳、法政大学出版局、二〇〇三年、七九頁以下参照］。もっとも、生命力が純粋に自然の力動的な「素材衝動」と同一視されているのは、シラーのロマン主義的偏向の表れではある）。自然と精神とはいずれも生命力と形式という資質を有している。自然の源泉のほうが消極的かもしれない。自然の生命力と自然の形式とは、人間の創造性の能動的な主体というよりも不可欠の前提かもしれないが、それらを無視することはできない。同様に、ここでも、自然の生命力と統一が、人間の破壊性において、精神よりも一層消極的な役割を果たすとはいえ、上に挙げた四つの要素はすべて、人間の破壊性に関わっている。たとえば、性の自然的衝動は、性の破壊的な逸脱をもたらす否定的な力であるのと同様に、家族機構という一層高次のあらゆる形式の不可欠の条件でもある。同様に、部族や人種といった自然的結合は、人種間や国家間の政治的混乱状態の基礎であるとともに、一層高次の政治的創造の基礎でもある。

近代文化は、とりわけ合理主義者とロマン主義者との論争において、生命力と形式の問題と、形式と生命力双方への自然と精神の総体的な貢献とに関する多様な側面を浮き彫りにした。しかし、この問題について満足のいくいかなる解決にも到達することはできなかった。それは、近代文化の人間解釈が、観念論や自然主義の形而上学的理論から引き出されたものであり、実在の一つの面が全体を解釈する原理とされたからである。人間をめぐる近代の理論はそのような形而上学的理論に則っていた。観念論者は、精神を単純に理性と、理性を単純に神と過剰に同一視した。したがって、観念論においては、本質的な人間は理性的人間であり、その理性は、生命力と形式双方の源であるか、自然の無秩序を真正な創造性に転化する秩序と形式の源であるか、そのいずれかである。理性としての精神は、秩序の原理そのものと見なされるゆえに、精神が破壊される可能性を予想することはできない。

観念論的合理主義に反対して、ロマン主義は、第一義的に人間の創造性の源泉としての自然の生命力の重要性を強調するか、秩序と徳の源泉としての自然の統一と形式の意義を強調するか、そのいずれかである。しかし、ロマン主義は、精神の自由がロマン主義が賞賛する自然の生命力にどの程度入り込むのかも、自然の統一性と結合力が人間の自由による必然的な修正にどの程度従うのかも認識していない。このように、生命力と形式との問題は、真理の半面が真理の別の半面と対立するおよそ止むことのない論争の要因である。近代文化は、こうした誤認から生じる混乱を免れることができない。この混乱は、キリスト教文明の頽廃の一部と見なさなければならない。堕落していないキリスト教文明には、形式と生命力の双方とも超越する解釈原理があった。キリスト教信仰の神は世界の創造者である。神の知恵は形式の原理すなわちロゴスである。しかし、創造は単に、原始的混沌がロゴスの秩序に服することではない。神は、秩序の源であるばかりでなく、生命力の源でもある。秩序と生命力とは神において一体である。キリスト教信仰において、三位一体の第二位格と同一視されるロゴスでさえ、ロゴス以上のものである。キリストは、創造された秩序の啓示をはるかに超えて、その救済的生命力において神を啓示する救済者である。まことに「万物は言［ロゴス］によって成った」［ヨハネ一・三］。キリストは創造の範型すなわちロゴスである。しかし、キリストは、堕落した世界を創造の範型に回復させる救済意志の啓示でもある。

神の意志と知恵の統一とに対するこの信仰に伴い、人間は統一された意志として解釈されるが、そこでは、人間の自然的精神的生命力は秩序をもたらす神の意志のもとに位置づけられる。人間理性の範型ではなくただ神の意志だけが、人間の生が従うべき形式と秩序との原理でありうる。その意味において、キリスト教信仰は、あらゆる観念論に対立し、観念論へのロマン主義的で唯物論的な異議申し立てに与するものである。キリスト教信仰に従えば、人間理性の形式や統一性や範型はそれ自体、歴史的相対性に巻き込まれている。そのことを否定しようとする見せかけの主張は、キリスト教信仰に照らせば、人間精神の罪深さの主要な証拠の一つである。その傲慢において、人間精神は、論理的に一貫し合理的に統一された自らの体系の妥当性を無制限に主張する。

他方、自然の生命力はそれ自体悪ではない。したがって、救済は、自然の衝動を理性によって衰退させたり超越したりすることではない。この点をキリスト教が重視したからこそ、西洋文明に示された歴史的行動が東洋のそれとは対照的に活気あふれるものとなった。ロマン主義的生命論は、この生命力の頽廃した形式、あるいは、生命力と形式とのキリスト教的統一が破壊された後の、自然的形式と統一の原始主義的強調と見なされなければならない。それはまた、部分的には、キリスト教文化にひそかに入り込んだ古典的人間本性観への正当な異議申し立てとも見なされなければならない。この合理化されたキリスト教は、人間における自然的生命力を正しく認識することができず、あまりにも単純にあらゆる創造性を人間の理性の能力によるものとしがちであった。古典主義に対するロマン主義の異議は、第一義的にキリスト教への抗議であるかのように偽装する。このように偽装せざるをえなかったのは、キリスト教時代、観念論的なキリスト教が古典的伝統の媒介者となっていたからである。それにもかかわらず、聖書的キリスト教には、ロマン主義における真実なものを具現化し、観念論や合理主義における偽りのものを拒否するさまざまな要素がある。

そうした要素がキリスト教的伝統から切り離されるとき、ロマン主義による異議申し立ては、虚無主義的で原始主義的になりがちである。それはまた、あらゆる形式と秩序とを無視して虚無主義に堕し、生命力を自己正当化する。あるいは、その異議は、秩序と結合との原始的自然的形式を唯一の調和の原理にしようとする。ロマン主義と生命論のこの曖昧な性格は現代の悲劇を増大させる。というのは、社会的混乱状態に陥るまいとするその努力においてかえってその状態を悪化させるからである。ナチスの民族主義と反文明主義が、その初期の民族的団結の理論を意識的にも無意識的にも拒否するような帝国主義に転化していくさまは、人間が自らの自由において、自然や原始社会の無邪気な統一性に立ち返ることがいかに不可能であるかを証しするものである。

II 人間本性をめぐる合理主義的見解

われわれはすでに、古典的人間観へのプラトン主義の持続的な影響について述べ、古典的見解がキリスト教的人間観にも自然主義的人間観にもひそかに入り込んでいく傾向の跡をたどってきた。ある意味で、プラトン主義は、人間の創造性について、きわめて明快で一見もっともらしい結論を直截に引き出している。人間には、自然の衝動を新たな一層包括的な範型へと形成しまた再形成する能力がある。それゆえ、最も明白な結論は、人間の創造的能力を理性と同一視することであり、創造性を、当然と考えられている既存の自然の生命力に形式と秩序とを付与する能力として定義することである。理想的には、魂は肉体における秩序の自然的原理である。しかし、プラトンは、『パイドン』において次のように認めている。魂は、「魂を構成していると人が言う、あのすべての構成要素に命令を下し、全生涯を通してほとんどすべての点でそれらに反対し、あらゆる仕方でそれらを支配し、ある場合には、体の鍛錬や医療の場合のように、厳しく痛い目にあわせて懲らしめたり、他の場合には、もっと穏やかに、脅したり戒めたりしながら、欲望や怒りや恐怖に対して、〔肉体的な構成要素に由来する情態とは〕別のものとして語りかけるのではないか」〔プラトン『パイドン――魂の不死について』、岩田靖夫訳、岩波書店、一九九八年、一一六―一一七頁〕。この内的葛藤は、あらゆる動物の中で人間だけが自分自身と矛盾することを証明する明白な事実である。この矛盾が起こりうるのは、人間精神の自己超越、すなわち、人間は肉体の統一性としての魂であるばかりでなく肉体も魂も超越する能力としての精神でもあるという事実による。しかし、プラトンは、「魂」によって服従させられる無秩序な衝動が単なる肉体的衝動以上のものであることを認識していない。それらは、人間が自然であるのみならず精神でもあるという事実によって自由が与えられてきた衝動である。したがって、プラトンは誤って、肉体的衝動を無秩序と同一視した。「戦争や闘いや党派はどこから来るのか」という問いにプラトンは、「それはただ肉体と肉体の欲望から来る」〔同上、三五頁〕と誤って答える。

人間本性に関するこの理論がプラトン学派の形而上学と調和していることは言うまでもない。それによれば、創造は、所与の形なき素材に神的理性の思想と形式の秩序を強いる神的理性の活動から成る。その思想のこの面においてプラトンは、精神を理性と同一視する西洋合理主義のあらゆる種類の基礎を据えている。また創造性は、所与の生命力を秩序に従わせる能力と同一のものと見なされる。理性と衝動との関係は消極的である。プラトンは、「肉体に関わることに反対する魂について、無数の例」を挙げている。理性は本能を無力化し破壊するものであるというロマン主義の批判を鼓舞するのは、古典思想のこの面である。

しかしながら、プラトンの「エロス」［ἔρως 愛］論では、これらと異なる強調がなされている。エロスは、理性によって抑制された自然の生命力ではなく昇華された自然の生命力を意味する。プラトンの「知的愛」は、自然の生命力や欲求の抑制ではなく昇華である。魂の三つの面を表す戦車［古代の一人乗り二輪馬車］の御者と二頭の馬というプラトンの有名な比喩では、御者としての理性は、「死の必然性という汚れに妨げられずに」神々しい美に向かって馬を駆る。この比喩は、理性と自然との否定的ではない積極的な関係を表している。ただし次のことは認めなければならない。すなわち、プラトンの比喩における馬の一頭は、「ともかくも一緒に繋がれてはいるが、腰が曲がったのろまの動物」で、あまりにも強情なので、御者は「一層激しく手綱を引いて、この馬がくわえている轡を引っ張り、御者を罵倒する舌とあごを血まみれにし、その足と腰とを地にたたきつける」[1]のである。『饗宴』では、知的愛と自然の欲求との関係は次のように説明されている。「肉体においてのみ子を宿すことを欲する者たちは女のところに行き、子をもうける。これはそのような人々の愛の性格である。子孫たちは、そのような人々が望むようにかれらを長く追憶し、かれらが将来に期待する祝福と不死をかれらに与える。しかし、魂において子を宿すことを欲する者たちは――というのは、肉体におけるより魂におけるほうが創造的である人々が確かにいるからである――魂が受胎することが適切であるものを受胎する。そのように受胎したものは何か。それは通常知恵であり徳である」［プラトン『饗宴』、久保勉訳、岩波書店、二〇〇八年、一二九頁参照］。プラトンの分析における誤りは、いみじくも次のような考察の中に表れ出る。すなわち、肉体においてのみ子を宿すと見られている人々は、それにもかかわらず、「かれらを長く追憶し、かれらが将来に期待する祝福と不死をかれらに与えるために」子をもうける。それは、純粋に身体的衝動の領域に属さない大きな志である。

しかしながら、プラトンのエロス論には長所もあり、そこではプラトン主義における理性と自然との関係をめぐる純粋に否定的な定義づけを弱め、自然を合理的な純化に依存する生命力の源として認める。カントとヘーゲルに端を発する、近代文化における観念論の基本的な形態は、そのエロス論によって緩和されたプラトン主義よりも一層二元論的か、一層一元論的か、そのいずれかである。カントの思想では、理性は人間の創造性の形式と生命力の双方を提供し、感覚世界の生命力が人間の創造性に関わることは認められていない。知的世界は、人間の意志が服する理性の普遍的に適用可能な規範の角度から、形式を提供する。それはまた生命力をも提供する。というのは、道徳的行動の生命力は、自然の生命力から取り入れるのではなく、知的世界の資源から生み出される原理に対する畏敬の念だからである。カント的観念論は、自然の衝動を、いかなる種類のギリシアの古典主義にもまして徹底して排除するのである。

他方、ヘーゲル的観念論は、精神と自然を含む生の動態の全体を理性の働きから引き出す。ヘーゲルの汎論理主義では、「ロゴス」(logos) はいわばロゴスでもありエロスでもある。理性は、人間存在のあらゆる生命力を変革もし、手なずけもする。このようにしてヘーゲル主義は、人間の生の統一と歴史的存在の力動的な資質とをめぐるキリスト教的見解の合理化された形であり、またその堕落である。そこでは、神の創造と摂理についてのキリスト教思想は、合理性の範疇に引き下げられ、肉体と魂の統一についてのキリスト教的概念は、あらゆる自然の衝動の合理的過程の派生物とする視点から解釈される。

ヘーゲル的観念論が、ロマン主義ではなくマルクス主義からの異議を引き起こすことは重要である。というのは、マルクス主義は、ロマン主義と異なり、知性によって自然的衝動が弱体化する危険に反対して自然的衝動の生命力を強調することに関心を持たないからである。マルクス主義の関心事は、むしろ特に集団的経済活動に見られるような、理性の下部構造的動態の創造的な力を主張することである。それは、理性を創造性の唯一の源泉と見なす強大な偽装に反対することでもある。そしてその最も典型的な表現は、ヘーゲル主義において達成されている偽装である。

Ⅲ　合理主義に対するロマン主義の異議

すでに述べてきたように、近代文化の歴史は、人間を理性として解釈する人々と、人間を自然との関係の観点から説明しようとする人々との絶えざる論争の物語である。しかし、近代文化の最近の歴史は、こうした二つの思想学派の論争というよりは、人間本性の解釈における、観念論的であれ、自然主義的であれ、むしろ合理主義の誤りに対するロマン主義と唯物論と精神分析的心理学の反抗である。この反抗において、ブルジョワ・リベラリズムの古い自然主義は、ロマン主義や唯物論や精神分析的心理学の立場をとる一層騒々しい近代自然主義者に与するよりも、古典主義に与する場合のほうがはるかに多い。せいぜい、それは両戦線の中間に立っているという程度である。それは、ロマン主義的自然主義が関心を寄せる、理性より低い段階にある生命力の衝動の深みと複雑さを疑うことは全くなかった。

（a）ロマン主義の反抗はさまざまな形をとる。一面において、ロマン主義は、理性の規律によって自然の生命力が弱体化する危険に異議を唱え、自然の生命力を主張する。この面におけるロマン主義の関心は、シラーの言葉にある次のことを証明することにある。すなわち、「形式にこだわると、素材〔感性〕の圧倒的な真理を忘れることになりかねない」[2]。この意義の最終形態は、ニーチェの思想において達成された。ニーチェは、理性の規律に反対して、「肉体の知恵」すなわち《権力への意志》（肉体的衝動と見なす生命力）を主張する。ニーチェの場合、ロマン主義的異議申し立ては虚無主義の域にまで達するが、それは、生命力を自己正当化と見なし、あらゆる可能な形式や規律に対して本能の強靭な表現を対置させるからである。元来、ニーチェの主要な関心は、「ソクラテス的」文化の合理的規律に対して、「ディオニュソス的」衝動を主役に据えることにあった。[3] ニーチェの反抗は、その後ますます、キリスト教的規律と、あらゆる種類の形式や規律とに向けられていった。そのキリスト教的規律については、おそらく主としてショーペンハウアーの解釈と同じように理解したと思われる。[4] 完全な道徳的虚無主義などというものがありえないことは言うまでもない。どれほど一貫した生命論でも形式や秩序の原理を多少とも認めないわけにはいかない。ニーチェにおいてこのことは、次のような主張によって最小限なされている。すなわち、超人の《権力への意志》は、「群居動物」の道徳が支配するような合理化された社会よりも高い価値を持つ貴族社会を創造するであろうという主張である。

（b）マルクス主義がロマン主義よりも主要な役割を果たすロマン主義的で唯物論的な異議申し立てのもう一つの面は、理性が、身体の生命的衝動を支配するか、あるいはそれを創造しているかのように見せかけることの中に、理性の不誠実さを見出したことである。この立場は、衝動的自発性と生命力とが合理的規律によって弱体化することを恐れるロマン主義とは多少矛盾する。この立場の告発の理由は、人間の意識的な生が、深遠な無意識の衝動の手段であり、またその名誉を傷つけるものでもあるということである。意識的な生は、無意識の衝動を規制するのではなく正当化するのである。

フロイトにおいては、これらの衝動は、個人主義的な観点および性的な観点から解釈されているが、マルクスにおいては、知性が合理化し、そのために「イデオロギー」を提供する衝動は、基本的には集団的で経済的なものと見なされる。衝動は社会の生産関係において表現されるが、マルクス主義理論によれば、その生産関係が基礎となって、その上に文化や哲学、宗教や道徳といった上部構造が構築される。このように、あらゆる文化的成果は、社会における既存の力の均衡の合理化にほかならない。そこでは、均衡を統制する支配階級が、自分たちの支配を正当化し、自分たちの特権を維持するために、哲学的、道徳的、法的制度を作り上げるのである。

マルクスには、フロイト主義の単純な快楽主義と共通するものは何もない。マルクスは、人間の理性の下部構造である自然の基本的衝動が主として快苦の方略によって決定されるとは信じていない。マルクスはむしろ、人間は確かに善を希求するが、善を定義するのは自分自身の利害の観点からであると主張する。こうしてマルクスは、いかなる快楽主義者も及ばないほど、人間の精神性と道徳性との深遠な逆説を認識しているのである。それは、そうした自らの利益を大衆的な関心や普遍的な価値という見せかけの背後に覆い隠すことができなければ、自己の利益を追求することができないという逆説である。この事実は、キリスト教神学では原罪における避けることのできない不誠実の要素と見なされるが、マルクス主義においては階級闘争の道具となる。それは、支配階級の諸価値をひっくり返し、その威信を打倒するために利用される。このようにして、マルクス主義は、人間本性の価値についての貴重な洞察を暫定的に発見し、最終的にそれを失ってしまう。マルクス主義がその洞察を失ってしまうのは、以下のことがわかっていないからである。すなわち、イデオロギー的要素は、あらゆる人間の合理的過程に存在するが、それは、支配的ブルジョワ階級の精神性や経済的利益の正当化の中にのみ立ち現れるのではない。イデオロギー的要素は、あらゆる階級において自らを表現するとともに、あらゆる地理的、経済的、政治的状況において、人間が、自らの特定の価値に普遍的な意味があると主張する機会にも利用されるのである。人間の生におけるこの欠陥は、あまりにも生得的であるため、社会の再編成によって除去できるようなものではない。それは、マルクス主義のユートピア的な夢に根本から異議を唱えるような事実である。

しかしながら、マルクス主義に誤りがあるからといって、人間理解に対してなされた真正で不可欠なマルクス主義の貢献を覆い隠してはならない。マルクス主義的唯物論は、ヘーゲル的合理主義への、また、合理的人間を本質的人間として称揚するあらゆる形態の人間の偽装への不可欠の反発である。

ロマン主義の主要な関心は、自然の生命力を主張し、その生命力を弱体化の危険から守ることにあるが、そこには、理性が生命力の衝動を支配すると見せかけることへのマルクス主義的でフロイト的な批判に結びつく要素もある。ニーチェは、合理的意識の不誠実な偽装を十分によく理解している。ニーチェはこう書いている。「これについては思い違いをしないでほしいのだが、現代人の魂と書物に固有のこの虚偽ではないのだ。道徳的な嘘をつきながらも、その嘘に罪のなさが染みついていることこそが、固有の特徴なのである。……現代のわれらが教養人たち、われらが『善人たち』は嘘をつかない。これは本当のことだ。しかしそれはかれらの名誉となることではないのだ。本物の嘘、真の断固たる『誠実な』嘘（この嘘の価値についてはプラトンに聞くがよい）は、かれらには、長い間かけてわかるような、厳しすぎるもの、強烈すぎるものなのであろう。このような本物の嘘をつくことを求めることは、求めてはならないことを求めることになるだろう。それはかれらに自らに対して目を開くこと、『真』と『偽』とを自分で判断できるようになることを求めることになるだろう」(5)。

隠された嘘すなわち人間の自己欺瞞の能力についてのニーチェの理解は、ニーチェを、マルクスやフロイトだけでなく、キリスト教の原罪概念に結びつける。しかし、この点における思想の暫定的な親和性は、ニーチェが隠された嘘を断固とした「本物の」嘘によって克服しようとするや否や、たちまち対立へと変わる。ニーチェの思想におけるこの要素には、現代の全体主義的政治学の恥知らずの不誠実に対して幾分かの責任がある。指摘するまでもないが、「本物の」嘘が真の利益をもたらすことはない。人間本性の不誠実な偽装は、真理の価値を否認することで癒やされるわけではない。われわれがある程度忠実であるにすぎない価値や、われわれが実際に以上に大きな忠誠を偽装する価値を否認してみたところで問題が解決するわけではない。この問題には、キリスト教信仰の観点から罪と真理の問題を検討する際に（第二巻、第八章〔※原書では第七章となっているが、第八章の間違いではないかと思われる〕）、戻ってくることになる。

（c）合理主義や観念論に対してロマン主義が唱えた異議のもう一つの側面は、年代順ではこれまで検討してきたことに先立つのであるが、人間の生を組織し形成する原理であるという理性の主張への反論である。このロマン主義的思想学派では、分解し分断する意識的な理性の傾向に対抗して、自然の統一や形式が強調される。ロマン主義のこの学派を今日代表するベルグソンは、自然的衝動が社会的結束を保証するような、原始的部族やアリ塚の完璧な統一性に注意を喚起する。ベルグソンは、原始宗教を、「人が思惟し出すや否や、自分のことしか考えないという、直ちに陥る危険に対するひとつの予防策」として、また、「知性の解体力に対する自然の防御的反作用」と見なしている(6)。

ベルグソンは、原始生活における自然の衝動の統一性は狭すぎると考える。それゆえ、ベルグソンは、原始生活における閉ざされた道徳や「静的宗教」からの逃避の道を神秘主義的宗教に求める。ベルグソンにとって、個人の自己意識が高められて自然的で有機的な結合を破壊した後は、「静的宗教」が純粋にこの自然的で有機的な結合の代替物となることは重要である。ベルグソンは、「閉じた」宗教と「開いた」宗教すなわち神秘主義的な宗教とを絶対的に区別する。「閉じた宗教」とは自然の狭い統一と形式を維持する役目を果たす宗教であり、「開いた宗教」

とはそうした狭い形式を打ち破り、普遍的な形式と価値を創造する宗教である。この区別は、ベルグソンの思想を通常のロマン主義的原始主義より一段と進歩させはするが、同時に、人間の精神性の形式創造的な能力と形式破壊的な能力との逆説を理解できないロマン主義の無能ぶりを浮き彫りにもする。(7) ベルグソンの概念における静態的宗教すなわち部族的宗教では、支配的傾向と普遍性の偽装が明らかとなるが、それは、原始的人間でさえ無秩序で悪魔的な能力を有することを暗示する。他方において、ベルグソンの神秘主義的宗教は、古典的神秘主義のようにあらゆる歴史的関心を放棄しなければならないか、あるいは、部分的で相対的な歴史的価値を、普遍的なるものに対する献身にひそかに入り込ませる危険を犯さなければならない。言い換えれば、人間は、決して純粋な自然でもなければ、純粋な精神でもない。歴史における人間のあらゆる活動は、創造性と破壊性との逆説に巻き込まれているが、それは、人間の以下の能力から生じる。(a) 自然的結合の統一と形式とを肯定もし破壊もする能力。(b) 自然的結合の統一と形式とを過剰に肯定する能力。その結果、それらは無秩序の力となる。(c) より高い合理的統一と一貫性の領域とを創造しながらも、部分的で狭い忠誠心を自然的結合の統一と形式との中に取り入れることによって、それらを次々に腐敗させる能力。

ショーペンハウアーのロマン主義においては、自己意識的理性の軋轢に対する異議は結果的に、原始主義的道徳性ではなく禁欲的道徳性をもたらす。ショーペンハウアーが意識的合理的存在の多様化や不統一に対置させた生命力の統一（意志としての世界）は、原始社会形態における生と生の狭い統一ではなく、本体世界における生命力の絶対的な統一である。それは、理性が精神世界をそれとは別の意志の実体として客体化する以前の統一である。ショーペンハウアーにとって、人間の利己主義の悪魔的な激情、すなわちあらゆる形式や統一を破壊するその傾向は、それ自体を単一の個人というあまりにも狭い媒介物に流れ込ませようとする、生の生命力全体すなわち本来的未分化の意志の努力によって造り出される。ショーペンハウアーはこう記している。「意志は随所で、さまざまの個体の数多性というかたちで現象するようになる。が、この数多性は意志には、物自体としての意志には関わりがないのであって、単にその現象に関わりをもっているにすぎない。その現象の一つ一つのうちに、意志は全体として、分割されないままに存在しているのであり、そして意志は自分自身の本質の無数に再現された像を自分のまわりに見出している。しかしこの本質それ自体、つまり真の存在を、意志が直に発見するのはただ自分の内面においてだけなのだ。人間は誰でもすべてを独占したがり、ありとあらゆるものを所有したがり、少なくとも支配したがる」のである。こうして、いかなる個人といえども無数の宇宙に比すればほとんど無にも等しいほど小さく、今にも消え入りそうな存在であるにすぎないのに、それにもかかわらず各自があえて自分を宇宙の中心だと考えて、自分自身の生活と幸福とをほかのなによりもまず先に顧慮し、……自らは大海のなかの一滴にすぎないというのに、自分の自我をほんの少しでも長く保持するためならあえて全世界の絶滅をも辞さないという心がまえでいる(8)」。この病を癒やすために、ショーペンハウアーは、生への意志を否定すること、すなわち生への意志それ自体に反抗することしかそのすべを知らない。しかしながら、ショーペンハウアーは、意志がその個々の表現を支柱とすることができ、また、個人性を意志の本来的不可分の統一性へと引き戻すこともできる見通しのきく地点については何も説明していない。ショーペンハウアーの思想体系は、本質的には結局仏教的な結論となる。しかし、西洋的でキリスト教的な生命力の強調はきわめて強力であるため、こうした結論が無制限に現れることを許容することはできない。ショーペンハウアーにおける救済された世界は未分化的意志であって、東洋思想におけるように、生命力がすべて破壊された世界ではない。

ショーペンハウアーのロマン主義とニーチェのそれとの間には、生を第一義的に意志と見なす共通の定義を除けば、共通するものは何もない。一方では、個々の生命力はあらゆる形式を無視して表現されるが、他方では、個々の生命力は、人間の生における意志の表れが、まさにニーチェが称揚する悪魔的な激情へと至らざるをえないと考えられるという理由で破壊される。したがって、ニーチェが誤ってキリスト教の真髄と見なした否定主義は、実際にはキリスト教のショーペンハウアー的で仏教的な変形なのである。

ニーチェとショーペンハウアーとの対比は、合理主義へのロマン主義による攻撃の二つの対照的な方法を浮き彫りにする。ニーチェにおいては、理性が創造する統一や形式は、人間における原初的な生命力の偽の支配者と見なされるか、あるいは危険を招くものと見なされる。ショーペンハウアーにおいては、理性は、本体的な統一性と形式に不和を生じさせ崩壊させる力と見られている。その他の形態のロマン主義においては、この原初的統一性は、原始的生の特徴と受け取られている。ロマン主義は、そのさまざまな学派において、合理的自己意識には以下のような全く矛盾する諸傾向があると非難するが、このことは、ロマン主義の視点から人間精神の逆説を見抜くことはできないことを示している。すなわち、合理的自己意識は、一方では自然的生命を弱体化しながら、他方ではそれを強化しており、また、生存への意志もしくは《権力への意志》の表現について、一方では広すぎる形式を作り出しながら、他方では狭すぎる形式を作り出しているという非難である。

Ⅳ　ロマン主義の誤り

しかし、ロマン主義の誤りは、ロマン主義が、合理主義一般とりわけ観念論に狙いを定める矛盾した批判にだけあるのではない。ロマン主義がその擁護者と自任する、人間の生命力の解釈においても誤っている。ロマン主義の誤りは、ブルジョワ自然主義がそうしがちであるほど、人間の生命力を生物学的な次元に退化させていることにあるというわけではない。ロマン主義の基本的な誤りは、明白に、自然と精神との、また生物学的衝動と理性的精神的自由との複合体である存在を、生物学的で有機的な領域に属するものと見なそうとする努力にある。人間というものは、上層の視点から理解しようとする努力が失敗したら、今度は下層の視点から理解することができるというような単純な二つの層からできているものではない。もし、合理主義が、生物学的衝動の重要性や力、またその固有の秩序や統一性を軽視しがちだとすれば、ロマン主義はこれらのものを、人間本性が動物的衝動をその純粋なかたちでは理解していないということをわきまえることなく重視しがちである。

あらゆる生物学的事実やあらゆる動物的衝動は、それが人間より下位の世界に関わっていることがいかに明白であるとしても、人間の精神に組み入れられるゆえに変えられるのである。人間の自由は、たとえてみれば、二階から外を見るような知性の窓だけで成り立っているのではなく、動物が知らない自由をあらゆる自然的衝動に認めるような各階の通気口からも成り立っている。したがって、ロマン主義が間違っているのは、人間における動物的衝動の統一性と生命力とのいずれか一方を人間の純粋な本性と見なしていることである。社会的結合の統一性は、原始部族においてさえ、狼の群れの統一性とは区別される。それを維持するためには、自己を誇り他者を軽蔑することが要求され、社会の慣習は社会が連帯するための構造の一部となる。人間は、性的衝動という生命力を規制することに困難を覚えるが、それは、自然がこの衝動に人間の命の要求を超える推進力を与えるからではない。そうではなく、性的衝動を規制することが困難なのは、その衝動が、動物の命の場合と異なり、人間における自然の過程の秩序全体に埋め込まれているわけではないからである。それゆえ、どのような肉体的衝動であっても、それを抑える自然における抑制装置から解放されると、持ち前の傲慢な傾向が増大しかねない。したがって、多様な衝動をある種の調和に持ち込むことにおいて人間が経験する困難さは、自然の御しがたさのために生じるのではなく、精神の自由によって引き起こされるのである。いわゆる自然の惰性にさえ精神的な性質がある。合理的な自由によって生み出される、包括的な統一体の場において狭小な忠誠心が無秩序に主張される事態は、常にある程度、自然の惰性の結果ではなく、むしろ自由の結果である。それは、人間が、それによって家族や部族といった自然的な結合体を際立たせ、強調し、それらを傲慢の手段として利用することができるようになる自由である。

全体としてまとまった人格の生命力は、種の特定の衝動で満たされるのと同程度に、精神的要素で満たされている。ニーチェは、生命力についてのその基本概念である《権力への意志》を、自然全体が競合する意志の闘いの場であると解釈することによって、純粋に自然的衝動と同一視しようとする。(9) ニーチェのツァラトゥストラはこう語る。「わたしは、徹底して体であり、それ以外の何者でもない。魂は、体の中の何かを現す言葉のようなものにすぎない。……あなたの体の中には、至高の知恵よりもっと多くの知性がある。……創造する体は、その意志の道具として精神を創造した」［フリードリヒ・ニーチェ『ツァラトゥストラ』(上)、丘沢静也訳、光文社、二〇一〇年、六五―六六頁参照］。それにもかかわらず、純粋な自然は《権力への意志》を全く知らない。《権力への意志》が知られるのは、生存への意志によって、つまり各有機体の生存衝動によってである。根本的な自然の生命力を「意志」であるとするロマン主義の定義は明らかに、人間固有の生命力の範疇を通して自然を解釈することによって引き起こされた誤りである。人間固有の生命力の範疇において、精神は、自然の衝動に、動物存在には知られていない意識的な組織と方向とを付与するのである。

知恵と勇気と力とは全面的に生物学的衝動の中に見出されるべきだというニーチェの主張は、その合理主義への憎悪によって引き起こされた、意識的に倒錯した象徴化であるかもしれない。というのは、その最初の大作『悲劇の誕生』において、ニーチェは、自らの生の解釈を、ディオニュソス的な精神の形式を無視する野望と欲望と関連づけているからである。それは、ギリシア悲劇が求める解釈である。ディオニュソスは神である。ディオニュソスは精神であって肉ではない。ギリシアの劇では、ゼウスの支配を無視する傲慢と野望は、明らかに「精神の果実」であって、ニーチェは、それ以外の解釈をしようとはしていない。ニーチェは、他のロマン主義者と違って、純粋な肉体的衝動と精神の欲望との区別を十分明白に認識してはいるが、論争するためにその区別を曖昧にしているのではないかと考えざるをえない。

後のロマン主義者たちとは対照的に、ルソーもまたこの区別を認める。かれは傲慢と《権力への意志》を、より単純な動物的利己主義の精神的な堕落と見なし、それを、「自尊心」という著しく非生物学的な用語を用いて定義する。ルソーは、「すべての動物たちが自己保存に留意するようになる」というこの単純な動物的生存衝動を、次のようなものから区別したいと考えている。すなわち、「社会の中で生まれ、それぞれの個人がこの感情のために自分を他の誰よりも尊重するようになるところの、純粋に相対的で人為的な感情」から、言い換えれば、後期ロマン主義者たちが純粋に生物学的用語で解釈する《権力への意志》そのものからである。しかしルソーは、理性が、自然的な生存衝動を「憐れみの情によって変えることができ」、そのようにして「人間愛と徳をつくり出す」ことができると思い描くが、その同じ精神の能力が生存への意志を《権力への意志》に変えてしまうということには思い及ばないのである。[10]

このように人間の生命力を純粋に生物学的な立場で解釈する点において、フロイトの心理学はロマン主義と完全に一致する。フロイトの心理学によれば、基本的な生物学的衝動は性的衝動である。しかし、そうした衝動の棲み処である「イド」(id)は、「カオスであり、煮えたぎる興奮の坩堝」として描かれる。イドは、「いかなる編成ももたず、いかなる全体意志も形成せず、ひとえに、快楽原理に従いつつ欲動欲求を満足させることをめざすのみ」[11]である。イドの本能的衝動は高度に組織化されていないにしても、そこには、意識的な自我の検閲を免れるための際立って巧妙な手口がある。言い換えれば、イドの本能的衝動は、精神の狡猾さでその身を固めているのである。「イドについて私たちのもっているわずかな知識は、夢工作……の研究を通して得られたもの」であるとフロイトは言明する(p.103)〔邦訳は注(11)文献、九六頁参照〕。これは重大な告白であって、ここにフロイトの心理学の根本的な誤りが露呈している。夢の世界、すなわち、意識と無意識との奇妙な中間地帯が純粋に生物学的衝動の意味への入り口であるとは、驚くべきことである。ここでフロイトは多少ヨブから学んだのかもしれない。ヨブは、自己意識の重圧から単なる生物学的存在の単純さの中に逃れようとしているからである。ヨブは、その逃避の場所を眠りに求めている。「『床に入れば慰めもあろう。横たわれば嘆きも治まる』と思ったが、あなたは夢をもってわたしをおののかせ幻をもって脅かされる」〔ヨブ七・一三、一四〕。夢は、純粋に生物学的な衝動とは全く異なるものを示している。それとも、動物は、エディプス・コンプレクスによって苛まれ、無意識の深層において近親相姦的衝動が発現しようともがいているゆえに良心の呵責に苦しむと考えられるとでもいうのだろうか。

フロイトの心理学の全体は、その明示するところではなくその暗示するところにおいては実際のところ、精神と自然、および動物的衝動と精神的自由とが人間存在において複合していることの鮮やかな証明である。イドは、自然には属さない手練手管の巧妙さを示す。他方でフロイトは、「自我と超自我のいくぶんかは無意識的でありうる」(p.105)〔邦訳は注(11)文献、九八頁参照〕ことを忘れないよう警告する。フロイト主義は、人間精神の複雑性をすべて生物学的な観点から説明すると装っているが、生物学的衝動がそのような高度に複雑な精神現象へとどのように変えられるようになるべきであったかについては説明できないのである[12]。

V　マルクス主義におけるロマン主義の要素

人間の理性の下部構造的生をめぐるマルクス主義の解釈が、ロマン主義の解釈とは明白に異なっていることは言うまでもない。マルクス主義の強調が個人の衝動ではなく社会階級に共通するところに置かれるゆえに、また、そうした衝動が主として経済的な観点から解釈されるゆえに、人間の理性の下部構造的生は、生物学的概念ではなく唯物論的概念を利用する。マルクス主義理論によれば、歴史的行動に生命力を供給するのは純粋な自然ではない。エンゲルスはこう言明する。「自然に対する人間の反作用を度外視する限り、自然には、無意識の盲目的な諸動因だけが存在するにすぎない。そこでは、それらの動因は、相互に影響しあい、その相互作用を通して自らを主張する。……他方、社会の歴史においては、能動的諸動因には常に意識が付与され、人間は、常に思想と情熱とをもって、一定の目的を目指している。……しかし、この違いは、歴史の過程が一般法則に従っているという事実を変えるものではない。……社会的世界では、無数の個人の意志や行為の葛藤から、無意識の自然的な状況によく似た状況が現れる。行為の目的は意志によって決まるが、そうした行為から生じる結果は意志によるものではない。あるいは、その結果が意志による目的と一致しているかのように見える限りにおいて、それらは究極的には、願っていた結果とは正反対のものになってしまう[13]」。

歴史過程についての以上のような、その正確さを否定する余地はまずないような説明は、歴史的創造性の生命的推進力を意識的な人間の意志に起因するものとし、形式と方向の原理を、人間の意志を封じるさらに高度な超人間的論理と結びつける。歴史の弁証法というこの論理は、キリスト教の概念である摂理の合理化され機械化された概念と見なされなければならないものであり、これによって、マルクス主義はストア哲学の合理主義と類似した立場をとることになる。しかし、その合理化された摂理が歴史の法則であって自然の法則ではないという点は異なっている。したがってマルクス主義は、自然の調和と統一を早まって人間の活動の目標とはしない。言い換えれば、マルクス主義はこのところまでは、ヘーゲル的合理主義の範囲にとどまっている。マルクス主義は、形式の合理的原理を否定しない。しかしながら、ヘーゲルが歴史の推進力を純粋理性から引き出すことには反対する。その推進力は歴史的経済的諸関係の動力にある。生物学的な次元になぞらえれば、その動力は飢えの衝動の中にあるということであろう。しかし重要なことは、マルクス主義は人間の歴史の生命力をそのような次元に引き下げてはいないということである。その思想を決定づけるのは、決して単なる飢えの衝動などではなく、その衝動を満たすために意図された何らかの社会機構である。「自然だけのものとしての自然ではなく、人間による自然の変化こそまさに人間の思考の最も本質的な、かつ最も直接的な、基礎である[14]」とエンゲルスは主張する。

マルクス主義は、歴史の生命力が、歴史において人間の意識によって前もって組織され形成された自然の衝動のようなものであるというこの仮定から出発して、人間の行動と歴史を解釈する際に自然の生命力と理性の自由の双方をともに公正に受け止めようと努める。この努力は最終的に失敗するが、それはただ以下の理由による。すなわち、マルクス主義の形而上学的前提は、人間本性をマルクス主義の社会哲学における自然の必然性と精神の自由の関係の概念との一貫性において解釈することを許さないからである。

その社会哲学において、マルクス主義が唯物論を機械論的に解釈していないことは明らかである。マルクス主義は、人間の意識における自由の要素を公正に受け止めることを怠ってはいない。エンゲルスは次のように述べている。「唯物論的歴史観によれば、歴史において最終的に規定的な要因は現実生活の生産と再生産である。それ以上のことをマルクスもわたしも今までに主張したことはなかった。さて、もしだれかがこれを歪曲して、経済的要因が唯一の規定的なものであるとするならば、さきの命題を中味のない、抽象的な、ばかげた空文句に変えることになる」[15]。一方において、たとえ増大する悲惨がプロレタリア階級の高まりゆく革命意志の源泉であるとはいえ、レーニンは、「労働運動の自発性を促進したり、意識的要素の役割を軽視すること」に異議を唱えてこう主張する。革命家は、経済的境遇によってではなく、その革命意志の質によって判断されるべきであると[16]。これと同じ精神で、エンゲルスは、人間の意識的な決断が歴史的要因に入り込むと、次はその歴史的要因が、純粋に経済的な原因と相俟って歴史における決定要因となることを認めている。エンゲルスはこう記している。「ある歴史的要因がひとたび他の、究極的には経済的な諸原因によってこの世に生み出されると、それはいまや反作用をもおよぼすということ、その環境や、さらにはそれ自身の原因に対してさえ、反作用をおよぼしうる」[17]。

このような解釈によると、マルクス主義は自然の単なる生命力については何も認めていない。認めているのは、一部は超人間的歴史的論理によって、一部は人間の意識それ自体によって形成される生命力だけである。

しかし、この立場は一貫して維持されてはいない。歴史的決定において上述のような役割を果たす合理的意識は、それにもかかわらず、無意識の力の単なる道具の役割に引き下げられている。マルクスは、次のように言明する。「人間の頭脳における茫漠とした像ですら、彼らの物質的な、経験的に確定できる、そして物質的な諸前提とむすびついている、生活過程の、必然的な昇華物なのである。道徳、宗教、形而上学、その他のイデオロギーおよびそれらに照応する意識諸形態は、こうなれば、もはや自立性という仮象を保てなくなる。これらのものが歴史をもつのではない、つまり、これらのものが発展をもつのではない。むしろ自分たちの物質的な生産と物質的な交通を発展させていく人間たちが、こうした自分たちのこの現実と一緒に、自らの思考や思考の産物をも変化させていくのである。意識が生活を規定するのではなく、生活が意識を規定する」(18)。

マルクス主義の社会理論が、意識の役割を重視したり軽視したりして一貫性を欠くとすれば、マルクス主義の心理学と認識論は、唯物論的決定論への関心において完全な一貫性という長所を有する。その認識論は粗雑で煽情的であり、その心理学は、理性的過程を生物学的な次元に引き下げる。エンゲルスはこう言明する。「われわれの意識と思想は、いかに超自然的に見えようとも、物質的身体的器官である脳の証拠にすぎない。物質が知性の産物ではなく、知性はそれ自体、物質の至高の産物である」(19)。

結果として、マルクス主義は古いリベラリズムと、少なくとも一つの特徴を共有する。それは、いかに限定的であろうとも、その心理分析が支持しない社会理論における主意主義である。マルクス主義は、その哲学の限界内においては、人間精神の真の自由と超越性に思い及ぶことはありえない。歴史的出来事をかなりの程度正しく描くために、マルクス主義はその社会理論の中にそれに必要なだけの非一貫性を取り込むが、そのような偽装は、歴史的自由と歴史的運命との逆説を把握するために機械論的概念を用いるところまでのことにすぎない。しかし、その人間像についての見解では、マルクス主義は、人間の人格性の構造における精神の深みを否定することを余儀なくされている。その結果、人間の悪の真の性格も理解することができない。マルクス主義理論における悪の原理を象徴する支配的なブルジョワ階級の強欲は明らかに組織立った飢餓以上のものである。所有衝動は、それ自体物理的なものである以上に精神的なものであり、明らかに多くの場合権力欲の道具にすぎないことは明らかである。ところがマルクス主義には《権力への意志》についての理解がない。それゆえに、マルクス主義は、あらゆる人間の物理的必要が平等に充たされるや否や、完全な社会的調和がもたらされることを期待しうる。そして、新しい寡頭政治の《権力への意志》が、社会的抑制を受けずに悲劇的な激しさで表れるような新しい社会をロシアに建設することができるのである。

マルクス主義は、所有衝動や権力衝動の精神的性格のみならず不誠実の精神的性格をも理解しない。すべての文化的企てのイデオロギー的性格に対するその偉大な洞察は、意識を物質的条件の単なる反映とし産物とするその解釈によって損なわれる。言い換えれば、マルクス主義は、利己主義的な利害を一般に妥当すると考えられる理想の陰に隠そうとする人間の傾向を、人間知性の単なる有限性すなわちその環境への依存性に起因するとしている。しかしそれによって、マルクス主義は、人間の精神がなぜそのように見せかける必要性に迫られていると感じるのか、その理由を説明をすることができない。なぜ人間は、動物がするように自分自身の利益を追求しないのか。それは、人間の精神がその生存衝動を超越し、それによって自分自身の生よりも一層一般的な価値の領域を十分に思い浮かべることができるまさにそのゆえに、人間は、実際にはそうでなくても、この一層包括的な領域に忠実であるように見えなければならない。不誠実を余儀なくさせるその同じ精神的能力が、無意識の不誠実の誤りに意識的欺瞞の要素を加えるのである。エンゲルスは、この真理の一部を、それも、ごく一部にすぎないことを次のような言葉で認めている。「イデオロギーは、たしかに、いわゆる思想家たちによって意識的に行われる過程であるが、それは間違った意識で行われる。彼を動かす本来の推進力は、彼には知られないままである。そうでないとすれば、それはまさにイデオロギー的過程ではないであろう」[20]。偽りの意識を超える真の意識があるということを見ていることにおいて、エンゲルスは正しい。たとえ、その洞察が、一般的なマルクス主義の立場と一致していないとしてもそうである。一般的なマルクス主義の立場によれば、あらゆる意識は、人間が巻き込まれている利害の均衡の反映にすぎない。しかし、利害の合理化は無意識になされる限り可能であるとするエンゲルスの推測は間違っている。利害の合理化は意識的でもあり無意識的でもある。ちなみに、マルクス主義者の政治的論争には絶えず次のようなことが見られる。すなわち、意識的な不正行為にのみふさわしい道徳的侮蔑をもって敵のイデオロギーを取り扱うことによって、合理化を全く無意識的だとする自らの定義を否定しているということである。

Ⅵ　対立する諸理論の社会的基礎

観念論とロマン主義との、また精神分析と唯物論との対立において、古い合理主義的自然主義の位置が曖昧で不明確であることについてはすでに触れてきたが、そこでは、その原因がこの自然主義における隠された合理主義にあると見なした。しかし、古い自然主義の中立性であれ、最近のロマン主義的で唯物論的な攻撃の激しさであれ、そのいずれも純粋に文化的な観点から理解することはできない。その葛藤の真の原動力は、社会経済的な観点から説明されなければならない。十八世紀の思想を風靡した自然主義は、勃興しはじめた中産階級の生き方の哲学的表現であった。この階級は、封建制に対するその反抗期にあって、自然主義的哲学を、キリスト教的で古典主義的な合理主義の保守主義に対抗して自然の生命力と歴史の相対性を評価する手段に用いた。この封建的保守主義は、自ら樹立し、また、その改変には抵抗してきたところの社会の支柱として、不変で永続的に有効な合理的社会的形態の理念を利用していたのであった。ところがこの同じ中産階級が、今や近代社会における、少なくともなお残存するブルジョワ文明における支配的な勢力となった。それゆえ、中産階級は、その生命力と相対性の感覚、自然と歴史の過程との関係における人間についてのその理解を、既成形態の合理主義的意味に従属させてきた。このブルジョワ合理主義は、その当初からプラトン的合理主義ではなくむしろストア哲学的かつエピクロス的な合理主義に多く負っていたため、自然的生命力と理性的規律との緊張を強く意識したことはなかった。生をめぐる真の緊張はその思想では曖昧にされた。中産階級は権力を握りつつあったが、悲劇についての感覚を全く欠いていた。その結果、中産階級が勝利した時期、生の悲劇的な葛藤とりわけ創造性と破壊性の逆説を正しく認識することは期待されるべくもなかった。キリスト教と合理主義の双方に対してニーチェ主義やマルクス主義者たちが唱えた異議が、ブルジョワ世界の表に現れない反キリスト教的思想以上に、キリスト教の本質的な洞察との親和性を示すのはまさにこのゆえである。

理性的人間を本質的人間と見せかける偽装に対して、また、理性によって生命力を弱体化させる危険に対してロマン主義と唯物論とが唱えた異議は、近代社会の二つの階級すなわち下層中産階級と産業労働者とによって担われている。それらの階級は、歴史的必然性によって、上層中産階級の政治的経済的支配権に挑戦することを強いられる。下層中産階級は、全体主義的政治に極まる多様な形態のロマン主義において自らを表現する。一方で産業労働者たちは、唯物論的哲学と共産主義政治に引きつけられる。こうした異議は、ブルジョワ文明の力や威信が腐敗するにつれてもっともらしさを増していく。というのは、ある文化に具現化している真理が、その真理性を主張するとともに歴史的真理が常に巻き込まれる誤りを隠すのは、その思想固有のもっともらしさによるよりもむしろ、その真理が具現化している文明の威信と安定性とによるからである。

不幸なことに、ロマン主義や唯物論が発見してきた人間の本性や歴史についての真理は重要であるにもかかわらず、そうした哲学は、一方において頽廃が深まる手段となり、他方において再生が失敗に終わる手段となりつつある。それはまた、人間の本性の問題を十分に深く見ることがないため、混乱を脱することができず、近代文化がその当初より陥ってきた誤りを倍加させることにもなる。ロマン主義は、合理主義の普遍性に反対して、自然の生命力とその原始的で有機的な統一とを合わせて主張する。したがってロマン主義は、形式と秩序の原理をすべて無視する（ニーチェ主義におけるように）か、そうでなければ、原始的で不十分な自然の統一形式（血と土〈Blut und Boden〉〔民族と祖国を強調する民族主義イデオロギーの標語、ナチスが利用〕）を強調する。こうしてロマン主義は、頽廃の手段となり、新しい秩序への方途を提示することなくブルジョワ文明の崩壊を加速させる。下層中産階級（孤立から人種と民族の統一へと必死に逃れる個人主義者たちと、原始的な部族主義の視点から歴史を再発見する、歴史意識を持たない人々）がこの頽廃の道具であることは重要である。

他方で、マルクス主義唯物論には真正な建設原理がある。この思想はそれ自体一種の合理主義である。というのは、人間の理性のそれではないとしても、理性の形成し創造する能力を信じているからである。歴史における創造的な人間の力は、理性の下部にあって階級関係の原動力として表れる生命力の衝動にある。しかし、マルクス主義唯物論は、こうした生命力の衝動は、それより高次の論理すなわち歴史の弁証法の単純な支配のもとにあると信じている。この思想は、人間の破壊性を社会機構における単純な変更によって手なずけることも、人間の創造性からその破壊性を駆逐することもできるという幻想のもとで、既成の社会的文化的秩序に対する近代の反抗者たちを刺激して、悪魔的な狂暴さへと駆り立てる。その際、この思想は反抗者たちに対して、既成秩序の破壊が新しい社会をもたらし、そこでは人間存在の生命力が、弁証法的で超人間的な歴史の論理の形成力の下に置かれ、また引き続きその中にとどまるように保証するのである。ロマン主義が政治において原始主義的な部族主義やそれに付随する無秩序状態を招くとすれば、マルクス主義唯物論が信じるのは、近代社会における階級闘争の無秩序が、その基本的な論理を理解する人々によってあらゆる闘争の解決へと導かれうるということである。

マルクス主義的政治が、全体主義がもたらす結果と大差がないようなロシアの政治状況を生み出しているのは何ら不思議ではない。というのは、いずれの場合も、人間の生における創造的な力と破壊的な力との逆説的な関係が十分に理解されていないだけでなく、人間の創造性における形式と生命力との関係についても十分に把握されていないからである。ブルジョワ的合理主義文化に偽装の要素があることに気づいているロマン主義的全体主義者は、《民族と血》についてのロマン主義的自然秩序の自己正当化的性格を、それが十分な生命力をもって表現される限りにおいて強く主張し、あらゆる規範や秩序の合理的原理を廃棄する。マルクス主義的反抗者たちもまた、合理主義者の社会的規範に偽装の要素があることに気づいている。しかしかれらは、ある程度の偽装が自分自身も含めてあらゆる形態の人間の精神性に必然的に付随することを忘れて、心安んじて新しい社会秩序に望みをかける。そこでは、人間の創造性は破壊性を伴わずに表現され、人間の生命力は完全な社会的調和において受け止められ、その一部となる。こうしてマルクス主義者の暫定的なシニシズムには、道徳的な承認と、普遍的な形式と秩序の単純すぎるうわべだけの原理が付与される。それはまさに、純粋な虚無主義に徹しえないロマン主義者のさらに深いシニシズムが、自然的な結合と秩序という原始的で狭い原理と妥協するのと同じである。どちらの場合も、その見せかけの道徳によって、人間の衝動が十分な規律なく自らを表現することを認める。ロマン主義とマルクス主義というこれら二つの信条から生み出される政治に類似性が見られるのはこのゆえである。しかしながら、次の点を認めないわけにはいかない。すなわち、ロマン主義的全体主義の道徳的シニシズムや虚無主義のほうが、共産主義の暫定的なシニシズムや究極的なユートピア主義よりも徹底して破壊的であるということである。

なおつけ加えておかなければならないのは、フロイトの心理学の洞察は社会史的に考えれば、人間の本性と歴史をめぐる合理主義的解釈への、基本的にロマン主義的唯物論からなされた入念な異議申し立てであると考えることもできるということである。そのフロイトの異議においては、下層中産階級やプロレタリアの反逆者たちよりも、支配階級の構成員たちにあてはまるような一般的反逆の側面が強調されている。フロイト主義において、人間の無意識的衝動の暗黒の迷路は、人間が、合理的人間という見せかけや、文化と文明の規律への確信を失うという仕方で明るみに出される。こうした洞察は、既成の社会秩序の枠内で表現され、道徳的もしくは政治的な選択肢を示さないゆえに、特定の文明や文化についての絶望にとどまらず、文明それ自体の絶望に至る一層深い悲観主義をもたらす。このことは、社会的に自らの文化と文明それ自体に縛られるあまり選択肢を思い描くことができない個人の無力感から生じる結果であると言えよう。それはまた、特定の歴史的形態や規律の偽装に対する洞察を歪める道であろう。したがって、依然として社会的に自らの文化や文明に結びつけられその特権から利益を得ている個人は、社会的道徳的選択肢を探求する苦しみに耐える必要はなくなる。『文化の中の居心地悪さ』（*Civilization and Its Discontents*［『フロイト全集20』所収、嶺秀樹、高田珠樹訳、岩波書店、二〇一一年参照。］）でフロイトは、その含意するところにおいてニーチェが達した結論とほとんど変わらない虚無主義的な結論に達している。フロイトが信じるところによれば、超自我（超越的精神ではなく社会的機構と見なされていることは重要である）の規律が強迫観念と逸脱とを生むことは避けられない。フロイトは、こうした前提から暫定的に無政府主義的な結論を引き出しがちであるが、究極的には、社会的規律の必要性を否定することも、精神病的異常を癒やす手掛かりを見出すこともできていない。フロイトの見解によれば、そうした精神病的異常はそのような規律に付随せざるをえないのである。この解決不能な問題によってフロイトが行き着くのは悲観主義の袋小路である。

ある意味で、フロイトの悲観主義的結論が浮き彫りにするのは、上層中産階級に特有の精神的問題である。それは、マルクス主義がプロレタリア階級の精神的問題を浮き彫りにし、全体主義が下層中産階級の精神問題を浮き彫りにしたのと同様に明らかである。フロイト主義は、そのような上層中産階級の不安な良心が行き着く典型的な帰結である。この中産階級は、合理的な秩序と規律の偽装と部分的な達成の背後に混沌の領域を発見してきたが、かれらが発見した問題への基本的な解決については、それを見出すこともできなければ、見出そうともしない。

事実はこうである。合理主義的であれロマン主義的であれ、近代文化がこの問題を考えている次元の限界内では、生命力と形式の問題を解決することも、人間の創造性と破壊性の逆説を十分に理解することも不可能である。近代文化は、こうした限界内で以下の四つの視点のいずれかを選ばざるをえないが、説得力がない点ではいずれも同等である。（a）ファシズムのように、破壊的激情を生命力のゆえに称揚する視点。（b）リベラリズムのように、事実と矛盾する、歴史における生命力の調和を空想する視点。（c）マルクス主義のように、合理的規律の不誠実な偽装や人間の破壊性の現実を暫定的に認めるが、社会を革命的に再編成することによって人間の状況における完全な変化を期待する視点。（d）フロイト主義のように、生命力と規律の問題について、いかなる根本的な解決も断念し、一時しのぎで満足する視点。

第三章
近代文化における個人性

I　序

個人性は自然と精神の産物である。それが自然の産物であるのは、自己性の基礎が体の個別性のうちにあることによる。自己は、その個別の存在を保つ身体的有機性に根ざし、固有で日付の刻まれた歴史を持つという単純な事実によって最も明白に他の自己と分け隔てられる。しかし、自然が個人性の現実へと達するのはあくまでも徐々にである。無生物の世界においては、物質や力は、「唯一の」出来事（たとえば特定の山が隆起したり次第に浸食されたりするようなこと）が気まぐれに生み出されるために、統合されたり分解されたりするが、固有の統一性もしくは再現不可能な統一性というものはない。そのように、無生物の世界は数学的に正確に表示しうる再現性のもとにあり、それゆえに物理学と数学には密接な関係がある。

それに対して生物の世界においては、自然は相互に依存し、破壊しえない統一によって特徴づけられる有機体の固有性にまで達する。植物はひとつの統一体として生き、その死は固有の統一の崩壊と、その構成要素の無生物界への回帰を意味する。さらに高い段階では、動物の生は、中枢神経系という統一された相互依存の中心によって、一層高度な個別の固有性に達する。この神経系によって、動物は、その環境からのさらに高度な分離を達成する。しかし、その行動は、個々の動物を種の一般的特性に拘束する本能に支配されている。その色や大きさや、場合によって気質などは、意味があるというより恣意的で、予想どおりに反復されるものである。動物の生において、真に固有なのは個体ではなく種である。個々の動物は、種固有の生の戦略を際限なく繰り返しているだけである。

分離性と固有性を含めた真の個人性は、人間の生において特徴的なものである。それゆえ、それは自然の所産であるとともに精神の所産でもある。自然は個別性を与えるが、精神の自由は真の個人性の要因である。人間は、動物と異なり、ただ中心を持つのみならず、自分自身を超えたところに中心を持つ。人間は、自身を対象とすることができる唯一の動物である。この自己超越の能力は、人間における精神を魂（これは人間が動物と共有するものである）と区別するものであるが、それは、互いに分離した個人性の基礎である。というのは、この自己意識は、世界を「他なるもの」として意識することをも含むからである。動物は、その欲求を満たす環境において固有の欲求と対象を覚知している。それゆえ、その意識が、動物が巻き込まれている自然的過程を超えることはない。動物の意識は、環境との直接的関係にある器官の有機的統一の表現にすぎない。人間の意識は、自己と総体としての世界とのはっきりとした区別を伴う。こうして、自己認識とは、個々の個人性の基礎なのである。

人間の自己超越の能力は、人間の自由の基礎でもあり、それゆえ個人の固有性の基礎でもある。人間の意識は自然の過程だけでなく、自分自身をも超える。それによって人間の意識は、人間存在を特徴づけるあの際限ない多様性と精緻さへの可能性を獲得するのである。人間におけるあらゆる自然の衝動は、変えられ、拡大され、抑制され、無数の仕方によって他の衝動と結び合わされうる。その結果、いかなる個人としての人間も他者と同じではない。たとえば遺伝や環境がいかに似ているとしてもそうである。ある程度まで、人間は、他の環境を求めて今ある環境を拒否する自由を持っている。二十世紀の精神的環境が気に食わないならば、意識的に十三世紀の様式によって生きることを選び取ることもできる。その物理的環境が性分に合わないならば、それを変えることもできる。現代人は、その傲慢によって、時折以下のことを忘れがちである。すなわち、自身の超えることのできない被造物としての限界があるということ、また、盾突くことのできない、容赦ない自然の力があるということである。しかしながら、人間の精神性は、人間の自由という尺度と、それに見合うだけの、人間における個別で固有の個人性とによって、動物存在とは明確に区別されるということを思い起こすのは重要である。

自然の所産であるとともに精神の所産でもある人間の個人性は、発展のもとにある。原始人は、比較的摩擦の少ない調和をもって、集団生活の「原始のわれら」（primeval we）の中に組み入れられる。[1]人間は、あくまでも段階的にではあるが、この集団的意識から個人として立ち現れる。しかし、現れ出るのは、始まりの頃からあったもともとの資質である。この特別な資質の固有性は、それが人間の生において発展したという事実によってのみならず、原初的実存の特徴によっても示される。原始的共同体は、自由を持たない動物存在が統一体の形成を達成するための問題に遭遇しないのとは異なり、自然的衝動を抑制する共通の慣習と方法とを確立することを余儀なくされている。原始的共同体に社会的自由が欠けていることは、原始的人間における不明確な自由を物語っている。この自由は、衝動を表現する幅広い多様性を生み出す。原始的共同体は、多様性における統一を達成する知恵を欠いていたゆえに統一性に固執せざるをえず、次のような標準を強化することになった。すなわち、当初は歴史の気まぐれから生じるが、次第に有用性という粗野な実用的基準に従うようになるという標準である。[2]

II 個人性についてのキリスト教的感覚

この時点で、初期の数世紀の文明における個人性の発展を跡づけることは不可能であろう。われわれにとって重要なのは以下のことである。すなわち、個人性の理念と事実は、キリスト教において最高度に達成されるということと、ルネサンスに始まる近代文化は、一方では愛の法によって、他方では人間の被造性という考えによって、キリスト教信仰において設けられた限界を超えて個人性の観念を高めようとするものの、結局は理念も事実も失ってしまうということである。

近代文化における個人性のこの著しい自己崩壊をたどる前に、個人についてのキリスト教的見方について簡潔に説明することによって、続く各章の予告をしておく必要がある。キリスト教は、個人性の意味を高めることに貢献している。なぜなら、キリスト教信仰によれば、人間の精神は、その自由において、究極的には神の意志にのみ結ばれており、人間の心の秘密は、神の知恵によってのみ十全に知られ裁かれるからである。このことは次のことを意味する。すなわち、人間の生は、仲間内の慣習や、行為についての合理的規則や、行動についてのあらゆる一般的で抽象的な規範を超える究極的な宗教的保証を得ているということである。しかし、キリスト教的道徳は、その最善のかたちにおいて、無律法主義ではない。なぜならそれは、パウロが「一切はあなたがたのもの、［しかし］あなたがたはキリストのもの」［Iコリント三・二二―二三］と言ったキリストにおいて啓示された神の意志に結びつけられているからである。プロティノスの神秘主義において、われわれは人間精神の超越についてある同様の意味を見出す。しかし神秘主義は、人間の精神的固有性をそのまま高めるだけに終わり、そして、究極的には個人の固有性を喪失する結果に終わる。神秘主義においては、固有の個人性は自然的被造性と同一視され、その結果、克服されねばならない悪のまさに根源と見なされることになる。マイスター・エックハルトは言った。「あなたの心は純粋でなければならない。そして、被造性を根絶した心のみが純粋なのである」[3]。キリスト教信仰によれば、個人的生はおのおの神の意志に従っている。この神の意志への服従こそが、有限な人間の意志と、神に支配されたものとしての世界の秩序全体との正しい関係を確立する。神秘主義によれば、エックハルトの半キリスト教的な感覚による解釈においても、徳は、個人の意志を滅却することによってのみ成し遂げられうる。「貧しい者とは、神の意志を実行しようとする者ではなく、かれが存在していなかったときに存在していたかのように、自身の意志からも、神の意志からも自由な者のことである」[4]。言い換えれば、神秘主義は、人間精神における最高の高みの次元を主張するが、固有の個人性を克服されるべき被造性と同一視してしまう。それは究極的には、個人が神的なものに吸収されることである。さまざまな自然宗教では、人間の精神は、所与の環境を超えることができるが、その部族や民族や文化や時代の精神と結びつけられている。ゆえに、キリスト教のみが（ユダヤ教も、預言者的で聖書的な伝統に関わっている限りにおいて、また、民族的律法に束縛されない限りにおいてそうであるが）、その総体的な深みと固有性における人間の精神とを理解し確立するのである。

個人性についてのこの高められた感覚には当然、危険がないわけではない。もし、神に対する宗教的責任意識と神の前での悔い改めによる謙遜という宗教的感覚が弱められるならば、キリスト者の個人性は、無政府主義の源泉となりかねない。このことは、西欧のキリスト教の歴史における悲惨で悪魔的な側面のある部分を説明できるであろう。

中世のカトリック時代全体を通して、キリスト教的な個人性は、決して一貫した表現をとることはなかった。このことには社会的経済的要因もあった。中世の大土地所有的封建制経済は、依然としてそれ以前のチュートン的部族的統合との密接な関係にあった。ゆえに、社会の複雑さによって個人的意識の十全な現れが余儀なくされるということはいまだなかった。一方では、カトリックの宗教は、個人性の高度な意識が現れることを妨げていたが、それは一つには、自然法という宇宙的法則に個人を従属させる神学にギリシア的合理主義を混合したものによって、また一つには、個人の魂と神との間に宗教的制度を介在させたカトリックの宗教的権威主義によってであった。それにもかかわらず、あらゆる理性的な抽象を超える神の意志が、歴史における制度——個別的状況に一般的規則を決疑論的に適用することも含めて——によって完全に解釈されたゆえに、個人は常に、自身がその類例となる社会的、道徳的、政治的な一般的範疇を常に意識していた。個人は決して、個人として自らを十全に表現することはなかったのである。

したがって、近代的な意味における個人性は、一方ではプロテスタンティズムから、他方ではルネサンスから始まる。典型的な近代的視点から見れば、プロテスタントとルネサンスは、個人の自由という同じ方向性における異なった二つの運動にすぎない。両者の唯一の相違は、ルネサンスのほうがプロテスタンティズムよりもいくぶん近代的精神に近いということである。両者の運動の真の重要性は次の事実にある。すなわち、プロテスタンティズムは、キリスト教という宗教において個人性の最終的発展を表現するのに対して、ルネサンスは、キリスト教において設定された制限を超える「自律的」個人の発展という、一層の個人性の発展を表現するということである。実際に近代文明を導き、その文明の最終局面において完全に滅び去ったのは、この自律的個人であった。

プロテスタンティズムにおいて高められた個人意識は、「全信徒祭司主義」という宗教改革の原理のうちに神学的に表現されている。強調されたのは、真理を知る個人の能力というよりは、神に対する個人の責任と、もし個人の信仰がなければ、いかなる制度ももたらすことができない、個人の罪への憐れみの保証であった。このような考え方に含まれているのは、人間の精神の自由の無意味さに対する強い危機意識であり、それは、個人と神との直接的関係だけが克服できるものである。ルターは、かれ一流の辛辣な実例を示してこの問題を訴えている。「あなたが死の床にあるとき、『教皇さまがしかじか仰せになった』ということで自らを慰めることはできない。悪魔は、そのような気休めにも穴を開けることができるのだ。教皇が間違っているとしたらどうだろうか。そうだとしたらあなたは打ち負かされる。それゆえ、あなたはいつでも、『これは神の言葉である』と言えるようにならねばならない」。

神に対して個人は直接的に責任を負うというプロテスタント・キリスト教の感覚は、強い反律法主義を含み、またそれを発展させる。それは、いかなる特定の外的規範も律法の遵守を促す動機の質を保証するものではないと考えられているからだけではなく、法的で合理的な道徳規範は、あらゆる行為が内的また外的側面において表現する善と悪の無限の可能性においては、徳の指針として無力であると考えられているからでもある。プロテスタンティズムが、「自然法」という合理的概念を、カトリック思想におけるほどには重要ではない位置に置くことには意味がある。プロテスタンティズムは、個別的機会や、その機会に直面する個人の固有性に特に重きを置いているために、一般的規則を信頼しない。神の意志が規範であり、キリストの生涯がその神の意志の啓示である。それゆえ個人は、［神の意志という］究極的規範以外には何も信頼できる規範のないままに、人間実存のあらゆる複雑さの中で神の意志を行おうと努めるという、すさまじい責任に直面するのである。

人間の精神は神以外の何ものにも責任を負わないほどにあらゆる環境と規範とを超越するという、人間の精神についての考え方の宗教的深遠さにもかかわらず、プロテスタンティズムはしばしば、近代の無政府主義を助長してきた。それは、社会的徳と政治的正義の相対的標準や構造を示し擁護することをなしえなかったからである。こうしてプロテスタンティズムは、政治と道徳の局面において、あらゆる合理的で伝統的な規範に対するロマン主義的反抗に間接的に寄与した。この意味において、キリスト教的個人性についての最も深遠な表現それ自体に、近代の無政府主義に対して責任を負わねばならない部分がある。「一切はあなたがたのもの、しかし、あなたがたはキリストのもの」〔Iコリント三・二一―二三〕という勧告を受けた個人も、宗教的腐敗の時代には、「しかし、あなたがたはキリストのもの」という言葉で表現される究極的な宗教的責任についての感覚を簡単に喪失する。そして、宣言の前半部である「一切はあなたがたのもの」という言葉の、法を無視するような含みのみを思い起こすのである。

Ⅲ　ルネサンスにおける個人性の理念

プロテスタントが、キリスト教という宗教の範囲において、個人性という理念についての究極的高みを示しているとすれば、ルネサンスは、自律的個人という、きわめて非キリスト教的な概念と現実の真の揺籃となった。個人の自律というルネサンス的強調には、カトリックの権威主義に対する反動という部分もある。ルネサンスが、宗教的教義という独裁的権力に学ぶことからの解放をもたらしたことは、あまりも偉大であったゆえに、近代における「科学的精神」の無批判な信奉者の大半は、この自律という理念の中にある危険を見分けることができずにいる。ルネサンスの思想は、表向きは古典主義の復興であり、古典主義の権威はキリスト教の権威と対立するか、キリスト教の権威を変質させてきた。しかし、古典主義的思想は、ルネサンスが示すような、個人性への熱情を持ち合わせてはいない。ルネサンスは実際のところ、キリスト教という土壌からのみ育つことのできた理念を用いた。ルネサンスは、この個人性という理念を古典主義的合理性へと移植して、古典主義もキリスト教もあずかり知らぬ、個人の自律という新たな考え方を生み出したのである。

キリスト教における個人とルネサンスにおける個人とを結びつけるものは、個人が神のみに責任を負うというプロテスタント的理念ではなく、人間精神には無限の潜在力があるという中世神秘主義の理念である。マイスター・エックハルトから、「共同生活兄弟団」〔十四世紀にゲラルト・フローテらによってオランダで創設された司祭と信徒による団体〕とヤン・レイズブルーク〔十四世紀のフランドルの神秘思想家〕を経て、ルネサンスの偉大な創造的精神の一人であるニコラス・クザーヌスへと一本の真っ直ぐな線がつながっている。[5] エックハルトに従う神秘主義者たちにとって、キリストは人間の神的潜在力の象徴であった。エックハルトはこのように記している。「父なる神は、絶えずその子をもうけられる。そしてさらに言うならば、神は私を子として、まさに神ご自身の子としてもうけられるのである」。人間精神の潜在力に上限はない。「正しい魂は神に似ており、神の側にあり、神より高くも低くもない同じ高みにある[6]」。

エックハルトの思想において、この神的潜在力は個人性に資するものでなく、究極的には個人性を破壊する。ルネサンスがいかにして人間の神的潜在力を個人性と固有性という概念に変えたかについては、ニコラス・クザーヌスの祈りに鮮やかに示されている。「あなたのまことの御顔に限りというものはなく、量的ないし質的性質も、時間的ないし空間的性質もありません。あなたの御顔は絶対的な現れであり、もろもろの顔の中の顔だからです。……ゆえに、あなたご自身の顔を仰ぎ見るもろもろの顔は、自らの顔と相等しい何かを見出します。なぜなら、そこに自らの真実を見出すからです……神よ、若い者には若々しく、成人には成熟したように、そして老人には老いたように見えるあなたの御顔はなんと不思議なことでしょう。顔の中の顔であるあなたの御顔は、あらゆる顔の中に、神秘の中にあるがごとくに覆われ隠されています。その秘密の暗い静寂は、あらゆる顔を超えたものであり、また、そこにおいては顔についての知識も概念もいっさい失われるのですが、人間はそこに足を踏み入れない限り、覆いをとってもあなたの御顔を仰ぎ見ることはできないのです」(7)。これは、ルネサンスの始まりの時期におけるキリスト教的神秘主義の注目すべき感情である。クザーヌスは、キリスト教思想に対する反発を感じたり表現したりしているのではない。しかし、比類なき個人性についてのルネサンス的強調は、キリスト教思想と神秘主義思想の限界を突破している。「わたしの思いは、あなたたちの思いと異なる」〔イザヤ五五・八〕とされる人間を裁く神という、預言者的で聖書的な響きは、神は人間の罪を裁くのではなく、それぞれの固有な人間の個人性を成就するという観想の中に全く解消されている。個人性を最終的に飲み込む「永遠」という神秘主義的な考え方が、付け足しのように保持されていることは重要である。

ジョルダーノ・ブルーノは、クザーヌスと比べて、あまりキリスト者的ではなく、より新プラトン主義的な人物であるが、かれの主要な関心事は、人間精神の固有性よりも、その神的潜在力のほうである。かれの関心は次のような主張をすることである。すなわち、「人間は、あの超越的対象と知的に接することによって神となるのであり、神に関する事柄以外には何らの考えも持たない。そして、そのことによって、一般の人間が何よりもまず感じるようなことについては無頓着である」(8)。しかし、ブルーノにおいてもまた、人間精神の神的潜在力についての神秘主義的教えが、人間の個人性の比類なさについての新たな教えを担うものへと微妙に変えられている。「詩は規則から生まれるのではなく、規則が詩に由来するのである。しかし、真の詩人をどのように見分けることができるだろうか。それはその歌によってである」(9)。ブルーノは、完全に自律的な個人という理念に達しており、この理念がかれを権威主義への抵抗に駆り立てたのである。魂の義務の源泉は、魂自身の本性にある。そしてこの本性は、ストア哲学やカントの思想におけるような、合理性による一般的法則のようなものではない。内なる光が万人を導くのである。ブルーノにとっては、空間の無限性が魂の無限の潜在力の象徴であったゆえに、不死性という教えがかれの思想において重要になると仮定できるであろう。しかしながら、不死性の希望に対するかれの態度は曖昧である。ここでかれの汎神論が、個人性への強い感覚を凌駕する。それはちょうど、ニコラス・クザーヌスが、神的なものにおける各々の個人性の成就という見方に、あらゆる個人を飲み込む「暗い静寂」という神秘主義的幻の冠をかぶせたのと同じである。

この点においてルネサンスは、個人性という概念を破壊する、後の合理主義の傾向を先取りしている。また、この個人性の概念については、聖書的宗教よりも脆弱な根拠しか有していない。聖書的宗教では、個人性の概念は復活への希望において保持されている。「身体のよみがえり」〔『使徒信条』〕という全く非合理な考えには、個人性の源泉について暗に無意識的に認識されていることを、精神においてのみならず、自然においても表現しているという長所がある。身体という個別性なしには、人間の精神はたやすく神的精神の普遍性もしくは永遠という未分化なものへと解消してしまう。そして当然のごとく、一貫した合理主義は、時間的存在において立ち現れる個別性に永遠なる意義を認めることはできないと考えるのである。

人間の偉大さと固有性という理念に根ざす個人性というルネサンス的概念に、人間の自由が含まれるのは当然である。したがって、神に先見の明があるからといって、それが人間の行為の自由を束縛したり、歴史における人間の創造的役割を貶めたりするものではないことを示すことが、ルネサンスの思想家たちの主要な関心の一つであった。意志の自由ということが、イタリアのルネサンスの思想家の主要な関心による問題であった。(10)

個人性についてのルネサンス的強調は、諸理念の単純な組み合わせによって促進されたものではないことは明らかである。というのは、ルネサンスは多様な哲学者たちを動員しているからである。慎重で懐疑的で現世的なモンテーニュも、神に酔えるがごときブルーノと同様に個人性を高唱している。モンテーニュの主要な関心は、人間の生が自らを表現する形式の無限の多様性と相対性にある。かれは、これら多種多様な形式を、道徳的であれ、法的であれ、合理的であれ、一般的範疇にまとめようとするあらゆる努力を軽蔑している。モンテーニュの個人性についての感覚はある程度、この多様性への関心の延長線上にある。人間存在は無限の多様性を示す。「プルタルコスはどこかで、動物相互の間には、人間相互の間にあるような大きな差異はないと言っている。……私はプルタルコスに輪をかけて、人間相互の間には人間と動物の間における以上の差異がある、と言いたい[11]」。モンテーニュがある意味において、自然史や、地理的歴史的状況の多様性の成果としての限りにおける個性化に敬意を評しているのに対し、イタリアのルネサンスの指導者たちは主として、精神の個性化や、内省の神秘性や、自画像の技法などに関心を持っている。しかし、モンテーニュはペトラルカやイタリアのルネサンスと同様に自叙伝の技法にも関心を持ち、「私は私の立っているところ、寝ているところ、前向き、後向き、右向き、左向きと、自然のあらゆる姿を見せる[12]」と豪語している。そして、「人間は誰でも自分の中に人間の性状の完全な形をそなえている[13]」という確信によって、そのような研究の重要性を擁護している。モンテーニュの自然主義にもかかわらず、そのような理念は、実際には唯名論と神秘主義の思想の結合によるものである。そして、後期ロマン主義においてゲーテとシュライアマハーが、個人を普遍なるものの啓示と考えたことの中に、モンテーニュの思想が一層入念に練り上げられたかたちで見出される。

Ⅳ　ブルジョワ文明と個人性

個人についてのルネサンスの見解が、キリスト教も古典主義も、汎神論も自然主義も、神秘主義も唯名論も、それらを含めて、多様な哲学的また神学的思想を用いているゆえに、その見解の発生を、それらの思想のどれかの力に帰することはできない。逆説的ではあるが、ルネサンス文化は、キリスト教の中世的形態を腐食した古典主義の影響よりも、キリスト教自体に一層よく根ざしている。しかし、このことは、なぜこの個人性の強調がまさにこの時に現れて、最近に至るまで近現代の文化を支配しなければならなかったのかという問いに答えることはできない。その答えは、その時代の純粋な文化史よりも社会史の中に見出されるはずである。個人という感覚の生起は、商業階級、つまりブルジョワ階級の出現と対応している。イタリアの都市国家はブルジョワ文化の温床であった。他のヨーロッパの諸地域が依然として土地貴族の支配下にあった頃、イタリアの諸都市は、勃興しつつある実業家に自らの文化を形づくる機会を提供していた。そして、この文化の形態が、多くの点においてヨーロッパの他の地域での実業家の勝利を明らかに示す啓蒙主義文化を先取りしていたことは重要である。

実業家は経済的力の形態を発展させたが、それは、世襲的な利点よりも個人的な主導権と機知に依拠するものであった。そして経済的力は、静態的というよりは力動的な社会関係を創造する。それが人間の歴史を、容赦ない運命というよりは人間の決断の領域と見なしたのは当然である。同様に、経済的力は、自然を、人間の意志の指導者ではなく手段と見なす。自然科学の勃興は、当初このような人間の自恃の副産物にすぎなかった。というのは、自然は、人間の偉大さを映し出すものにすぎないものと見なされていたからである。しかし、科学が、人間が実際に自然の力を支配することに次第に大きく貢献するようになるにつれて、人間の自立という考え方に新たな独自の刺激を与えるようになった。

人間は、自らの決断が歴史に、また、行動の力が自然にそれぞれ影響を与えることに自ら驚き、自らが創造者であることを発見するのであるが、そのような人間の誇りと力は、神の光のもとではそれぞれの人間が尊いというキリスト教的理念に微妙に結合されている。その誇りと力は全くキリスト教的理念の現世版である。非キリスト教国家も、古典文化の影響によってキリスト教が変容を被った文化の中にあるカトリックの国家も、近代の商業化また工業化された文明の力動性にそれほど関与していないという事実がそのことを証明している。そのことはまた、プロテスタントの宗教的個人主義とブルジョワ文化の世俗的個人主義との相互作用の驚くほどの複雑さが証明している。近代的個人がキリスト教文化以外のところから生起することはできなかった。しかし、近代的個人の思想は個人性のキリスト教的基礎を破壊する。そして、近代的個人の文明の発展は、個人の主導権や機知や決断的行動を有効なものとする社会的また経済的基盤を破壊するのである。

個人性が社会的経済的に破滅するのは、産業文明の発展において頂点に達する商業的文化の、機械的また非人間的精緻化の結果である。近代の産業主義はその最終的帰結として、非人間的金銭関係と信用関係の論理を推進する。より単純な経済においては人間的関係に織り込まれていた生産と交換の過程は次第にそこから解放され、自動的で合理的な関係の領域として確立される。そこで個人はその過程に従属する。中世農本主義の伝統的社会の統一や忠誠や惰性を腐食し、それによって、実業家が登場して歴史における創造的な役割を担うようになることを許したその同じ歴史的原動力は、なおも腐食の過程を継続し、ついには諸共同体と諸国家がまず機械的相互依存の紐帯によって結ばれ、そして、この相互依存に伴う摩擦によって争うように促されることになる。

利害の自動的な調和をもたらす生産と交換の過程という、資本主義哲学者たち（アダム・スミスのような）の初期の展望が実現しなかったのは当然である。人間はこの過程を、その調和が妨げられるほどにまで統制するからである。機械を管理し所有する人々は、歴史上かつてなかったほどの大規模な、また力強い、社会的権力の行使者となる。かれらが権力への誘惑に抗することができないのは、歴史上の古い少数独裁者たちと同様である。しかしかれらは、その不正が、あまり力動的ではない時代よりも、その社会の基盤そのものを一層直接的に破壊するものであるという点において、かつての少数独裁者たちとは異なる。それゆえに近代社会は、軋轢と腐敗の過程に巻き込まれている。その軋轢と腐敗は、世界全体を災厄で脅かし、その腐敗を阻もうとするあらゆる人間的努力を寄せ付けずに、自らの容赦ない論理のようなものによって発展するのである。

歴史の運命を支配する人間の決断の力をそれほどまでに無邪気に信頼しつつその時代を切り拓いたブルジョワ的個人は、個人が、避けられない運命の不運で無力な犠牲者として立ち現れる歴史的過程が展開するのを見る。実際に、かれらの決断の大部分は、近代社会の困難を一層悪化させる傾向にある。というのは、重要な経済的また社会的権力を保持する者は、自分たちの権力を維持するという関心によって決断を下し、その決断はさまざまな社会的無秩序の一般的様式に堕してしまうからである。このようにして、中世の社会的団結や束縛や惰性から脱して、われこそが自然と歴史の主人であると思っていたブルジョワ的個人は、宿命的な歴史的必然と、腐敗の時代において躍起になって構築された民族的連帯の中で恥ずべき最期を遂げる。下層中産階級は、この連帯をロマン主義の堕落した形態から形づくる。そしてプロレタリア階級は、自らが歴史の主人であるというブルジョワ的感覚を、歴史的運命への服従という感覚に置き換えるような歴史哲学を思い描く。不幸なことに、プロレタリア階級は、時代の仕組みによって、ブルジョワ的個人主義における誤りのみならず真実をも否定するほどまでに堕落してしまった。したがってそれは、歴史的運命を機械的に考え、「運動の法則」によって歴史を理解しようとするのである。

V　自然主義における個人性の破壊

ルネサンスの誤りは、歴史における人間の自由と力を過大評価したところにあった。歴史におけるこの力と自由の意味は多義的である。人間の行為と決断は、自身が思い描いているほど独自のものではない。このことは、人間の決断の性格は、その人間が形づくられた環境に従って、統計的に平均をとることができ、また、かなりの正確さで予見できるという事実が証ししている。その特権や保障の有無、また、田舎であろうが都会であろうが、その働き方は、人間の決断を促すかなり決定的な要因である。さらに、そうした決断は、ルネサンス時代に考えられたほどには歴史の方向を決定する力を持つものではない。決断は一瞬一瞬、同胞たちの意識的また無意識的な希望や恐怖や努力と混ぜ合わされ、変容を被り、また、しばしば覆されもする。自分自身の意識的な決断はしばしば、自らの無意識的な恐怖によって覆される。そのようなとき、個人は、超越的精神の最高点に到達することにおいてのみ個人でありうる。そこにおいて個人は、歴史の運命に反抗し、意味の領域に訴えることができる。その領域において個人の生は、歴史が否定する意義を持つ。しかし、歴史において個人が決断する能力も、この同じ超越の局面に依存する。歴史的過程に完全に浸かっている個人はみな、ある時にその過程の気まぐれによって決定的なものにされた道徳的、政治的、宗教的規範を受け入れるよう当然のように強制されている。文化もしくは文明の勝利に挑戦する個人の能力は、その文化や文明の前提や信条に対するある程度の自由によるものである。しばしば、またあるいは通例、このことは、生と歴史についての何らかの競合する哲学に全く依存することを意味する。このような依存は、個人自身の大義がある程度の成功を約束し続ける限り保たれるであろう。個人の生に意味を与える社会的歴史的大義が取り返しのつかないほどの敗北を喫したとき、必ずそこには完全な意味における無意味さが生じる。永遠という観点からそのような敗北を解釈する宗教によって個人が支えられない限りそうなのである。

しかし、個人が逃げ込む永遠があらゆる歴史を否認し、歴史の意味を否定するような未分化的な存在の領域であるとしたら、神秘主義の論理が十二分に示すように、個人自体がその否定に飲み込まれてしまう。それゆえに、個人性が保持されうるのは、キリスト教のような預言者宗教においてのみである。この信仰のみが、個人性の自然的基礎と精神的基礎の両者を正しく認めるのである。この信仰は歴史を真剣に受け止めるゆえに、歴史的存在の緊張関係においてそれぞれの個人が勝ち取る際立った特質の重要性を確証する。その緊張関係とは、自然的、地理的、経済的、人種的、民族的、性的諸条件に根ざすものである。しかし、その預言者宗教的信仰は、永遠という視点から歴史を解釈する（言い換えれば、その信仰は、歴史の源泉と目的を歴史の彼方に見出す）ゆえに、意味ある世界において占めるべき場所を個人に与える。たとえ、個人がそこに一体化されるようなある歴史的運動が完全に堕落したときであってもそうである。

いかなる哲学や宗教も、人間存在の構造を変えることはできない。その構造は、特定の体という自然的事実と、自己超越という精神的事実の両者によって個人を巻き込む。しかし、宗教と哲学は、自らをその超越という位置に保持する自我の可能性と重要な関係を持つ。自然主義的哲学はおそらく（そして近代の国家主義においては確実に）、血縁や、他の社会的統一の自然的力を意味の唯一の基礎であると強調することによって個人性を破壊する。一方、精神主義的哲学は、超越的自我（精神）が、特殊性によるあらゆる危険と、不確実な栄枯盛衰を伴う歴史から、歴史と個別性を否定する意味の領域へと逃れることを促す。個人性の概念と現実は両者とも、キリスト教信仰の特徴的な産物である。なぜなら、個人が歴史の内にも外にも同時に立ちうるのは、このキリスト教信仰の範囲内においてのみだからである。個人は、歴史には意味があることをその信仰が認めるゆえに歴史の内に立つ。そして、歴史は永遠なる意志によって支えられていることをその信仰が主張するゆえに歴史の外に立つ。

近代文化の歴史には独特の悲哀が伴っている。なぜなら、個人の歴史における力と自由を過度に強調するような仕方で、個人性についてのキリスト教的考えを主張しまた変質させてきたルネサンス的傾向が同時に、最終的には個人性についてのあらゆる純正な概念を破壊するに至ったからである。個人性についてのこの文化的破壊が、機械的文明の発展に先立つとともにそれと同時に発生していたゆえに、ルネサンスは、機械文明が実際に個人の自由と固有性を殲滅することに寄与し、また、逆にそれに影響されもしたのであろう。

この殲滅の論理は簡単に説明しうる。近代文化の自然主義的部分は、人間の精神的次元全体を未分化的な「意識の流れ」に還元しようとする。実際には、意識自体を純粋に機械的な均衡に還元しようとはしないにしてもそうである。他方、観念論は知性としての精神に関心を持つ。しかし観念論は概して、人間の自己性の際立った特質を知性の抽象的普遍性へと解消させてしまう。その自然主義と観念論との間で、自己の実在は常に危険にさらされているのである。

自己の重要性、また確かに超越的個人性についてのほとんど一貫した否定は、トマス・ホッブズに始まって、経験論的また自然主義的伝統を貫いている。ホッブズの感覚主義的心理学と唯物論的形而上学には、人間の個人性が入り込む余地はない。ホッブズの個人は動物的なものであり、その自我性は生存衝動にある。人間の理性は、自然において知られる限界を超えてこの衝動を拡張するという目的に奉仕する。そして、さまざまな個人の同等に根拠のある主張の対立をもたらす。しかし、これらの主張が仲裁されるような、衝動を支配する合理的超越はない。したがって、それらの主張は道徳の唯一の源泉である政治権力によって抑圧され仲裁されなければならない。相互破壊の恐怖が歴史における決断すなわち社会契約を促すのであり、それによって政府が存在することになる。しかし、この決断は神話的過去にもかなりの程度見られるものである。この社会契約の哲学は、自然主義的思想の奇妙な気まぐれの象徴と見なされるかもしれない。というのは、その後も一貫して、人間の歴史を、純粋な人間の決断の結果によるものであると解釈しながら、重要な決断をなすに充分なほど社会的過程を超える個人の存在を考えないからである。

ジョン・ロックはデカルトの思想の影響のもとに、自己を「考えるもの」と定義し、また、以下のように人格の自己同一性の実在について主張する。「自己とは意識を持った考えるものであり、いかなる実体から成り立つものであろうが（それが、精神的であれ物質的であれ、単純であれ複合的であれかまわない）、快楽や苦痛を感知した意識し、幸福または不幸であることができ、またそれゆえに、その意識の及ぶ限り自分自身を気にかけるものである……この意識は、一つの個人的で非物質的な実体に結び付けられたものであり、またその実体の影響である」[14]。ロックの関心は、自己同一性を説明するものは意識であって「数量的実体」ではないことを証明することにある。意識についてのこの記述は、動物の意識、言い換えれば中枢神経系を持つあらゆる有機体に同じ妥当性をもってあてはまりうる。しかし、自己意識についてのロックの理論は、自己が自己について直感的に認識していることを主張する点においてデカルトに従っている。「もしわたしが他のすべてのものを疑うとしても、その疑いそのものがわたしにわたし自身の存在を知覚させ、わたしにそれを疑うことを許さないであろう」[15]。自己の存在についてのこのような認識は、人間の自己意識についての全体的次元や固有性についての適切な記述になっているとは到底思われない。それにもかかわらず、それはホッブズにもヒュームにも見られない人間の固有性についての認識となっている。とりわけ、考える自己についてのロックの思想と関連づけられた神の存在についての議論を考え合わせるとき、そうである。しかし、自己意識という考え方は、人格的自己同一性というロックの概念の中に入ってこない。かれは人格的自己同一性から、記憶の中に含まれている自己超越という要素を明らかに差し引いている。「もしも、ある精神から過去の行為についての記憶や意識が全く奪われるとしたら……［そのような精神的実体が融合しようが分離しようが］人格的自己同一性は何ら変化をこうむることはないだろう[16]」。それが「経験的自我」と呼ばれる、体の統一性のうちに含まれているものとしての自己の同一性に何らの差異ももたらさないことは全くの真実である。しかし、人格の真の中心となるものは、「意識の意識」として意識を超えて立ち、記憶と予期とによって立ち現れる、純粋なもしくは超越的な自我なのである。

デヴィッド・ヒュームは、他の点におけるのと同様にこの点においても、経験論を一層純粋なものにするためにロックの思想からデカルト的要素を一掃し、およそ自我を知ることについての可能性を否定する。「わたしが『自己』と呼ぶものに最も深く分け入るとき、わたしが見つけるものは、常に、熱さや冷たさ、明や暗、苦や快など、あれやこれやの知覚である。わたしは、いかなるときにも知覚なしに自己を捉えることは決してできず、また、知覚以外のものを観察することも決してできない[17]」。この主張は、関係を持つことなくそれ自体の中に存在する純粋な自我というデカルトの概念に対する正当な批判と見なすことができよう。自我は常に関係の中心にあるゆえに、「知覚なしに自分自身を捉えることはできない」という主張は完全に正しい。しかし、「それゆえに、知覚以外のものは何も見出しえない」というヒュームの最終的結論は、明らかに先行する主張からの論理的演繹でもなく、事実にも合致しない。たとえヒュームが、印象の流れとしての経験的自我についてのかれの解釈において正しいとしても、かれが「わたしが『自己』と呼ぶものに最も深く分け入るとき」と言うときに含意されている「わたし」の本質について探求することはやはり適切なことであろう。主体としての「わたし」の実在性こそが、自我についてのあらゆる純粋に経験主義的な解釈の正当性に異議を申し立てるのである(18)。

近代心理学の業績がいかに偉大であるとしても、依然として自然主義的伝統の制約の中にある心理学的体系がホッブズやロックやヒュームのさまざまな解釈の枠を超えることはないと言っても不当ではない。行動主義的心理学は、ホッブズの立場を精緻にしたものである。ロックの立場は、自我の主導権とその過程の統一性を強調するあらゆる「力学的」心理学者によって採り入れられている。ヒュームの追随者としては、一人の特に著名な実例を挙げれば充分であろう。ウィリアム・ジェームズである。ジェームズは、意識の統一性も超越的自我も否定する。「もし経過的意識状態がなかったら、われわれはその時こそ実に、絶対的に一なる永続的原理がわれわれ各自の内にある不断の考えの主体であると想像することもできよう。しかし、もし意識の状態が実在たることにおいて一致するならば、そのような考える主体の内に『実質的』同一性を仮定する必要はない。昨日と今日の意識の状態に実質的同一性はない。なぜなら、後者がここにあるときには、前者はもはや取り戻しようなく去ってしまっているからである。……論理的な結論は次のようになるだろう。すなわち、意識の状態のみが心理学の取り扱わねばならないすべてである。形而上学や神学は魂の存在を証明するかもしれない。しかし、心理学にとっては、そのような実質的な統一原理の仮定は不要である(19)」。

実質的な統一原理を仮定する必要はないというジェームズの確信は、自然科学としての心理学が（そして、この問題に関連するあらゆる自然科学が）、形而上学的懐疑主義によって自らの性格を純粋科学であると主張しようとして繰り返す努力の興味深い例である。しかし不幸なことに、これは、暗黙の形而上学的信仰に至る懐疑主義である。間口と奥行を有する物体は、実際に二つの次元を有するゆえに、一つの次元によって正しく解釈することはできない。単に科学であるにすぎない科学が科学的に正確でありえない理由がここにある。このことは、自然科学とは対照的に、「精神科学」(Geisteswissenschaft)に特にあてはまる。とりわけ、科学的方法を超える、人間精神の深さの次元を取り扱う心理学に一層よくあてはまる。純粋科学の限界内にとどまろうとするあらゆる厳しい努力は、心理学を生理学に、そして生理学を生体力学に還元する。人間の自我の究極的統一性と超越性が純粋科学の彼方にあることは確かである。しかし、その「彼方」の領域の実在性を探求することも必要な仕事である。[20]

過去数十年間の心理学理論が、意識についての機械論的解釈から有機体論的解釈まで、また、原子論的で行動主義的な解釈から、形態的全体性を強調する解釈(ゲシュタルト心理学)まで、諸学派の幅広い多様性を示していることは言うまでもない。しかし、自然主義的心理学が意識における有機体的統一の概念にまで高まることは困難であり、また、自己と自己意識が個別研究の対象となることがほんのまれにしかないのは興味深いことである。[21] 一方では自然と歴史の世界との関わりの広がりにおける、他方では自己意識的自我としての次元の深みにおける、自己意識の真の深遠さや人格についての複雑な諸問題は、率直に言えば、自然科学の領域から離れて、心理学を文化科学と見なす学派の関心事にすぎない。文化科学とは、その心理学的探究が哲学的、そして半宗教的前提によって導かれ促されることを意味している。

VI　観念論における自己の喪失

心理学において固有の「文化科学」が強調されるようになるかなり以前から、哲学が、人間の意識の問題を取り扱い、人間精神の本質と、その自然や歴史や万有との関係を解明しようとしてきたことは言うまでもない。われわれの研究の観点にとって重要な事実は以下の点にある。すなわち、自然主義的哲学が人間の自我を「意識の流れ」へと還元して、人格の自己同一性を最小限にする傾向があるのに対し、観念論的哲学は、程度の差こそあれ、意識を知性と同一視し、意識的知性の最高の達成を神的もしくは絶対的な精神か、少なくとも、社会的または政治的に考えられた普遍的精神と同等のものとする傾向があるということである。

自己は元来、観想的というよりは行動的な有機的統一である。しかし、それは有機的統一以上のものである。自己は、自らが巻き込まれている自然的過程や自らの意識を超える精神的能力を有している。意識が自然の過程を超える原理であるように、自己意識は意識を超える原理である。観念論的哲学は、この人間精神の深みを正しく理解するゆえに、常に自然主義に対して優位に立つ。しかし観念論的哲学は、自己超越する自我の普遍的展望を普遍的精神と同一視することによって、この優位を犠牲にしてしまうのが常である。したがって、その真の自己なるものは真の意味において自己であることをやめ、普遍的知性の一側面にすぎないものとなってしまう。このような観念論的合理主義の自己は、現実の自己以上のものでもあり以下のものでもあるが、キェルケゴールが次のように述べる意味において現実の自己以下である。「信仰の逆説は、個別者が普遍的なものよりも高くにあるということであり、個別者が絶対的なものに対する関係によって、普遍的なものに対する関係を規定するということであって、普遍的なものに対する関係によって、絶対的なものに対する関係を規定するということではない」[22]。観念論における真の自己とは、自己を普遍と関係づける理性である。しかし、観念論的思想における真の自己は、この普遍的理性以上のものでも以下のものでもないゆえに、実際の自己は現実的には普遍に吸収されてしまう。しかし、実際の自己は理性以上であると同時に理性以下のものである。なぜなら、あらゆる自己は思想と生との統一であり、そこでは有限な存在のあらゆる有機的過程との有機的統一の中に思想が保たれているからである。この最後に述べた事実を認識しそこなうゆえに、あらゆる観念論的哲学で罪の問題が歪められる。罪は、知性の普遍性と対照をなす人間の「動物的性質」の惰弱さということになる[23]。観念論は、有限性がどれほど人間精神の基礎的性格であり続けるかを認識しそこなう。言い換えれば、自己とは、その合理的過程の展望の広がりよりも狭い自然的基礎であり、また、一層高く狭い精神の頂点である。自己は広く見渡すことができる狭い塔である。観念論において自己はその眺望の広がりのうちに消失し、その眺望の広がりが究極的実在と同一視される。観念論は自己を何よりも理性として、また、理性を何よりも神として捉える[24]。

すべての種類の観念論が個人を普遍的知性の中で見失うとは言えないであろう。ライプニッツやヘルバルトのように、個人性についてのはっきりとした感覚を持つ多元論的観念論のかたちもある。また、汎神論的傾向に異議を申し立てる、キリスト教の有神論に大きな影響を受けた観念論がある[25]。さらに、普遍的精神の中で個人が見失われるという告発は、あらゆる種類の絶対的観念論に関して真実である。カントの批判的観念論において、自己は普遍性の中で見失われるのではなく、叡智的自己という普遍性と経験的（すなわち感覚的）自己という個別性との間に影のように存在を保っている。自己は、叡智的自己の道徳法則を受け入れることによって存在する[26]。こうして、「わたしのために命を失う者は、それを得る」［マタイ一六・二五］というキリスト教道徳の逆説が存在論的なものに変えられること、また、真の自己性と真の個人性は、現実の自己性と個人性とは全く別のものであると主張することは、観念論的思想の不変の傾向なのである。ボーザンケトは、絶対的観念論の論理を、次のように余すところなく述べている。「神は、自身を開示することによってのみ神自身を開示できると言われている。ゆえにわれわれは、自己は、唯一絶対の自己であることによってのみ自己たりうるという真理を補足的に強く主張することができる[27]」。このような結論には段階を追って達しているのであるが、いくつかの短い引用よって、そのことは簡潔に述べられるであろう。（1）「われわれは、個人を何よりも精神として考えたい[28]」。（2）「精神についての最も良い一般的記述は、それを一つの世界と呼ぶことである。精神を構成する世界は、厳重な規則によって制限されているのではない。一つの精神が一つ以上の体によって構成され、また、支配するという状況が多くある[29]」。（3）したがって個人は「限られた事柄において、全体の論理と精神を実現する世界であり、原則として、個人の出来事として考えられないような、自己についての理解の進展や自己の変容はない[30]」。（4）「個人は積極的で建設的である。ゆえに、自己意識が、自己という観念に対して消極的であるとしても、個人をその類比で捉えてはならない。……自己意識の排他性とは、その自己同一性の原理から判断するならば、一つの欠陥なのである[31]」。

　ボーザンケトの合理主義が、自己性それ自体が悪であるいう古典的で神秘主義的な信念といかに近いかを観察することは有益である。神秘主義は、自己が未分化で神的な統一性に飲み込まれることを願い、ボーザンケトは、「自己と非自己の反省的意識を超えた」合理性を獲得することによって自己が消失することを願う。キリスト教信仰によれば、人間は常に被造物であり続けるゆえに、「自己と非自己という反省的意識を超えた」境地に達する可能性はない。理想的な可能性は、自己と他の自己との愛の関係であり、そこにおいては、個々の自己同一性ではなく、疎外が乗り越えられるのである。

絶対的観念論の範囲内では自己性についてのキリスト教的思想を正しく評価しえないことは、ジョサイア・ロイスの『世界と個人』における大胆な試みが余すところなく解き明かしている。とりわけ、かれが個人性という概念を適切に保とうと必死に試みているゆえにそのように言える。ロイスが、自分は神秘主義のように自己を見失うことはないと主張するのはもっともなことである。また、かれの論争の大部分は、そこにすべての個人が消失してしまうような究極の未分化的実在という神秘主義的教理に反対するためのものである。かれの「絶対者」は、それが豊かなものとなるために、さまざまな個人性の寄せ集めを必要としている。しかしロイスは、個人性ということによって、単に個別性について言わんとしているのみであり、人間の個人性を自然の個別性と区別する精神の際立った深みについて述べているわけではない。「何らかの限定的な観念はそれなりに一つの自己である。またわたしは、お望みならば、わたしの現在の自己を、過去や未来の自己と、また、昨日の希望や明日の行動と対比させることができる。ちょうど、わたしが現在のわたしを、あなたの内面の生や、自分が属する社会全体や、われわれの自然の経験が暗示となる生全体や、ついには、神の生全体と対比させるように、わたしはそれを全く忠実になすことができる」[32]。こうして有限な自己性は、究極的自己性が絶対者に他ならないのに対して、ある有限な実在と同じ範疇のものとなる。というのは、絶対者は、「まさにわれわれ自身の成就した自己」と定義されるからである[33]。ロイスは、ボーザンケトに比べて、悪の根源であるところの自己意識の排他的側面をあまり顧みない。かれは言う。「しかし、もし誰かが執拗に、『いったい何がわれわれを絶対者から引き離し、われわれの意識をこのように狭くしたのだろうか』と問うならば、わたしの唯一の全般的な答えは、『そのような狭さは、絶対的生の中にその場を持たなければならない。絶対者が完全なものとなるためにそうなのである』ということである。それゆえ、プロティノス的な、なぜ魂が神から脱落したのかという問いを説明する新たな原理など不要である。絶対者の視点から見るならば、有限な存在が堕落することは決してない。それはそれが在るところに在る。言い換えれば、絶対的統一の中に、また絶対的統一によって在る」[34]。キリスト教教理の言葉で言い換えるならば、ロイスの見解は、それぞれの人間が、自分自身の観点からのみ見るならば被造物であり罪人であるにもかかわらず、神の眼から見ればキリストなのだということである。または、このように言ったほうがより正しいかもしれない。すなわち、ロイスの見解によれば、人間の有限性が罪深いのは、神の視点において頂点に達する合理的視点からすれば、その排他性や疎遠さがまだ乗り越えられていないということにおいてのみである。[35] こうして、普遍的知性は救済の「キリスト」となる。

個人性を無効にする観念論の論理はおそらく、イタリアの観念論者ジェンティーレの思想において最も一貫した（そしてばかげた）表現に達するであろう。かれは「考える個人の実在を否定」[36]したのであった。こうして循環が完結し、観念論者は、「思索それ自体が思索者である」という極端な経験論者に同意するのである。

個人性についての観念論的否定の影響が、西洋の文明史において究極的な文化的意義を持つのみならず、直接的に社会的で政治的な意義を持つことは、それが近代における国家の神格化に、価値のほどは疑わしいが、多大なる貢献をしたという事実によって示される。観念論が、神秘主義の未分化的絶対者から逃れようとし、また、それは単なる観想ではなく、歴史における行為についての提言であることを示そうと熱望するときはいつでも、その合理的普遍性が、あのきわめて疑わしい神である近代国家として具現化される。ボーザンケトは言う。「その思想は次のようなものである。すなわち、国家において、もしくは国家の助けによってわれわれは規律と拡張を、すなわち、偏った衝動を変貌させるものと、人間の自己の本性が要求するようなものを実行しまた配慮するものを同時に見出す。言い換えれば、もし、実際あるがままの人間から始めて、一つの出口や、その能力にふさわしい着実な目的つまり生きがいを与えるものを工夫しようとするならば、事実の必要に駆られて、国家に、そしておそらくそれ以上のものに達するであろう」[37]。国家はその包括性と安定性において、人間の一時的で断片的な意志に抗して人間の「真の意志」を表現する。ヘーゲルとその追随者たちによるこのような国家の神格化の皮肉なところは、個人よりは普遍的であるが、自ら標榜するほどには価値においても広さにおいても普遍的ではない、不完全な歴史的力である国家の悪魔的凶暴さ全体が、個人的存在の断片的で有限な側面にあれほど敏感な観念論者によっても認識されないということである。ボーザンケトの思想においては、絶対的な価値を標榜する不完全な実在としての国家の罪というこの途方もない問題は、「あなたは、国家の範囲内における諸事実の要請によって行動するであろう。しかし、おそらくもっと広い範囲があるはずだ」という率直な但し書きにおいて表現されると同時に隠蔽されている。実際は、人は「おそらく」ではなく「確かに」、国家よりもはるかに大きなものによって動かされるものであると言わなければならない[38]。

キリスト教の視点からすれば、原罪のあらゆる悲哀は、観念論的思想の偽装に見出される。そこにおいて個人は、政治的もしくは超歴史的に思い描かれる理性的普遍者の犠牲となる。それは、そのように個人が全面的に犠牲となるのではない限り、個々の特殊性による無秩序と「排他的意識」という罪に陥るはめになるおそれゆえにそうなのである。しかし、人間の傲慢は、想像上の神的で普遍的な理性を、何らかの普遍的な人間性としてのみならず、それを思い描く哲学者の偏見や展望に適合するきわめて特殊なかたちの普遍性として取り戻そうとあくせくする。ジェームズ・ウォードは、ヘーゲルの思想のこの拍子抜けするような態度をうまく皮肉ってこのように言う。「地球は太陽系の真理であるとかれは言う。太陽や月や星は、地球に奉仕する条件にすぎないというのである。地球の諸大陸の中で、ヨーロッパは、その物理的特色によって、地球の意識や理性的部分を形づくっており、ヨーロッパの中心がドイツである。かれは、自分自身の哲学とともに哲学は完結するという崇高な確信を持っている。そして、シュタイン〔ハインリヒ・F・フォン・シュタイン〕のもとでのプロイセンの復興において世界史は頂点に達したと考えた[39]」。

Ⅶ　ロマン主義における自己の喪失

自然主義は、自己超越する人間精神を把握するのに十分な深さをもって生を見ることをしないゆえに個人を見失う。この精神は、宇宙を理解するための自然主義の唯一の原理である自然の因果律の範疇にあてはまらない実在である。他方、観念論は自然の過程を超える超越の高みにおいて人間精神を見出すが、個人性の固有性と恣意性は、観念論が現実を解釈する際の唯一の原則である合理的傾向に合致しないために、またしても個人を見失う。関連して、ライプニッツのような個人性を強調する多元主義的哲学でさえも、個人性をマクロコスモスのミクロコスモス版として捉えることにおいてのみ個人性の場を見出すことができることは示唆的である。このような解釈によって、クリスチャン・ヴォルフのような一元論者が、ほんの少し強調点を変えるだけで、個人を再び普遍に吸収させ、普遍と同一視できるようになる。以下は、普遍的体系を熱心に求める観念論に対するキェルケゴールの批判の中の言葉である。「体系が自己完結に至るためには、その前に現存在が永遠者のなかに止揚されてしまっていなければならない。なんらかの実存の残滓でもそこに付着していてはならぬ。しかり、《体系》をば著述しつつ、みずからはひっそりと生きておいでの教授先生のような、大海の一滴にも似たささやかな実存ですらも、その跡をとどめてはならないのだ[40]」。

したがって、自然主義か観念論かの二者択一の範囲内において近代人は、その個人性と精神が自然の因果律の中に没するか、それとも、その個人性が理性の普遍性に没し、精神の神格化が理性の普遍性においてなされるかのいずれかに直面することになる。そのような失墜か神格化のいずれかによる壊滅に直面して、近代文化が他の出口を探し求めなければならなかったのは当然のことである。それはロマン主義に見出された。

ルネサンス期のパラケルスス以来、ロマン主義は近代文化の歴史において従属的役割を果たしてきたが、その後期になって初めて合理主義の征服者としての役割を担うようになる（ロマン主義の政治的形態と手段がファシズムである）。ロマン主義はもともと「個人」のずばぬけて優秀な擁護者である。ロマン主義は、個人の身体的実存の個別性においても、その精神的生における固有の自己認識においても個人を理解しているように思われる。なぜなら、ロマン主義の伝統は、ルソー的原始主義とキリスト教的敬虔主義との奇妙な混合だからである。象徴的に言えば、ロマン主義は、知性よりも身体の中に知恵を探し求める（ニーチェのように）。しかしそれは、人間の身体的実存を生体工学の領域に還元するわけではない。反対に、ロマン主義において体という言葉は、感情、想像力、意志を意味し、これらのもののほうが、精神よりも、とりわけ知性として把握される精神よりもよしとされるのである。ロマン主義と合理主義との争いは実際のところ、「理性」（ratio）として把握される精神に対する、体と密接に結びついた「魂」（psyche）の争いである。しかしロマン主義は、キリスト教敬虔主義と結びつくことによって、この魂の自己超越を強調する。そして、ロマン主義のいう体—魂こそが個別性と個人性における精神であり、合理的で普遍的な精神とは大いに異なるものであるとされるまでになる。この「精神的」な強調は、しばしばあからさまにではなく暗黙のうちになされる。たとえばニーチェは、動物の残酷さを褒めそやす。しかしかれが価値あるものとする残酷さとは、動物によって知られるのではなく、精神を具えている人間において初めて知られるものである。さらにニーチェは、動物の自己保存衝動をはっきりと否定し、存在するための根本的な生命力として、精神的な「権力への意志」[41]をそれに代える。近代文化における個人性という概念の栄枯盛衰の観点からすれば、ロマン主義の重要性は、それがいかなる種類の合理主義よりも個人を際限なく高めたと同時に、早々にまた完全に個人を見失ったことにある。ロマン主義におけるこのような個人の破壊の過程は次のように要約できる。すなわち、個人性が直接的に意味の永遠なる源泉に関係づけられて、際限なく重要なものとされたということである。一方、観念論は、個人が歴史の合理的で普遍的な価値に関係づけられている限りにおいて個人を重要なものとしたのであった。しかしながら、ロマン主義の思想家は早晩、この純粋な個人の自己神格化の偽りから退却しなければならない。そしてニーチェ以外のすべての者は実際に退却したのである。ロマン主義者たちは、「より大きな個人」を探し求めることによって、もっともらしさを増し加え、自己栄化の偽りを弱めようとする。そしてその「より大きな個人」を、ある固有の国家に見出す。そして、この集団的個人は実存の中心また意味の源泉として個人にとって代わる。個人の中心としての人格よりも大きなものを追求することにおいて、ロマン主義者は、価値の源泉としての絶対者よりも多少馴染みがあって扱いやすい何かを見出すことに躍起になっている絶対的観念論者に出会う。そして両者は国家を見出す。それぞれ違った側面から取り組みながらも、国家の神格化においては一致するのである。人種や民族は、ロマン主義者にとっては自然なつながり（血縁）と見なされるほど小さく、観念論者にとっては理性特有の産物であると見なされるほど大きな普遍性のかたちであるという事実は、国家というひとつの歴史的現実の背後でロマン主義と観念論というこれら二つの勢力を結びつける。一言で言えば、これが近代の国家主義の、社会政治史ならぬ文化史である。近代の国家主義的神経症におけるニーチェ哲学とヘーゲル哲学との混合は、この奇妙な結合の表現である。初期のロマン主義では、その二つの要素はフィヒテの思想において結びついた。

この短い要約はさらなる説明を要する。すでに述べたように、ロマン主義の伝統は、ルソー的な原始主義とキリスト教的敬虔主義との混合である。ロマン主義の、情緒や想像力や意志などの、人間の人格における非合理的な力の強調はルソーに由来する。また、その、個人と神との直接的な関係という感覚は敬虔主義に由来する。ロマン主義はこの感覚を世俗化するゆえに、個人は、意味の中心また源泉としての神と直接的に関係するばかりではなく、個人自体が自己義認的で自律的なものとなるに至る。

個人についてのロマン主義的感覚は、主として敬虔主義者のシュペーナーが「精神的祭司性」と呼んだものに由来する。「全信徒祭司性」というプロテスタントの原則の敬虔主義版であるこの「精神的祭司性」と、もともとの「全信徒祭司性」との相違は微細ではあるが重大である。ルターの宗教的個人主義は、神に対する信仰と責任という人間固有の関係を強調した。[42] しかし敬虔主義者は、信仰者と神との一致について直接無媒介の経験の可能性を強調した。ツィンツェンドルフは言った。「あらゆる個人は、救い主自身を経験するのだから、単に隣人から聞いたことを繰り返すだけではない[43]」。敬虔主義における個人性についてのこのような感覚は、プロテスタントと神秘主義の教義の混合を示している。しかし、それは神秘主義的というよりはプロテスタント的である。なぜなら、個人と神との一致は、人間自身の神秘主義的修養ではなく、神の恵みによって達成されるからである。個人が「自然的状態から恵みの状態へと」上昇するのは、「神の圧倒的な偉大さと力」によるのである（フランケ［アウグスト・ヘルマン・フランケ、モラヴィア派の牧師、チベット学者］）。したがって、敬虔主義の個人主義は、個人性が神秘主義におけるように消散してしまう危険を免れている。しかし他方で、敬虔主義は、正統的プロテスタンティズムが被造物と創造主との間に定める境界をたやすく踏み越える。「私はキリストの体の一部である」というツィンツェンドルフの確信は、マイスター・エックハルトの「キリストが私の中に生まれる」という確信によく似ているが、それは、個人性についてのロマン主義の見解の基礎となる。敬虔主義とロマン主義との歴史的結合を示しているシュライアマハーは、この見解を以下のように述べている。「このようにして、わたしを最も高めてくれるものがわたしに現れてきた。また、人間性をそれぞれ独自の仕方で表現すべきだということ、しかも人間性の胎内から生まれる種々のものを残らず時間と空間との充実のうちで実現するために、各人は人間性の要素を独自に混和すべきだということがわたしにははっきりわかってきた。……しかしながら、人間が自分の個人性を十分に意識するということは困難なことで、早急には望まれないことである。人間はあえてそれに常に注目しようとはせず、かえってかれがすでに長い間好んで、またありがたがって抱きしめてきた人間性の共有財産に眼を向けたがる。いなむしろ、自分を独自なものとして共同体からある程度まで再び引き離すことがかれにふさわしいことであるかどうかとしばしば疑うのである(44)」。

こうしてロマン主義は、個人性についての自然的で精神的な源泉について、すなわち身体の固有性と人間精神の究極的自己超越について申し分ない理解を持っていたと想像する向きもあるかもしれない。しかし、ロマン主義における個人性の命は合理主義におけるよりも短い。合理主義では、個人性についてのルネサンス的強調が消えるまでに完全に一時代を要する。ロマン主義においては、個人性は、実際はそれぞれのロマン主義思想家の生涯のうちに強調され見失われる。ルソーは早々に、個人の意志を、神秘主義的に思い描かれ、個人の真の意志と見なされる「一般意志」に従属させた。ドイツのロマン主義者たちは、その反抗にもかかわらず、個人性よりも独創性や固有性のほうに関心を持つ。シュライアマハーは、かれの言う「個人」とは、人格のみならず、民族や国家や家族のような集団的個人をも意味すると説いている。シュレーゲルは次のように述べた。「人間において永遠で本源的なものはまさに個人性である。……この、人間の最高の使命たる個人性の陶冶と発達は、神聖な利己主義というべきものであろう(45)」。しかしシュレーゲルは、かれの故郷の景色の比類なさに、個人的人格におけるのと同様の個人性の重要な表現を見出している。ヘルダー、ラヴァーター、ハーマン、ノヴァーリスらは、このような、多様性が重要であるという説の持つ美学的含みに関心を持っていた。ノヴァーリスは述べる。「詩は、個人的で、地域的で、その時代固有の（eigentuemlich）ものになればなるほど、詩歌の中心に一層近く立つことになる[46]」。

ロマン主義の教えは、道徳や宗教や政治における完全な相対主義へと至った。シュライアマハーは言う。「なぜ、道徳の領域で、このような哀れなる統一性がはびこり、至高の人間の生を、単一の、生命なき定式の範囲内に閉じこめようとするのか[47]」。これは、シュライアマハーとニーチェとの親密性を暴露する所感であり、ニーチェの、大衆道徳への軽蔑を伴う、自律的で自己義認的な超人という教えの予兆でもある。

宗教と政治におけるロマン主義的相対主義は、個人という概念の自己崩壊に至るロマン主義の論理を明らかにするゆえに、特に示唆的である。ロマン主義者たちの宗教的相対主義は、かれらがいかにキリスト教信仰から遠ざかっていたかを明らかにする。キリスト教においては、固有の個人は、その実存の偶然的で恣意的な側面を受け入れうるものと見なす。なぜなら、個人は永遠なる神に関係づけられ、裁かれ、救われるからである。神は、宇宙における存在の合理的構造をも恣意的事象をも超えるのである。ロマン主義的宗教において、存在の固有で恣意的な性格は、意味の永遠なる世界における限界と成就を見出すことはできないが、際限ない偽装によって自らを表現する。ラヴァーターは言った。「誰も皆、ちょうど自分自身の顔を持つように自分自身の宗教を持つ。そして、誰も皆、ちょうど自分自身の個人性を持つように自分自身の神を持つ[48]」。シュライアマハーは、それほど明白な多神教に至るほどにその立場を踏襲していないが、同じように考えている。「もし、宗教思想を、世界精神の無限の進歩的発展における一要因として捉えようとするならば、《一つの宗教》を無駄にまた空しく欲することは断念しなければならない[49]」とかれは主張する。このことが示すのは、生の唯一の意味は、そこに多様な意味があるということである。このような、相対主義に発する受け入れがたい立場は虚無主義に帰着する。ここでまたニーチェが、シュライアマハーによって示されたその論理を踏襲し、一貫性のある結論に達する。「内部から観られた世界、この『叡智的性格』に従って規定された特色づけられた世界、これこそはまさに『力への意志』なのであって、その他の何ものでもないだろう。『何ですって？　大衆向きに言ってそれは、〈神は否定された、が悪魔はしからず〉ということじゃないんですか？』いや、その反対ですよ！　友よ、その反対なんだ！　君に大衆向きのもの言いをするよう強いる者なぞは、悪魔にでも食われるがいい！」(50)

もし宗教的相対主義が、固有性や多様性のようなものに報奨を与えるような、個人性についてのロマン主義の当然のまた論理的な表現であるならば、宗教的相対主義が固有の民族や国家を崇拝することは、この多神教の偽装と愚かさを和らげるための不可避的努力であり、またそれは、人格的な意味での個人性という観念を完全に壊滅させるという悲劇的な結果に終わる努力である。個人が際限なしに自らが意味の中心となる役割を担うことはできない。ゆえに、個人は必然的に、自分自身よりも一層偉大で包括的な何ものかによる支えを探し求める。シュライアマハーは、この考え方に完全に従って、個人性についての自らの概念を補完している。イエナの戦い［一八〇六年、ナポレオンのフランス軍がプロイセンを撃破した戦い］の数カ月後、かれは友人にこのように書き送った。「もし、われわれが皆それぞれ根ざしているドイツ的自由とドイツ的感性が失われるならば、個人は自分自身で立つことも、自分自身を救うこともできないことを思い起こそうではないか。そして、今まさにそれらが脅かされているのだ」(51)。

唯一無二であるはずの個人が、自らを永遠へと投影したかと思うや否やたちまち、個人の生に意味を与えるとおぼしき単なる歴史における交わりを探し求めるという悲哀は、シュライアマハーの次のような告白に余すところなく表現されている。「ここにおいて［国民性において］のみ、あなたは自らを完全に理解させることができる。ここにおいて、あなたは共通の感性と共通の思想に頼ることができる。というのは、あなたの兄弟たちの思想は、あなたの思想と同じであるゆえに、あなたの思想は兄弟たちによって歓迎されるからだ[52]」。言い換えれば、国家の自己崇拝は、単なる個人の固有性の強調よりは、自己栄化の一層もっともらしい形態である。シュライアマハーは、人格が個人性の最小の形態であるように、国家は個人性の最大の形態であると言った。しかし、この最大の形態において、「あなたの兄弟のものはあなたのものと同じ」という思想ゆえに、人は自らが特筆されているのを見出す。同じ思想に従ってヘルダーはむしろ、キリスト教が諸国家の一層原始的な多神教的諸宗教にとって代わったことを遺憾であるとして次のように述べた。すなわち、その諸宗教とともに「諸国家はその精神と特質を失ったのである。然り、その言語も、心も、祖国も、歴史も失ったのだとわたしは言いたいのだ[53]」。

ニーチェはさらに一層断固たる個人主義を擁護し、勇敢にも、国家の相対的普遍性をも含むあらゆる種類の普遍性に対抗して自律的個人を強く主張したが、重要なのは、かれの後半生において、そのロマン主義についての所説さえも微妙に国家主義的激情と混ざり合っていたことである。劣等階級によってなされている報復的価値転換を暴露することを意図したかれの教説が、より権力のある貴族階級やプロレタリア階級に対する憤りにおいて、ヨーロッパにおける下層中産階級の哀れな怨恨を示すものとならざるをえなかった事実には奇妙な皮肉がある。

国家という個人性が人格という個人性を侵食しはじめるロマン主義の全盛期においても、国家主義的多神教の中にとどまり、国家の固有性——それは個人が単に自分自身のものであるというだけで称賛するものであるが——に究極の価値を置かないようにする努力が依然としてなされた。ヘルダーは、あらゆる古典的ロマン主義者が抱くこの考え方について述べている。「大臣たちは欺き合い、集票組織はどちらかが壊滅させられるまで互いに対立するだろう。しかし祖国は違う。もろもろの祖国は平和裡に共存し、家族として互いに助け合う。互いに血で血を洗うがごとき戦いの中にある祖国について語るのは、人間の言葉として野蛮極まりないことである」[54]。不幸なことに、ヘルダーが非難した野蛮は、人間の言葉の中のみならず、不可避的に人間の歴史の中にもある。それはまさに、個人的なものであろうが国家的なものであろうが、意味についての究極の中心と源泉に個別性と固有性を関係づけ従わせるか、個別で固有の価値がそれ自身で究極の意味についての帝国主義的な中心になることを許すかしない限り、個別性と固有性を称賛し保持することができないからである[55]。

この展開の力が充分に明らかになったのは、ようやく今日になってからのことである。しかし、その力は古典的ロマン主義の全盛期においてすでに馬脚を現していた。こうしてシュライアマハーは、現代のドイツのファシズムの反ユダヤ主義を、次のような思想によって手際よく先取りしている。すなわち、ある国民がいったん高い発展段階に達したならば、「その国民にとって馴染みのないものを受け入れることは、そのもの自体がいかに優れていようとも恥ずべきことである。というのは、その国民の特別な性格は、神自身から受けたものだからである」[56]。この国内的帝国主義は、次のようなシュライアマハーの誇りとは奇妙な対照をなしている。「わたしが非常に悦ばしく思っていることは、わたしの愛と友情が決して卑しい起源のものではないゆえに、全く卑俗な感情を混じているものでもなく、決して習慣や柔弱な気質の所為でもなく、常に人間の個人性に向けられた自由の最も純粋な行為であるということである。……わたしが個人性の素質を認めるところには、感受性と愛という高貴な証人が現に居合わせているから、そこにもわたしにとって一つの愛の対象がある」[57]。

合理主義とロマン主義との分水嶺を示すフィヒテの思想において、合理主義の普遍主義は、ロマン主義の国家主義的排他主義と混じり合ったものとなり、怪しげな精神的かつ国家主義的な帝国主義となる。フィヒテにとっては良心が人間における普遍的で永遠なるものの声である。「かくして私はあの無限意志（Infinite Will）に近づく。また、ここで私は何をなすべきかを生のあらゆる状況において私に教える、私の魂の中の良心の声は、その無限意志の影響力が再び私に降る通路である。私の環境によって聞こえるようになり、私の言語に翻訳されるその声は、永遠なる世界からの託宣である。それは、精神的宇宙の秩序において、もしくは、それ自体がその秩序である無限意志において、私がいかにして自らの役割を遂行すべきかを告げ知らせるものである[58]」。フィヒテの思想のある面において、永遠なるものへの要求はかれを彼岸性へと駆り立てる。「未来において、私の感覚的存在は別の形態をとるかもしれない。しかしそれは、現在の形態と同様に、生にとって真実なものではない。その決断によって私は永遠をしっかりつかみ、この地上的生や、未来においてもなお私の前に横たわっているかもしれない他のあらゆる形態の感覚的生を捨て去り、私自身をそれらのはるか上に位置づける。私は私自身の存在とその現象との唯一の源泉となる。そしてそれ以降、私をめぐるいかなるものにも条件づけられることなく、私は私自身の中に一つのいのちを持つのである[59]」。

フィヒテの思想のこの面においてかれは、すでに論じたように、人間の自我を実質上の神性、すなわち、無制約的な実在へと変質させる観念論者の範疇に属する。しかし、当時のドイツの栄枯盛衰に促されて、かれは、歴史の最も大きな個人性である国家を強調するロマン主義に追随する。かれにとって価値の真の源泉である無限意志と比較して、国家的存在は非常に相対的であることを意識しながらも、フィヒテは都合よく、ドイツ人のみが、普遍なるものの天的幻影に反逆することなしに、自分たちの国家を特別に愛することができることを発見する。なぜなら、哲学の生誕地としてのドイツこそが普遍的価値を真にもたらすものだからである[60]。

要するにロマン主義は、観念論哲学よりもキリスト教信仰に一層近く、観念論哲学よりも一層厄介なキリスト教信仰の堕落である。ロマン主義はキリスト教とともに、歴史的存在の固有で恣意的な性格を理解し、哲学体系の合理的普遍性は事物の所与性の固有の性質を充分に受け入れることも把握することもできないことを、また、自身では存在の偶然性と非合理性を充分に超越することができないことを知っている。それゆえに、ロマン主義はキリスト教とともに、自らの特殊な諸価値をその哲学の不偏不党で客観的な普遍的価値とされるものにひそかに入り込ませる合理主義的文化の微妙な自己欺瞞と偽善を発見する（たとえば、民主主義とブルジョワ文化との関係がそうである）。ニーチェは、キリスト教が喚起する「悪しき良心」を非難するが、それにもかかわらず、合理的観念論者たちの不誠実へのこのような洞察力が、ニーチェと古典的キリスト教との親和性を確かなものにしている。他方、ロマン主義は、少なくとも十全に発展したニーチェ的形態においては、偽善の代わりに残忍さを用いて、価値についてのあらゆる体系を虚無的に無視することにおいて、個人的であろうが集団的であろうが、特殊で固有のものを主張するのである。

実際には、明らかに部分的で固有なものと、歴史の普遍的価値とされるものはいずれも、生の中心と源泉が歴史的存在を超越していながら内在することを発見した宗教的信仰によってのみ称賛されもすれば裁かれもするのである。その中心と源泉とは、聖書的信仰において啓示された創造者であり審判者である神のことである。ロマン主義は、被造物は善きものとして造られたという事実をあらゆる個別性と個人性において理解している。しかし、被造物を超える視点を持っているわけではない。観念論は、被造物という形態を超える合理的で有利な地点を探し求め、審判者としての神についての混乱した概念を持つようになる。しかし、その審判者は結果的に人間自身の理性となる。人間の個人性が擁護できるのは、そこにおいて人間の自己理解と自己意識の最高の達成が、生の源泉と人間を超えた真理によって知られ裁かれる実在の次元においてのみである。

こうして、近代文化の最も独特な強調点である「個人」という概念は、近代の文化的前提の限界内においては事実としても理念としても保持できない、悲劇的に頓挫した概念となる。近代的生の社会史は、初期の商業的時代の個人主義から産業主義の集団主義へと向かう。農本的集団主義の社会的団結と中世の宗教的権威主義から解放された個人は、歴史の短期間のうちに、産業主義的集団主義の機械的団結に従属するに至った。この集団主義に対して個人は反逆するが、それによって原始的民族主義と帝国主義的国家主義という、一層嘆かわしい専制に陥ることになった。

近代人の文化史は、個人に、この傾向を修正したり拒否したりする手段を何ら与えていない。観念論において個人は、自然の専制的必然性を乗り越えることができても、結局のところ非人格的知性の普遍性に吸収されるだけである。より古い自然主義において、個人はしばしの間、自然の諸環境の多様性が造り出す個人性の側面を享受できる。しかし、自然は、個人性の真のしるしである自己超越や自己同一性や自由を一切知らないゆえに、真の個人性はたちまち失われる。ロマン主義的自然主義において、人格の個人性はたちまち、社会的集団の固有で自己義認的な個人性に従属させられる。ニーチェ的ロマン主義においてのみ個人は保持される。しかしそこでは、個人は、自らの《権力への意志》以外の法を知らず、自らの際限ない野望以外の神を持たないゆえに、悪魔的宗教をもたらすものとなる。

キリスト教信仰の前提なくしては、個人は無であるかあるいはすべてとなる。キリスト教信仰において、自然と時間の過程に巻き込まれている被造物としての人間の無意味さは、人間の生を支える神の憐れみと力によって有意味性へと引き上げられる。しかし、自由な精神としての人間の有意味性は神の自由に従属するものとして理解される。自らの自由を乱用し、自らの力と意義を過大評価し、あらゆるものになろうとする人間の傾向は根本的罪として理解される。人間は不可避的にこの根本的罪に巻き込まれているゆえに、何よりもまず、その傲慢を挫き、その空しい想像を価値なきものとする審判者としての神に出会わなければならないのである。

第四章
近代人の安易な良心

I　序

われわれは、人間本性に関する近代的見解について予備的に分析してきたが、それによって、人間学的諸概念の広範な多様さの中にあってそれらを統一する力である、近代人の自己満足的良心を明らかにした。以下はT・E・ヒューム〔十九世紀から二十世紀、イギリスの批評家・詩人〕の言葉である。「ルネサンス以来のすべての思想は、一見多様であるにもかかわらず、一つの首尾一貫した全体を形づくっている。……それらはすべて、人間本性についての同一の考え方に基づいており、また等しく、原罪という教義の意味を認識できないことを示している。ルネサンス以降の時代においては、その哲学や文学や倫理が、人間を根本的に善なるもの、十全なるもの、万物の尺度とするこの新しい人間観に基づいていたのみならず、この時代に特徴的な多くの経済的特質はすべて、この中心的で抽象的な考え方から生じたと見なされることを充分に立証できるのである(1)」。

近代人の善良な良心の最も驚くべき側面は、近代人は、きわめて多様で矛盾さえきたすような形而上学理論や社会哲学によって良心を主張し正当化することである。観念論者ヘーゲルと唯物論者マルクスとは、人間の本質的善が実現される、または実現されるべき場所としての時代や社会環境とそのための方法についての考え方が異なっているのみで、人間の徳についての根本的信頼においては一致している。ロマン主義的自然主義者ルソーと、フランス啓蒙主義の合理主義的自然主義者とは一致している。ただし、ルソーは、徳の座を合理的統制によって損なわれていない自然的衝動の中に見出すが、フランス啓蒙主義は、徳を保証するのは理性であるとしている。さらにまた、合理主義的自然主義者の間においても、この、人間の徳を信頼するという点においては一致している。かれらの考え方が快楽主義的であろうがストア哲学的であろうが、そうなのである。また、自己中心的衝動が自然に調和することを理性が発見し、そこに導くことができると信じようが、もしくは、社会的衝動が自然に調和することを理性が発見し確証できると信じようが、そうなのである。

救いというキリスト教のドラマ全体が拒絶される表向きの理由は、その救いを表現する《創造》や《堕罪》や《贖罪》などの神話が信じがたいものだからである。しかし、典型的な現代人は、実際には、そのような教理が、信じがたいというよりも完全に的外れであると確信している。かれはもちろん、疑わしい宗教的神話を真に受けようとはしない。なぜなら、そのような神話を伝える文化の特質と、自分自身の安心感ならびに自己満足感との間に何の関わりも見出さないからである。神話が表現する罪責という感覚など、現代人にとっては、上位の権力への原始的恐怖の痕跡にすぎないのであり、かれは幸いにもそこから解放されているのである。罪の感覚は、この上なく陳腐な、現代の社会科学者の言葉によるならば、「青年心理の精神病的症状」ということになる。

近代人において、この安易な良心が普遍的であるのは驚くべきことである。それが、十九世紀と二十世紀のブルジョワ文化の最盛期におけるのと同様に、社会的退廃の時代においても、際限なく立ち現れ続けているゆえに一層驚くばかりである。近代人は社会的混乱と政治的無秩序状態の渦中にある。この混乱からのマルクス主義的脱出は、ロシアにおいて比類なき政治的専制に発展した。現代史は人間の神経症と凶暴さの症状に満ちあふれている。そして、自然の調和を破壊し、合理的抑制という賢明な規範に逆らおうとする悪魔的な能力と傾向の証拠を残している。ところが、いかに反証を積み上げても、現代人のうぬぼれを妨げることはないように見受けられる。現代人は、自らを腐敗した制度の犠牲者と見なし、それを破壊するか作り直そうとしている。もしくは、自らを、適切な教育が克服しようとしている無知という混乱の犠牲者であると考える。ところが、現代人は依然として、自分自身は本質的に無害で高潔であると思っている。したがって、いかにして現代人は、現代史における明白な事実との、これほどの痛ましい矛盾にもかかわらず、自らの徳を評価するに至り、また、いかなる手段によってそれを保持しているのか、ということが問題になる。

一つのありうる、もっともらしい答えは、近代文化の偉大な達成である、自然についての理解がまた、近代人の非常な混乱、もしくは人間本性についての誤解の原因にもなったということである。自然は、特定の原因に、一見したところ必然的な結果が伴う一次元的世界である。より深い観察によって、いかなる目に見える原因も、それに続く結果についての十分な説明にはならないことが明らかにされるかもしれない。また、それぞれの結果は、因果連鎖の多くの可能性の一つにすぎないことが明らかにされるかもしれない。しかし、たとえそうであるとしても、このような、自然においてさえ存在する自由の領域を指し示す形而上学的な疑念は、もっぱら物理学の方法と前提によって満たされている文化を、ほんのわずか躊躇させただけであった。「ヌース」(nous) と「フュシス」(physis) との、すなわち、精神と自然との究極的な関係がいかなるものであれ、近代人は以下のことを確信している。すなわち、詳細な経験的観察と数学的計算という二つの科学的方法によって、一方では、固有で特定の出来事についての知識を、他方で、自然の秩序と、その信頼しうる再現性についての知識を得られるということである。

この二つの方法は、近代人にとっての、時には相反的で、時には相補的な安全保障となる。経験的方法は、秩序の領域としての自然を指し示す。自然は、先験的演繹法では推測できないそれ自体の法則を持っている。それゆえ、人間は、その傲慢な偽りを捨てて、自然の筋道を辛抱強くたどるがよい、というわけである。ここにおいて、近代文化はエピクロス的自然主義［感覚的経験を重視する認識論］に追従する。他方、数学的方法は、人間に、自らの理性の力ならびに、合理的計算と自然的過程との驚くべき一致を印象づけ、理性と自然についての新たなストア哲学的統一を促す。こうして、自然と理性は近代人にとって二つの神となり、両者は時に一つとなる。いずれの場合にも、人間は、調和と秩序の領域から深刻にかけ離れてはいないゆえに、本質的に安全である。自然は、それ自体が調和であるか、または混沌の領域であると見なされる。前者の場合、人間が自然の無垢から迷い出るのは、単なる無知ゆえのことであるから、そこに立ち戻ることは簡単である。後者の場合、理性の領域が、自然の確執や不和からたやすく逃れられる避難所であり、またその確執や不和を克服する力である。自然における自由と必然の問題を軽視する文化は、人間の自由の現実を見くびることになる。要するに、近代人は、自身のありようについて、ひどく誤解しているゆえに、自らの本質的徳を過信しているのである。近代人は、自然的因果性もしくは人間固有の合理性によって自身を解釈しようとする。しかし、自然と理性を超える精神の自由を自らが有することを知らない。その結果、自然と理性の法則に果敢に抵抗しようとする真の情念を理解できない。近代人は常に、そのような抵抗などは、過去の歴史における何らかの思いがけない堕落や、何らかの理性の怠惰によって陥る迷いだと思い込んでいる。そして、社会改革の計画か、または何らかの教育構想による救いを待ち望むのである。

II　特定の歴史的原因に悪の根源を求めようとする努力

近代人の、自らの生における悪の根源を、歴史における特定の出来事や、何らかの特別な歴史的堕落に求めようとする傾向は、単純な一次元的歴史において自身を見る人間観の当然の帰結である。しかし、この近代的誤謬は、悪行の原因を誘惑に帰して責任を逃れようとする、人間の心の止むことのない傾向を強めるだけである。あらゆる人間は、最初の人間［アダム］の言い訳を折々に繰り返してきた。「あなたがわたしと共にいるようにしてくださった女が、木から取って与えたので、食べました」［創世記三・一二］。このような説明すべてにおける重要な点は、なぜ、歴史における特定の悪の源泉、たとえば邪悪な祭司や、邪悪な支配者や、支配階級が、歴史に悪を持ち込むような権力と傾向を有したのかということについて説明できないということである。十八世紀には、人間の悪の原因は、宗教の腐敗をもたらすような作用や、自然の調和を乱した専制的な政治や無知な立法者たちなど、さまざまなことに帰せられた。十九世紀には、マルクスが、人間の真の本質からの自己疎外の原因は、社会における階級組織の発生にあることを明らかにした。それぞれの説明は、特定の社会的悪の特徴を照らし出す長所があり、また、そのような悪の軽減や排除の方策を指し示すものであろう。しかし、自然のうちに存在しない悪が、いかにして、人間の歴史において発生したのかということについて明らかにしているものはない。

祭司やその宗教が社会的悪の根源であるという信念は、既存の社会的不正が宗教的に是認されることに対して戦わざるをえなかった世代にとっては、当然の確信であった。十八世紀には、宗教は、政治的専制と社会的対立の根源と見なされた。ドルバック［P・H・T・ドルバック（ホルバハとも）、フランスの啓蒙主義者］は次のように記している。「歴史は、神の代理人のごとき者どもに目を向けさせる。かれらは、狂乱的な欲望をますますつのらせ、神に代わって自分が神の位置に昇ったと主張し、この上なく権力に媚びるような礼拝を強要し、その気違い沙汰に反対した者に対しては最も過酷な拷問を科した」。ドルバックによれば、こうした宗教指導者たちによる自己神格化はまた、政治的専制の源泉である。「神学、それは人類にとって有用どころではなく、地上を苦しめるあらゆる悲嘆の根源、すなわち、人間を抑圧する統治の真の根源である」(2)。同様の精神で、エルヴェシウス［十八世紀フランスの啓蒙主義者］は、宗教的狂信と、それによる社会的対立に抗議する。「宗教の歴史はわれわれに何を教えるだろうか。それは、宗教がいたるところに不寛容の火をつけたことを教える。宗教は野を屍で埋め、田園に血の雨を降らせ、都市を破壊し、国家を荒廃させた。宗教が人間を改善したことは一切なかった。人間の改善は法律の仕事である。宗教はわれわれの信仰を決定するが、われわれの風俗習慣を決定するのは法律である」(3)。十八世紀は、あらゆる専制政治と狂信には宗教的要素があることを全く正しく認識したが、この事実を、特定の歴史的宗教の腐敗によるものであるとした。しかし、なぜ、人間は、誰も所有すべきでない権威や卓越性を主張するように、また、いかなる人間の相対的判断にもふさわしくない「自らの確信の究極性」を確証するよう駆り立てられ誘惑されるのかと十八世紀は問うべきであった。純粋な自然の世界は、「祭司王」や、狂信的な預言者などというものを知らない。「もし君主たちが自然に尋ねたら、自然はかれらに、あなたがたは人間であって神ではない、と教えるだろう」(4)とドルバックは述べている。しかし、なぜ人間は、自らの神性と自らの見解の無謬性を主張する可能性と傾向を持たねばならないのか、ということを探求しようとはドルバックも思わなかったようである。その傾向とはまさに、キリスト教が「原罪」と定義するものである。現代史の教訓的で哀れな側面の一つは、歴史的宗教を破壊することによって専制と狂信から解放されたいと願っていたその同じ近代人が、その後、現代において、ヒトラーやスターリンを、また、ばかげた見せかけを何とかして言い張ろうとする、実にさまざまな新手の祭司王たちを教会の是認もなしに崇拝することに惹かれていることである。人間の歴史における特定の悪の出現を、一般的な悪の傾向の源泉と見なすことはできない。反対に、それは、悪のさらに深い根源の所産であり帰結に他ならないのである。

十八世紀の自然主義者たちはエピクロスに倣って、自然の平静さや調和、また、人間が最も恐れる究極の危険から解き放たれた自然の自由についての思索にふけることによって、恐怖や憎悪や野望や狂信的激情から気を紛らわすことができると考えた。かれらは、自然には深みなどないことを示すことによって、人間の精神性の深みを破壊することができると考えた。しかし、かれらは次のことに気づかなかった。すなわち、自然の世界に住んでいると人間が想像する妖精などは全くの空想の産物であったとしても、なぜ、そのような想像がはびこるのか、また、なぜ、人間は動物世界の鈍感な平穏さを楽しむことができないのかを知るのはやはり重要である、ということに思い至らなかったのである。エピクロスは次のように考えた。すなわち、人間にとっての死は、自然がすべて体験する［原子への］《分解》でしかないのだから、墓場の向こう側にはもはや危険などないことを示すことによって、死の恐怖を払いのけることができるというのである。しかしエピクロスは、動物と違って人間にとって死の恐怖は不可避であるという事実の重要性を見落としていた。

これら十八世紀の碩学たちは次のことに気づかなかった。すなわち、人間が、思索を重ねることによって自分自身を自然の一部へと還元することはできないこと、また、人間は、自然への心許ない依存を克服する自由がないと同時に、自然の過程を克服する自由を破壊する自由を持っていないことに気づかなかったのである。人間の恐怖は、まさにこのような強さと弱さの状況から生まれる。そして、人間の野望が果てしないのは、自らの弱さを隠し、自身の依存性と無意味さを否認することによって恐怖を鎮めようとする努力のゆえである。

近代文化は、政治の問題への取り組みにおいても、歴史上の宗教における狂信と激情に対するのとまさに同じ誤りを犯している。近代文化は、いかにしてそのような特定の原因が生起したのかを探求することなく、悪を特定の歴史的原因に帰している。十八世紀には、専制と不正は、歴史上の宗教ならびに政治によるものであるとされた。しかし、不正の政治的源泉と宗教的源泉との関係は決して自明ではなかった。さらに、社会悪を、「悪しき統治者」や「悪しき立法者」の陰謀によるものとするにあたって、十八世紀の決定論的心理学が否定する主意主義の社会理論を前提としていた。十八世紀は、人間の自由を最小限のものとして、人間の意志を自然主義に適合させるほどになった。しかし一方では、その社会理論は、人間の社会的運命に対する支配を前提としている。十八世紀は、あらゆる社会的決定が、人間の決定による統制を超えて、自然環境や歴史的傾向によってどれほど改変され制限されているかについて理解できていない。十七、八世紀の思想を支配した、政治についての社会契約説には独特の悲哀がある。それらの社会契約説はすべて、歴史が証しする明白な事実以上に絶対的な自由を、また実際に、それらの哲学が保証する以上の自由を、歴史上の人間に帰している。

この逆説は、近代経験論的自然主義の父であるトマス・ホッブズの思想において最も顕著である。人間本性を分析するにあたって、ホッブズは、人間の固有性を最小限にすることに汲々としている。理性は、生への自然的意志を拡張しただけのものであるとされる。「理性は情念に劣らず人間の本性の一部であり、すべての人間において同じである。というのは、人間はすべて、かれらが到達しようとするもの、すなわち自分自身にとって善になる方向へと導かれ支配される意志を持つ点では一致しているからである」[5]。人間の自由も本質的に動物的生の自由と異なるものではない。「また、欲したり欲しなかったりする自由は、人間の場合のほうが他の諸動物の場合よりも大きいわけではない。……必然性から自由であるような自由は人間にも動物にもない。これに対して自由を、欲する能力ではなしに、欲することを行う能力の意に解するとした場合には、この自由は確かに人間にも獣にも認めることができるし、それが現にある時には人間と獣の両方に等しく現にあるのである[6]」。

それにもかかわらず、人間の歴史は決断という行為から始まる。ホッブズにとって、この決断である社会契約は、絶対的な政府を造って、すべての社会的決定がその権威に服すようにすることで無政府状態を避けようとするものである。社会契約によって造られる政府の第一の目的は、ある種の主権を確立することであるが、それはまさに、フランスの自然主義者たちが、歴史における「堕落」と見なしたものであり、人間は、その誤りを去って自然へと立ち戻らなければならないのであった。

ホッブズは表向きは、無政府状態の危険を、自然による危険と見なす。かれは、この危険に対して、人間の歴史の自由な決断をもって応じるが、そのことにより、自身の心理学においては否定している、歴史的人間と自然的人間との区別を、その社会哲学においては前提とするという矛盾に巻き込まれることになる。さらに、その無政府状態という危険は、実際は、自然の中にではなく人間の歴史の中にあった。ホッブズは、自身の心理学においては人間の自由を否定しているにもかかわらず、このことを認めざるをえない。かれはこう述べている。「事実、ある生物、たとえば蜜蜂や蟻などは互いに仲良く生きている。……それで恐らく、人類も何故そのように生きられないのか、知りたいと思う人もあろう」。この問いに対してかれは、「人々は絶えず名誉と位階を求めて競争している……そしてその結果、羨望と憎悪とそしてついには戦争が生じる」こと、また、「これらの被造物は、人間のように理性を使用することができないので、かれらの共通の仕事の運営において、何らかの欠陥があったとしてもそれを理解しないか、理解したつもりでいる[7]」ことを認めることによって答えるのである。ホッブズの思想におけるこの困難は、近代社会理論の主意主義と、近代心理学の決定論との矛盾を余すところなく例証しているが、その矛盾は、たえず近代思想の混乱の原因となる。人間は実際には、その本質的あり方においては近代文化が認識する以上の偉大な自由を有しているが、歴史においては近代文化が考えるほどの自由は有していないのである。

ジョン・ロック以来、社会契約という観念は、市民政府についての絶対主義的理論よりも民主主義的理論にふさわしいものとされてきた。ロックの見解によれば、ホッブズによって定義された専制政治は依然として自然の領域の中にある。ゆえにロックは、統治者の権力が社会的統制のもとに置かれるような民主主義的政府を確立するためには、ホッブズとは異なった社会契約が必要であるとする。ロックは、自然状態を、無秩序というよりは「不都合な」ものであると見るゆえに、かれのいう自然法は市民法を廃棄するものではない。むしろ市民法は、「各人が自分自身の係争事件における裁判官となるようなときに確実に大きくなるであろう自然状態の不都合さに対する適切な救済策」[John Locke, *Two Treatises on Government*, 1690, Book II. Of Civil Government, Chapter II. Of the State of Nature, Section13, ジョン・ロック『完訳 統治二論』、加藤節訳、岩波書店、二〇一〇年、三〇六頁参照]と見なされなければならない。この民主主義的理論の表向きの前提が何であれ、ロックの真の関心は、キリスト教神学ならば、人間社会の「罪の危険」と呼ぶはずのものに向けられている。しかしロックはそれを、自然状態の「不都合さ」と定義する。人間は「自分自身の案件についての裁判官」であるという事実から危険は生じるのだから、それは、自然の危険ではなく人間の自由による危険である。このように、民主主義的理論においては、統治とは、キリスト教思想におけるのと同様に、罪に対する防御壁である。両者の唯一の相違は、ロックが誤って、罪を、人間の自由にではなく、自然によるものとしたことである。ホッブズや、ほとんどのキリスト教神学者と異なって、ロックが無政府状態の危険よりも専制政治の危険のほうを恐れることは正しい。しかし、ホッブズと同様に、そして、大多数のキリスト教神学者と異なって、ロックは誤って、社会生活の危険を「自然」によるものとしている。かれは、専制政治によるものであろうが、無政府状態によるものであろうが、これらの危険を、歴史における諸決断によって克服しようとする。これらの決断は自身の自由を有するとされるが、それは、自然主義自身の心理学によっても、歴史上の諸事実によっても証しされないものである。また、それらの決断は、ある程度の徳を有するとされるが、それが誤りであることは、これまでの歴史が示している。こうして、民主主義的自然主義者ロックは、新たな政治制度によって人間の悪を克服しようとする努力において、知らず知らずのうちに、自然よりも理性のほうを信頼することになる。

フランス啓蒙主義は部分的に、ロックの経験論の民主主義的教理に従っているが、それは総じて、一層単純な自然主義によって導かれている。フランス啓蒙主義は、政治的不正の原因を、専制政治を成り立たせた歴史上のある種の誤りに帰している。そして、歴史から自然へ回帰することによって正義へと立ち戻ろうとする。フランス啓蒙主義が回帰しようとする自然はいつでも、ストア哲学的というよりはエピクロス的またデモクリトス的表現によって思い描かれているが、それはつまり、フランス啓蒙主義は、自然を必然の領域と見なしているということである。そこにおいては、競合する諸有機体の《生への意志》は、単純な調和のうちに保たれる。そして、もし政治による干渉が除去されるならば、その調和を直ちに回復できる。エルヴェシウスは次のように述べる。「モラリストたちは、人間の悪をたえず非難する。しかしこのことは、彼らが事柄をいかに理解していないかを示すものである。……非難されるべきは人間の悪ではなく、常に、全体的利害に反して個人的利害を持ち込んできた立法者たちの無知である」。この見解においては、人間の生来の自己中心性は、悪しき統治者や立法者たちが、自然のままにあって競合する自己中心的衝動の均衡を妨げない限りにおいて無害であると見なされる。しかし、人間はいかにして自然法則に干渉する自由を持つようになってしまったのかということについての説明は、当然なされない。人間は、自然に干渉することはしてはならないし、またそういうことはできないと告げられる。しかし、そのような新たな道徳性への導き手のいずれも、以下のことを理解していないように見受けられる。すなわち、もし人間が自然に干渉できないならば、人間が自然に干渉することをしてはならないという助言は余計なことになる、ということである。この矛盾は、次のようなヴォルテールの言葉に鮮やかに示されている。「あらゆる惑星や自然が永遠の法則に従わねばならないのに、その法を無視して、自らの快楽のままに、ひたすら自らの気まぐれに従って行動しうる、身の丈五尺の小動物がいるというのは、なんと奇妙なことであろうか」〔原文では「ディドロの言葉」とされているが、正しくはヴォルテール“Le Philosophe ignorant”(1766)からの引用〕。

この立場の論理は最終的に、最高度に発達した「重農主義」理論に行き着く。そしてそれこそが、アダム・スミスが近代資本主義の哲学へと大成させたものである。その理論は、W・ゴドウィンなどにおいて明らかなように、概して無政府主義的方向に向かうものである。それは、経済の領域での自然法則の働きに政府が干渉さえしなければ、すでに自然において確立されている調和を通して正義が実現されるはずだ、という理論である。ここで次のことは教訓的である。すなわち、近代の政治的生が、民主主義者の主張する政治力の平等化によって正義の確かな進歩を遂げたことを誇りうるのに対し、近代の経済的生は、重農主義者によって主張された「レッセ・フェール」〔自由放任主義〕理論によって、権力の残酷で不法な不均衡を募らせたのであった。その誤りがいかなるものであれ、民主主義者のほうが、重農主義者よりも現実的な前提から出発した。しかし両者は、社会的罪を単に社会的制度によるものであるとし、また、正しい社会の中に罪なき人間を求めていることにおいて等しく間違っていた。コンドルセと同様に、自らの思想において民主主義的思想と重農主義的思想とを混ぜ合わせたW・ゴドウィンは、こうした希望を次のように述べた。「(新たな社会では)あらゆる人間は怖いもの知らずになるだろう。なぜなら、人間の命を狙う法的罠はなくなるはずだからである。あらゆる人間は勇敢になるであろう。なぜなら、他の者が過度の贅沢にふけるために踏みにじられるような者はいなくなるはずだからである。嫉妬も憎悪もなくなるだろう。なぜなら、それらは不正の所産だからである」[8]。

マルクス主義は、その社会哲学において十八世紀のリベラリズムとは著しく異なっているのであるが、人間の本性に関するマルクス主義の見方はリベラリズムに著しく似ている。マルクス主義は、人間の悪を、誤った政治的組織からではなく、それに先立つ経済的組織の誤りから導き出すにすぎない。専制政治とは、階級支配の結果でありまた手段である。原始的部族の平等主義的で共産主義的な組織が、さらに進歩した社会では階級組織となる、そのような歴史の時点において、人間は、その自然的善から疎外されたとマルクス主義はいう。最終的に階級が消し去られることによって人間の自然的善は回復され、抑圧そして国家の必要もなくなるはずである。人間の意識についてのマルクス主義的理論、つまり、意識的行動を、物理的世界の「運動法則」に事実上還元する理論は、次のことを理解するのを困難にする。すなわち、どのような能力によって人間は、初期の部族の原始的な「われわれ意識」という制約から脱し、また、いかにして、その仲間たちに君臨する能力や意向を持つようになったのか、ということが理解しがたくなる。人間は、その真の共同体的本質から疎外されているというマルクス主義理論には、ルソーの教説との、あからさまではないにせよ密かな親和性がある。社会的悪は、人間の歴史の特定の悪よりも、文明の精緻化そのものによるものとされる。しかし、マルクス主義者はロマン主義者と異なって、新たな無垢を求めて過去よりも未来に向かおうとする。そのことは、共産主義者とファシストとの社会理論の主要な相違であろう。

Ⅲ　徳の源泉としての自然

政治的また経済的な再編成によって人間の悪行を除去しようとする近代文化の希望は、自然の単純な調和に回帰するという、さらに個人的な方法によって社会悪を除去しようとするもう一方の希望と、多かれ少なかれ混乱した関係にある。ロマン主義者であろうが合理主義者であろうが、近代の自然主義者が安易な良心を持っているのは、自身が、自然の無垢からそれほど離れてはいないゆえに、簡単にそこに回帰できると信じているからである。倫理的観点から見たときに最も一貫した自然主義は、ロマン主義におけるそれである。ルソーとその追随者たちにとって、自然に回帰する道は、人間が、その自由によって自然に独自な彫琢を加えることを抑止し破壊する方法であった。ルソーは述べる。「同時代の人々の犯罪を見ないために、またそれを忘れるために森に帰るがよい。人類の悪徳とともに知識を投げ捨ててしまうと、人間の品格が落ちるのではないかなどと、恐れる必要はないのだ」〔ルソー『人間不平等起源論』、中山元訳、光文社、二〇〇八年、一二五頁参照〕。このロマン主義的な原始主義は、いわゆる合理的人間の自由は、無害でもなければ、自然的秩序にも理性的秩序にも簡単に調和するものでもない、という認識において合理主義に勝っている。しかし、ロマン主義的な原始主義は、人間の自由は、悪徳と同時にあらゆる創造の源泉であることを認識しそこねている。それゆえ、そのような立場は、「悪徳とともに知識を投げ捨ててしまう」ことによって、人間の歴史を本来的なところに回帰させようとするが果たしえないのである。ロマン主義的原始主義は、自然主義の合理的で機械的な形態よりも一層深く、同時に、一層不条理である。それが深いというのは、他の自然主義者たちが知らない次のことを理解しているからである。すなわち、純粋に自然的な生存への衝動と、傲慢ならびに権力という人間的で精神的な衝動との間には大きな隔たりがあるということである。ルソーの言葉で言えば、「あらゆる動物をして自己保存へと向かわしめる自然的感情」と「社会の状態に生じる、あらゆる個人をして、自らを他のいかなる者よりも大事な者と考えるようにさせる人工的な感情」との隔たりである。この、自然的な「生存への意志」と精神的な「権力への意志」との相違は、自然主義の非ロマン主義的な形態にとっては依然として未探求の謎となっている。

ロマン主義的自然主義の不条理は、自然の無垢を回復しようとする原始的努力の中にある。もちろんルソーは、一貫した原始主義にどこまでも忠実であったわけではない。かれの社会契約説は、「森に退け」というその命令にそぐわない。その社会契約説はむしろ、新たな歴史的決断の地平に自然の調和を再構成しようとする努力である。この新たな地平においてルソーは、「一般意志」という葛藤なき調和の中にあらゆる個人の意志をまとめることができると考える。その思想において、この「一般意志」とはどのようなものであるかについて一向にはっきりしないのは重大なことである。それは多数派の意志のことであろうか。それとも、単に、生相互の完全な調和についての何らかの理念的可能性を示すだけのものであろうか。このような明確さの欠如は、ロマン主義が人間の自由の本質を理解することができないことを暴露している。それは以下のことを認識できない。すなわち、ある社会が到達しうる一般的で統一的な目的についての定義などないこと、また、個人は、その目的を批判できるほどまでにその目的を超越することなどありえない、ということを認識できないのである。個人はただそれを批判し、改めようとすることができるのみならず、強い義務感のもとで、その目的がなされるべきであると感じるであろう。

事実上、ルソーの「一般意志」は多数派の意志となっているにすぎない。一般意志をめぐるルソーの哲学には批判の原理がないゆえに、一般意志というその考えは、既存の、また、束の間の多数派の手にある専制政治の手段と化することになる。この多数派の専制は、少数者による専制へと容易に転化し、少数者は、近代民主主義を、自らの目的に《多数の合意》という見せかけを与える手段として利用する。こうして、複雑な問題に対するルソーのあまりにも単純な解決策は、近代政治的悪魔崇拝の出現に手を貸すことになる。近代文化史上における原始的なものと悪魔的なものとの関わり合いは、人間の自由が理解されない場合に生じる危険を明らかにするものとして重要である。一足飛びに自然の調和と無害性へ回帰しようとする努力はいずれも、不可避的に悪魔的政治を招くことになる。そこでは、人間の野望と欲望とが、自然ならびに理性の抑止力に盾突くことになるのである。

ルソーの同時代の合理主義者たちの自然主義が個人に提示する、自然の無害性への回帰の道はさらに単純である。自然は生存衝動によって支配されており、この合理主義においては、生存衝動と人間的野望との間に何ら区別はない。ドルバックは言う。「自己を愛し、自己保存を望み、自己の生存を幸福にしようとすることは人間の本質に属している。このように、利益もしくは幸福への欲望は人間のあらゆる行為の唯一の動機である」[9]。このような自己中心性によって自然の中に存在する「必然的」調和的関係を発見または再発見すること、また、「物事の必然性を道徳の基礎とする」ために、「『すべては必然的なものである』」と教えるのは理性のなすべきことである[10]。このような自然の無害性を達成する唯一の条件はまさに、相争う自己中心的な欲望という混乱を克服するためにホッブズが策定する政府を廃棄することである。ドルバックが表向きは、人間に自由があることを否定しておきながら、人間の自由の存在をほのめかしているのは不用意な矛盾である。同じ人間が、道徳性の基礎を「物事の必然性」に置くように言われながら、一方では、「不幸な悪人よ、お前はたえず自己矛盾をきたしている」[11]と叱りつけられるのである。

ドルバックとエルヴェシウスの単純な快楽主義的自然主義において、理性は単に人間を、自然の法則と調和に回帰させるだけである。しかし、人間はいかにして自然の法則と調和から引き離されてしまったのかについては説明がない。十九世紀の一層詭弁的な快楽主義において、理性は、幸福への欲望について、それが、行為主体の利害関心の中に一般の福祉を含み入れるよう方向づける。しかし、十九世紀の功利主義の快楽主義は、そのような〔行為者の利害関心や快楽を第一とする〕エゴイストではなく、思慮深いエゴイストによる《無害性》を前提としている。この功利主義は実際に、快楽主義をも自然主義をも超えている。ジェームズ・ミルの語る理性は、個人の利己心を超越している。かれは、「理性を具えた人間は誰でも、証拠を勘案し、証拠の優越性によって導かれ、また、決定されることに慣れている」ことを、また、「数が多いほど正しい判断となり、いかなる場においても、証拠という最大の力が、最大の影響を生み出すであろう」[12]ことを確信している。また、ジョン・スチュワート・ミルにおいて、一般の福祉に対する義務は、快楽主義的理論内には全く収まりがたいものとなっている。このような自然主義は、その異議申し立てにもかかわらず、エピクロス的というよりはストア哲学的である。それが安易な良心の哲学であることに変わりはないが、自然よりも理性を徳の座と見なすものである。このような徳がそれまで考えられていたほど完全なものでなかったことに気づき始めたのが、最後の偉大な功利主義者ジェレミ・ベンサムである。かれは、「自己優先の原理」すなわち、「人間は、知覚力のある存在の総和としての幸福よりも、自分自身の幸福を優先する」[13]という原理を発見した。このような自己中心的な傾向に抗してベンサムは、純粋に理性的というよりはむしろ政治的な制限を設けなければならなかった。かれはそのために、「利害の人為的同一化の原理」を案出した。それは、個人が、一般の福祉を犠牲にしてでも自分自身の優位を得ようとする傾向を弱めるような仕方で、政府が報償と処罰を割り振るようにする、というものである。

理性が自然を改良し、人間の徳を達成するもう一つの可能性は、理性が、自己中心的衝動に対抗するために社会的衝動を支持するというものである。理性には、自然のさまざまな力を選り分けることを可能にする「選択の原理」が存在するように思われる。それゆえデイヴィッド・ヒュームは言う。「しかし危険かつ有害な実践に導くことを自認せざるをえないような理論を述べる人は、たとえそれが真理であっても、嫌われるだけであろう。あたり一面に害を撒き散らしている自然の片隅をなぜ詮索するのか。なぜ穴に埋められている疫病を掘り出すのか[14]」。

理性の機能は、より利己的な衝動に抗して、社会的で寛容な衝動を選択し確証することである。ヒュームは次のように主張する。「われわれの当面の目的にとっては、われわれの胸中に、いかに小さくとも若干の慈愛があること、人類に対する若干の友愛のきらめきがあること、われわれの気持ちの中に狼や蛇の要素と共に、若干の鳩の分子が混入していることが認められるならば――これらを議論するのは確かに最も馬鹿げたことではあるが――十分である。これらの寛容な感情が、いかほどまで弱いものと仮定されるにせよそうなのである。……それでもなおそれらの感情は、わいわいわれの精神の決定を方向づけ、他のすべてのことが同じであれば、人類にとって有害なことよりも、有用で有益なことを冷静に選択させる。……貪欲、野心、虚栄、ならびに通俗的には不適切ながら自己愛の名のもとに妥協的にまとめられているすべての情念は、ここでは道徳の起源に関するわれわれの理論からは除外される。というのは、それらの情念があまりも弱いからではなく、それらが目的への正しい方向づけを持たないからである[15]」。ここで注意を要するのは、ヒュームは古典的伝統に則って、人間の反社会的衝動を、人間精神固有の自由にではなく、自然（狼ならびに蛇）に帰しているということである。さらにヒュームは、教育によって利己性を検査する可能性について全くひとりよがりである。かれは、「われわれは生来われわれ自身およびわれわれの友人を偏愛しているが、それでも、より公正な行動からもたらされる利点を学ぶことができる[16]」と考えるのである。

人間の徳は、理性が利己的衝動に逆らい慈愛的衝動を選好することによって保証されるという信念は、近代思想の明白な構成要素となっている。サン＝シモン［サン＝シモン伯爵クロード・アンリ・ド・ルヴロワ、フランスの社会主義思想家］は、この信念を基礎として「新しいキリスト教」を構築し、オーギュスト・コントは、この信念をかれの実証主義社会学の礎石とした。コントは、親の愛情を活用し拡張することによって徳への新たな道を発見したと考えた。「家族愛は、『人間』をして、生まれながらの自己愛の状態から抜け出させ、充分な社会的愛を得ることを可能にする」。また家族は、「自然がわれわれに準備している普遍的共感をものにする訓練を全うする」(17)。コントは、その偉大な発見も、家族もまたあの「一心同体主義」の源泉であるという事実によって損なわれることに気づいてない。それは、個人の利己主義よりも強力な不正の源泉なのである。かれは、理性的訓練が社会的共感を拡張するであろうことを認識している。しかし、人間の想像力は、自然が設定した境界を拡げるのみならず、自然的血縁の範囲内での狭い忠誠心をたいへん激しくするものであるゆえに、忠誠心を共同体全般における無政府状態の力に変えてしまうことをコントは知らずにいる。

理性を徳についての二次的源泉と見なし、また、理性なしには自然的衝動が「諸部分間の調和」を達成しえない盲目となってしまうと考える、あらゆるかたちの自然主義において、理性と衝動との一貫した関係を明らかにすることにはある困難が伴う。理性は時に、自己愛よりも博愛を選好し、利己的衝動よりも社会的衝動を選好する、超越的展望と見なされる。またある時には、理性は、それらの均衡を保つものとされる。バトラーの思想においては、理性のなすべきことは、そのような均衡を保つことなのか、それとも、自己愛と社会的調和との一致を見出すことなのかがはっきりしない。時に、理性の役割は、自己保存衝動をして、その本来の意味合いを超えて「公共の福利」を包摂するまでに拡張させることとされる。およそこのような解釈は、通常「自然主義的」と言われるが、一貫してそうなのではない。なぜなら、そのような解釈は、一貫して快楽主義的ではないからである。そこでは、行為の規範として何らかの理性的規準が導入されるが、行為の規範としても動機としても、快楽原則を一貫して維持することはできていない。

徳が見出されるのは理性の中か自然の中か、また、理性と自然はどのような相互関係にあるのかについて定かではない曖昧な自然主義によって、十八世紀以来の近代思想のこれほどの大きな部分が、人間を善きものとして考え続けてきたという事実は、いかに近代人の安易な良心が、人間の自然からの超越性についての誤った評価に由来しているかを示すものである。

二十世紀の典型的な自然主義的哲学者であるジョン・デューイの思想は、前世紀までの当惑や混乱から驚くほど進歩していない。かれは、理性が自然の危険に抗して作用するのに有利な地点を見出すことに困難を抱えていることにおいて、また、人間の「合理的」なありように生じる精神の新たな危険について盲目であることにおいて、前世紀までの思想と変わるところがない。実際、デューイは、ロックやヒュームよりも、自己愛の社会的危険についての意識が低い。かれの思想では、利己主義という堕落を超えるのに有利な地点に達したいという希望は、「科学的方法」への信頼というかたちをとる。また、反社会的行動は、社会科学が技術に後れをとる、いわゆる「文化的遅滞」によるものであるとされる。デューイはこう主張する。「強制と抑圧が大規模に存在することは、正直な人なら否定できないことである。しかし、これらの事柄は科学と技術の産物ではなく、科学的方法の手が触れていない古い制度や型の持続の産物である。導きだされる結論は明らかである」[18]。過去や現在における失敗は、科学的方法が、「科学的材料や実験的方法が今やわれわれの自由な処理に任されているところの、あらゆる資源を利用することによって試みられたことが、いまだかつてなかった」[19]事実によるものである。知性が党派的情熱に従属させられるということは、「ヘーゲルの弁証法を水で薄めた政治的改版」としての誤った社会理論によるものとされる。

そして、真のリベラルは、このような「方法は、物質的自然の領域における科学の勝利を勝ち取った、組織的共同探求の手続きとは何の共通するものはない[20]」ということを明確にしなければならないとされる。

デューイは、知性が自然を征服することにおいて達成したのと同様のことを、社会的関係の領域においても達成できるはずであるという、感動的なまでの信念を持っている。人間は生まれつき、実際の行為においては、公平無私の正義による最も純粋な展望を堕落させるものであるという事実にかれは全く思い至らないように見受けられる。それゆえかれは、公平無私な行動よりも、私心による行動の特定の原因を倦むことなく探求する。教育者としてのかれの持論の一つは、人間が行為において自らの理想を裏切るのは、「理論と実践、また、思想と行為」を分離する誤った教育法のゆえである、ということである。かれは、この誤った教育学は、観念論哲学の「精神と身体とを分離する伝統」によるものであると考える[21]。十八世紀の先達に通じることであるが、デューイは、制度的な不正を攻撃し、また、そのことによって一層知性を解放するために、「解放された知性」の公平無私の力を用いる。専制的な制度は、「科学以前の時代に定められた諸関係」であり、また、時代錯誤的な社会的態度の砦である。一方、「精神的、道徳的諸型における遅滞は、古い制度の砦を提供する[22]」のである。

ジョン・デューイほど、近代人の、社会についての不安と、自己についての満足を完璧に説明している者はいない。かれの哲学の半分は、キリスト教神学で《人間の被造物性》と呼ばれるもの、すなわち、人間が生物的で社会的な過程の中に巻き込まれていることを強調することに割かれている。もう半分においては、流動する過程を超える公平無私の知性のための安全な場が探し求められ、それが、「組織的協働的探求」の中に見出される。しかし、いかなる「組織的探求」も、それが、公平無私の知性を達成するほどまでに歴史における利害の衝突を超えることはないのではないのか、ということにデューイは思い至らない。たとえかれが、「組織的探求」に公平無私の知性を具えていると見なしているにしても、そうなのである。あらゆる「組織的探求」はそれぞれ、自身の特定の社会的場を有するはずである。いかなる法廷も、たとえそれが古くからの自由の伝統によって党派の衝突から守られているとしても、その法廷が拠っている社会のまさに基礎に触れるほどに甚深な問題を扱うときはいつでも、党派的偏見を免れることはできない。さらに、「自由な協働的探求」はおしなべて、正義のための人間的手段について、実際になしうる以上に完全な公平性に達したふりをするものである。歴史の最悪の不正と対立は、偏奇で党派的な歴史的手段を不偏不党であると主張するところから生じる。したがって、デューイが達した解決策は、かれが認識しているよりもはるかに究極的でやっかいな問題に対する素朴な解答にすぎない。そのような解答は、比較的社会が安定し安全であるような時期において、また、地理的孤立によって国家間の対立が目立つことがないような国家において、そして、非常に豊かであるゆえに国内での対立が軽減されるような国家においてしか成り立たないものである。

Ⅳ　観念論の楽観主義

近代の自然主義は、以下の二つのいずれかによって人間の善についての信頼を表明している。一つは、機械論的もしくは生気論的に認識された自然の調和を見出すことによってである。そのような調和は、人間にとって、自由による緊張や対立からの逃げ場でもある。もう一つは、理性における何らかの秩序や調和の原理に信を置くことによってである。ただし実際のところ、その自然主義的前提の限界ゆえに、自然主義がそのようなことを信じる権利は一切ない。一方、観念論的合理主義は、その道徳的楽天主義にはるかに単純な態度で接する。人間の善についての観念論的合理主義の信頼は、自然と理性、ヌースとフュシスとを截然と区別することに基づいている。理性の秩序と内的一貫性は、自然的衝動の混沌からの安全な避難所と見なされる。また、理性の力は、自然的生命力を支配し抑制し、一層高度な一貫性の領域に転化するのに十分なものとされる。人間本性についてのそのような理解は、人間の精神を総体的次元で捉えるのに有利である。しかしそれは、人間のプシュケー［魂］をあまりにもはっきりと分かち、精神と理性とをあまりにも完全に同一視するという誤りを犯している。観念論的合理主義の二元論は、自然と理性との有機的関連や、理性が自然に依拠していることを理解する妨げとなる。その、理性と精神との同一視は、人間の自由が実際には、通常「合理的」と認識されている能力を超えているという事実を曖昧にする。言い換えれば、そのような解釈は、ギリシア古典主義の誤りを繰り返しているのである。結果的にそれは、理性の内的一貫性において、人間の自由に中途半端な安全保障を見出し、人間が、その自由において、いかに、自らの利害関心によって理性の規範を犯し、損じ、卑しめるかを認識しないのである。観念論的合理主義がキリスト教的悲観主義を拒絶するのは、合理的人間は同時に善良な者であるという信念によるものである。

アルフレッド・N・ホワイトヘッドは、その抑制された観念論にもかかわらず、そのような観念論的楽観主義の印象的な実例を示している。かれは、「思弁的理性」と「実用的理性」とを区別し、前者を徳の源泉とし、後者を悪の根源としている。このような区別は、アリストテレスがヌースを受動的なものと能動的なものとに区別したことを思い起こさせる。ホワイトヘッドによると、前者は「プラトンが神と分かち合う」理性であり、後者は「オデュッセウスがキツネ［人を騙し惑わす存在］と分かち合う」理性である。「オデュッセウス型の理性の持つ短射程の機能が、自然の副次的目的を批判したり強調したりするのであって、これこそまさしく目的因の作用である。そして、これがプラグマティックな機能を有するものとしての理性である。……理性の機能のもう一つの局面はプラトンの一生の仕事に関連していた。この種の機能があるからこそ、理性は世界の実用的な仕事にましてあがめられる。……利害関係のない好奇心をもって、それは世界の理解のあり方を探し求める。……理性はこうした機能において、ただ自分自身に仕えている。……これが思弁的理性である」。悪は「人間本性の大規模な反啓蒙主義」から発し、このような反啓蒙のほうは「実用理性が、その新たな思弁の習慣から生じる固定的方法への干渉に対して、数百万年の遅れをとって行う惰性的抵抗運動[23]」と定義される。

このようにしてホワイトヘッドは、擬似的観念論の立場から、悪の根源はまさに知性そのものの惰弱さ、すなわち、自然的衝動に対する実用的で射程の短い合理的関係の中にあると信じている。そのような自然的衝動に対する実用的で射程の短い合理的関係こそが、デューイの意見によれば、人間が唯一所有するものである。しかしホワイトヘッドもデューイもともに、人間の悪についての「文化的遅滞」説に行き着く。また、両者ともに、究極的には、強制力ではなく、純粋に理性による働きかけによって統治される社会を望んでいる[24]。両者が対照的な方法によって共通の目的に達したことは、近代文化における道徳的楽観主義の力を示している。合理的自然主義者は、自然的衝動の混乱に対抗するにあたって、たいへん心もとなく不十分な基準点を構築せざるをえない。デューイの場合、それは「自由な協働的探求」という仕組みである。それは、自然的で歴史的な過程に巻き込まれているが、ともかくも、それを超える純粋な公平無私性という有利な点を伴っているとされる。デューイより純粋な合理主義者〔ホワイトヘッド〕は、人間の精神を、思弁的知性と実用的知性とに分割する。そして、思弁的知性のほうが、いかなる種類の人間の知性も所有していない純粋な公平無私性という有利な点を持っていると考える。

観念論は常に、人間の精神を、純粋な自然主義よりも深い次元から見るということにおいて、とりあえず優位に立っている。このことが優位点であるという証拠は、自然主義は、人間の歴史の事実について説明するときには常に自己矛盾に陥らざるをえないという事実によって与えられる。人間の精神は明らかに、自然の必然という調和に束縛されることはできないほどに自然の過程を超越している。このことは、人間の創造性と、また、自然的というよりは際立って歴史的な混沌と破壊の生起とによって証明される。合理主義者は、人間の精神はヌースであってフュシスではないことを認識している。しかし合理主義者は、ヌースとロゴスとを、つまり、精神と合理性とを同一視することによって、とりあえず保持していた優位をたちまち犠牲にしてしまう。したがって合理主義者は、人間の精神は、自らの立法的合理性の範囲内では、その自由の危険からある程度守られていると信じている。人間の行為の悪の可能性は認識されているが、それは、肉体に、より正確にはプシュケー、すなわち、実存の特別な形態の生命力に帰される。

たとえば、スピノザにとって「堕罪」とは、人間の理性は情念を完全には統制できないという事実を示すものであった。「なぜなら、もし彼（アダム）に、理性を正しく用いる力があったなら、彼が騙されることはありえなかった。……ゆえにわれわれは、以下のように結論を下さねばならない。すなわち、理性を正しく用いることは、最初の人間の力の及ばぬことであった。彼は、われわれと同様に、情念の支配下にあった[25]」。スピノザ、デカルト、ライプニッツという、十七世紀の偉大な合理主義者たちの中では、スピノザが最も、情念を統制する理性の能力を信用しておらず、その点において、「完全に合理的な人間」というデカルトの単純な信念を批判している。スピノザの場合、このような現実主義は、謙遜というキリスト教の教えにとりあえず同意するようかれを促すものである。「人間が理性の指図に従って生きることは稀であるから、……謙遜と悔い改めは……害悪よりもむしろ利益をもたらす。なぜなら、もし知性の無能な人間がみな一様に高慢ならば、何事にも恥じることがないだろうからである[26]」。

しかし、スピノザの思想では、人間についてのこのようなさしあたっての不安は、そのストア哲学的汎神論へのエピクロス的もしくは快楽主義的自然主義の混入によって克服される。その思想によって、自然的必然性と合理性とがあまりにも完全に同一視されるゆえに、最終的にスピノザは、非理性的行為を非難することもできなくなる。「人間は、学があろうが無知であろうが、……自然の一部なのだから、人間の行為を決定するあらゆるものは自然の力に属するものとせねばならない。……人間は、理性に導かれようが、単なる欲望によって導かれようが、自然の法則に従う以外のことは何もなすことがないのだから、これは自然の道理である。しかし、多くの人々は、無知の者は、自然の道に従うよりは、それをかき乱すと信じている。……しかしながら、健全な体を持つことも、健全な精神を持つことも、われわれの力によるものではないことを、経験はいやというほど教えてくれる。次に、あらゆるものは、全力を尽くして自らの存在を保持しようとするのだから、もし、理性の導きによって生きることが、盲目的欲望によって導かれるのと同様に、われわれの力によるものであるとしたら、あらゆるものは理性によって生き、その生を賢明に秩序づけるであろう。そのことをわれわれは全く疑うことはできない。しかし、そのようなことは全くありえないのである」[27]。こうした言葉において、スピノザはほとんど近代文化の最も完全な代表者となる。なぜならかれは、自然と理性の双方への信頼を、また、理性のほうを自然よりも若干重んじていることを巧みに表現するからである。言うまでもなくかれは、人間の自己中心性とは、あらゆる有機体が「自己の存在を保存」しようとする自然的衝動以上の何かであることを理解しそこねている。また、人間の自己中心性は、自然と理性双方に逆らう力を持っていることをかれは理解しない。さらに、健全な精神と健全な肉体を持つことは必ずしも、人間の生における自然的必然の問題ではないことを理解しそこねている。というのは、人間は、肉体的健康と精神的能力の双方を完成も破壊もできる自由な存在だからである。

ライプニッツの多元的合理主義は、その哲学的前提においてスピノザと相当に異なっているにもかかわらず、著しく似た楽観主義的結論に達している。ライプニッツにとって、自然的必然と合理的普遍性とは対立するものではない。なぜなら、聖なる時計職人としての神が、その、魂と体という二つの時計が各単位において完全に一致するよう定めたからである。こうして、「目的因の法則に従って働く魂」と「動力因の法則に従って働く体」とが、それぞれ別の領域に属しながら、「互いの調和のうちにある」。その調和は完全ではなく、いわゆる《罪》は「物質の惰性」であり、二つの領域の摩擦であると見なされるべきものである。しかし、これさえも悪ではない。反対に、それは予め必要な徳である。というのは、それなしには、魂は、聖なる都の市民としての真の天性を発揮することができないだろうからである。

ドイツ観念論の思想においては、人間の自己意識の自由についてのキリスト教的考え方が、自然的過程に巻き込まれている自己と合理的自己という古典的区別と融合する。ヘーゲルにおいては、自己意識の問題についての深い理解があるが、それは古典的背景よりもキリスト教的背景に帰されるべきものである。それにもかかわらずかれは、自らを知る最高の自己は、普遍的理性と同じであるという結論に達する。かれはこう主張する。「理性とは、意識と自覚との、つまり、対象を知ることと自らを知ることとの最高の統一である。それは、理性の規定が主観的思想であるのと全く同様に、客観的思想つまり事物の本質の規定である、という確信である」。こうして、人間の精神の究極の高さは神と一致する。「したがって、知覚する理性は、単なる主観的確信ではなく、真理でもある。なぜなら、真理は、調和の中に、または、確信と存在との、または、確信と客観性との調和の中に、というよりもむしろ一致に存するからである」。しかし、そのようにして一方では神の理性と同一視される自己は、他方、「自身の二重性、すなわち、自らの矛盾を明らかに知っている」ところの「不幸な意識」へとつながる変化と特殊性に巻き込まれている。自己は「不動の意識」を「真の自己」と見なし、「そうでない意識、すなわち多様で変わりやすい意識」を「偽りの自己」と見なす。[28] こうして、「深く悔いる」もしくは「不幸な」意識という言葉に表現されている、ヘーゲルにおける罪の感覚は、ホッキングの言う「《世界の内にある自己》と、《世界の内ではない視点から世界を観想する自己》」との葛藤という感覚である。[29] ゆえに、ヘーゲルにとって罪とは、実際には、自然の無罪性から人間が脱け出ることと同一視されるものであり、またそれは徳の先触れである。罪とは、普遍性に対抗する、個人性についての必然的で不可避的な主張である。しかし、分割された自己は、「不動なるもの、すなわち真の自己に気づいているゆえに、その仕事は、ひとつの自己救済ということでなければならない」。その仕事とは、二重の意識の統一を成し遂げることによって達成されるものであり、そこにおいて自己は、「その個人性が普遍なるものと和解している」ことを発見するのである。ヘーゲルにとって罪は、ある意味で、ライプニッツの思想におけるよりも積極的な機能を果たすものでさえある。個人性は罪あるものであるという断定がなければ、人間は、自らを自然と区別している自由を表現することもなかったであろう。また、普遍性と個人性との究極的総合という真の徳を見出すこともできなかったであろう。自己を世界から切り離しまた区別する自己意識は、意識の論理に欠かせない要素である。その論理によって、自己は究極的に、世界との一致において自己自身を見出すのである。

ヘーゲルの思想の独自性や、自然と精神双方の領域における自己の位置についての分析の、一般的に認められた深遠さがいかなるものであれ、そこには、人間の精神の自由の危険について本質的に無関心であるという、あらゆる観念論に一様に見られる傾向が現れている。精神と合理性とは実際に同一であり、合理性の法則が精神の自由を統制することは確かである。ヘーゲルにおいてこの考えが強調されているのは、かれの思想においては、合理性は単なる形式の原理ではなく、自ら動く生命力であり創造性でもあるからである。そのようなヘーゲルの無関心の危険は、国家の徳についてのかれの評価において余すところなく暴露されている。かれは国家を真の普遍者と見なし、理性的自己は、その国家において特殊的自己から自らを解放するとしている。「国家は、それが個人においてただ潜在的な普遍的意志である限りにおいて、理性的意志を規定する。その理性的意志は、自己意識と自己理解に到来し見出される」[30]。こうして、個人は普遍者において真の自己に到達せねばならないしまた到達できるが、このことは歴史の中で達成されねばならないという信念に導かれて、ヘーゲルは、まさに最も疑わしく思われる点、すなわち人間の集合的意志において人間の道徳性を最も高く評価する。しかしそれこそが、個人の特殊性が集合的自我に解消されて、誤った意味における普遍性が創出される地点なのである。究極的視点から見るならば、国家の集合的意志も、他の意志と対立する特殊意志であることに変わりはないということが、そこでは曖昧にされている。ヘーゲルは確かに、「民族精神が自然必然性を含む」ことや、それが「偶然性のもとで労苦する」ことを否定はしない。しかしかれは、「世界史の中で思惟」し、それゆえに「精神の具体的普遍性を手にする」[31]ところの精神を信じている。しかし、このような国家と普遍的歴史との関係の中においてこそまさに、国家精神の罪深い偽装が最も容赦なく暴かれる。まさにその点において、精神の普遍主義と有限な有機体の《権力への意志》とが組み合わされて帝国主義が構築されるのである。ヘーゲルの国家崇拝はむしろ、観念論による、普遍性と理性の徳への不当な信頼の憐れむべき結果である。この依然として歴史の偶然性に巻き込まれている理性は、それがあらゆる自然的偶然性を超越したと見せかけるまさにその地点において、すなわち、集合的特殊性という地点において、最も悪魔的なものとなる。

カントの批判的観念論においては、個人の自我を自己昇華させることによって自然を精神へと引き上げようとする目論見をかれは持たないゆえに、歴史における普遍的なものと特殊なものとを混同するような誘惑は存在しない。

逆にカントにおいては、ヘーゲルの「不変の自己」と「多様な自己」、または、「理性としての自己」と「自然における自己」に概ね相当する、「叡智的自己」と「感性的自己」との間に大きな隔たりがある。その隔たりは全く絶対的なものであるゆえに、「もし、意志決定が道徳律に一応適うかたちでなされたとしても、道徳律を目的としてなされたのでないならば、その行為に合法性はあるが道徳性はない[32]」ということになる。その結果、人間の生におけるあらゆる自然的生命力は倫理の領域から排除される。道徳律への崇敬のみが適切な道徳的動機であり、道徳的善意志の基礎である。こうして、総じて古典的伝統を順守しつつ、カントにおいては、自然的過程に人間が巻き込まれていることに人間の悪の原因があるということになる。叡智的自己から見るならば、感性的自己は本質的に悪である。こうしてカントは、人間についての悲観的結論にとりあえず至り、このように言う。「人間は全くもって聖なるものではない」。しかし、叡智的自己は聖なるものであり、それゆえに人間は「自身の人格における人間性を聖なるものと見なさなければならない」。人間の価値の根拠は「人間を（感性の世界の一部としての）自分自身の上へと引き上げる力に他ならない。……この力は人格、すなわち自然の仕組みからの自由と独立に他ならない。しかしそれはまた、特別な法則、すなわち、自己自身の理性によって与えられる純粋に実用的な法則に従う存在の能力と見なされるものでもある[33]」。

この叡智的自己の理性は、絶対的観念論におけるように、神や能動的自己とむやみに同一視されるものではない。神は本質と存在との究極的一致としてこの理性の彼方に立つ。他方、叡智的自己は、自己の理性と定義されるのであるが、理性の法則に従おうと意志する自己よりも超越的位置にあるように思われる。立法者たる自己の第一の機能は、道徳的諸局面における対立を防ぐことであるゆえに、それは実際には、抽象的論理とは言わないまでも、抽象的理性であるように見受けられる。服従する自己とは第一に意志である。しかし、いかなる感性的自己の生命的促しもその意志に入り込むことは許されないゆえに、それは理性によって生み出される意志である。こうしてカントの自己は、自然に存する自己、自然を超越する合理的意志としての自己、立法者たる合理的もしくは叡智的自己、そして理性と自然との究極的結合体である神から成る存在の階層制に組み込まれる。しかし、この構造が複雑だからといって、それが、人間の問題に対する総じて合理主義的な取り組みを変質させることはない。人間は二つに分割される。自然の過程に浸かっている部分は本質的に悪であり、理性に従う部分は本質的に善である。しかし、人間の自由は常に、自然からの自由であって、理性からの自由ではない。カントにおいては、「自由は道徳律の『存在根拠』(ratio essendi) であり、道徳律は自由の『認識根拠』(ratio cognoscendi) である」。こうして、人間の精神が自由において理性に逆らうなどということはカントには考えも及ばないことである。非合理的な行為や非道徳的な行為は、理性の法則に逆らう自然的傾向と情念の結果である[34]。

近代文化における観念論的思想のさまざまな形態をたどることは、われわれの目的にとって有益ではないだろう。どのように多様であるとしても、それらはヘーゲルかカントに由来するものである。時には、フィヒテにおけるように、ロマン主義的動機を混入することによって、人間の魂の全体的統一という一層大きな感覚に達することもある。しかし、強調するところは総じて同じである。観念論的諸思想は自然主義よりも明確に人間の自由の問題を見ている。それは、人間が自然に巻き込まれていながら自然の過程を超越しているという逆説を深く意識している。しかしその思想は、罪を、自由そのものの中での善の侵犯という観点から定義することは決してできない。その思想は、精神を本質的に善きものと見なすゆえに、罪を精神的なものと定義することができない。その思想は、悪が、本質的もしくは必然的な結果としてではなく、没論理的事実として自由から生じるという逆説を見ることができないのである。

近代文化の《安易な良心》については、実際万人共通のものであるが、完全にそうであるというわけではない。安易な良心にはほとんど例外はないが、一般的な道徳的楽観主義には例外がある、と言ったほうが一層正確であろう。というのは、人間本性については悲観主義者でありながら、人間本性における悪について人間自身に責任があるとは考えないゆえに、安易な良心の持ち主であるような者がいるからである。ホッブズは、個人に関しては悲観主義者である。しかし、かれは、個人的生の混沌を克服するために自身が導入した国家の道徳的質については全く満足している。他の悲観主義者たちの大部分はロマン主義的伝統に立っている。ルソーのロマン主義は、一応は悲観主義的であるが、それは、近代の教育理論における楽観主義のまさに源泉となる。ニーチェの悲観主義は徹底しているが、かれさえも、《権力への意志》を社会的創造力と秩序の手段へと変える「超人」という概念の上に究極的楽観主義を打ち立てることができる。フロイトの悲観主義は最も徹底しているが、かれは訴えるべき良心を見出すことができない。かれの「超自我」はホッブズの国家にあたる役割を果たすが、それが絶対的規律という役割を担うことはできない。なぜなら、個人の無意識的生においては、規律は新たな無秩序を招く恐れがあるからである。フロイトにおいて頂点に達するロマン主義的悲観主義は、近代人が、その楽観主義的幻想が取り去られた際に直面する絶望の象徴と見ることができるであろう。というのは、常に微笑みをたたえている近代人の底には、幻滅とシニシズムによるしかめっ面が横たわっているからである。

しかしながら、ロマン主義的悲観主義とシニシズムという底流があるからといって、それが楽観主義という主流を変えるわけではない。近代人が、特にその近代人自身の歴史において、楽観主義に対してあらゆる反論を受けたにもかかわらず、そのような、自分自身を善しとする見解を保ち続けることができたという事実は、次のような結論を導く。すなわち、その道徳的質についての最も明白で反論の余地のない証拠を受け入れることに対して、人間にはきわめて頑強な抵抗の源泉があるということである。この抵抗の源泉は主として、近代的なものではなく、総じて人間的なものである。ルターが正しくも述べたように、人間の究極的罪とは、自分が罪人であることを認めようとしないことである。このような人間の永続的な傾向への近代文化の重要な貢献は、人間の高い自己評価を擁護するために近代文化があげつらうことのできた数々のもっともらしい弁明にある。これらの弁明の多くが互いに矛盾しているという事実も、高い自己評価への近代人の信頼を打ち砕くことはなかった。というのは、近代人は、それらの弁明のうち少なくとも一つは真理であると常に自らに言い聞かせることができたからである。また、それらがすべて誤りであるかもしれないなどということは決してありえなかったからである。

しかしながら、それらはすべて誤りであった。近代人が、混沌から秩序への道を、自然から理性へと向かうものと見るにせよ、理性から自然へと向かうものと見るにせよ、また、最終的な救いの領域を、自然の調和と見なすにせよ、精神の統一と見なすにせよ、かれらは、人間の精神を全き自由の次元において理解することができなかったのである。人間的生の尊厳も悲劇も、近代文化が人間存在を把握しようとする次元を超えている。人間の精神は、自然の必然の限界内にも、合理的思慮の限界内にもとどめえないものである。無限なるものに対する人間の憧れの内に、人間の創造性そして罪の根源が存している。著名なカトリックの哲学者エティエンヌ・ジルソンの言葉によればこうである。「エピクロスは、わずかなパンと水があれば、賢人はユピテル［ローマ神話の主神。ギリシア神話のゼウスと同一視される］にも劣らないものになると言ったが、それはもっともである。……わずかなパンと水があれば人間は幸福であるはずであるが、実際は、正直なところそうではない。そうだとすればそれは、人間が賢くないからではは必ずしもない。単に、かれが人間であり、かれに提供される知恵に、かれのうちの最も奥深くにあるあらゆるものが絶えず逆らうからにすぎない。……広大な土地の使用者はさらにその領域を広げようとし、富める者はさらに富を積み上げようとし、美しい妻の夫は、さらに美しい別の妻を欲するか、または、もしかすると美しさの点では劣っていても、何か他のことにおいて優れてさえいれば、そういう女性でも結構であると思ったりする。……このような、絶え間なく逃げ去りゆく満足の追求を人間に引き起こすのは、人間本性の混乱した深みである。……人間の欲望が飽くことを知らぬということ自体が積極的な意味を持つ。それが意味するのは、われわれは無限の善に惹きつけられるということである」[35]。

人間は無限後退〔事柄の原因をどこまでも無限にさかのぼっていくこと〕において自らを超越することができ、神における以外は生の目的を見出すことができないという事実は、人間の創造性と固有性のしるしである。この能力に密接に関係しているのは、自らの部分的で有限な自己と部分的で有限な価値とを、無限なる善へと転化しようとする人間の傾向である。ここに人間の罪がある。

第五章
キリスト教的人間観の妥当性

Ⅰ　序

人間の本性についての近代の諸解釈をめぐるわれわれの分析は、以下のような確信へと導かれることになった。すなわち、近代精神は、人間の本性における生命力と形式との関係について矛盾する結論に到達しているということ、理性の下部にある生命力の力と徳とを軽視する合理主義者と、それを礼賛するロマン主義者との果てしない論争が、この矛盾の歴史的証拠であること、近代精神は、表向きはたいへん大切に扱っている《個人性》についての確実な基礎を見出しそこねていること、また、近代精神による人間の徳についての評価があまりにも寛大で楽観的であるゆえに、それは人間の歴史における既知の事実にそぐわないこと、などである。

これらの思想領域における近代の失敗を逐一分析することにおいてわれわれは、以下のことを示唆してきた。すなわち、そのような困難は、人間の自己超越の高さと、人間の精神ならびに人間の肉体的生の有機的統一との双方に正しく向き合いうるような解釈の原理の欠如から生じる、ということである。近代精神は人間を、その非合理的生命力に向き合うことのできないままに、本質的に理性であると解釈するか、または、人間の合理的自由の及ぶ広がりを正しく評価しないままに、本質的に生命力であると解釈するかのいずれかである。近代精神の形而上学は、人間の実際の生における精神と自然との統合、また、自由と必然との統合を把握することができない。同様に、ルネサンス初期に近代精神があれほどの情熱をもって主張したところの個人という感覚を雲散霧消させている。なぜなら近代精神は、自然にも、歴史的また社会的構造にも、もしくは普遍的精神にも、この個人性の基礎を見出しえないからである。そこには、自然の制限ならびに歴史上のさまざまな社会的具体性を超越する自由な個人のための頼みの綱もしくは規範が欠けている。近代精神が人間における悪をありのままに判断することができないのは、人間を、自己超越の全貌において見ることができないからでもある。自然主義者は、人間の自由を、「ホモ・ファーベル」(homo faber〔工作人〕)の自由とさして変わりのないものと見なし、人間の精神がいかに自然の調和と統一を打破し改変するかということに正しく向き合うことができない。観念論者は自由を理性と同一視し、自由は理性を超えていくものであることを見逃している。そして、一貫性と総合へと向かおうとする知性の中において人間の自由が保証されていると夢想している。人間は、自然の必然性また理性の論理的体系を侵犯するほどまでに自由であることを、自然主義も観念論も理解できないのである。

したがって、人間についての近代の評価の三つの誤りはすべて、その誤りについての一つの共通の源泉を指し示している。すなわち、人間は、そのありようや、善や悪をなす能力について十分に明らかにされるほどまでに、もしくは、そのような人間のありようが自らを理解し、表現し、見出すことができる環境全体を理解するほどまでに高い、もしくは深い次元において測定されていないのである。この環境全体については、これを最も簡潔に定義して、永遠と時間を共に含むものとすることができるであろう。しかし、永遠という概念は、さらなる定義がなされなければ、あまりに漠然としていて、論点を明確にすることはできないであろう。人間の環境の一部をなす永遠は、時間の無限性でもなければ、存在の未分化的統一の領域でもない。それは、変わりゆく人間存在の不変の源泉である。流転に巻き込まれている被造物であると同時に、自らがそのように流転に巻き込まれていることを知る者としての人間が、全面的に流転に巻き込まれることはありえない。時間や自然や世界や存在そのものを自らと同列に扱い、それらのものの意味を尋ね求めることができる精神は、ある意味において、人間はそれらの外に、またそれらを超えて立つものであることを示している。

この、世界の外に、世界を超えて立つことができる能力は、人間を誇大妄想へと誘惑し、また、人間が自らを、宇宙の中心たる神であると見なすよう仕向けるものでもある。しかし、人間が自然の流転と有限性に巻き込まれていることは一目瞭然であるから、そのようなもっともらしいごまかしをすることはできない。実状は、人間は、自らの経験についての単なる論理的秩序化によっては知りえない永遠という環境を持っているということである。人間が自らの経験を秩序化し解釈する合理的能力（時にこの能力は、永遠そのものと誤って見なされるが、そこには有限性が存する）はそれ自体、人間が理解すべく努力しなければならない有限の世界の一部である。よって、全体を把握するための唯一の原理（人間自身と世界を含む全体）は、必然的に人間の理解を超えるものである。こうして人間は、自らの理解を超えるところの理解の原理なしには、自らを、その自由の十全なありようにおいて把握することができない立場に置かれている。

西洋においても東洋においても神秘主義的信仰が絶えず生じるのは、このような状況によることであるが、東洋のほうが西洋よりも一層神秘主義に耽溺している。神秘主義者は、有限な世界での事象の変転をともかくも超えて立っていることを意識している。また、この永遠の世界を把握しようとするその有限なる努力が、有限な視点によって永遠という概念を曖昧にしてしまうだけのことになりはしないかと恐れるゆえに、永遠の世界についてはひたすら消極的な定義に限定している。永遠の世界とは、有限の世界とは全く異なるものである。というよりもむしろ、永遠の世界は、有限の世界とは似ても似つかぬものである。こうして神秘主義者は、未分化の永遠なる統一という考え方に至る。有限な世界を批判する原理としてのこの考え方によって、神秘主義者は、有限な世界を、永遠の未分化な統一の堕落か、そこからの流出と見なさざるをえない。自らの個別の存在は、このような堕落した有限の世界の一部分であるゆえに、純粋な神秘主義者は、時間における事象の変転から自己意識を引き上げることに始まり、時間的世界の一部分としての自らの意識的生を否定し、永遠に吸収されることを求めることに終わるのである。

II　個人的啓示と一般啓示

聖書宗教の性格は、このような神秘主義の自己滅却への傾向とは大いに異なるものとして理解されなければならない。それは人間の生を自然の水準に引き下げるものでも、また、空虚や未分化な永遠の中に人間を破壊し去る宗教でもない。聖書宗教は、他の宗教と区別するにあたって、預言者的宗教、黙示的宗教、もしくは啓示宗教というように、さまざまに定義される。啓示宗教においては、世界の流転や消失の底流にある永遠なる目的や意志が明らかにされることが待ち望まれている。そしてその待望は、個人的また社会的歴史的経験において成就される(1)。

人間本性の理解という立場からすれば、啓示宗教の重要性は、神の世界からの超越性と、神の世界に対する親密な関係の双方が同等に強調されているという事実にある。神は、神秘主義的信仰における永遠以上に完全に超越的存在である。神秘主義は常に、人間の意識の最も深いところを、永遠の秩序とある意味において一致するものと見なし、また、もし人間が自らの存在の神秘を十分深く見通すならば、神を知りうると信じている。ところが他方、聖書的信仰の超越的神は、有限で歴史的な世界の中で自らを知らしめる。有限な世界は、その有限性にもかかわらず、理解不可能な神の、理解しうる啓示を受け入れることができないわけではない。啓示宗教の最も重要な特徴は、このように、神の世界に対する超越性と親密な関係とを二つながら強調することである。この神の超越において、人間の精神は安住の地を見出す。そこでは、人間精神の自由のありようが理解できる。しかしそこで、人間の精神はまた、その自由の限界と、人間精神に対して告げられる審判と、究極的にはそのような審判をも耐えられるものにする憐れみとを見出すのである。他方でまた、神が世界を創造したことと、世界と関係を持っていることとは、人間の有限性ならびに人間が変転に巻き込まれていることが本質的に善であって悪ではないことを示している。こうして啓示宗教のみが、人間の自由と有限性とを正しく認めることができ、また、人間のうちにある悪の性質を理解できるのである。

人間に対する神の啓示は常に二重であり、それは、人格的個人的啓示であるとともに、社会的歴史的文脈における啓示でもある。公的で歴史的な啓示がなければ、神についての私的な経験は十分に明らかにされず、また、それは気まぐれに委ねられるであろう。一方、神についての私的な啓示がなければ、公的で歴史的な啓示は信用されないであろう。すべての人間が、何らかの方法で、自らを超えた実在についての経験を有するがゆえに、預言者の歴史の最も重要な経験において神の特性と目的についての啓示に出会うとき、一層明確な啓示を受け入れることができる。私的な啓示は、ある意味では「一般」啓示と同義であって、一般啓示の前提がなければ、「特殊」啓示もありえない。それは私的ではあるが、普遍的であることに変わりはない。私的啓示は、人間の生が自身を超えた実在、すなわち、人間が置かれている自然の体系よりも深くて高い実在に触れていることについての、あらゆる人間の意識における証しである。

パウロが、もし人間が神を神として讃えることなく、虚しい思いにふけり、自らを神とするならば、さらなる啓示がなくとも、人間には「弁解の余地がない」ことになると述べるとき（ローマ一・二〇）、このような神の経験について語っているのである。神についての経験は、他の経験から独立したものではなく、あらゆる経験に伴う《含み》のようなものである。(2) 自らの意識の最果てまで達した魂はまた、神がその意識に突き当たるゆえに、神とも接触するに違いない。

シュライアマハーは、この神についての経験を「絶対依存」の経験としている。これは神経験の一側面ではあるが、その全体ではない。一側面であるというのは、あらゆる人間の意識の中に、有限な生にはおしなべて不十分で依存的な性質があるということについての、少なくとも漠然とした認識があり、そこには、依存的実存が依存すべき実在についての意識も含まれているからである。神経験において同様に重要な特質は、われわれを超えたところから見られ、命じられ、裁かれ、知られているという感覚である。この経験は詩編の作者によって次のように描かれている。「主よ、あなたはわたしを究め、わたしを知っておられる。座るのも立つのも知り、……わたしの道にことごとく通じておられる」（詩編一三九［・一―三］）。この詩編の作者は神と人とのこのような関係を喜び、また、そのような関係にとって、人間の偉大さと固有性も神の偉大さと同じように重要であることを正しく認識している。「わたしは恐ろしい力によって、驚くべきものに造り上げられている。御業がどんなに驚くべきものか、わたしの魂はよく知っている」〔詩編一三九・一四〕。ただ、人間の生が神に出くわすという、このような感覚は、人間の自己栄化のための欺瞞であると主張する者があるかもしれない。その場合は、『ヨブ記』において、そのことに感謝するのではなく抵抗する者〔ヨブ〕によってまさに同じ経験が述べられている事実に注意を促すことができるであろう。神の絶えざる要求と審判は、ヨブには、耐えがたい試練のもとに生が置かれることと思われた。「人間とは何なのか。なぜあなたはこれを大いなるものとし、これに心を向けられるのか。朝ごとに訪れて確かめ、絶え間なく調べられる」。ヨブは、神の要求は弱い人間に対してあまりにも厳しいものと感じている。「ほうっておいてください、わたしの一生は空しいのです」。そしてヨブは、自らの死によって神が訪れてくることが不可能になる日を待ち望む。「今や、わたしは横たわって塵に返る。あなたが捜し求めても、わたしはもういないでしょう」（ヨブ七・一六―二一）。常に付きまとい非難してくる神に対するこの不信心な抵抗は、神経験への感謝を述べるいかなる敬虔な言葉よりも、神経験の真実性についての一層完全な証しであるかもしれない。

ここまで述べられた経験は、ある意味において、通常は「良心」と呼ばれているものと一致あるいは関連するものである。無論、良心の実際の性質は、さまざまな哲学によって種々に定義されている。それは、あらゆる人間が直面する社会的義務や裁きと見なされるかもしれない。もしくは、合理的もしくは知的自己が、経験的もしくは感性的または不完全な自己に課す義務や裁きと定義されるかもしれない。良心についての聖書的解釈の重要性は、まさしく次の点にある。すなわち、普遍的な人間の経験、つまり、命じられているという感覚や義務や裁きのもとに置かれているという感覚は、神と人間との関係として解釈され、そこでは、要求や審判を与えるのは神であるということである。そのような共通の経験についての解釈は、聖書的信仰の前提がなければ不可能である。しかし、その前提がいったん受け入れられるならば、それは、その経験に含まれているあらゆる要因についての正しい解釈の唯一の基礎となるものであることがわかる。人間は裁かれるが、それにもかかわらず、人間自身の生には、自ら裁くことができるほどに十分に超越的で優越的なところなどない、という事実ゆえにそうなのである。パウロは、人間が置かれている裁きの三つの段階［自己・他者・神による審判］について述べ、また、その最後の段階以外は全く相対的であるとして次のように言う。「わたしにとっては、あなたがたから裁かれようと、人間の法廷で裁かれようと、少しも問題ではありません。わたしは、自分で自分を裁くことすらしません。自分には何もやましいところはないが、それでわたしが義とされているわけではありません。わたしを裁くのは主なのです」（Ⅰコリント四・三―四）。

または以下のような主張がなされるかもしれない。すなわち、個人的経験の内容は、この経験に入り込む神の本性についての一層歴史的な啓示の助けによってのみ定義されうる一方、この歴史的啓示は、個人的経験を前提とする限りにおいて信頼しうるものである、とするのは、循環論法に陥っているゆえに信用できない、という反論である。しかし、あらゆる人間の知もまたそのような循環論法に置かれていることも事実である。人間の経験はおしなべて、経験の対象の性質を定めるために、直接的経験以上の何かを必要とするのである。経験の対象の実在については言うまでもないが、触知される実在の正確な性質は、対象についての直接的な知覚を超えた洞察によって定められない限り、明確にはならない。もしも、触知された実在が単なる「対象」以上のものであり、それ自体が主体であるならば、すなわち、それが主導権をとるのでなければその性質が十全に明らかにされえないような場合、解釈の原理は、個別の経験に光を当てる知についての単なる一般的原理以上のものであるに違いない。その解釈の原理は「啓示」に他ならない。

われわれが他者の人格に近づこうとする場面が、神と人間との関係における「啓示」の必要性と性質を明らかにする類比になる。人格に向き合うとき、われわれは、単なる動物的生の有機体以上の偉大な深みの実在に対峙しているのであり、そのことについてはさまざまな証拠がある。われわれが向き合う「汝」は自由で固有な存在であるから、その行動を外側から観察しただけでは、人格の究極的神髄を曖昧にするのみならず、かえって偽証することになるのは明らかである。なぜなら、そのような観察は、真に自由な主体を単なる対象に貶めてしまうからである。この人格、この他なる「汝」は、相手がわれわれに話しかけてこなければ理解されえない。または、その行動は、精神の究極的で超越的な統一からくる「言葉」によって明らかにされなければ理解されえない。そのような言葉のみが、「汝」の行動の複雑さを理解する鍵を与えうるのである。われわれを超えたところから、われわれに向けて語られるこの言葉は、われわれは動物的存在とは異なる次元と向き合っているという信念を立証するものであると同時に、われわれが向き合っている人格についての実際の正確な性質を啓き示すものである。

同様に、われわれ自身の意識の極限において出会う［特殊な］「他者」としての神は、われわれを超えたところから迫ってくるというこの一般的経験を、神の性質についての特殊な啓示が拡大しない限り、十分に知られることはない。

聖書的信仰において、このような特殊啓示は、特別な歴史的出来事が、神の本質と神の目的についての特殊な啓示になるような、特別な救済史の文脈において把握される。この「特殊啓示」によって備えられる解釈の原理がなければ、良心の中に含まれている一般的経験もしくは一般啓示は虚偽のものとなる。なぜなら、それは単に、人間が社会的承認や非難の法廷か、もしくは、自らの「最高の自己」の前に立っているにすぎないこととして説明しうるからである。その場合、さしあたっての裁定がいかなるものであれ、最終的な裁定は常に、「自分には何もやましいところはない」［Ⅰコリント四・四］ということになる。そして、この裁定から引き出される結論は、「それでわたしが義とされている」［Ｉコリント四・四］ということになるはずであり、また、現にそうである。しかし、この結論は人間の状況の実情とは異なっている。なぜなら、人間が安易な良心を持ちうるか、または、実際に持つような道徳的達成の水準などないからである。

神と、人間の意識のある水準――それが合理的なものであれ合理性を超えたものであれ――とを同一視する文化、もしくは、神と何らかの自然の秩序とを同一視する文化は、間違いなく人間の状況を歪め、人間における自由のありようの総体、もしくは人間における悪の問題の複雑さを捉えそこねることになる。この事実は、聖書的信仰にとって最も有効な消極的証拠である。人間は、神の前に立つ者として自らを知るのでなければ、自身を知ることはできない。神の前に立つことにおいてのみ、人間は自らのありようの総体と自由と自らの中の悪について気づくことができるようになる。人間について正しく理解するために聖書的信仰がきわめて重要である理由がここにある。また、人間のありようを過小評価し、肉としての人間存在を見くびり、人間本性の中の悪に本当に向き合うことができないような人間本性についての解釈を、聖書的信仰によって訂正することが重要である理由がここにある。

Ⅲ　啓示としての創造

人間の個人的な経験の一般啓示、すなわち、人間の意識の縁において「絶対的他者」の前に立っているという感覚は、三つの要素を含んでいる。そのうち前者二つはそれほどはっきりと定義できず、第三の要素は全く定義しえない。その第一は、威厳あるものに対する尊崇の念と、存在の究極的源泉への依存の感覚である。第二は、自らを超えたところから課されている道徳的義務の感覚と、裁く者の前での道徳的無価値の感覚である。第三の要素は、宗教的経験において最も問題となる要素であるが、それは、赦しへの切望である。これら三つの要素はみな、他の形態の啓示の助けを得るならばさらにはっきりと定められる。第一の、自分自身よりも偉大で究極的な実在への依存の感覚は、もう一つの形態の「一般」啓示の助けを得ることができるが、その内容は、《創造者》ならびに《創造》という概念によって表現される。われわれが個人的経験においてその前に立っている同じ「汝」がまた、全世界の根拠であり創造主であると、信仰は結論を下す。個人的宗教の第二の要素である裁きの経験は、歴史における審判という預言者的で聖書的な概念から助けを得る。歴史全体は、神が審判者としてわれわれに向き合っているという個人的経験における真理を証しするものと見なされる。第三の要素である、この審判の後にくる和解への切望(これはさしあたり「確信」というよりは「切望」と見なされるべきである)は、生についての旧約聖書的解釈における大きな問題となる。問いはこうである。「神は正義をなすと同様に憐れみ深くもあるか。また、もし、神が憐れみ深いならば、その憐れみは正義とどのように関わっているか」。これは、聖書宗教全体を覆う問いである。キリスト教信仰は、この究極的問いへの最終的答えはキリストにおいて与えられると信じるゆえに、キリストにおける啓示が最終的啓示であり、それを超えたさらなる本質的な啓示などありえないと考える。それゆえにキリスト教信仰はキリストについて、「神の本質の完全な現れ」[ヘブライ一・三]として語る。このキリストにおいて、神の深さと神秘の全体が最終的に啓示されるのである。

これら三様の啓示において、神は《創造者》、《審判者》、《救済者》として厳密に定義されるようになる。これらの言葉が、次第に神特有のものとなるような鮮明な言葉で神の超越性の定義を表現しており、また、そうでありながら、それぞれの言葉において神と世界との関係が保持されているのは重要である。これらは順を追って検討する必要がある。

神を世界の創造者として語ることは、世界を全体として、神の威厳と自己充足的力の啓示と見なすことである。この啓示は、内的世界から外的世界へと転移されてはいるが、「一般」啓示の範疇に属していることに変わりはない。この転移こそまさにパウロが、もし「かれらが」神を知らないならば、「弁解の余地がない」という主張において印象づけているところのものである。パウロによれば、「なぜなら」、「神がそれを示されたがゆえに、神について知りうる事柄は、かれらにおいても明らかだから」である。かれらにおいて明らかであるこの神は、さらに神自身を立証する。なぜなら、「世界が造られたときから、目に見えない神の性質、つまり神の永遠の力と神性は被造物に現れている」からである（ローマ一・一九—二〇）。この世界は、自分自身に由来するものでなく、自らを説明できるものでもなく、また、自己充足的なものでもないが、自らを超えたものを指し示すという事実は、創造の教理を証しするために、また、《創造者》の栄光を指し示すために用いられる。ある意味においてパウロは、この点において宇宙論的議論を援用している。しかし、以下のようなカント的批判に従う仕方でそのようにしているのではない。すなわち、感覚界全体が「一切の経験的条件から自由であり、それ自体があらゆる現象の可能性の根拠を包含しているような何らかの可想的存在者に基づいている[3]」ことを、あらゆる有限な存在の偶然的で依存的な性質が暗示しているという事実によって神の実在が証明されうる、ということではない。そうではなくて、創造は、人間の道徳的経験においてすでに知られている《創造者》を指し示すものと考えられている。マルティン・ブーバーは、聖書的信仰が《創造者》という概念に達する過程について正確に述べている。かれは言う。「多神論者は、あらゆる神的顕現から、つまり、世界と存在のあらゆる秘密から、神の本質を作り出す。しかし一神論者は、あらゆるそうした神秘の中に、個人的に対峙して経験した神と同じ神を認めるのである[4]」。

《創造者》と、神の創造としての世界についての聖書の教理は、それ自体が啓示の教理ではないが、啓示の教理の基礎である。それは、神の世界に対する超越的関係と親密な関係双方についての基礎的な聖書の考え方を完全に表現している。その教理は、「神話的」もしくは合理性を超えた考え方によって表現されている。発生的には、創造という考えは原始的な概念と関連しており、陶工が粘土をこねるように世界を形づくる神が描かれる。聖書は、この「原始的な」概念を維持している。なぜならそれは、神の自由とその超越という考えを保持し保護するからである。そのような考えは、一層合理主義的な概念である「第一原因」（自然主義的哲学においては、これが神の位置を占める）や、形を持たない材料や物質に形を与えることによって創造する形態付与的「ヌース」（nous）という概念（これは観念論的哲学における基礎的な神概念である）によって見失われるか、危機にさらされる。

創造の教理は神の超越と自由を保持するが、創造された世界は神ではないゆえに悪である、などということを含意しているわけではない。それどころか、聖書宗教は一貫して、世界はまさに神によって造られたものであるゆえに、創造は善であると主張している。人間の歴史には意味があるという聖書的強調も、この善としての創造という教理に基礎づけられている。歴史は、自然の変転に巻き込まれているゆえに悪や無意味なものと見なされるのではなく、また人間は、肉的有機体に依存しているゆえに悪と見なされるのではない。創造の教理は、偶然性を意味の原理と見なすことによって、人間の自由の場所をどこにも見出すことができず、人間を自然の水準に還元せざるをえなくなってしまう自然主義者の誤謬を免れている。創造の教理はまた、「ヌース」（nous）を意味の究極的原理と化し、それによって、人間を本質的に善良な理性――それは、神的なものに関与するか、もしくは神的なものと同一視される――と、本質的に邪悪な肉的生とに分割する誘惑にさらされている合理主義者の誤謬を免れている。

自然の因果関係を、世界の統一性を解釈するための最終的原理とするのを拒否することは、単に、人間の内面的問題の見地から世界を解釈することや、自然の中に人間の精神的属性を読み取ることではない。実際は、事物相互の関係を自然的因果関係の連鎖におけるものだとしても、それらの事物に個別に与えられたものについての説明としては不十分である。この非合理的所与性は、単なる偶然か気まぐれと見なされなければならない。もしくは、世界の秩序が、自由のさらなる究極的な領域に関係づけられなければならない。言い換えれば、人間が、自らの内的実在の次元を測ることにおいて最初に獲得した宇宙についての解釈における概念を用いるなら、そこには適切な宇宙論に資するものがある。もし、自然が、最初に人間の意識の構造によって示され、そして、人間の自由に作用する、人間自身の実在よりもさらに究極的な実在についての経験に示される深みの次元において測られるならば、自然でさえもよりよく理解できる。

同様に、創造の教理は合理主義的また観念論的宇宙論の誤謬を訂正する。これらの宇宙論は、「ヌース」(nous) がそれを秩序にするところの、何らかの形のない素材、もしくはある混沌の領域を前提とし、また、この形成の過程を創造と同一視することを余儀なくされている。創造についての聖書の教理は、形のない素材と、それを形づくる原理を、より究極的な神的源泉から導き出す。聖書の創造説は、その神的源泉を、「ロゴス」(logos) とも《創造意志》とも、すなわち、形式原理としても生命原理としても定義する。この教理が合理性を超えた性格を持つことは、論理的に突き詰めるならば、神が「無から」(ex nihilo) 創造したという主張へとその教理が導かれるという事実によって示される。この考え方は、あらゆる《起源》についての概念の終着点であり、また出発点でもある。

その体系が世界に帰する深さの次元という観点から言うなら、《創造者》と被造物という聖書的思想と比較されうる唯一の形而上学的体系は神秘主義のそれである。それが発展したのが東洋であれ西洋であれ、また、その哲学を精緻に練り上げたのがプロティノスであれ仏陀であれ、生と実在についての神秘主義的解釈には驚くべき一致と同意があるゆえに、人は神秘主義的形而上学について一様に語ることができる。それら神秘主義哲学のすべてにおいて、有限な世界は幻か悪と見なされる。その哲学すべてにおいて、永遠なる世界は未分化の統一の領域と見なされる。有限な世界における特殊性や個人性や不全性はその領域からは消し去られている。また、すべての神秘主義は、「ヌース」や「ロゴス」や理性や形式——合理主義者にとっては、これらは、変転の中での永遠なる原理であるが——を有限の範疇に置く。そして一方では、「分別的思惟」よりもさらに究極的で未分化な統一を探求する。すべての神秘主義はまた、厳しい内省の訓練によってこの神的で永遠なるものに到達しようとする。この訓練は、感覚的経験の水準のみならず、理性の水準をも超えた意識の統一が神的なものと一致することを前提とする。ブラフマン〔宇宙原理〕とアートマン〔個の根源〕は一つ〔梵我一如〕なのである。

このようにして、実在の深さと人間の意識の高さを測ることにおいて聖書宗教に最も近い神秘主義はまた、《創造者》と被造物についての聖書的概念と最も大きな相違を示すものでもある。それらは次のように三重の意味において相違する。（1）神の《創造的意志》と《知恵》という聖書の考え方とは異なって、神秘主義は神を否定的言葉遣いによって定義する。[5]（2）善としての創造という聖書の教理とは異なって、有限で、分化し個別化された世界は幻か悪と見なされる。有限で個別的なものである人間の自我は、それが自我であるゆえに悪である。そして、救済は本質的に個人性を破壊することに存する。（3）このように、究極的には個人性を破壊するにもかかわらず、神秘主義はさしあたり人間の神格化を押し進める。なぜなら神秘主義は、神は人間の意識の最も深いところと一致すると信じているからである。これは、人間の被造物性という聖書の教理とは著しく異なるものであり、また、聖書が《創造者》と被造物とをはっきりと区別することと大きく相違するものである。

こうして、《創造者》と被造物という聖書の教理は、人間の精神の高さを遺憾なく測ることができる唯一の根拠である。またそれは、心身における生の統一が維持され、有限な世界における人間の歴史の本質的有意味性が主張され、人間の自由と自己超越に対する制限が課される唯一の根拠である。

Ⅳ　歴史的啓示と特殊啓示

個人的経験と全被造物の性質において啓示される超越的神への信仰は、聖書的で歴史的な啓示が構築される根拠である。またこの啓示は、神の審判と憐れみという、神の人間に対するさらなる二つの特質に関連している。この歴史的啓示は決して、単なる人間の神探求の歴史や、神の人格について人間が次第に適切な定義をなすようになっていくことの記録、すなわち、近代の自由主義思想がしばしば聖書の啓示をその水準にまで引き下げてきたような諸解釈などではない。歴史的啓示とはむしろ、信仰が神の自己開示を見定めるところの歴史の出来事の記録である。信仰が見定めるのは、人格的また個人的な道徳的生の領域において人間が神に向き合っていることを明らかにする神の行為である。人格的生において、道徳的経験は、自分自身によってでも社会によってでもなく、神によって定められたものとしての道徳的義務という感覚によって成り立っている。それは、義務を果たしえない場合における人間への審判であり、最終的には神の意志に対する人間の反抗がもたらす離反ゆえの、人間と神との和解への欲求である。

啓示の歴史において道徳的義務の感覚に対応するのは、神とその民との契約的関係である。この契約においてわれわれは、人間の歴史の性質についての基礎的な聖書的思想を与えられる。人間の歴史は、有限性に巻き込まれているゆえに悪であると見なされるのではない。その理念的可能性は、イスラエルという特定の民族が、神とその民との契約に従って、自らの目的にではなく神の意志に仕えなければならない、ということである。しかし預言者的意識は、この理念的可能性は成就されていないことを見抜いている。イスラエルがその特別な使命を達成しえないのは、何らかの自然的惰性のゆえでも、知性の有限性によるものでも、神の使命を理解することの不可能性によるものでもない。それとは逆に、預言者たちによれば、イスラエルの罪の基盤は、自らをあまりにも完全に神の意志と同一視してしまう民族的誘惑の中にある。イスラエルは、歴史において神の意志を達成する手段にすぎないのにもかかわらずそうなのである。イスラエルは特にこの誤りを犯した。しかし預言者たちは、イスラエルに対する神の審判の執行者となるそれぞれの大帝国にも同じ誤りがあることを見抜いている。

預言者たちの解釈によれば、人間的状況における真の悪は、自らの立場の弱さや有限性や依存性を認めようとしないことの中にある。また、人間存在の可能性を超えたところにある力や安全保障をわがものにしたいと願う傾向や、単なる被造物の限界を超えた徳や知を衒おうとする悪あがきの中にある。預言者の使信が全体的に担っているのは、神はただひとりということ（「わたしは初めであり、終わりである。わたしをおいて神はない」イザヤ四四・六）であり、人間の罪は、自らを、自らの国家を、自らの文化や文明を、神的なものであると思い描く虚栄心と傲慢の中にある、ということである。こうして罪とは、人間が自らの被造物性と神への依存を認めようとしないことであり、また、自らの生を独立した安全なものにしようと努力することである。罪とは、人間が自らの存在の被制約的で不確かで依存的な性質を隠し、無制約的実在という見せかけを得ようとするための「虚しい空想」である。第二イザヤは、じきに燃やされるしかない木を人の形に造り、その象徴を神として拝む偶像を形づくる者を笑う。(6) このような偶像崇拝に抗議する神は、「大地を造り、その上に人間を創造した」〔イザヤ四五・一二〕方であり、「わたしが主、ほかにはいない。わたしをおいて神はない」（イザヤ四五〔・五〕）存在として自身を開示する。

バビロンの傲慢を非難するにあたって、第二イザヤは、人間の自己意識の神秘と高さは、人間を傲慢へと陥れる誘惑の要素の中にあるという事実について、驚くべき洞察を示している。「お前は平然と悪事をし、『見ている者はない』と言っていた。お前の知恵と知識がお前を誤らせ、お前は心に言っていた。『わたしだけ、わたしのほかにはだれもいない』と」（イザヤ四七・一〇）。言い換えれば、人間は常に、知識の過程において世界を超越し、自らの中に世界を包含している。人間は、自らの知識の完全さと、さらにはその存在の自己充足性を過大評価している。エゼキエルは、同様の調子で、世界のさまざまな王や国家の傲慢と自己満足を厳しく非難する。「ティルスの君主に向かって言いなさい。……お前の心は高慢になり、そして言った。『わたしは神だ。わたしは海の真ん中にある神々の住みかに住まう』と。しかし、お前は人であって神ではない。ただ、自分の心が神の心のようだ、と思い込んでいるだけだ。……それゆえ、わたしはお前に対して諸国の中でも最も暴虐な外国人を立ち向かわせる。……お前は自分を殺す者の前でもなお、『わたしは神だ』と言い張るのか。お前は人であって、神ではなく、切り倒す者の手にある」（エゼキエル二八・二―九）。

このような傲慢を罰するための歴史の破局的大変動は、人間がその死すべき不安定な存在を超越し、自らにはその権利のない安全を確立しようとする努力の、当然で避けがたい帰結である、ということを見逃してはならない。人間の傲慢の側面の一つは、人間が、その生の依存的性格を認識するのを拒絶することである。エジプトはナイル川の季節の循環による自然の恩恵によって存立しているのであるが、エゼキエルによれば、エジプトはそのようにして自らを、その富の源泉を創った者であると思い込んでいる。「エジプトの王、ファラオよ、わたしはお前に立ち向かう。ナイル川の真ん中に横たわる巨大なわによ、お前は言う。『ナイル川はわたしのもの、わたしが自分のために造ったものだ』と」（エゼキエル二九・三）。この預言者の審判は、近代人の自己満足に対してあてはまるものでもあることを、何頁も費やして論じることもできるであろう。近代人における技術的達成は、人間の統制を超えた大いなる自然的過程に人間が依存していることを曖昧にし、自らの力と安全についての際限ない傲慢を募らせているのである。

詩編第四九編は、同様の預言者的洞察によって人間の問題を見ている。その詩編は、「おのれの財産に信頼する者どもや、豊かな富を誇る者ども」〔四九・六（新改訳）〕を激しく非難し、「人は自分の兄弟をも買い戻すことはできない。自分の身代金を神に払うことはできない」〔四九・七（同）〕と述べる。そして、いかなる特別な強さによっても、人間はその共通の脆さを免れることはできないとする。「彼らは、心の中で、彼らの家は永遠に続き、その住まいは代々にまで及ぶと思う……しかし人は、その栄華のうちにとどまれない。人は滅びうせる獣に等しい。……彼らは羊のようによみに定められ……恐れるな。人が富を得ても、その人の家の栄誉が増し加わっても。人は、死ぬとき、何一つ持って行くことができ〔ない〕」〔四九・一一―一七（同）〕。イエスによる愚かな金持ちのたとえは、罪についてのこの聖書全体の解釈に一致している。愚かな金持ちは、自分の穀倉が満たされているゆえに、何年も安泰だと思い込んでいる。かれは言う。「『さあ、これから先何年も生きて行くだけの蓄えができたぞ。ひと休みして、食べたり飲んだりして楽しめ』。しかし神は、『愚かな者よ、今夜、お前の命は取り上げられる。お前が用意した物は、いったいだれのものになるのか』」（ルカ一二・一九―二〇）と言ったのであった。

新約聖書の中で最も古典的な罪についての定義はパウロによるものであるが、この預言者的解釈と完全に一貫する仕方でなされている。人間の罪は、人間が自らを神にしようとすることにある。「不義によって真理の働きを妨げる人間のあらゆる不信心と不義に対して、神は天から怒りを現されます。……なぜなら、神を知りながら、神としてあがめることも感謝することもせず、かえって、むなしい思いにふけり、心が鈍く暗くなったからです。自分では知恵があると吹聴しながら愚かになり、滅びることのない神の栄光を、滅び去る人間や鳥や獣や這うものなどに似せた像と取り替えたのです」(ローマ一・一八―二三)。

人間の神に対する反抗というこの罪を深刻に捉える聖書的な見方は、当然、罪に対する審判がその第一の範疇になるような歴史の解釈につながる。歴史の最も明らかな意味は、国家や文化や文明はみな、神があらゆる人間的企ての上に置いた被造物性という限界を踏み越えることによって自らに破滅を招くということである。預言者たちは、この審判の事実を、イスラエル自身に関して最も明らかに見抜いている。最初の偉大な預言者であるアモスは、初期のヘブライの預言はすぐに、破滅の期待へと変質させる。「主の日は闇であって、光ではない」[アモス五・一八]。しかし、このヘブライの預言はすぐに、審判の概念を拡張し、それはイスラエルのみならず、神が一時的にイスラエルへの審判の執行者として用いたもろもろの大帝国も含めて、あらゆる国々に適用される。それらはみな、同じ傲慢という誘惑の餌食となって、最終的にはすべて同じ破滅に直面する。預言者たちは、これが正しい歴史解釈であることを十分にイスラエルに悟らせることができなかったために、かなり多くの預言者文学が、破滅が差し迫っているという預言者思想における感覚と、国家の楽観主義ならびに自己満足との葛藤を示している。バビロン捕囚の間ならびにその後、この預言者的歴史解釈は、新たな問題による事態の複雑化に直面し歪められた。提出された問いとは、もし、神がイスラエルをその罪ゆえに罰するとするならば、なぜ、神は、イスラエルよりも悪辣な国々を審判の手段として用いるのか、ということである。この問題は、現代の歴史的状況にも、特有の、また辛辣な妥当性を有するものである。

歴史の出来事の成り行きが必ずしも預言者的解釈を生み出すわけではないが、いったん預言者の神に対する信仰が前提されれば、歴史自体がそのような解釈を正当化するということは重要である。実際に、歴史を解釈するためには、歴史そのものが生み出したのではない解釈の原理がどうしても必要となる。進歩の概念やマルクス主義の弁証法的史観などの、近代文化において流行したさまざまな解釈の原理はみな、信仰によって導入された歴史解釈の原理である。それらは、出来事の経過についての「科学的」分析によって行き着いた、歴史の本質についての結論であると主張する。しかし、何らかの信仰的前提を分析や解釈の原理として用いないような、歴史の経過についての分析などないのである。

聖書的信仰にとって神は、裁かれているという感覚において、各個人の心がすでにうすうす感じ取っている存在として、歴史の破局的大変動の出来事の中に啓示される。それはたとえば、実在の構造や、法や、本質的性質や、人間の傲慢がそれに対する虚しい反抗によって自滅するような、被造世界の中心や源泉として啓示される。人間を裁き罪を宣告する神は、その意志と「法」とが宇宙の構造にそぐわないような何らかの気まぐれな専制君主などではない。また神は単なる「自然法」でもない。神が人間に法を設定し、人間は、その制限されたあり方において「自然の法則」を超え、それに拘束されることがないのは、神がその自由において「自然の法則」を超えているからである。神の自由と宇宙の構造との関係については、追ってさらに詳細に考察されるはずである。さしあたって重要なのは、聖書的信仰が強調するのは、罪深い傲慢な人間に対する神の怒りの啓示の歴史であることを記しておくことである。

しかしこの解釈は、重要で究極的な問題を未解決のままに残す。さらなる問いは、歴史の悲劇的性格を克服して、人間自身が避けがたく巻き込まれている罪深い傲慢を罰するだけではなく癒やすすべが神の心の中にあるのかどうか、ということである。旧約聖書のメシア的預言はみな、何らかのかたちでこの問題に関わっている。アモス以後の預言者たちはみな、人間の罪深さに対する神の最終的勝利を待望している。後の章で見るように、この審判と憐れみとの関係の問題は、なぜ神と特別な歴史的関係を持つイスラエルが他の国々よりも悩み苦しまなければならないのか、という副次的な問題によって影が薄くなっている。メシア待望はこの問題によってそらされ、最終的に、主としてイスラエルが敵よりも正しいことが証明されることへの、もしくは、少なくとも義なる者が不義なる者よりも正しいとされることへの希望となっている。

キリスト教信仰の立場からすれば、キリストの生と死は、神の審判と憐れみとの、また、神の怒りと赦しとの関係という未解決の問題に特に関連する神の性質の啓示となる。キリスト教信仰は、審判は神から人間への最後通牒ではない、ということの保証をキリストの十字架に見出す。しかしキリスト教信仰は、神の憐れみを、歴史における善と悪との区別を消し去り、審判を無意味にするような赦しとは見なさない。贖罪と義認という難解なキリスト教神学の教義はみな、人間との関わりにおける神の怒りと憐れみという究極的神秘を明らかにしようとする努力である。福音という善き知らせは、神が人間の罪深さを自らのうちに引き受け、神自身の心の中で、人間的生によっては克服しえないものが克服されたということである。なぜなら、人間的生は、いかに道徳的水準が進歩しようとも、罪深い自己栄化という悪循環の中にとどまっているからである。

キリストの福音が神の人格についての最終的啓示であると見なされているのは正しい。それが最終的であるというのは、神の超越の最高点における神の自由の啓示だからである。神の審判は常に、神の実在の構造を無視する歴史の生命力に対する神の実在の構造の作用でもある。それゆえに、ギリシア悲劇は、歴史における審判について、預言者的解釈によく似た結論に達する可能性がある。しかし、ギリシア悲劇は、歴史について、「ネメシス」

(nemesis)［ギリシア悲劇における復讐の女神］的概念や、運命の予言といったものを超える言葉を持ち合わせていない。聖書的信仰においては、神の憐れみへの希求が、神の審判への期待に伴っている。ただし、旧約聖書の信仰においては、審判が下されるとき、どのようにしてまさに神の憐れみが神の怒りに打ち勝つのか、または、人間と神との和解がいかにしてなされるのかということについては明らかでない。

キリスト教信仰は、キリストにおける啓示を最終的なものと見なす。なぜなら、この究極的問題が以下のような保証によって解決されるからである。その保証とは、神が人間の罪をわが身に引き受け、またわがものとするということであり、また、この神の主導とこの神の犠牲なしには、和解も、人間の不安な良心が安らぐこともありえなかったということである。この啓示は、歴史の全体的意味を解釈する範疇としてのみならず、各個人の不安な良心の問題の解決としても最終的なものである。われわれがすでに見たように、あらゆる生が依存する創造者としての神と、人間に抗して立つ審判者としての神は、人間に共通の経験によってもたらされる「一般」啓示ゆえに、各個人に未知のものではない。またすでに注目したように、赦しと和解への保証とは言わないものの、それへの希求は、この共通の経験の一部である。審判を超える愛と救いの手段を持っているということが神の本質と性質である、という信仰の保証は、「一般」啓示によって知りうるようなものではない。これは最も際立った特殊啓示の内容である。注意すべきは、いったんこの神の性質が特殊啓示によって理解されたならば、人間共通の経験がそれを確証できるということである。

神の憐れみについての仮の保証は旧約聖書にもある。しかし、それらの保証も、憐れみと審判との関係という問題に真剣に取り組んではいない。神の憐れみについての旧約聖書に特徴的な表現は、神は人間の罪を「覆う」ということ、罪を「思い起こさない」ということ、罪を「拭い去る」ということである。時に、その問題が、後期の黙示文学におけるように、正しい者たちの次のような感覚によって曖昧にされることもある。すなわち、神の最終的啓示は、罪人に対する神の憐れみよりも、正しい者を神が正しいと確証することにおいてなされる、という感覚である。

こうして、自らは罪なくして罪ある者の罪のために苦しみ、それによって、単なる歴史における犠牲的苦しみの麗しさのみならず、まさに神の性格を啓示するメシアまた神の使者としての「苦難の僕」という難解な概念は、キリスト教信仰によって、正しく神の究極的啓示と見なされる。われわれは、キリスト自身がどの程度メシア待望を作り変え、また、メシア待望の夢がそれ自体では完全に意識できずにいたほどの最高の段階においてメシア待望を成就するために、いかにしてメシア待望の夢をある程度まで挫いたかということについては、後に考察することにする。(7)

このようなキリスト教的啓示の解釈が、キリスト教それ自体において常に保持されてきたと主張することはできない。初期のヘレニズム的キリスト教から、ある種の近代的形式をとるカトリックやアングリカンの思想まで、キリストの啓示についての解釈は、常にさまざまになされてきた。しかしそこでは、受肉は、神の憐れみを啓示するものというよりは、有限なるものと永遠なるものとの、また、人間と神、歴史と歴史を超えたものとの隔たりは決して橋渡しできないようなものではない、ということの保証と見なされてきた。初期の教会の教父アレクサンドリアのクレメンスは、「神の言《ことば》〔キリスト〕が人となったのは、汝が神になるためである」と言った。(8)

この種のキリスト教信仰は総じて、プラトン主義やヘレニズムの影響のもとにあると見なされるであろう。そのような思想にとって、人間存在の問題は主として、罪の問題ではなく有限性の問題である。その関心は、神は人間に語りかけることができ、自らを知らせることができるという、ヘブライ的で聖書的な信仰が決して疑うことがなかった――というのは、その信仰は、まさにそのような神と人との関係についての前提に依拠しているからである――命題を示すことにある。この種のキリスト教は、時間と永遠との問題についてギリシア的もしくはプラトン的解答を与えるわけではないが、この問題を第一のものと見なす点においてはギリシア的である。それが与える解答は、ギリシア的二元論の克服ということである。ギリシア思想における傾向は常に、歴史を、それが時間と自然に巻き込まれているゆえに無意味なものもしくは悪と見なすということである。ヘブライ的思想においては、人間の行為と存在が時間とともに永遠の次元に立っていなければ、歴史というものはありえないということが十分に理解されている。よって、啓示の内容は第一に、神が人に語りかけることができるということの保証ではなく、人に対する神の最終的言葉は、審判ではなく赦しと憐れみであるということの保証である。人間存在の第一の問題として信じられているのは、人間が自然に巻き込まれていることではなく、自然や有限性や時間から、自らの努力によって脱け出そうとする努力の悲劇的結末である。この問題については、本研究の第二巻においてさらに詳細に論じられることになる。

近代のリベラルなプロテスタントによるキリスト教の解釈は常に、聖書的信仰からさらに一歩隔たっている。この近代的解釈においては、カトリック思想において主要であった時間と永遠の問題さえも真剣に受け取られない。そして、罪の問題は全く理解されない。このようなキリスト教信仰は明らかに、近代文化の一般的前提によって導かれ、またそれに適応するものである。近代文化の楽観主義は、罪や恵みや赦しや義認を扱う福音の中心的使信を総体的に不適切なものに見せかけてしまう。文化の自然主義もまた、時間と永遠の問題を無意味なものに貶めてしまう。

結果として、この種のキリスト教のキリスト論は第一に、合理性の見地からは不条理なものに見える、キリストの二つの本質［神であるとともに人であるということ］という正統主義的教理を否定することに関心を持つ。近代のリベラルなキリスト教は、この、合理性の見地からすればばかげたように見える教理が、時間と永遠との関係についてのキリスト教信仰の基本的主張を含んでいることを理解していない。また、その教理が合理性の見地からは不条理なものに見えるのは、時間と永遠との関連性というものが、ギリシア哲学の立場から述べられたからであるにすぎないことを理解していない。ギリシア哲学においては、「受苦可能性」と「受苦不可能性」との絶対的な隔たりを前提とするゆえに、時間と永遠との関係について述べることができない。正統主義的教理が否定されてしまうゆえに、正統主義的信仰のキリストは、「われわれ［リベラルなキリスト教］の最高の献身に値する諸価値を体現する」ところの「歴史のイエス」に変質する。歴史の変転の中に、われわれの最高の献身に価する何らかのものがありうるのか、また、それが特別に傑出した重要なものであるということをわれわれはどのような基準によって決定できるのか、という全体的問題については明確に認識されていない。なぜなら、このリベラルなキリスト教の思想を導く倫理的自然主義は、人間の歴史において次第に頂点に達するような何らかの倫理的価値を自然が生み出すことを前提とするからである。

時に、近代のリベラルなキリスト教は、イエスに帰される特別な意義について不安を感じることもある。それは次のことに気づく。すなわち、自分たちは、自らの哲学的また神学的前提と相容れないキリストの重要性についての評価を永続的なものにしようとしていること、また、それは、正統主義的信仰を薄めたものにすぎない、ということである。その場合になされる努力は、次のようなことをともかくも主張することによって伝統的信仰との接点を保とうとすることである。すなわち、イエスは、それはそれはまことに良いお方である。けれども、将来いつの日か、もっと良い方が現れるならば、信仰者の忠誠はもちろんそちらのほうに移るだろう、というわけである。これらの近代人が理解していないのは、イエスについての道徳的評価にいくら最高のものを付け加えようとも、自らは歴史の相対性を超えることはできないこと、また、イエスを善良な人であると判断し、ある歴史の将来の性質がイエスよりも優れたものになると見なす、その基準の本質の問題に向き合っていない、ということである。かれらは、歴史的判断はみな、歴史の性質それ自体についての、隠れた、もしくはあからさまな前提に基づいていることを知らない。またさらに、歴史と永遠との関係についての前提に依拠していない歴史の性質についての判断などありえないことを知らないのである。

人間本性の研究に関して言えば、これらの、より信頼できるかのように思われる、キリストについてのあらゆる近代的な解釈の難点は、それらが人間の生と自由を十分に認識していないということである。時間と自然を超えた究極の自由と自己超越の中に立つならば、人間は、自然と歴史の変転の中にあるものは一切、自らの究極的規範と見なすことはできない。人間は、究極的実在の本質を欠いたところでは真の規範を見出しえない被造物である。キリストを「第二のアダム」とする歴史的教理の重要性はここにある。信仰によって、神の性質の啓示として受け入れられたその同じキリストがまた、人間の真の性質の啓示と見なされるのである。キリストがこのような二重性を持つのは、愛が二重性を持つからである。「神は愛である」［一ヨハネ四・一六］というのは、言い換えれば、被造世界が依拠し、また裁かれもするところの究極的実在は、「不動の動者」［アリストテレスの考える世界の根本原因］や未分化な永遠などではなく、生や、また、生と生との調和の生ける創造的な源泉である、ということである。しかし、人間本性の真髄もまた愛である。というのは、自然の統一と調和に巻き込まれていながらまた、それを自由において超越している人間にとって、愛――自由な人格はその愛において、自由のうちに他の人格と結び合わされる――を欠く調和の原理はありえないからである。しかし、強制的な自然の統一や、歴史的「法」によって確立された社会的団結の高度に相対的な形態は、人間の自由の最終的規範としては不十分である。唯一の適切な規範は、完全な愛の歴史における受肉であり、それは、実際に歴史を超越しながら、十字架にかかるためにのみ歴史のうちに現れうるものである。(9)

キリスト教的啓示の近代的な、また、常に密かに自然主義的な諸形態とは違って、ヘレニズム的キリスト教（ここにおいては、受肉における時間と永遠との関係が強調される）は、人間的生が立つ真の次元を主張する長所を有する。人間の生は、時間のみならず永遠の次元にも立つものである。ヘレニズム的キリスト教は、キリスト教信仰がヘレニズムに部分的な勝利を収めたものと見なしうるものである。受肉の教理、すなわち、神が人となったという信仰、また、人が神になりうるという希望は、非キリスト教的またプラトン的ヘレニズムの二元論に対抗して主張されたものである。それは、自然と歴史の変転と、永遠の秩序の完全と平穏との間には大きな隔たりがあるとするものである。

しかし、ヘレニズム的キリスト教（ならびに、あらゆる他の問題を時間と永遠の問題に従属させる限りにおけるカトリック的伝統全体）は、ギリシア思想の二元論と悲観主義に対抗するこの聖書的強調を維持するのに倦み疲れてしまう。それゆえに、聖書宗教のさらに基本的な問題を無視することになる。その問題とは、人間の有限性ではなく罪であり、また、人間が自然の変転に巻き込まれていることではなく、その変転から逃れようとする虚しい努力である。聖書宗教の第一の問題は、有限な人間がいかにして神を知ることができるかということではなく、罪深い人間がいかにして神との和解を受け、また、歴史がいかにしてその「偽りの永遠」、すなわち、有限性を逃れようとする傲慢で未熟な努力が招く悲劇的結末を克服できるかということである。

聖書的信仰が思い描くように、神が受肉において人間に語りかけるということは、この歴史の中心的問題への解答の中にある。また、啓示の内容は、和解の業である。そこにおいて、人間の傲慢に対する神の審判が無効にされることはなく、また、神自身が人間の罪と傲慢の犠牲者であることを知らされることによって人間の罪が一層はっきり暴かれ明らかにされる。それにもかかわらず、最後の言葉は審判ではなく憐れみと赦しなのである。

この贖罪と義認の教理は、「家を建てる者の退けた石」であるが、「隅の親石」とならねばならないものである〔いずれも詩編一一八・二二〕。それは、人間本性と人間の歴史を理解するための、絶対的に本質的な前提である。それは、後に見るように、教父的キリスト教の受肉の教理に含まれた「時間と永遠」に従属させられていた。また、贖罪と義認の教理は、中世カトリシズムの同様の教理によっても制約を受け、その結果、カトリシズムは、人間の罪の深刻さや、人間の歴史の悲劇を十分に理解することができなかった。その教理は、プロテスタントの宗教改革において絶大な力を持って現れ、キリスト教の中心的真理となった。しかし、その中心的地位はたちまち失われた。そして、近代のリベラル・プロテスタンティズムは、中世におけるよりも、その教理の意味や意義にうとかったのである。

なぜ、この、人間本性についての聖書的でプロテスタント的な解釈がこれほど短命に終わらねばならなかったのかというのは、私たちの注意を惹かずにはおかない付随的問題の一つである。中世のカトリシズムが、人間本性についての聖書的解釈と古典ギリシア的解釈とを統合し、また、近代がこの統合の破壊から始まり、ルネサンスがその統合のうち古典ギリシア的要素を強調した一方、宗教改革がその統合から聖書的要素を抽出したとすれば、それに続く近代文化の歴史は、宗教改革の教理に対するルネサンス的観点の事実上の勝利を示していることになる。そして最終的には、ルネサンス的観点の崩壊となる。この崩壊において、古典主義におけるプラトン的また観念論的要素は、ストア哲学に、そして最終的には自然主義のエピクロス的形態に道を譲ることになる。

こうして、人間についての近代的見解はまさに、聖書的見解に最も密接に関連する古典的でルネサンス的な見方を排除する傾向にある。人間本性を測るにあたっての時間と永遠の次元を排除した近代的見解が、時間と永遠の次元に、罪の複雑さという、さらなる複雑さを持ち込んだ聖書的見解の諸側面を、無理解を伴う軽蔑もしくは憤りをもって眺めるのは当然である。

この研究の第二巻では、宗教改革が中世的総合から救い出した、人間本性についての聖書的洞察を無視し破壊することにおいて、いかにして近代文化があれほど完全な成功を収めたのかを見定めるべく探求が進められるであろう。近代人の傲慢は、聖書宗教の結論は人間の自尊心をはなはだしく損なうと考える昔ながらの人間の傲慢の新しい形なのだろうか。それとも、宗教改革が、聖書的洞察を伝えることにおいて深刻な誤りを犯したのであろうか。これらの問いについての答えを本研究の後半において探求する前に、われわれは、人間についての聖書の教理の意味を明らかにする作業に取りかからなければならない。

第六章
神の像としての人間と被造物としての人間

Ⅰ　序

キリスト教的人間観は、次のような人間存在の三つの側面を解釈しそれらを相互に関係づけるその仕方によって、他のあらゆる見解と明確に区別される。すなわち、（1）キリスト教的人間観は、その「神の像」の教理において、人間の精神的な能力における自己超越の高さを強調する。（2）キリスト教的人間観は、人間が自然世界の必然性と偶然性とに巻き込まれているゆえに、人間の弱さ、依存性、有限性を強く主張する。しかしながら、この有限性がそのまま人間における悪の源泉であるとは考えない。キリスト教的人間観は、その最も純粋な形態において、人間を、《神の像性》と《被造性》との統一体と見なしている。その統一において、人間は、その存在の最も高い精神的次元においてさえ被造物であることに変わりはなく、その自然的生の最も低い次元においてさえ神の像の要素を示すこともある。（3）キリスト教的人間観は、人間における悪が、以下のような、必然的ではないにしても不可避的な傾向の結果であると主張する。すなわち、自らの依存性を認め、有限性を受け入れ、不確かさを許容することを好まない人間の傾向である。それは、人間が逃れようとする不確かさを際立たせる悪循環へと人間を巻き込むような傾向である。

キリスト教的人間観におけるこれら三つの要素を分析することによって、われわれは一方において、キリスト教信仰内の多様な努力を跡づけることになろう。それは、キリスト教信仰と一部矛盾する他の人間観からの混入物がもたらす混乱の絶えざる危険と明白に対峙しながら、この聖書の教理の論理を明らかにするためである。他方でわれわれは、キリスト教以外の見解が曖昧にし、混乱させてきた人間の問題に対して、キリスト教信仰の答えがどの程度適切であるかを評価することによって、キリスト教的見解の妥当性の擁護に努めるであろう。

II　人間観をめぐる諸教理の聖書的基礎

人間は神に似せて神の像に造られたという聖書の教理が、聖書それ自体に、詳細で心理学的に入念な説明を持っていないことは当然である。それどころか、聖書の心理分析は、ギリシア思想のように厳密な区別をするには至っていない。初期ギリシア思想の場合のように、聖書では当初、精神と魂とが入念に区別されることはなかった。「ルアハ」(ruach) と「ネフェシュ」(nephesh) とは、ともに「息」と「風」とを意味しているが、旧約聖書では交換可能な語として用いられ、精神の超越性のような特殊な概念よりも、むしろ体と魂との統一というヘブライ的感覚を暗示している。人間の完全な統一性というこのヘブライ的感覚を理解するために重要なことは、ネフェシュの占める場が血の中にあると信じられていることである。しかしながら、ルアハという用語は次第に、魂ないし「プシュケー」（ψυχή〔魂、命〕）と同じ意味を持つネフェシュと区別されて、神に関係する人間の器官として人間における「生命の原理」（Vis vitalis）というもっと特殊な意味を持つようになる。たとえば、預言者たちは常に、神のルアハによって生気を与えられていると考えられている。[1] 新約聖書におけるプシュケーと「プニューマ」（πνεῦμα）との区別は、事実上、旧約聖書の後期文書の概念におけるのと同様であり、プニューマは、ルアハと同じ概念を表している。このように、プニューマは、霊として魂から区別されているが、その区別は絶対的なものではない。というのは、「霊は決して、魂の傍を離れて存在するものではないからである……霊と魂とは決して、魂と体のように相互に分離されているのではない。霊と魂とは区別されるが分離されてはいない。区別されるとしたら、霊は魂の原理である」[2]。魂と霊との区別が絶対的なものでないとはいえ、プニューマは、新約聖書において、ギリシア哲学の一層合理主義的な「ヌース」（νοῦς〔理性〕）とは区別され、ほとんど排他的に霊を意味するものとして用いられている。それは、人間が相対的に神に似ているということを示している。それゆえ、パウロの心理分析は、プニューマを人間における生得的なものではなく、神からの特別な恵みの賜物としてのみ受け止めていると見なすような、決定的ではないがもっともらしい意見を打ち出す注解者もいるほどである。[3] パウロは、プニューマの語を生来の能力としての人間の霊を意味するものとして使用してはいるが、その心理分析が、その救済論によって促された用語を用いて、通常プニューマを「サルクス」（σάρξ〔肉〕）に並置させていることは認めないわけにはいかない。そこでは、プニューマは、生来の能力以上のものを意味し、サルクスは体よりもむしろ罪の原理を意味する。したがって、人間における神の像という創世記の教理を除けば、聖書の心理分析は、その後のキリスト教的人間観に対して十分な基盤を据えるものではないが、次のような仕方で、その後の強調点とほぼ一致していることは確かである。すなわち、体と魂および魂と霊とを峻別しすぎず、霊をギリシア哲学に見られるように主知主義的な意味合いで定義しないという仕方である。体と魂の統一というヘブライ的感覚は破壊されていないが、他方で、霊は、第一義的に、神的なものを受け容れる能力として、また、神的なものとの親和性において受け止められているのである。

この神的なものとの親和性の強調は、「神の像」が意味するものを定義づけようとするキリスト教神学の試みに一貫して明らかである。こうした試みはしばしば、とりわけプラトン主義の強い影響下にあった中世初期と、アリストテレスが神学的真理の究極的な権威の地位をアウグスティヌスや聖書と共有していた中世後期には、「神の像」(imago Dei)を、理性的な被造物としての人間というアリストテレス的概念の限界を超えない表現で定義づけることもあった。とはいえ、最もプラトン的でアリストテレス的な形態のキリスト教においてさえ、「神の像」(imago Dei)を、人間の神への方向性とする示唆もあれば、予測を超えて自己超越する人間の能力についてのキリスト教的理解とする暗示も見られる[4]。

アウグスティヌスは、他の教理と同様この教理においても、キリスト教的人間論に含まれる意味を十分に把握した最初のキリスト教神学者である[5]。アウグスティヌスは、神の像を一見純粋な合理主義と見える立場で定義する新プラトン主義の影響のもとにあったし、またそれにとどまった。アウグスティヌスはこう言明する。「というのは、人間が神の像によって創造されたのは確かに身体においてではなく、精神そのものにおいてであるからである。その類似において神を問い求めよう。その像において創造主を認識しよう[6]」。あるいはこうも述べる。「人間の魂、すなわち理性的あるいは知性的な魂においてこそ、不死性に不死的に植えつけられた創造主の像は見出されなければならない。……人間の魂は、その理性や知力が、あるときは鈍く、あるときは小さく、あるときは大きく見えても、理性的で知性的であることに全く変わりはない。それゆえ、人間の魂は神を認識し、観るためにその理性や知力を用いうる限り、神の像に従って造られたのである。したがって、非常に偉大で驚嘆すべき本性であり始めたその初めから、この像はほとんど無くなるほどにすり減らされようとも、あるいは暗く醜くあり、あるいは明るく美しくあろうとも、いずれにしても、常に存在しているのである」[7]。しかしここで直ちに明らかになるのは、アウグスティヌスが、「理性的で知的な魂」という表現によって、推論的に論理を組み立てる能力すなわち「一般概念」を形成する能力以上のものを指しているということである。ここでは、アウグスティヌスの新プラトン主義の遺産がその聖書的信仰の助けとなっている。というのは、プロティノスの「ヌース」(nous)は自己認識と内省の能力とを表しているからである。アウグスティヌスの関心は、何よりも人間精神における自己超越にまで達する超越の能力に向けられている。アウグスティヌスにとって、人間の記憶は、時間を超越し最終的には自分自身をも超越する人間の能力の象徴としてとりわけ重要である。「わたしがその宝庫［記憶の場］のうちにはいって、わたしの求めるものを出せと命ずるとき、あるものはただちに出てくるが、他のものはやっと探し出されて、いわば遠くにある倉庫からのように運び出される。……これらすべてのものは、わたしの記憶の広大な奥の間とその名状しがたい秘密の支室に収められて、必要に応じて取り出され、引き出されるようになっている。……わたしは暗闇と沈黙のただなかにあるときでさえ、わたしの記憶のなかで、欲するままに色を取り出して、白と黒とを、またその他の好きな色をも区別することができる。……わたしは何の香も嗅ぐことなしに、百合の香と菫の香とを区別する。……わたしはこのようなことをわたしの記憶の広大な広間でなすのである。……そこでわたしは、わたし自身にも出会って、わたしが何をしたかを、いつどこでしたかを、それをしたときどんな気分であったかを思い起こすのである。……わたしはこの同じ貯えのなかから、わたしがみずから経験したもの、あるいはわたしがわたし自身の経験にもとづいて、他人の言を信じたもののさまざままの心象を取り出してみて、それらを過去のものと結びつけ、それからまた未来の行為と事情と希望を考える。そしてこれらの未来に属するものをも、わたしはみな現在のもののように考えるのである。わたしはこのように多くの、このように大きなものの心象が充満しているわたしの心のこの広大な奥の間で独り言を言う。『これこれのことをしよう』『そうするとこれこれのことがおこるであろう』〔服部英次郎訳『告白』第十巻、第八章、一二―一四、一八―二一頁〕。

時間の過程を超越する能力と自己決定および自己超越の究極的な力とについてのアウグスティヌスの説明は、かれのうちに驚きの感覚を呼び起こし、自己の限界が最終的に自己の外部にあるという確信を抱かせる。アウグスティヌスは、記憶への讃美を次のような言葉で締めくくっている。「神よ、この記憶の力は大である、きわめて大である。それは測り知られないほど奥深い内室である。だれかその奥の院の奥を究めたものがあろうか。この力はもちろんわたしの能力であって、わたしの本性に属している。しかもわたしは、このわたしというものの全体を捉えることができない。それでは、心はあまりに狭小であってそれ自身を捉えることができないのか。そうだとしたら、心がそれ自身のうち捉えることのできないものはどこにあるのだろうか。いわば心の外にあって心の内にないのだろうか。心の内にあるのなら、どうしてそれを捉えることができないのか。このように考えるとき、わたしは強い驚異の念にうたれて驚愕するのである」〔同、第八章、一五、二二頁〕。アウグスティヌスは、自らの超越の力の最も顕著な面としての自己超越の力へと繰り返し戻っている。「わたしが記憶を記憶するとき、記憶そのものはそれ自身によってそれ自身に現存する。しかし、忘却を記憶するときには、記憶と忘却とが現存する」〔同、第一六章、二四、三二頁〕。「記憶の力は偉大である。神よ、それはなにかしらぬ恐るべきもの、深淵でかつ無限に多様なものである。そしてこのものは魂であり、わたし自身がそれなのである。それでは、神よ、わたしはなんであろうか。わたしはどんな性質のものであるか」〔同、第一七章、二六、三五頁〕。

人間の自己超越というこの神秘をめぐる観想においてアウグスティヌスが到達した結論は、人間の宗教的本性を理解するためにきわめて重要である。アウグスティヌスはこう結論づける。超越の力は人間をあらゆるものの外に立たせるゆえに、神のうちに初めて心のふるさとを見出すことができる。「わたしはこれらすべてのものの間を駆けずりまわり、飛びあるき、また自分にできるかぎりもぐりこむのであるが、どこにいっても際限がない。このように記憶の力は大である。このように生命の力は、死すべき生活を生きる人間においてさえ大である。それでは、わたしの真の生命よ、わたしの神よ、わたしはなにをなすべきであろうか。わたしはこの記憶とよばれるわたしの力をも超えて進もう。甘美な光よ、あなたのもとに到達することができるように、わたしはこの力をも超えて進もう。……どこにわたしはあなたを見出すであろうか。もしもあなたをわたしの記憶の外に見出すなら、わたしはあなたを記憶していないわけである。しかしあなたを記憶していないなら、どうしてわたしはいまあなたを見出すであろうか」(8)〔同、第一七章、二六、三五―三六頁〕。

この最後の問いは、それらがアウグスティヌスの考え方において新プラトン主義とキリスト教思想との分水嶺となっているゆえにとりわけ重要である。新プラトン主義者としてアウグスティヌスは、神を自己意識という神秘の中に求めた。かれの初期の著作の中には、まだ自己意識の神格化に親近感を抱いていることを示す次のような箇所がある。「自分の中に降りて、自分の秘所、自分の精神に近づけ。あなた自身が自分から遠く離れているなら、どうして神に近づくことができようか」(9)。さらにまた次のように述べている。「自然が変わりやすいことに気づいたら、自分自身を超えていけ。しかしあなたが自分自身を超える時、あなたは自らを理性的な魂を超えて引き上げていることを忘れるな。それゆえ、理性という真の光が灯る場所に達するように努めよ」(10)。人間精神の神秘と尊厳に対するアウグスティヌスの関心と強調とがキリスト教の洞察のみに由来するものではないことは実際認められなければならない。アウグスティヌスのこの姿勢がそれほどまでに際立っているのは、アウグスティヌスが、神秘主義とキリスト教とがその最高の状態で共有するものを活用することができたからである。その共有するものとは、人間精神がその深みと高みにおいて永遠に向かってその手を伸ばしているという理解と、この垂直次元が、人間を理解する上で、単に一般概念を形成する人間の理性的な能力よりも重要であるという理解である。この後者の理性的な能力は前者の精神の能力に由来する。理性的な能力は、いわば、広い世界を水平的に見渡すことができる能力であり、それが可能となるのは、その光景を見渡すことができる人間精神の高みによってである。

しかしながら、アウグスティヌスは、その聖書的信仰によって、最終的には自己意識の神秘的神格化の一歩手前で立ち止まる。人間が有するさまざまな力は、神を指し示しはするが神を把握することはできない。アウグスティヌスはこう記している。「人間の本性に関する限り、人間の内には、知性や理性に優るものは何もない。しかし祝福された生き方をしたいと思う者は、知性や理性に従って生きるべきではないというのは、その人は人間に従って生きているからである。ところが人間は神に従って生きるべきなのである[11]」。さらに次のようにも述べる。「われわれは、神について語っているのである。あなたが把握しないことは、何か不思議なことだろうか。というのは、もしあなたが本当に把握するとしたら、それは神ではない。……知性によっていくらかでも神に達することは大きな祝福である。しかし、神を把握することは全く不可能である[12]」。まさにこの点において、アウグスティヌスは、その啓示に対する強いキリスト教的強調によって、神秘主義の究極的な危険を免れるのである。人間の生は、それ自体を《超えたもの》を指し示すが、それ自体をその《超えたもの》にしてしまってはならない。それは人間の根本的な罪を犯すことになる。それゆえ、信仰を、生を理解する際の前提にすることによって初めて生を取り巻く次元全体を理解することができるのである。「というのは、多少とも理解することなしに、神を信じることができる者はいないとはいえ、それにもかかわらず、人間は、信じるまさにその信仰に助けられてさらに大きなことを理解できるようになるのである。というのは、理解しなければ信じられないことがあり、信じなければ理解できないものもあるからである」[13]。

アウグスティヌスがその初期、多少新プラトン主義に傾いた点を割り引くなら、人間と神との関わりと隔たりについて、かれ以上に説得力のある表現に達したキリスト教神学者はいない。人間における神の像の本質的な性格をめぐるその後のあらゆる表現は、アウグスティヌスに負っている。そうした表現が、単純すぎる合理主義の浅薄さを何とかして免れようとする場合には特にそうである[14]。

アウグスティヌスの考え方の影響下で、キリスト教神学は一貫して、神の像を、魂の理性的能力の観点から解釈している。しかしそうした理性的能力には、神の知識へと上昇する能力と、（罪によって損なわれていない時は）その生を創造者に服従させているゆえに祝福された徳に達する能力とが含まれている。カルヴァンは次のように書いている。「魂が人間なのではないが、人間が魂との関連で『神の像』と呼ばれるのは不条理ではない。しかし、わたしは……神の像はあらゆる動物の中で人間を傑出したものとする全ての卓越性に関わっているとの原則を固持する。それゆえ、神の像というこの言葉で表されているのは、アダムが正しい知性を保ち、感情を理性に即して整え、一切の感覚を正しく秩序によって制御し、自らの優越性は造り主の特別な賜物のお陰であると真実に弁えていた時に備わっていた完全性である」[15]。注目されるのは、ここでカルヴァンが、神の像を、人間本性の独特な構造と、本来あったが今は失われている品性の完全性との双方の観点から定義していることである。カルヴァンは、魂の理性を、意志の自己決定とアウグスティヌスが分析した超越の資質とを含む能力と見なしていることを、次のように明確にしている。「神は人間の魂に精神を備えさせ、善悪、正邪を区別させたもうた。また理性の光を先導として、何を追求し、何を忌避すべきかが見分けられるようにしたもうた。……これに結び付けられたのが選択の依存する意志である。人間の原初の状態はこれらの際立った賜物によって卓越し、理性、知性、思慮、判断は地上的生を統括するのみならず、それを超えて神および永遠の幸いにまで至るべきであった[16]」。また、カルヴァンは、人間をその全体的本性すなわち体と魂との統一として見るヘブライ的聖書的感覚を正しく扱うことも見過ごしてはいない。こう述べている。「神の像の第一義的な座は精神（mind）と心、あるいは魂とその能力に置かれているとはいえ、肉体に至るまでいかなる部分にも神の像の何らかの煌めきが現れていないところはなかった[17]」。

プロテスタント宗教改革は、一般的には、人間の状況についての見解においても、その状況に対応する神の計画をめぐる解釈においても、アウグスティヌス主義の再生と見なさなければならないとしても、マルティン・ルターが、人間における神の像についてのアウグスティヌスの見解に何か重要な洞察を加えていると主張することはほとんどできない。ルターは、カトリシズムの半ペラギウス主義に対抗して、アウグスティヌスの原罪の教理を再建することに意を用いすぎたため、その神の像解釈は、その像がどのようなものであれ現在は失われていることを証明しようとするその熱意によって特徴づけられている。「それゆえ、われわれが今その像について語ろうとする時、われわれは、未知のもの、すなわち、われわれがこれまで経験したことがないようなことについてだけでなく、われわれが自らのあらゆる生を経験してきたものや、今なお経験しているものとは正反対であるような像について語っているのである。したがって、この像について今われわれが持っているのは、『神の像』という言葉にすぎない。……しかし、アダムには、啓発された理性、すなわち、神についての真の知識と、神も隣人も愛する最も高潔な意志とがあった[18]」。ある意味で、ルターは、次のような事実について、一層重要な証拠を、直接的にではなく間接的に、またあからさまにではなく密かに示している。すなわち、神の像や《堕罪》以前の完全の状態についての何らかの概念が、不完全と罪の現状を超えて実現されるはずの完全の状態を想定する人間の能力と傾向、つまり「自然神学」の避けがたい結果であるという事実である。というのは、ルターは、「神の像は罪によってあまりにも損なわれ不明瞭にされ」また「ひどい皮膚病のように不潔きわまりない」ものになっているゆえに、「その像の理解に達する」ことができるとは思いもよらないことであると主張するが、それにもかかわらず、神の像を、主に罪の現在の状態と対比させて理解し、定義づけようと努めているからである。ルターはこう言明する。たとえわれわれは「当初持っていた主権の名目と外見と言わば中身のない肩書――その実態は今ではほとんど完全に失われている――を維持している」にすぎないとはいえ、「……それでも、われわれにとって、来るべきその日を待ち望むために、この現状について知り、思いめぐらすのはよいことである」。ルターが対比によって定義づけたその結論は、神の像は、「記憶、知性ないし知力、意志といった魂の力」以上のものである、ということである。ルターは、「希望で飾られた人間の記憶、信仰で飾られた人間の知性、愛で飾られた人間の意志」というスコラ哲学の定義でさえ十分ではないと信じている。「神の像はこのようなものとは全く異なるものである。……アダムの内に創造された神の像は、最も美しく、最も優れた、最も高貴な作品であった……アダムの知性は最も明晰で、その記憶は最も完璧で、その意志は最も誠実であって、この上もない魅惑的な安定を伴い、いかなる死の恐怖もいかなる心配や不安もない[19]」。堕罪以前の完全な状態をめぐるルターの大げさな説明は、罪と悲惨と死という人間の現状を強調したい気持ちに駆られたものであることは明らかであり、アウグスティヌスと比較してもカルヴァンと比較してもおよそ正確さに欠けている。それゆえ、ルターの思想は、神の像というキリスト教の概念の真意を解釈するにはあまり助けにならない。こうしたルターの説明は、他の見解よりも人間の生を高く、人間の徳を厳しく評価するキリスト教の逆説からの部分的な逸脱の証拠と見なされるかもしれない。ルターの場合、キリスト教の「不安な良心」が、あまりにも激しく噴出し、カトリックのスコラ哲学の道徳主義にあまりにも強硬に反抗するため、その「不安な良心」には、人間精神の次元と構造への洞察を曖昧にする危険がある。そしてその洞察がなければ、不安な良心は不条理なものになってしまうのである。

　さしあたり、これ以上歴史的分析に立ち入らず、要約として次のように主張するだけで十分であろう。「神の像」という聖書の概念は、キリスト教思想とりわけアウグスティヌス（プラトンやアリストテレスの影響がそれほど強くない時期のアウグスティヌス）以降に影響を与えた。そこでは、人間本性は、理性的な能力を含むがそれらを超えるものを示唆する観点から解釈されている。人間本性についての最も優れた現代の非神学的分析はハイデガーによってなされているが、かれは、このキリスト教的強調を、端的に「『超越』概念、すなわち、人間は自己自身を超えて達する何者かであり、理性を持つ動物以上のものである」[20]と定義している。マックス・シェーラーは、聖書の伝統に従って、人間におけるこの特殊な資質と能力を表すために、ギリシア人が用いる「ヌース」(νοῦς)と区別して、「精神」(Geist)という語を用いることを提唱する。なぜなら、この語は、「理性の概念を含んではいるが、観念的思惟の能力の他になお、「根源現象」(Urphaenomenen)を受け止める独特な理解形態ないし意味概念、さらには、善、愛、悔恨、崇敬等を受け止める特殊な種類の情緒的意志的な能力をも含むような語」であるはずだからである。シェーラーは言う。「人間の本性や人間の特異な資質と呼ばれるものは、通常知能とか選択の自由とか言われるものを超越するが、人間の知能や自由が考えられうる限りの最高次元まで高められえたとしても、そこには到達できないであろう。……単に技術的な知能としては、利口な猿とエジソン［発明王］のような人との間に存在するのは、それがどれほど大きいにしても、程度の差にすぎない。他方、自分自身を生ける有機体としての自分以上に引き上げ、自分自身を含めて全時間的空間的世界を自分の知識の対象にするのは、人間の精神の資質である」[21]。

シェーラーが語っている自由は、哲学的神学的学説においてきわめて重要な通常の「選択の自由」以上のもの（そして、ある意味ではそれ以下のもの）である。人間は自己決定的な存在であるが、それは、人間が、自然の過程によって人間に提供されるさまざまな選択肢から選択することができるといった仕方で自然の過程を超越するという意味においてだけではなく、自らの目的を全体として選択しなければならないという仕方で自らを超越するという意味においてもそうである。自己決定というこの課題において人間は、終わりのない可能性と向かい合っているが、究極的実在の特徴に達することはないものの、自分のあるべき姿に限界を定めることはできない。しかし、この同じ人間が、その生が自然によって明白に限界づけられている被造物でもあって、人間がそこにいる創造世界によって定められた制約を超えて何も選択することはできないのである。人間の自由のこうした逆説について、キェルケゴールは端的に次のように述べている。「［人間の状況における］真理は、選び決定することと、選ばれ決定されることとがまさに一つであるということである。わたしが選ぶものをわたしが決定するのではない。なぜなら、もしそれが決定されないとしたら、わたしはそれを選ぶことはできないからである。しかし、もしわたしがそれをわたしの選択によって決定しなかったとしたら、わたしは実際には選んではいなかったであろう。そうであれば、もし決定しなかったとしたら、わたしは選ぶことができなかった。しかし、そうでないとしたら、それは選択をとおして実在となるか、あるいはわたしの選択は幻想となるか、そのどちらかとなる。……わたしが絶対者を選ぶのか。絶対者とは何者か。わたしはわたし自身永遠の人格である。……だが、このわたしの自己とはいったい何だろうか。……それは、あらゆる実在の中で、最も抽象的でありながら、同時に最も具体的なものである。それは自由である」[22]。

逆説についてのキェルケゴールの卓越した説明は、自己を絶対者また「永遠の人格」と同一視したため幾分混乱をきたしている。キリスト教信仰において、神の性質の啓示でもあり人間の本質的性質（「第二のアダム」）の啓示でもあるというキリストの位置は、次の事実を正しく示している。すなわち、人間が自らの真の規範を見出すのは、ただ神の性質においてだけであるが、それにもかかわらず、人間は神になることはできず、神になる野望を持ってもならない被造物である。人間の規範である神は、人間の歴史上の一人物すなわちキリストにおいて啓示された神である。キリストは、一歴史上の人物であると同時に、歴史上の人物以上のものである。キリストの生は、歴史の可能性を超越するが、あらゆる歴史的努力に関わり続けている。というのは、あらゆる歴史的目標は超歴史的な言葉でのみ表現されるからである。もし歴史的目標を純粋に歴史的な言葉で表現するとしたら、それらは、自然と歴史の偶然的な事柄を具体化し、人間精神に偽りの限界を設定することになってしまうであろう。キリスト教におけるキリスト論のこの面は、自然主義的に解釈されたキリスト教信仰によっては理解されえない。そこでは、「歴史のイエス」が生の規範になっている。そうした解釈は人間の生を取り巻く自由の全貌を理解せず、したがって、歴史的生の歴史を超えた規範の必要性を正しく評価することができないのである。

キリストの生涯における完全な愛は、歴史に存在した後、十字架で終わっている。それゆえ、その愛は歴史を超えている。それは、非歴史的な永遠性を人間の生の目標として掲げるという意味においてではなく、キリストの生が具現化する愛こそが、歴史が極まり完結する時点であるという意味においてである[23]。

自由という人間の状況の中に、また自己自身と世界とを超越する人間の能力の中に暗示されているのは、世界を超越する自己の能力をも超えて世界を超越するような意味の構造の源泉とそれを知る鍵とを見出すことがなければ、人間は意味の世界を構築する能力を欠くということである。宗教の基本的な問題である意味の問題は、人間の精神の自由が人間の合理的能力を超えるように、事柄の相互関係を跡づける通常の合理的問題を超えているのである。[24]

この問題は、解釈されるべき意味の世界を超えるような意味の原理を導入することなしには解決されない。もし、存在の生命力のようなものが、あるいは従属的な統一性の原理でさえも意味の原理として用いられるとしたら、人は偶像崇拝に巻き込まれる。そこでは、存在の有限で偶然的な要素が高い神的な位置にまで引き上げられてしまう。それ自体説明を要するものが統一性と意味との究極的な原理として用いられてしまう。最もあからさまな偶像崇拝の形態は、意味の世界が、明らかに偶然的で究極的ではない部族や国家の営みのような自然もしくは歴史の生命力を中心として、またその周囲で体系化される場合である。もし統一と意味の従属的な原理が究極的な原理と見なされるなら、そこにはさらに隠された形態の偶像崇拝が生じる。自然の因果関係はそのような従属的な原理を示している。自然の因果関係だけで世界の意味を把握しようとすると、世界は、人間の意識の中に姿を現す自由の余地がないような機械的統一体として把握されることになる。合理的な統一原理は、やや高度ではあるが不十分でもあるもう一つの意味の体系を表している。意味を合理性と同一視するあらゆる努力は、理性の神格化を暗示している。そのような同一視が偶像崇拝になっているということ、また、理性と論理の法によって世界の意味全体を十分に把握することができないということは、生と歴史とが合理的な原理によって解決されえない矛盾に満ちていることの証左である。さらに、自らを超越するような知性が、知性と世界との関係を説明するための究極的な解釈原理になりえないことは当然である。自己超越の事実は、世界を超越する神の探求に不可避的に行き着く。アウグスティヌスは、この過程の必然性を次のように正確に述べている。「わたしはこれらすべてのものの間を駆けずりまわり、飛びあるき、また自分にできるかぎりもぐりこむのであるが、どこにいっても際限がない。……わたしはこの記憶とよばれるわたしの力をも超えて進もう。甘美な光よ、あなたたのもとに到達することができるように、わたしはこの力をも超えて進もう」〔アウグスティヌス『告白』第十巻、第一七章、二六、三五頁〕。

究極的な意味の原理が、合理的一貫性に見られる従属的な意味の原理と矛盾することはありえないという意味において、神を把握する宗教的信仰が理性と矛盾することはありえない。とはいえ他方で、宗教的信仰は、単純に理性に従属させられることもありえなければ、理性の審判のもとに立たされることもありえない。そのようなことが起こる場合、理性は、宗教的信仰の神が妥当かどうか問いかけることになり、その問いかけの中にはすでに否定的な答えが含まれる。というのは、その場合、理性自身が神になってしまうため、当然自ら以外の神を許容することはできないからである。宗教に下す純粋に合理的で知的な判断における通常の方法は、宗教的信仰の神を本質的に理性の神と同一視することであるが、そこに見られる差異は、理性が純粋に理解するものを、宗教的信仰はやや粗雑に理解していると見なされるということである。

実のところ、神にかたどって造られた人間は、ほかならぬ「神の像」を示す人間の諸資質のゆえに、人間にかたどって造られたような神に満足することができない。人間は、自己超越のその能力によって自己自身を超えた彼方に目を向けることができるゆえに、自己自身の投影が神でないことは十分に理解している。このことは、人間は、偶像崇拝に陥ることもなければ、自分自身にかたどって神を造ることもしないということではない。人間は、絶えず偶像崇拝の罪へと誘惑され、絶えずその誘惑に負け続ける。それは、人間が自らの自由の力と威厳とに心を奪われて身のほどを忘れるからである。神秘主義的宗教において、偶像崇拝の罪を逃れ、神を有限で偶然的なかたちで定義する誤りを克服するために払われる厳格な努力は、人間精神の中に偶像崇拝の罪を悟らせる超越的な視点があることを証しするものである。

神秘主義的霊性に見られる、偶像崇拝の罪を意識しそれに不安を覚える能力が、一方において人間の自己超越をめぐる問題を、他方において人間の有限性をめぐる問題を解決するものでないことは言うまでもない。キリスト教信仰という前提がなければ、人は、偶像崇拝という危険な岩（スキラ）を避けようとして、生を否定する無宇宙論という大渦巻（カリブディス）に入り込むことになる。すなわち、何らかの偶然的で相対的な生命力や統一性を意味の無制約的原理に仕立て上げるか、それとも、時間的歴史的存在の全体を、それらが偶然性に巻き込まれているという理由で否定し去るか、そのいずれかである。

人間の自由と有限性をめぐる問題へのキリスト教信仰の逆説的な取り組みを理解するためには、《被造物としての人間》についての教理と、《「神の像」（imago Dei）としての人間》についての教理とを並置させてみる必要がある。

Ⅲ　被造物としての人間についての教理

創造の善というキリスト教の見解は、聖書のきわめて単純な次の言葉にしっかりと根ざしたものである。「神はお造りになったすべてのものを御覧になった。見よ、それは極めて良かった」（創世記一・三一）。もちろんこの見解は、単に『創世記』におけるこの創造の評価に依存するものではない。生と歴史をめぐる聖書の解釈全体は、創造された世界、すなわち有限で、依存的で、偶然的な存在の世界が、その有限性のゆえに悪なのではないという前提に基づいている。

『創世記』のこの単純な言明の権威のお陰で、時に、キリスト教会に押し寄せる二元論や無宇宙論にキリスト教信仰が屈することを免れたこともあったことは認めざるをえない。それにもかかわらず、キリスト教が、次のような、その固有の信仰の特質を全く理解しなかったということはなかった。すなわち、世界はそれが時間的なものだからといって悪ではない、体は人間における罪の源泉ではない、独立した特定の存在としての個人性は未分化の全体性と区別されるからといって悪ではない、死は、悪すなわち死の恐怖を引き起こす機会であるとしても悪ではない、といった特質である。

聖書の見解によれば、人間の道徳性の有限性や依存性や不十分さは、神の創造の計画に属することであって、畏敬の念と謙虚さをもって受け入れなければならない。神の栄光と尊厳とをとりわけ美しく説明している聖書の言葉において、人間のはかなさは、その神の尊厳と対比してまたそれを証明するものとして触れられているにすぎない。「肉なる者は皆、草に等しい。永らえても、すべては野の花のようなもの。……草は枯れ、花はしぼむが、わたしたちの神の言葉はとこしえに立つ」〔イザヤ四〇・六、八〕。人間の集団的民族的ありようは、しばしば人間に、個人の有限性を超える不死と永遠の幻想をもたらすが、それとても同じ有限性に巻き込まれていると適切に描かれている。「見よ、国々は革袋からこぼれる一滴のしずく。天秤の上の塵と見なされる。……主の御前に、国々はすべて無に等しくむなしく、うつろなものと見なされる」(イザヤ四〇〔・一五、一七〕)。人間の生の断片的性格は、聖書信仰では悪とは見なされていない。なぜなら、その断片的性格は生と意味の中心という視点から見られ、そこでは、各断片は全体の計画すなわち神の意志に関係づけられているからである。悪が生じるのは、その断片がそれ自体の知恵で全体を理解しようとしたり、自らの力で全体を実現しようとしたりする時である。聖書の神論は全体として、神の意志と知恵とが、その正義と意味についてのいかなる人間的解釈をも超えうるものであることを示唆している。

さもなければ、聖書の神概念は、それのみが存在の外見上の混沌を全体的な調和の中で把握することができるその包括的な意味の中心より劣るものになってしまうであろう。これこそ、『ヨブ記』の使信が意味するところである。ヨブは、神の正義を人間の尺度で理解しようとし、裏切られ、途方に暮れ、やがてついにおよそ人間の理解など及ばない創造のあらゆる神秘と尊厳とを示す神の力に圧倒される。こうした神による議論は、「わたしが大地を据えたとき、お前はどこにいたのか」［ヨブ三八・四］との挑戦的な問いかけで始まり、それによってついにヨブが罪を悔いて屈服するところで終わる。「わたしには理解できず、わたしの知識を超えた、驚くべき御業をあげつらっておりました。……あなたのことを、耳にしてはおりました。しかし今、この目であなたを仰ぎ見ます。それゆえ、わたしは塵と灰の上に伏し、自分を退け、悔い改めます」（ヨブ四二・三、五、六）。

イエスは、人間の無力と依存性を人間より下位の創造物［「空の鳥」］のそれになぞらえてこう述べている。「あなたがたのうちだれが、思い悩んだからといって、寿命をわずかでも延ばすことができようか」（マタイ六・二七）。この見方は人間の状況について通例なされている分析に属するが、重要なのは、その分析が、人間も人間より下位の被造物も共に、神の摂理によって、また神の摂理の中で存在していることを確認しようとしている、ということである。人間の生における悪の原因についてなされる今後の議論を先取りすれば、「だから、言っておく。……思い悩むな」［マタイ六・二五］とのイエスの命令には、人間における有限性と罪との関係についての聖書の見解の精髄のすべてが含まれている。人間を罪に誘うのは、人間の有限性や依存性や弱さではなく、それらについての不安なのである。

新約聖書には、人間と創造された世界のはかなさと無力についての顕著な文言は旧約聖書の場合より少ないかもしれないが、後述する一つの例外を除けば強調に変化はない。『ヘブライ人への手紙』第一章にあるように、新約聖書に一貫して強調されているのは、神の尊厳と永遠性と対比されたあらゆる時間的存在のはかなさと依存性である。しかしこの対比に道徳的な意味合いはない。創造された世界は、神が造られたゆえに善い世界なのである[25]。

重要なのは、創造の善についてのキリスト教教理が、人間の有限性が強調されこそすれ軽視されないような人間概念にとっていかにその基礎をなしているかということである。聖書的見解では、創造された世界と創造者との、また、創造された世界の依存的で不十分な存在のあり方と創造者の自由と自己充足性との差異は絶対的である。しかし、この差異は、創造された世界が、その多様な存在形態の特殊化と個別化のゆえに悪であるということを意味しているわけでは断じてない。創造された世界は、決して、新プラトン主義におけるように、原初の神的統一と永遠性とが堕落したものでもなければ、仏教におけるように、およそ不十分で依存的な生を特徴づける欲望や苦痛のゆえに悪なのでもない[26]。

キリスト教的人間観に対するキリスト教創造論全体の意義は、実は、キリスト教的個人性の概念にある。個人は、この時間的存在の枠内では成就されえない無限の可能性を有する被造物と考えられている。しかし、個人の救済は決して、その被造性が完全に破壊され、神的なるものに吸収されることを意味するものではない[27]。他方、有限な個人性は決してそれ自体悪と見なされることがないとはいえ、知性が有限であることも含め、個人性が有限であることは決して曖昧にされていない。自己は、その自己意識が最高地点に達していても有限的自己であることに変わりはない。この自己は、たとえば観念論哲学が陥りやすい普遍性の見せかけを罪と見なさなければならない。それは、自らの命のことで、またその普遍的な視点のゆえに思い悩むような自己である。そうしたことは、自己の「いま、ここで」の関係によって特定の体に限定されているのである。自己は、全世界を俯瞰し、その体に対する自らの部分的な超越性を、神性へ名乗りを上げることができる証拠と見なす誘惑に駆られるにしても、実際には、自己が他ならぬ依存的な自己であることに変わりはない。とはいえ、この解釈を弁えている人が他の人々と同じ罪を犯さないわけではない。キリスト教の半分はいつもプラトン的諸概念の影響を受けてきた。しかしそうでないとしても、人間は、傲慢を抑制するような信仰を無視してまでも、自らの傲慢を表そうとする。しかしながら認識しておくべき重要なことは、真正で聖書的なキリスト教には、しばしば唯物論者や自然主義者たちによってそれと同じ水準に置かれるような「観念論」のそしりを受ける筋合いはないということである。そのようなキリスト教は、自己の有限性と、自己が自然と歴史の相対性と偶然性とに巻き込まれていることを知っている。そのような信仰の前提があれば、自己意識が達する最高地点における自己は依然として死すべき有限な自己であることを認識することができるようになる。他の場合と同様、ここでも、キェルケゴールは、人間の自己性の真の意味を、他の現代のどのキリスト教神学者よりも、そしておそらくはそれ以前のどの神学者よりも正確に解釈していた。かれはこう書いている。「自己にとっては、意識、すなわち自己意識が決定的なものである。意識が増せば増すほど、それだけ自己が増す。意識が増せば増すほど、意志が増し、意志が増せば増すほど、自己が増す。……自己とは、無限性と有限性の統合であって、この統合は自己自身にかかわるものである。統合の課題は自己となることであるが、それはただ神への関係によってのみ実現される。ところで、自己となるということは、具体的になるということである。しかしながら、具体的になるということは、『有限になる』ことでもなければ『無限になる』ことでもない。というのも具体的になるといわれるものは、いうまでもなく一つの統合であるからである。したがってこの展開は、自己を無限ならしめることによって自己を自己自身から解放すると同時に、自己を有限ならしめることによって自己を自己自身へと立ち返らせるところにあるのでなければならない(28)」。

キリスト教の思想とありようとが、自己の有限性と依存性と不十分性の基本的性格と本質的善性についての聖書の洞察とを一貫して保持してきたと主張することは許されない。むしろ反対に、キリスト教はまさに当初から、人間の状況をめぐる誤った評価を含む、観念論や神秘主義の誤りの何ほどかを、自身の思想に取り入れ、およそそれらを完全に駆逐することはなかった。アウグスティヌス以前の時代に有力であった、初期キリスト教神学者の中でとりわけ偉大な神学者オリゲネスは、堕罪の神話が、存在する以前の人間が神から逃亡し、その罰として人間は無常性と有限性とに巻き込まれることになったことを指すものと解釈することによって、プラトン主義をキリスト教と結びつけた。したがって、オリゲネスにとって、性は、この無常性の結果として罪の特殊な象徴であった。興味深いことに、ギリシア的キリスト教からすると、性は、罪の特殊な象徴であり結果であるが、それは、性欲が肉欲の生々しい形態と見られるばかりでなく、生殖が有限な存在の必要事であることが明らかだからである。なぜなら、どちらか一方を欠いては在りえない男と女の不完全性は、不十分性と他者への依存性とを示す顕著な例であり、また自然の環境と必然性とによって、抽象的で理想的な人間本性が制限され変容されるということの鮮やかな例証でもあるからである。性的欲望が堕罪の結果であるとの考えは、ヘレニズム的キリスト教とりわけその一層異端的な形態にしばしば見られる教理である。[29] 興味深いことに、ギリシア正教における神秘主義の特に優れた現代の主唱者であるニコライ・ベルジャーエフは、性についてこれと同じ解釈を堅持している。[30] ドゥンス・スコートゥスも二つの性の意味について同様の見解をとっていた。

罪および悪を、時間的世界の無常性および有限な知性の無知と同一視することは、アウグスティヌス以前のキリスト教ではきわめて一般的であった。殉教者ユスティノスは、罪が無知であったと教え、クレメンスは、罪を「質料の弱さ」として、また「無知の不随意の衝動」として定義した。ニュッサのグレゴリオスは、悪の本性についてヘレニズム的見解と聖書的見解とを調和させようとやっきになったが、成功したとは言えない。かれはこう書いている。「われわれが生まれつき持っている情欲のとりこになりやすい性癖を、神に似せて形作られたあの人間の本性のせいにするのは許されない。しかし、動物の命が最初に世界に入ってきた時、そして人間が動物の性質の幾分か（動物の生殖方法のこと）を取り入れた時、結果として、人間は同時にその動物の中に予期されるそれ以外の属性をも受け継いだ。……こうしてわれわれの快楽への愛は、われわれが非理性的な被造物に似せて造られたことから始まったのである」。グレゴリオスは、これに聖書的な考えを加えてこう述べている。「快楽への愛は、人々の罪によってますます増幅され、快楽から生じる多種多様な罪の源となり、それは、動物の間にも見ることができないほどであった[31]」。魂と体との関係に関するグレゴリオスの一貫したプラトン主義的概念は、金と合金との隠喩にあざやかに表現されている。これは、グレゴリオスの時代から現代に至る二元論的形態のキリスト教に共通する型の隠喩である。「金を含む合金から金を精製する者はこの合金を火中で溶かすだけでなく、この合金と一緒に純金も溶かさなければならない。やがてこの合金が焼き尽くされると純金が残るのである。それとまさに同じように、悪が煉獄の火の中で焼き尽くされる間、この悪と結びついている魂もまた、その偽の素材である合金が火によって焼き尽くされ絶滅させられるまで、必ずこの火の中にいなければならない[32]」。

　自然的有限性と魂との関係をめぐるエイレナイオスの見解は、一方が他方を自由にするために放棄されるというその信念に示されている。「神は初めからわれわれを神にせず、最初に人間を造りその後人間を神にした。そのゆえにわれわれは神を非難する。……神は、人間の弱さの結果を知っていた。しかし、その愛と力によって、神は、自分が創造した自然の本質を制圧するであろう。というのは、自然がまず示され、後に死の不可避性の部分が不死的部分によって制圧され、最後に人間が、善悪の知識を得て、神にかたどられ、神に似せて造られることが必要だったからである[33]」。キリスト教は、そのヘレニズム的側面においては、ギリシア的不死崇拝および神秘的宗教との多くの類似性を示している。救済は、キリストによる人間の死の不可避性の克服を通した、人間の究極的な神格化として定義されることが多かった。

有限性をそれ自体として悪と見なすことは聖書的ではないが、死を悪とする見解に聖書の強力な支持があることは認めなければならない。パウロの神学では、死は罪の結果である。この見方と、有限性と罪とを同一視するヘレニズム的な見方との違いは、次のアウグスティヌスの言葉に強烈に表現されている。「われわれが死ぬのは罪によってであって、われわれが罪を犯すのは死によってではない[34]」。これは、次の『ローマの信徒への手紙』五章一二節のパウロの言葉の解説である。「このようなわけで、一人の人によって罪がこの世に入り、罪によって死が入り込んだ」。

罪を死の不可避性のせいにすることと、死の不可避性が罪に由来するとすることとの間には大きな違いがあるが、それにもかかわらず、死についてのパウロの解釈は二元論的解釈につながる。パウロが一貫して、肉体の死を罪の結果と見なしていることは全く不可解である。いずれにしても、パウロはしばしば、死の概念を象徴的に霊的な死を示すために用いている。たとえば、「過ちと罪のために死んで」いる人（エフェソ二・一）について語っている時がそうである。さらに、「死のとげは罪であ」る（Ｉコリント一五・五六）というパウロの古典的な主張は、死の不可避性それ自体が罪の結果であるということを意味していると解釈することはできない。それどころか、パウロの主張は、罪と死の不可避性との関係についての聖書の全般的な見解と完全に一致しているように見える。この見解によれば、死の不可避性と不安定さと依存性は、それ自体悪ではなく、次のような時、悪を引き起こす機会となる。すなわち、人間が傲慢にも自らの死の不可避性を覆い隠し、自らの不安定さを自分自身の力によって克服し、自らの独立性を確立しようとする時である。理想的な可能性とは、完全な信仰の人は、「死も、命も……わたしたちの主キリスト・イエスによって示された神の愛から、わたしたちを引き離すことはできない」〔ローマ八・三八、三九〕というその確信のゆえに、死を恐れないということであろう。しかし、不信仰はまさに罪の基であるゆえに、罪深い人間が自らの終わりを平静に迎えることは不可能である。こうして、罪は「死のとげ」であり、そのとげの明白なしるしは恐れなのである。

死という用語を象徴的に用いたとはいえ、また『コリントの信徒への手紙一』第一五章で深遠な考察を述べたとはいえ、パウロはおそらく、当時のラビ的教訓に従って、死がアダムの罪の結果であると考えていたのであろう。[35] パウロは単に、《堕罪》後のアダムに与えられた神の呪いについての『創世記』の記述を解釈したにすぎないと見る向きもある。しかし、留意すべきは、この記述は人間の死の不可避性を想定してはいるが、死を、アダムが耐えなければならなかったいくつかの罰の一つに数えてはいないということである。[36]

「あなたは、ちりだから」〔創世記三・一九、口語訳〕という言葉は、ごく自然に受け止めれば、事実を述べたと見られる言葉であって、将来の刑罰を約束しているものとは考えにくい。しかし、「あなたは……ちりに帰る」〔同上〕という締めくくりの言葉は、刑罰の約束を暗示していると見られないこともない。もしそのように解釈するとしたら、この言葉は次のようなことを意味するであろう。すなわち、人間は、たとえちりから取られたとしても、罪がなかったら、ちりに帰ることはない、ということである。

これはまさに、正統的キリスト教において有力となった解釈である。アタナシオスは、この教理を次のような典型的なかたちで表現している。「実際、人間は本性に即して死ぬべきである。存在しないものから成ったからである。しかし、存在する方との類似性のゆえに、存在する方を観照することでそれを守るなら、本性に即する腐敗を鈍くし、不滅であり続けることもできたのである。まさに、『知恵の書』が『掟の遵守は不滅の保証』〔知恵六・一八〕であると語っている通りである。不滅であったなら、神として存在したはずである。ある個所で、聖書がこれを表明して、次のように言っている通りである。『私は言った、〈あなたたちは神々なのか、皆、いと高き方の子らなのか〉と。しかし、あなたたちも人間として死ぬ。君侯のように、いっせいに没落する』〔詩編八二・六―七〕。……ところが、人々は永遠のものから離れ、悪魔の唆しによって腐敗するものへと向かってしまい、死へと腐敗するものとなった責任をその身に負ったのである。上述のように、本性に即して死ぬべきものではあったが、言《ロゴス》にあずかる恵みによって、善いものであり続ければ、本性に即する〔この状態〕を逃れえたのである」[37]。

この解釈には、人間は有限性に巻き込まれているがそれを超越してもいるという人間存在の基本的な逆説を説明しようとしている長所がある。しかしこの解釈は、もし罪の介入がなかったとしたら、人間は自分の力で死の不可避性を乗り越えたであろうというその信念によって、人間存在の逆説を混乱させている。そのような解釈は、自然に対する人間の有機的な関係を曖昧にするものであって、その解釈に意味がありうるのは、罪が自然全体に死を持ち込んだということが推定される場合に限られる。しかしそのような推定は、自然と有限性とがそれ自体悪であるというヘレニズム的な信念とほとんど同じである。したがって、パウロの神学に基を置く正統的な教理は、死が罪の結果であって、罪が死の結果ではないとされる点で重要な違いがあるにもかかわらず、ヘレニズム的二元論との親和性がある[38]。

肉体の死が罪の結果であるとの考えを支持するパウロの権威が、人間の有限性についての聖書全体の見解と完全には一致しないような響きをキリスト教神学に引き入れたことを否定することはできない。死についての聖書の見解に支配的な響きは、死が、神の尊厳と、被造物としての人間の弱さと依存性との違いを例示しているということである。このことは、肉体の死が人間の宿命についての最後の言葉として受け入れられることを意味しない。われわれわれは、本研究の第二巻[39]において、復活という聖書的希望の重要性と取り組むつもりである。理念的には、時間的存在の限界を超える生の成就に対するこのキリスト教的確信である復活の希望は、時間的秩序を、本質的に善であって悪ではないと見なす聖書的解釈と矛盾することはない。完璧な一貫性に欠けるとはいえ、パウロの見解には、時間的世界をめぐる古典的見解とキリスト教的見解との明確な境界線を目立たなくするいくばくかの効果がある。

罪の源泉が、はかなさにではなく、自身の存在の有限的で既定的な性格を認めることを人間が故意に拒否するところにあるというキリスト教独特の教理は、キリスト教的人間論の第三の要素であるが、それについては引き続きさらに詳細に検討されなければならない。

第七章
罪人としての人間

Ⅰ　序

近代のリベラルなキリスト教の最も信頼できる擁護者アルブレヒト・リッチュルはこう述べている。「あらゆる宗教において、人間が崇敬する超人間的な力の助けを借りて追求しているのは、自らが自然の一部であるとともに、自然を支配していると主張する精神的人格でもあるという矛盾を解決することである」[1]。この有限性と自由の問題があらゆる宗教の根底にあることはまさに確かである。しかし、リッチュルは、人間の問題への聖書的取り組みの独特な点が、有限性の問題を罪の問題に従属させることにあることを理解していない。聖書の宗教が求めているのは、有限性と自由との矛盾からの解放ではない。罪からの救いである。また、聖書の宗教がそこからの救いを求める罪は、人間が置かれているこの矛盾が原因となって生じるのではないにしても、それが誘因となって引き起こされるものである。罪がこの矛盾によって生じるわけではないのは、聖書の信仰によれば、人間が、自然の中にありながら自然を超えているというその曖昧な立場のゆえに罪に引き渡される絶対的な必然性がないからである。しかし、この立場の曖昧さが人間の罪を引き起こす誘因であることは否定できない。

人間は、不確かで、自然の偶然性に巻き込まれているが、自らの被造性の限界を超える《権力への意志》によって不確かさを克服しようとする。人間は、無知で、有限な知性のさまざまな限界に巻き込まれているが、限界などないかのように振る舞う。人間は、次第に諸々の限界を乗り越え、やがて自らの知性が普遍的知性と一致するに至るだろうと考える。したがって、人間のすべての知的で文化的な営みは傲慢の罪に染まるようになる。人間の傲慢と《権力への意志》は創造の調和を乱す。聖書は、罪を、宗教的見地と道徳的見地の双方から定義づけている。罪の宗教的な側面は、神に対する人間の反逆であり、神の座を奪おうとする企てである。罪の道徳的で社会的な側面は不正である。傲慢と《権力への意志》に駆られて不当にも自らを存在の中心に据える自我が、他者の生を自らの意志に屈服させ、他者の生に対して不正を行うのは、避けがたいことである。

人間は時に、自らの有限性を隠して世界を自身のうちに包含することによってではなく、自らの自由を隠して世界のある種の生命力の中に没頭することによって、有限と自由の矛盾の問題を解決しようとする。この場合、罪は傲慢としてよりも肉欲として定義されるであろう。肉欲は決して単に、人間のうちなる自然の衝動の発露ではない。肉欲は、有限性と自由の問題を解決しようとする人間のむなしい努力の一面を露呈するものである。人間の情欲は常に、動物の命のあずかり知らぬ際限のない悪魔的な潜在力によって特徴づけられる。傲慢と肉欲との入り組んだ関係については、ここでさらに詳細に検討しなければならない。まず、罪と、有限性と自由の矛盾との関係を分析することにしよう。

II　誘惑と罪

聖書が一貫して主張しているのは、罪が、人間の状況のいかなる他の要素によっても正当化されることはありえないし、また、そうした要素から不可避的に導き出されるものでもないということである。しかし聖書はまた、人間が誘惑されたことも認めている。《堕罪》の神話によれば、誘惑は、蛇が人間の状況を分析したことから始まっている。蛇が描いて見せたのは、人の目が開かれて「神のように善悪を知るものとなる」〔創世記三・五〕可能性に対して、嫉妬深く自らの特権を守る神の姿である。言い換えれば、人間は、神が人間に定めた限界を破り、踏み越えるように誘惑されたのである。こうして、誘惑は、人間の有限性と自由という状況のうちにある。しかし、「蛇」によってこの状況が誤って解釈されなかったとしたら、この状況が誘惑そのものになることはなかったであろう。詳細に展開された悪魔論などは堕罪物語のあずかり知らぬものである。しかし、キリスト教神学が蛇を悪魔と同一視してきたこと、あるいは蛇を悪魔の道具または象徴と考えてきたことは間違いではない。悪魔が存在すると信じることは、人間のあらゆる邪悪な行動に先立って悪の原理ないし悪の力が存在すると信じることである。人間が堕落する前に悪魔が堕落したのである。それどころか、悪魔は堕落した天使である。悪魔の罪と堕落は、自身にふさわしい地位を超えて神のようになろうとする努力にある。悪魔の堕罪についてのこのような描写は、バビロンに対するイザヤの断罪の言葉に暗示されている。そこでは、バビロンの傲慢が「ルシファーの」傲慢になぞらえられ、またそれと同一視されている。「ああ、お前は天から落ちた、明けの明星、曙の子よ。お前は地に投げ落とされた。……かつて、お前は心に思った。『わたしは天に上り、王座を神の星よりも高く据え……』ると。しかし、お前は陰府に落とされた」[2]。

旧約聖書の悪魔論と、その源泉であるバビロニアやペルシアの神話との複雑な関係を突き止める必要はない。聖書の悪魔論の重要性は次の二つの事実にある。（1）悪魔は創造された悪であったとは考えられていない。むしろ悪魔の悪は、自らの生に定められた境界を踏み越えようとする努力、つまり神への反逆に身を置くような努力から生じているのである。（2）人間が堕落する前に悪魔が堕落したということは、人間の神への反逆が、全くの頑迷な行為でもなければ、人間の置かれた状況から不可避的に生じるものでもない、ということである。人間の置かれた有限と自由という状況は、それが誤って解釈されたときにのみ、誘惑のもととなる。この誤った解釈は全く人間の想像力の産物というわけではない。それは、人間自身の罪に先立つ悪の力が人間に示唆するものである。おそらく、この秘義を最も的確に言い表し、特徴づけているのは、罪はそれ自体を前提とする、ということであろう。つまり、罪が、状況の避けがたい結果であるとか、あるいは、神に対する個人による全くの頑迷な反逆行為であると言いうるような状況はない、ということである。

だが、誘惑のきっかけとなる状況とは何であろうか。それは、次のような事実ではないだろうか。すなわち、人間は、全体との一致を欠いている有限な精神であるが、それにもかかわらずある意味において全体を思い描くことができる精神であり、また、だからこそ人間は、自らが思い描く全体を自分自身であると思い込む誤りを犯しがちである、という事実である。ここで注意しなければならないのは、「状況」を単に分析しただけでは、罪を《悪》としてよりも《誤り》とする定義に容易に陥ってしまいかねないということである。罪とは、単に人間の能力を過大評価するという誤りではない。パウロが「［不義なる者たちの］無知な心が暗くなった」とか「思いはむなしくなった」［ローマ一・二一、口語訳］と述べているのは正しい。悪魔にせよ人間にせよ、単に、自身の偉大さに騙されて自らの弱さを忘れるのでも、また、自身の偉大な知識に騙されて自らの無知を忘れるのでもない。実際、人間は、自らの弱さ、つまりその存在と知識が制限され依存的であることに気づかないことは決してないのである。誘惑のきっかけは、人間の偉大さと弱さ、また、人間の知の無限性と有限性という、二つの事実が合わせて取り上げられるところにある。人間は、強くもあり弱くもあり、自由でもあり束縛されてもいる。不明でありながら先見の明もある。人間は自然と精神とが交差するところに立ち、自由と必然の双方に巻き込まれている。人間の罪は、単に自らの無知を知らないということでは決してない。人間の罪とは常に、自らの眼力のほどを過大評価することによってその不明をごまかそうとする努力であり、その限界を超えて自身の力を拡張することによってその不確かさをごまかそうとする努力でもある。

この分析によって、罪から自覚的な頑迷さの要素を取り除くことも、また、罪を単に誤りに還元することもできないことが明らかとなる。しかし、この分析が同様に明らかにするのは、自由も必然も、つまり人間が自然に巻き込まれていることも自然を超越していることも、人間を罪へと誘惑する状況における重要な要素と見なされなければならない、ということである。こうして人間は、動物と同様、自然の必然性と偶然性に巻き込まれている。しかし、動物と違って、人間はこの状況を見通し、その危険を予測する。人間は、自然の偶然性から自身を守ろうとするが、その生に定められた限界を踏み越えることなくそうすることはできない。したがって人間の生はすべて、他者の生を犠牲にして安全を求めるという罪に巻き込まれている。自然の危険が、人間の歴史の一層由々しき危険へと変質するのはそのためである。あるいはこうも言えよう。人間の知識は時間と場所によって制限されている。しかしそれは、動物の知識におけるほどには制限されてはいない。このことは、人間はこうした限界についてなにがしかのことを知っているという事実、つまりある意味で人間はこの限界を超越しているという事実によって立証される。人間は自分の置かれた目前の自然の状況以上のことを知っており、絶えずその目前の状況を状況全体に照らして理解しようとする。しかし人間は、その目前の状況から引き出された有限な見方で色づけすることなく、人間の状況の全体を明確にすることはできない。人間は、自身の知が相対的であることに気づくと懐疑主義の危険に陥る。人間のすべての力強い精神的な試みの果てに、無意味という深淵が大きな口を開いているのである。それゆえ人間は、自身の知の有限な性質と自身の視野の有限性とを否定したい誘惑に駆られる。人間は有限的生の限界を超える知を獲得しているかのように偽装する。これが「イデオロギー的汚染」である。すべての人間の知はこれに巻き込まれているが、それは常に、単なる人間の無知以上のものである。それはまた、常に、偽装によって無知を隠そうとする努力でもある。

要するに、人間は自由でありながら束縛され、有限でありながら無限でもあるゆえに不安なのである。不安は、人間が巻き込まれている自由と有限性との逆説に不可避的に付随するものである。不安は罪の内的前提条件であり、自由と有限性という逆説的な状況に立つ人間が避けることのできない精神の状態である。[3] 不安は誘惑の状態の内的描写である。ただし不安は罪と同一と見なされてはならない。なぜなら、罪深い自己主張への傾向という不安を信仰が一掃するという理想的可能性が常にあるからである。この理想的可能性とは、神の愛という究極的安全への信仰が、自然と歴史のあらゆる目前の不確かさを克服する、というものである。それゆえ、キリスト教正統主義は一貫して、不信仰を、罪の根源、すなわち傲慢に先立つ罪として定義してきたのである。[4] イエスが、「思い悩むな」［マタイ六・二五］という命令を、「あなたがたの天の父は、これらのものがみなあなたがたに必要なことをご存じである」［マタイ六・三二］という言葉で理由づけたのは意味深いことである。イエスが命じる《不安からの自由》は、神による安全への完全な信頼が達成されたとき初めて得られるような可能性なのである。そのような《不安からの自由》や、そのような完全な信頼が、歴史的存在の現実的な可能性であるかどうかは、後に検討しなければならない。さしあたり以下のことに留意するだけで充分である。すなわち、いかなる生も、たとえそれが最も敬虔な生であったとしても、「思い悩むな」という命令に完全に一致することはないということである。

それにもかかわらず、不安は罪ではない。不安が罪から区別されなくてはならないのは、一つには、不安が罪の前提条件であって罪の現実ではないからであり、一つには、不安が罪の前提条件であるだけでなく、人間のあらゆる創造性の基礎でもあるからである。人間が不安であるのは、人間の生が限られた依存的なものであるにもかかわらず、自らの限界がわからないほど限られているわけではないからだけではない。それは、自らの可能性の限界を知らないからでもある。人間は、何をしてもそれが完全であると考えることはできない。なぜなら、何かを達成すれば、さらに高次の可能性が示されるからである。あらゆる人間の行為は、一見したところ無限の可能性のもとにある。もちろん限界はあるが、目前の視点からそうした限界を判断するのは難しい。それゆえ、人間の歴史がこれでよしとして安んじることができるような達成の限界といったものはいかなる活動領域にもない[5]。

不安における創造的要素と破壊的要素とを簡単に区別することはできない。それゆえ、道徳的な達成から罪を拭い去ることは、道徳主義者たちが考えるほどたやすいものではない。同じ行動が、自然の制限を超越しようとする創造的な努力と、人間存在の偶然的で有限な要素に無制約的な価値を与える罪深い努力とを表すことがある。人間は、なるべきものにならなかったという理由で不安になると同時に、あるべきものでなくなってしまうのではないかという不安を抱くこともある。

親はわが子のことを心配する。そしてその心配は自らの死後にまで及ぶ。わが子の未来のために備える親の努力は創造的だろうか。それとも破壊的だろうか。明らかに答えは両方である。一方で、こうした努力は、有限性による諸々の限界を超越し、また、親の死後まで子の必要に備えることによって完全な愛を成就しようとするものである。他方で、ほとんどすべての遺志や遺言に見られるように、このような努力は愛の極致以上のものであることも露呈する。そこに示されているのは、親の権威が死によって無に帰することを拒否しようとする、その死後にまで及ぶ親の《権力への意志》である。

政治家は、国家の秩序と安全保障を気にかける。しかしこの懸念を表現するとき、そこに支配者としての自らの威信への懸念をないまぜにしないではいられず、不当にも、自らが打ち立てる秩序と安全保障のみが国家の安寧にふさわしいと思い込まずにはいられない。哲学者は真理を究めることに汲々とするが、自らがつかんだ特定の真理こそが絶対的真理であると証明することに躍起にもなる。哲学者が自分の思い描く真理を完全なかたちで保持することなどありえない。それは、自らの無知について無知であるという誤りかもしれない。だが、事はそう単純ではない。真理が最終的であるという偽装は常に、おぼろげながらも感じ取られている人間の知の限界の意識を隠蔽しようとする努力でもある。人間は無意味の深淵の手に落ちないように、知の限界の問題と真正面から向き合うことを恐れる。それゆえ、狂信は常に、無知の事実を隠し懐疑主義の問題を曖昧にしようとする、半ば意識的で半ば無意識的な企てなのである。

このように、完全性をめぐる不安と、不確かさをめぐる不安とは、人間の行動において容赦なく絡み合っており、完全性を探求する際に犯される誤りは、決して制約されている価値の限界を知らないという無知にのみ原因があるのではない。こうした誤りは常に、行為者にはわかりすぎるほどにわかっている自らの限界を覆い隠そうとする何らかの傾向を示す。したがって、誘惑の根本的な源は、理性が思い描く一層大きく包括的な目的に逆らう「物質」や「自然」の惰性でないことは明らかである。誘惑の源は、人間が自らの存在の偶然的な性格を否定しようとする傾向（傲慢や自己愛）や、自らの自由から逃れようとする傾向（肉欲）のうちにある。肉欲とは、生活の細かな過程や活動や関心事にわれわれを忘れて没頭することによって精神の自由と無限の可能性から逃れようとする努力であり、有限な価値に対し無限に傾倒することにならざるをえないような努力である。肉欲とは、人間が「変わりうる善に無秩序に転向していく」（アクィナス［トマス・アクィナス『神学大全』第二部―第一部、第八十七問題、第四項、稲垣良典訳、第一二冊、創文社、一九九八年、三三五頁参照。］）ことなのである。

このように、自由に永続的に付随する不安は、創造性の源泉でもあり罪への誘惑でもある。不安とは、（たとえて言うなら）船乗りが、下に逆巻く波の深淵を見、上に「見張り台」を見ながらマストをよじ登っている状況のようなものである。船乗りは、懸命に目指す目標と、そこに転落するかもしれない無の深淵の両方に不安を覚えるのである。ひとかどの者であろうとする人間の野望は常に、自らの存在が偶然的な性格のものであるゆえに、人間を脅かす無意味への恐れによって駆り立てられているという面がある。したがって、人間の創造性は、偶然的なものを絶対的で限界のない次元へと引き上げ、偶然性に打ち克とうとする何らかの努力によって常に腐敗させられる。この努力は、一般的ではあるが、規範的と見なすことはできない。それは常に破壊的である。それにもかかわらず、不安の破壊的な側面は、創造的な側面にあまりにも深く巻き込まれているため、両者を単純に切り離しえないことは明白である。この二つの側面が分かちがたく結びついているのは、人間が何としても、無限の可能性を実現しようとし、また、人間存在の依存的で偶然的な性質を克服し隠蔽しようとするからである。

不安は、身ごもると、傲慢と肉欲の双方を産む。人間が傲慢に陥るのは、その偶然的な存在を無制約的な重要性へと引き上げようとするときである。人間が肉欲に陥るのは、「変わりうる善」に没頭し、何らかの自然的生命力に夢中になることによって、人間の自由の無限の可能性から、つまり自己決定の危険と責任から逃れようとするときである。

Ⅲ　傲慢の罪

聖書とキリスト教の思想がかなりの一貫性をもって主張してきたことは、傲慢は肉欲よりも根本的なものであり、肉欲はある意味で傲慢に由来するということである。われわれはすでに、根本的な罪は傲慢であるという聖書の定義について考察し、人間の自己栄化についてのパウロの説明（「不朽の神の栄光を変えて、朽ちる人間……の像に似せたのである」〔ローマ一・二三、口語訳〕）がまさに、罪についての聖書の教理全体を見事に要約したものであることを示した(6)。

この聖書的な定義は、合理主義的で古典的な人間観の影響に対抗して、聖書の見解を何とか維持しようとするキリスト教神学のこの論調にしっかりと貫かれている。合理主義的で古典的な人間観において、罪は、無知あるいは肉体的情欲と同一視されがちである。聖書の見解は、キリスト教合理主義者たちの定義に影響を与えているため、かれらは、罪を主として肉欲として定義する際、少なくとも、この肉欲が単なる身体的衝動を表現するにとどまらず、精神の自由によって可能とされた尋常でない特質を表していることも認識している(7)。キリスト教神学は、この傲慢の言い逃れようのない性格を強調する。また、罪は邪悪な意志に根ざしているが、それに先立つ何らかの人間の弱さに根ざしているわけではないと主張するが、これらのことにはここでは立ち入らない(8)。ここでのわれわれの関心は、罪を傲慢と自己愛として見る聖書的ですぐれてキリスト教的な概念を、人間の観察可能な行動に結びつけることである。これを分析するにあたって、傲慢を次の三つの類型に区別することは、たとえ実際の生活では完全に区別されることはまずないとしても便利であろう。すなわち、《権力の傲慢》、《知的傲慢》、《徳の傲慢》の三つである。[9] 第三の類型は独善という傲慢であり、《宗教的傲慢》の形態に達する。《宗教的傲慢》は同時に第四の類型でもあるが、それにもかかわらず、およそ傲慢の特定の型ではなく、包括的で本質的な形態における傲慢と自己栄化のことである。

(a)【権力の傲慢】

バートランド・ラッセルは、「人間の果てしない欲望のうちで一番目立つものは、権力と光栄に対する欲望である。権力欲と光栄欲は密接な関係をもってはいるが決して同一ではない[10]」と言う。ラッセルは、この二つが互いにどのような関係にあるかについて十分に明確にしていないが、実際には、この二つの関係はかなり複雑である。人間の自我が、自らの自己充足と自己支配とを当然と考え、自らはあらゆる人生の浮き沈みに対して安全であると思い込んでいるような権力の傲慢がある。自我は、人間の生の偶然的で依存的な性格を認めず、自分自身がその存在の創始者であり、自らの価値の審判者であり、自らの運命の支配者であると信じている。こうした傲慢な偽装は、あらゆる人間生活において漠然としたかたちで存在するが、通常以上の社会的権力を持つ個人や階級の間では、一層大きな偽装へと至る。[11] 通常のあるいは並外れた度合いの人間の自由と自己支配とを所有することに依存しているように見える傲慢と緊密に結びついているのは、傲慢をその目的とする権力への欲望である。自我は自分が安全であるとは感じていない。それゆえさらなる権力を握ってわが身の安全を図る。自我は、自身が十分に重んじられているとも、尊敬され恐れられているとも見なすことができないゆえに、自然と社会とにおける自らの地位を強化しようするのである。

自我が、自らの存在が有限で決定づけられた性格であることに気づいていないように見える場合がある。また、権力への欲望が、おぼろげに意識されている自らの不確かさを自覚することによって刺激される場合もある。(12) 権力の傲慢の第一の形態は、社会の中で安定した地位にいるか、あるいはそのように見える個人や集団にとりわけ特徴的なものである。聖書の預言では、このような安定は偽りのものと宣告され、このような偽りの安定に安住する者たちには破滅が迫っていると警告されている。たとえば、第二イザヤはバビロンの傲慢を次のように描いている。「わたしは永遠に女王だ、とお前は言い、何事も心に留めず、終わりの事を思わなかった」〔イザヤ四七・七〕。迫り来る破滅は、バビロンの弱さと不確かさの啓示であるとされている。「お前は裸にされ、恥はあらわになる」〔イザヤ四七・三〕(13)。同様に第一イザヤは、「誇る冠」として描かれるイスラエルの支配者たちに、「その麗しい輝きはしぼんでいく花だ」と警告する。かれはまた、裁きの日には「万軍の主」が正しいことが証明され、主が「麗しい冠、輝く花輪」となるであろうと告げる（イザヤ二八・一―五）。言い換えれば、歴史は常に人間の生の力を過大評価する者たちの幻想を打ち砕き、裁きの日には、神が「麗しい冠」として生の真実な源であり目的であることが明らかにされるのである。この世の国々の破滅をめぐるエゼキエルの預言によれば、国々は、自らの安全や独立や自己支配を愚かにも過信していると繰り返し非難されている。たとえば、エジプトは自らをナイル川の創造者と思い込み、「ナイル川はわたしのもの、わたしが造ったものだ」〔エゼキエル二九・九〕とうそぶいていると告発される。この傲慢を打ち砕く破滅において、生の真の源と目的がこう明かされる。「彼らはわたしが主であることを知るようになる」（エゼキエル三〇・八）。

権力の傲慢の第二の形態は、不確かさの感覚によって一層明白に鼓舞される。これは、自分が安全ではないと知っている者が自らの安全を保証するに足る権力を求める罪であるが、それはもちろん他者の生を犠牲にせざるをえない。これはとりわけ、人間社会の既成勢力とは異なる新興勢力による罪である。社会的認知や経済的安定、さらには肉体的健康に関してそれほど安心できない人々の間では、実際以上に大きな権力を自分のものであると偽ることで不確かさを克服したり隠蔽したりしようとする誘惑が起こる。時にこのような権力への欲望は、人間の自然征服として姿を現し、自然世界における人間の正当な自由と支配[14]が、単なる自然の搾取となって腐敗する場合もある。人間の自然への依存の感覚と、自然の変わらない豊かさの奇跡に対する敬虔な感謝とを破壊するのは、思い上がった自立意識と、過度の熱意によって、また自然の必要を超えて、自然が蓄えているものをかき集めることによって、自然のリズムと四季の不安定さを克服しようとする貪欲な努力である。貪欲とは要するに、自然における不確かさを隠そうとする人間の過度の野望の表現である。貪欲は、愚かな金持ちについてのイエスのたとえ話に余すところなく描かれている。この金持ちは言った。「こう自分に言ってやるのだ。『さあ、これから先何年も生きて行くだけの蓄えができたぞ。ひと休みして、食べたり飲んだりして楽しめ』と」。重要なのは、この偽りの安心が、貪欲も支配しえない自然の転変である死の予感によって砕かれることである。神は愚かな金持ちにこう告げる。「今夜、お前の命は取り上げられる」（ルカ一二・一九―二〇）。

《権力への意志》という形態をとる貪欲は、近代において特に目に余る罪であった。なぜなら、この時代の人間は、近代技術の誘惑によって、自然における人間の不確かさを取り除く可能性と価値とを過大評価したからである。こうして貪欲はブルジョワ文化に絶えずつきまとう罪となった。このブルジョワ文化は常に、物理的な快適さと安心とを生の究極的善と見なし、人間の可能性を超えてまでもその獲得を求めるという誘惑にさらされている。ある皮肉屋の学者が言った。「近代人は、自然が人間を殺そうとし、ついにはそれに成功することを忘れている」[15]。

人間の不確かさは、自然の浮き沈みからだけではなく社会と歴史の不確実さからも生じる。それゆえ、自我が、自然における不確かさと同様に社会における不確かさを克服しようとし、「物質的支配の力」への衝動と同様に「人間を支配する力」への衝動をも表すのは当然のことである。意志がぶつかり合う危険が克服されるのは、その意志を自我に従属させることによってであり、自我に従属させられた多くの意志を用いて、そのような従属がもたらす敵意を打ち破ることによってである。こうして《権力への意志》は、取り除こうとする不確かさを増幅させるという悪循環に否応なしに巻き込まれる。預言者イザヤは言う。「災いだ、略奪されもしないのに略奪し、欺かれもしないのに欺く者は。お前は略奪し尽くしたときに略奪される」（イザヤ三三・一）。要するに、《権力への意志》は自我を不正に巻き込む。《権力への意志》は、人間の有限性を超えて安全を求め、この過度の野心が、競合する生存衝動を伴う純然たる自然界のあずかり知らぬ恐怖と敵意とを煽るのである。

《権力への意志》が人間の諸々の動機の中で最も優勢なものであると考える現代心理学の学派は、それがどれほど根本的に不確かさと結びついているかをいまだに認識していない。アドラー〔アルフレッド・アドラー、十九世紀から二十世紀、オーストリアの精神科医・心理学者。個人心理学（アドラー心理学）の創始者〕は、権力への意志をある種の劣等感に帰しており、それゆえに適切な心理療法によってそれを取り除くことができると信じている。カレン・ホーナイ〔十九世紀から二十世紀、ドイツの新フロイト派に属する精神科医・心理学者〕は、アドラーが列挙する劣等感の個別的事例よりも幅広い不安に《権力への意志》を関係づけている。しかし彼女は、《権力への意志》は競争的な文明社会のさまざまな不確かさに由来するものと考えるゆえに、それは協働的社会においては根絶されるという希望を抱いている[16]。しかしながら、こうした考え方は真相からほど遠いものである。人間は、自身の存在の根本的な不確かさに唆されて自身を二重に安定させようとし、また、総体的な生の営みにおいて自らの占める位置が取るに足りないことに突き動かされて自身の重要性を証明しようとする、というのが真相である。要するに、《権力への意志》とは、キリスト教が罪の典型と見なす傲慢の直接的な形態でもありまた間接的な手段でもある。

われわれはさしあたって、人間の弱さを認識しない傲慢と、認識された弱さを克服したり隠蔽したりするために権力を求める傲慢とを区別してきた。そして、前者を比較的既成の、また伝統的に尊敬されている個人や集団に、また後者を比較的不安定な、すなわち社会における既成集団というよりは新興集団に帰してきた。この区別は、あくまでも暫定的なものと見なされる限りにおいて正しい。実際には、最も傲慢な君主でも、最も安定した寡頭制の支配者であっても、部分的には不確かさの感覚によって度を越えた自己主張へと駆り立てられるのである。このことは部分的には、かれらの権力や栄光が大きければ大きいほど、人類に共通する死の必然性が一層不条理な定めを装って迫ってくるという事実によるものでもある。したがって、古代世界の最も偉大な王であるエジプトのファラオたちは、自身の不死性を確立もしくは証明しようとして、ピラミッドを建設するために領土の財力を蕩尽した。このように、死すべきものに共通する死への恐れは、最も大いなる王たちの偽装や野望を刺激する一つの動機なのである(17)。

しかしさらに言えば、権力と栄光を不動のものにすればするほど、高い地位から転落することや、財宝を失うことや、偽装が露見することへの恐れは大きくなる。貧困は、富める者にとっては富を失うという危険であるが、貧しいものにとってはそうではない。無名の境遇を恐れるのは、衰退に慣れている人々ではなく、世の喝采を受けることに慣れてしまった人々である。権力者や偉大な者たちのこの不確かな感覚は、単に虚栄に関わるものとして完全に無視するわけにもいかない。生の基本的な安定は、権力と栄光という副次的な安定に関係している。独裁者は権力の喪失を恐れるだけでなく、命を失いかねないことを恐れる。個々の敵対者に対しては安全である強力な国家は、その権力がさまざまな敵対者たちを刺激して、その権力に逆らう共通の大義を作らせかねないことを恐れなければならない。実際のところ、贅沢と安寧に慣れた者は、窮乏の困難に際して、生きるために、また単に存在するために、生の荒波に鍛えられてきた人々よりも一層大きな危機に直面する。こうして《権力への意志》は、それが常人の目からは完全な安全を保証するかのように見える目的を達成したときでさえ、なお不確かさの表現なのである。それゆえ、人間の野望には限界がないという事実は、単に人間の想像力が無限であることによって起こるだけでなく、人間の有限性や弱さや依存性を認識することの不安によっても起こると考えなければならない。人間の有限性や弱さや依存性は、覆い隠そうとすればするほど明らかになり、目前の不確かさが取り除かれれば取り除かれるほどますます究極的な危機を生み出す。こうして人間は、自らの偉大さによっても弱さによっても裏切られるゆえに、自分自身を神にしようとする。野望の鞭の中に少なくとも恐怖の鞭ひもが一本も含まれていないような偉大さや権力はない。

(b)［知的傲慢］

人間の知的傲慢が権力の傲慢を一層精神的に昇華したものであることは言うまでもない。知的傲慢は、より野蛮で明白な権力の傲慢に深く巻き込まれているために、両者の区別がつかないこともある。歴史上のあらゆる支配的な寡頭政治は、イデオロギー的な偽装を、警察権力と同様に重要な権威の砦と考えてきた。しかしながら、知的傲慢は、政治的な寡頭制の支配者に限られるのでも、社会の学識豊かな者に限られるのでもない。あらゆる人間の知は「イデオロギー的」汚染を免れない。人間の知は実際以上に真理であるふりをする。それは、ある特定の視点から得られた有限な知であるのに、最終的で究極的な知であるかのように偽装する。知の傲慢は、それより粗野な権力の傲慢とまさに同様に、一方で人間の知性の有限性に対する無知から生じる。他方で、知の傲慢は、人間の知が制約を受けていると知っていることと、人間の真理における利己心による汚染とを隠蔽しようとするところから生じる。

単に、従来の哲学の誤りを見抜くことができるほど過去の歴史について十分な視野があるというだけのことで、自分は最終的な真理を唱えることができると考える哲学者は、明らかに自らの無知についての無知の被害者である。そうした哲学者は、歴史の最高地点に立ちながら、その地点もまた特定の場所にすぎず、後世の目から見るならば、その視点も過去の思想家たちの哀れな偏狭さと同様に不完全なものに見えるであろうということを忘れている。このことはきわめて明らかな事実であるが、いかなる哲学体系もこのことを十分に考慮することができるほど偉大であったためしはない。大思想家たちはそれぞれ入れ代わり立ち代わり性懲りもなく、われこそが最終的な思想家であると思い込む間違いをしでかしてきた。近代のほんの数人を挙げてみるだけでも、デカルト、ヘーゲル、カント、コントなどは、自分の思想が最終的なものであると固く信じたため、通りすがりの皮肉屋たちの格好のからかいの的となった。自分たちの哲学こそが科学に依拠しているゆえに最終的な哲学であるという、自然主義的な時代の確信ほど哀れを誘うものはない。その確信は、自分自身の偏見についての無知と、科学的知の限界を認識しそこなっていることとを露呈するものである。

それゆえ、知的傲慢は、理性自体が、時間的過程に巻き込まれていることを忘れ、歴史を完全に超越していると思い込む理性の傲慢である。「国家制度や、法体系や、それぞれの特殊分野におけるイデオロギー的諸観念が独自の歴史を持っているかのようなこの外見こそ、大多数の人々の目をなににもましてくらましているものなのである」とはフリードリヒ・エンゲルスの言葉であった[18]。しかし、知的傲慢は単なる無知についての無知以上のものである。さらに、知的傲慢には常に、利己心という汚染を知りつつも、あるいは、それを半ば知りつつも、それを隠蔽しようとする意識的また無意識的な努力が含まれる。マルクス主義思想は、あらゆる文化におけるイデオロギー的汚染を発見することに多大な貢献をしたが、マルクス主義が理解できなかったのは、まさに偽装という要素である。人間の意識についてのそのあまりにも単純な理論はここで偽装の要素を露呈する。たとえば、エンゲルスは、「イデオロギー」を動かす本来の推進力は、彼には知られないままである。そうでないとすれば、それはまさにイデオロギー的過程ではないだろう」と主張する[19]。しかし、最終的な知や究極的真理についてのあらゆる偽装には、その真理は最終的なものでないという不安の感覚や、また、この真理には自我の利害が混ぜ合わせられていると自覚する不安な良心によって鼓舞されている側面もある、というのが真相なのである。

このような知的傲慢における不確かさの根源が、個々の思想家の痛々しいまでの偽装において暴露されることもある。また、思想家が、自分自身の不確かさではなく、時代の不確かさや、階級や国家の不確かさを隠したり暴いたりすることもある。デカルトの知的傲慢は、かれの無知についての無知以上のものであった。このことは、かれが友人からある指摘を受けて憤慨したことに露呈されている。この友人は、デカルト哲学の殿堂の要石である「われ思う、ゆえにわれあり」(Cogito, ergo sum) は、アウグスティヌスの思想によるものであると言ったのである[20]。かれのショーペンハウアーの傲慢は、かれが自らの思想体系の限界を測りかねたことにのみよるのではなかった。かれの傲慢は、もっと広く知られていた観念論的思想家たちとの競争において自分が認められていない欠けを埋め合わせようとするものであった。ヘーゲルやコントのような人の場合、個人的傲慢と代表者的傲慢とが奇妙に混じり合っている。ヘーゲルは、自分自身の思想を最終的なものと宣言しただけでなく、その時代の軍国主義的なプロイセン国家を人間の歴史の頂点と見なしてもいた。コントは、自身の哲学を、哲学としてのみならず宗教としても最終的なものであると信じていた。そして、哀れな国家的傲慢によって、かれは、パリこそがかれが樹立する新たな普遍的文化の中心になると予言したのであった。[21]

知的傲慢の特に重要な側面は、他者の中に見破ったのと同じような、あるいはそれと似たような視点の限界を、自分自身については認識できないということである。マルクス主義が、あらゆるブルジョワ文化の思想のうちにイデオロギー的汚染を見抜いたにもかかわらず、自らの視点の制約された性格については何のためらいもなく平然としているのは重要である。カール・マンハイムは、「社会主義思想は敵対者らすべてのユートピアをイデオロギーであると暴露してきたが、自らの立場が被限定的であるという問題は決して提起しなかった。社会主義思想はこの方法を自らに適用することも、絶対的たらんとする自身の欲望を抑制することも決してなかった」と述べている。[22]この自らについての無知から生じる熱狂主義は、たとえばスターリン主義者とトロツキー主義者との間のように、マルクス主義思想をめぐる諸派の闘争においてそれが表れるとき、とりわけ悲劇的で暴露的なものになる。かれらはそれぞれ、反対者こそが実は隠れ資本主義者あるいは隠れファシストであると証明し、また信じることを余儀なくされる。なぜなら、純粋なプロレタリア思想において、イデオロギー的汚染は考えられないことだからである。マルクス主義は、過去の諸文化の知的傲慢と偽装を発見したという功績を誇るが、哀れにも過去の諸文化と同じ罪をさらす結果となっている。マルクス主義はパウロの以下の見解の真理など思いもよらない。「だから、すべて人を裁く者よ、弁解の余地はない。あなたは、他人を裁きながら、実は自分自身を罪に定めている。あなたも人を裁いて、同じことをしているからです」(ローマ二・一)。

他の似たような傲慢の場合と同様に、マルクス主義の傲慢も、無知であることについての無知の結果にすぎないと見なされるかもしれない。マルクス主義者は誤ってイデオロギー的汚染を経済的な営みに限定してしまったゆえに、経済的特権が平準化された暁には普遍的で合理的な展望が得られるという誤った希望を抱いている。しかし、ここに無知以上のものが含まれているのではないかと疑うのは当然である。自分自身は陥っていないと考える誤りについて敵対者を非難するその激しさは、自分自身の立場の有限性と被限定性とを自分自身から必死に隠そうとするよくある態度を示している。

　要するに、人間の自由と人間の不確かさの双方による誘惑が明らかでないような知的傲慢の顕れはない。もし人間が、自身が巻き込まれているあらゆる状況を超越する自由な精神でなかったとしたら、絶対的真理に関心を持つことはなかっただろうし、自身の不完全な見解が絶対的に正しいと主張するように誘惑されることもなかったであろう。もし人間が、自然の偶然性と必然性とに完全に浸かっていたとしたら、自分自身の真理だけを持つであろうし、また、その自分の真理を真理そのものと混同する誘惑にさらされることもなかったであろう。しかしその場合、人間は真理を全く持たなかったであろう。なぜなら、個々の出来事や価値を意味あるかたちで全体と関連づけることができなかっただろうからである。他方、人間が完全に超越的であったとしたら、その時々の必然性や気まぐれを真理に忍び込ませて真理を損なうよう誘惑されることはなかったであろう。また、自らが無知であることを受け入れるや否や自身を脅かす懐疑主義の絶望から逃れるために、自らの知の有限性を否定するよう促されることもなかったであろう。それでも、あらゆる知への試みの根底にある無知の無知は、決して単なる無知として説明することはできない。この無知は傲慢を前提としているが、それは、人間が自らの限界を認めるという理想的可能性が常に存在するからである。この隠れた傲慢が明らかになるのは、真理を捉える視点の偏りを覆い隠そうとする意識的努力においてである。この傲慢の明らかな特徴が余すところなく暴露されるのは、人間的知の普遍主義的傾向が、それに従わない生を支配しようとする帝国主義的欲望の基礎となるあらゆる場合においてである。こうして、近現代の宗教的民族主義者たちは、「この国の文化は輸出品ではなく、自国だけにふさわしいものである」と言っておきながら、その舌の根も乾かぬうちに「わが国は劣等な文化形態を破壊して世界を救う」などと公言するのである。

この傲慢の背後に隠れている不確かさは、傲慢ほどに明白ではなくとも、やはり目には見えている。たとえば黒人と白人との関係がそのよい例であるように、人種的集団の多数派と少数派との関係において、多数派集団は、少数派集団が無力であると決めつけ、それを、少数派集団には文化や文明の特権を享受し活用する能力がないという理由をつけて正当化する。しかし、多数派が完全に隠すことができず、時には率直に表現するのは、そうした特権をかれらに与えてしまうと、《特権の不平等》を正当化するはずの《能力の不平等》が取り払われてしまうという恐れである。[23] それゆえ、傲慢の思い上がりは、恐れられている競争相手に対する武器なのである。時にそれは、自己の前に常に大きく口を開いている自己蔑視の深淵から自己を救い出す算段でもある。[24]

(c)〔徳の傲慢〕

ここまで分析に努めてきた知的傲慢には、道徳的傲慢のあらゆる要素が含まれている。ほとんどすべてのきわめて抽象的な哲学的議論における、無制約的真理を所有しているという見せかけは、主として、「わたしの善」でしかないものを無制約的な道徳的価値として打ち立てようとするものである。道徳的傲慢はあらゆる「独善的な」判断において明るみに出される。そこでは、自己のきわめて恣意的な基準を満たすことができないということで他者が断罪される。自己は自身の基準で自らを裁くゆえに、自身を善と見なす。他者の基準が自分の基準に適合しないときには、自己は自身の基準で他者を裁き、他者に悪を見出す。ここに残酷さと独善との関係の秘密がある。もし自己が自身の基準を神の基準であると勘違いするなら、それに従わない者はまさに悪の権化であるとされがちになるのは当然のことである。道徳的傲慢の特徴は、パウロの次の言葉に完璧に言い表されている。「わたしは彼らが熱心に神に仕えていることを証ししますが、この熱心さは、正しい認識に基づくものではありません。なぜなら、神の義を知らず、自分の義を求めようとして、神の義に従わなかったからです」（ローマ一〇・二―三）。道徳的傲慢とは、有限な人間が、自身のきわめて限られた徳が最終的な義であると偽装し、また、自身のきわめて相対的な道徳基準が絶対であると偽装することである。こうして、道徳的傲慢は徳をまさに罪の手段としてしまう。この事実は、なぜ新約聖書が「徴税人や罪人」に比べて、正しい者たちに対して批判的であるかを説き明かすものである。聖書のこうした特徴によって、聖書の道徳説は、キリスト教的道徳主義をも含むあらゆる単純な道徳主義とは区別される。これこそが、イエスのファリサイ派との闘いの意味であり、パウロが、人間は「誰も誇ることのないように行いによるのではなく」（エフェソ二・九）救われると主張した意味であり、さらには、「行いによる義」へのパウロの反論全体の意味である。そしてこれこそが、プロテスタント宗教改革における第一義的な問題なのである。ルターはいみじくも、罪人は自分が罪人と見なされることをよしとしない、ということが罪の最終的なかたちであると主張した[25]。人がもはや神を知らないということの最終的な証しは、自分の罪を知らないということにある[26]。自らを正当化する罪人は、審判者としての神を知らず、また、救済者としての神を必要としない。さらに、独善としての罪は、主観的意味においてのみならず客観的意味においても最終的な罪であると付け加えることもできよう。独善の罪はわれわれを最大の罪責に巻き込む。それは、われわれの仲間に対する最もひどい残酷さ、不正、また中傷の原因である。人種的、民族的、宗教的、その他の社会的争いの全歴史は、独善に由来する客観的邪悪と社会的悲惨についての注釈のようなものである。

(d)[宗教的傲慢]

道徳的傲慢の罪は、それが心に抱かれるとき宗教的傲慢を生み出す。究極的な罪は、道徳的傲慢に潜む自己神格化を露わにする宗教的な罪である。この罪が犯されるのは、われわれの不公平な基準と相対的な達成とがあからさまに無制約的な善に関係づけられ、また、それが神の認可を受けていると主張されるときである。こうした理由により、宗教は、一般的に考えられているほどには、人間の本質的に高潔な神探求であると言い切れるものではない。宗教とは単に、神と人間の自尊心との最終的な戦いの場にすぎないのである。この戦いにおいては、最も敬虔な行いですら人間の傲慢の道具になりうる。同じ人間が、キリストを自らの審判者と見なしておきながらすぐに、キリストの姿や基準や義は、自分の敵の義よりも自分自身の義により一層近いことを証明しようとすることもあろう。階級支配の最悪の形態は宗教的な階級支配である。そこでは、たとえばインドのカースト制度の場合のように、支配的な祭司階級が下位の諸階層を社会的無能状態に置くだけでなく、ついにはかれらを、いかなるものであれ意味の領域に与ることからすべて排斥するのである。また、不寛容の最悪の形態は宗教的な不寛容である。そこでは競争者の特定の利害が宗教的に絶対なるものの背後に隠される。(27) そして、自己主張の最悪の形態も宗教的な自己主張である。そこでは、神の前での悔い改めを装い、神はわれわれの偶然的な自己にだけ味方すると主張される。現代のある宣教師は、「現代世界において『宗教』の名で行われているものは大部分、宗教にかこつけた人間の抑制のきかない自己主張である」と述べている。[28]
　キリスト教が、自らを、その過程で人間が自身を神としてしまいかねない人間の神探求の宗教ではなく、啓示の宗教と見なしているのは正しい。啓示の宗教では、聖なる愛の神は人間に対して、あらゆる有限な存在の根拠また目的として啓示され、その神の前で人間の自我の意志は打ち砕かれ、傲慢はへし折られる。しかし、キリスト者が、この啓示を所有しているおかげで他の人々よりも悔い改めているゆえに自分のほうが正しいと考えるや否や、その独善の罪は増大し、悔い改めの宗教の形態は自らの傲慢の道具とされてしまう。
　カトリックは教会と神の国とをあまりにも単純に同一視していると主張している点において、プロテスタントは正しい。こうした同一視は、歴史のあらゆる相対性に巻き込まれている宗教的制度が、自分たちの教理は絶対的真理であり、白分たちの基準が絶対的な道徳的権威であると主張することを可能にする。そしてそのようにして、宗教的制度をまたしても人間の傲慢の道具としてしまう。それゆえ、ルターが教皇を反キリストであると主張したのは宗教的には正しかった。この世におけるキリストの代理人は、ある意味において反キリストとなる運命にある。現代の政治状況全体が、教会についてのカトリックの教理の危険性の証拠を示している。いたるところで教会は神の敵と戦っていると主張するが、往々にして、これらの敵が実は、腐敗した封建的文明に対抗する反逆者にすぎないことがあることに気づいていない。
　しかし、プロテスタントが、自分のほうがキリスト教の福音をカトリックより預言者的に宣言し解釈しているゆえに、それより優れた徳を保証されていると思い込むや否や、プロテスタントもまた独善の罪に陥る。実際のところ、《全信徒祭司性》というプロテスタント教理は個人の自己神格化を招きかねず、その点についてはカトリック教理のほうがより適切な抑制が効く。現代における宗教改革神学の復興により、キリスト教的リベラリズムの単純な道徳主義がまさにファリサイ主義のもう一つの形態であると見なされるようになったのは正しいと言えるかもしれない。しかし、すべての人間に罪があるという宗教改革の教理の最も偉大な教師たちも、神学的敵対者に対抗してこの教理を尊大な《権力への意志》の道具として用いることがあったことを認識しなければ、人間の罪の最終的な秘義を理解することはできない[29]。人間の宗教的傲慢に対抗する最終的な保証はない。神の目から見ると自分は罪人であると認めることでさえも、他ならぬ傲慢の罪の手段として用いられかねないのである[30]。傲慢の罪の最終的な秘義が認識されなければ、キリスト教の福音の意味は理解されえない。

付け加えておかなければならないのは、道徳的傲慢を明白な宗教的度合いにまで高めるためには表立って宗教的である必要はない、ということである。スターリンは教皇のように公然と無制約的主張をすることがありうるし、十八世紀フランスの革命家は、宗教的熱狂において自分が破壊しようとする「神が定めた」封建的制度と同じくらい残酷でありうる。宗教をなくせば宗教的不寛容もなくなるという近代文化の誤った期待については、すでに詳細に論じた。宗教とは、どのような名で呼ばれようとも、人間の精神のありようの避けがたい結果であり、宗教的な不寛容と傲慢は人間の罪深さの最終的な表現である。啓示の宗教が土台としているのは、神が人間の精神の頂点を超えたところから人に語りかけてくるという信仰であり、この神の声が、人間の最高地点といえども真の最高ではないだけでなく、それを真に最高であると主張する不誠実に巻き込まれていることも明らかにするという信仰なのである。

Ⅳ　不誠実と傲慢との関係

人間の傲慢と自己愛の罪についてのわれわれの分析が常に前提としてきたのは、欺瞞の要素がこの自己栄化に含まれているということである。この不誠実さは、自己愛の基礎ではなく付随物と見なされるべきである。人間は度を越して自分自身を愛する。人間の限定された存在は、それへの惜しみない献身に値しないゆえに、そのような過度の献身を正当化するために何らかの欺瞞を行う必要が生じるのは明らかである。そのような欺瞞は、絶えず競合する意志に向けられ、そうした意志によって、自分が自分について抱くあまりにも寛大な見方が確実に受け入れられ、お墨付きが得られるように努めるものであるが、その主要な目的は他者を欺くことではなく、自分自身を欺くことである。何はともあれ、自己はまず自分自身を欺かなければならない。自己が他者を欺くことは、部分的には自分が自分自身を納得させる努力である。そのような努力が必要であるという事実は、あらゆる混乱においても自己のもとにとどまり、また、自己が行動を起こしうるその前に懐柔しておかなければならないような《真理》がわずかながらであれ残存していることを示す重要な兆候である。こうして、人間の不誠実さは、興味深いことに、人間の《全的堕落》説〔第一〇章注（6）、本書三六六頁を参照〕への反論となっているのである。

罪についての聖書の分析は、罪を割り引こうとする欺瞞の働きに対する言及に満ちている。イエスは悪魔のことを「偽り者の父」と呼んだ（ヨハネ八・四四）。パウロは、人間の自己栄化は「神の真理を偽りに替え」る過程であると宣言した（ローマ一・二五）。またかれは心理学的慧眼をもって、自己欺瞞による無分別は、無知の結果ではなく、罪の結果としての無知であると見なしている。かれらは「その思いはむなしくなり、その無知な心は暗くなった」〔ローマ一・二一、口語訳〕。また、かれらは「不義によって真理をはばもうと」〔ローマ一・一八、口語訳〕したのであった。[31]

罪に不可避的に付随する不誠実は、純粋な無知とも、また、個々の場合において意識的な虚偽を含むものとも見なされてはならない。欺瞞の仕組みは非常に複雑であるため、純粋な無知の範疇にも、純粋な不誠実の範疇にもあてはまらないのである。[32]

ある程度の避けがたい無知は、欺瞞への誘惑を構成する要素と言えるかもしれない。この無理からぬ思い違いは、認識する者としての自己、すなわちその自己意識が自己が見ている世界のまさに中心であると考える自己が、自らを世界全体であると信じる傾向として定義することができよう。これは、哲学が回避するのが難しいと考えている独我論の誤りである。それにもかかわらず、限定された存在である自己が世界の中心でないことは明らかである。さらには、自己を知る者としての自己は、その自己超越の能力を、あらゆるものを超越する究極の審判者の立場にあることの証拠と取り違えるかもしれない。[33]それにもかかわらず、自己は、自身と世界の外に立っているとはいえ、明らかに世界内にある有限な存在である。それゆえ、自己の偽装は、《故意の欺瞞》によって初めて維持される。テルトゥリアヌスはこれを「意図的な無知」ときわめて的確に表現した。[34]この欺瞞は、個々の場合における自覚的な不誠実行為を必要とするわけではない。罪の欺瞞はむしろ一般的な混乱状態であって、そこから個々の欺瞞行為が生じるのである。しかし、欺瞞は決して完全に自己の一部となることはないゆえに、それを無知の条件と見なすことができよう。危機に瀕する時、真の状況が自己にまざまざと示され、それによって自己は、絶望的な後悔の念に駆られるか、あるいはもっと創造的な悔い改めを促されるかもしれない。後悔の念がもたらす絶望とは、本質的には、それによって不誠実の混乱が克服されるような真理と恵みのどちらも認識しないまま、罪に巻き込まれている嘘偽りを認識することである。

現代の心理学とマルクス主義的社会分析とは、罪に巻き込まれている嘘偽りについてのキリスト教の教理を十分に実証するものであるが、それには限界がある。マルクス主義は嘘偽りの真相の全体を見ることができない。なぜなら、その唯物論的な意識概念に妨げられて、自己超越のあらゆる複雑さにおいて自己を理解することができないからである。[35] 心理学者たちもまた、最近のある心理学者が「行為を思慮深く、また習慣や社会的期待に合致するものに見せようとする試み」と定義した「合理化」について相当論じている。[36] かれらの抱える困難は通常、自己が従うふりをしている社会的規範以外のものを想像することができないということである。結果として、かれらは、欺瞞を、主として社会的承認を取り付けることに汲々とすることであると見なし、自己欺瞞をそれに先立つ社会的欺瞞から引き出すのである。[37]

あらゆる罪深い自己愛に巻き込まれている嘘偽りの真の本質は、自己超越的でありながら限界づけられた自己についてのキリスト教的理解と、自らの限界を否定する自己の罪深い状態と本質的自己とを分けるキリスト教的区別の観点に立って初めて完全に理解することができる。本質的自己の真理認識は、罪深い自己が、それが不必要なものであれ完全に納得できるものであれ、自己栄化の過程において自らを巻き込むような嘘をつくほど全面的に輝きを失っているわけでは全くない。罪深い自己はこのような欺瞞を必要とするのである。なぜなら、自己は、真理への敬意を払わずに自らの限定された目的を追求することはできないからである。たとえ罪にまみれた自己であっても完全に覆い隠すことができないこの真理とは、有限で限定された自己は無制約的な献身には値しない、ということである。しかし、欺瞞は必要であっても、決して完全に納得できるものではない。なぜなら、自己とは不誠実の秘密に十分に通じている唯一の主体だからである。この不誠実によって、自己は全体の利益という見せかけの陰に自らの利害を隠してきたのである。

したがって、他者を欺こうとする必死の努力は全体として、自己が、自分自身がその見せかけを作った張本人であるゆえに自分でも簡単に信じることができないようなその見せかけを信じることができるようにする企てと見なされなければならない。自分自身も十分に受け入れることができないようなことを他者が受け入れてくれさえすれば、欺く者としての自己には、欺かれる者としての自己に対抗して、味方が与えられることになる。したがって、同胞に自らを印象づけようとするあらゆる努力、われわれの虚栄、権力や善の誇示といったことは、罪が、破り捨てられるかもしれない覆いで自らの弱さを覆い隠すことによって、自己の不確かさを増大させるという事実を示すものと見なされなければならない。自己は、そうした覆いの背後に隠されている裸体が露見することを恐れ、また、自分が覆い隠す欺瞞の張本人であることが発覚することを恐れる。こうして罪は、自然の不確かさに、新たな精神の不確かさを混ぜ合わせるのである。

第八章　罪人としての人間（承前）

I　序

これまで人間の利己主義の意味を明らかにしまた説明してきたが、集団の傲慢と、個人の傲慢および利己主義とを注意深く区別することはしてこなかった。区別をつけなかったことは、厳密に言えば個人だけが道徳的な行為の主体であり、それゆえ集団の傲慢は個人の傲慢と尊大さの一面にすぎないという事実によって一応正当化される。集団の傲慢は、個人がさまざまな社会集団に押しつける不当な要求の結果である。それにもかかわらず、人間の集団的行動とその個人的な態度との間にはある程度の区別をつけなくてはならない。この区別が必要であるのは、一つには、集団の傲慢が、たとえ個人の態度にその源泉があるにしても、実際には個人に対してある種の権威を獲得し、集団が個人に無制約の要求を突きつけることになるからである。国家機関に見られるように、集団がその意志を働かせるようになると、個人には、その集団が必ず独立した道徳的生の中心となったように感じられる。個人は集団のそうした偽装に屈しがちであり、たとえそれらが自身の道徳的な良心の呵責や意向に一致しない場合でさえ、その権威の主張に黙従しがちである。

さらに言うなら、集団の傲慢と個人の利己主義との区別が必要となるのは、集団的または社会的自己の偽装と主張とが個人の自我のそれを凌駕するからである。目的を追求する際、集団は個人よりも傲慢で尊大であり、偽善的で自己中心的で冷酷でもある。こうして個人と集団との間には避けがたい道徳的な緊張が生み出される。イタリアの偉大な政治家カヴールはこう述べている。「もしわれわれがわが国のためにするのと同じことを自分自身のためにするとしたら、われわれは何という悪党だろうか」。このような緊張は当然のことながら、責任感ある政治家の良心に最も明白に見てとれる。そうした政治家は当然、通常の道徳規範と、一般に認められた集団的政治的な行動習慣との間に違和感を覚えるはずである。政治家の常として、フリードリヒ大王は、とりわけ優れた道徳的感受性の持ち主であったわけではないが、それだけに、このような緊張感についてのかれの次のような告白には一層意義深いものがある。かれはこう言った。「わたしが願うのは、後代の人々が私の中の哲学者と君主とを、また品位ある人間と政治家とを区別して見てくれることである。ヨーロッパの政治の渦に引き込まれたら、品位と誠実さを維持するのが難しいことは認めざるをえない。同盟者に裏切られ、友に見捨てられ、羨みと妬みとで窒息するような危険を常に感じ、このためについには、自分の国に対して不誠実になるか、自分自身の言葉に対して不誠実になるか、その二者択一に追い込まれることになる」(1)。

人種的、民族的、社会経済的集団の利己主義については、民族国家がとりわけ一貫して明らかにしている。というのは、国家は、民族の集団的衝動にあまりにも大きな権力手段を与え、個人の想像力に国家独自の集団的一体性のあまりにもあからさまな象徴を付与するため、民族国家は、自らに対して絶対的な権利を要求し、それらの要求を権力によって実行に移し、国家機構の威厳と華麗な装いとによってその主張にもっともらしさと信憑性とを加えることになるからである。あらゆる政治集団のありようは、それが国家であれ帝国であれ、自らを国家という手段を通じて一つにまとめるが、そこでは、一方では権力の恐怖によって、他方では威厳への畏敬の念によって、服従が促される。国家の威厳には偶像崇拝への誘惑が隠れている。合理主義者たちは、政府は純粋に被統治者の合意の上に成り立つものと単純に考えるが、この合意に、威厳に対する宗教的畏敬の念がどの程度含まれているかを正しく認識することはなかった。人類の政治史は、部族的多神教に始まり、帝国宗教、その祭司王、神としての王といったさまざまな避けがたい付随物を伴う帝国の宗教的偽装を通して跡づけられ、ついには現代の全体主義国家の節度をわきまえない偶像崇拝的な要求にまで至る。したがって、政治的に具現化した社会集団で、自らに対して偶像崇拝を求める誘惑に襲われ、またそうした誘惑に屈しなかった集団が存在したためしはない。よくあることだが、この集団的傲慢の器官である国家と国家の権威を示す支配的寡頭体制は、その威厳に象徴される集団的傲慢から距離を置き、独立した威厳の源泉となろうとする。しかし、この反転が可能であるのは、ひとえに、かれらの威厳の元来の源泉が、個人の力と威信を超越するもの、つまりその集団それ自体の傲慢と偉大さとにあるからに他ならない。

こうして、罪深い傲慢と偶像崇拝的偽装とは、大きな政治集団が結束するための避けがたい付随物である。このゆえに、個人に比べて低い集団の道徳性を、個人の理性の高い要求に反する「自然」の惰性の結果と見なすわけにはいかない。もちろん確かに、集団は未発達の「知性」しか持たず、集団が有する自己超越と自己批判の器官はそれが有する意志の諸器官に比べると非常に不安定ではかないものではある。変わりやすく不安定な「預言者的少数派」が意志の自己超越の手段であるのに対し、国家は集団の意志を遂行する器官である。このゆえに、国家の不道徳は実際にはしばしば、道徳とは無関係のもの、すなわち、国家の存在が理性の領域ではなく「自然」の領域にあることの結果と見なされる。シーリー〔ジョン・ロバート・シーリー、十九世紀イギリスの歴史家〕は、現代の多くの政治学者の確信を表明するような調子で次のように述べた。「わたしは、政府を、意識的な考案物のようなものとしてではなく、自らがさらされているある種の害悪を防ごうとする人間の努力の半ば本能的な産物として受け止める[2]」。

このような解釈はある程度有効であるが、国家の傲慢の「宗教的な」性格についても、また、個人が、自らのあらゆる合理的精神的な能力を用いて集団の傲慢や国家の自己神格化に寄与していることについても正しく言い表してはいない。国家の利己主義が単に自然な生存衝動の顕れではなく精神の働きの特徴でもあることの証拠として最も有益なものは、その典型的な形態が以下のような表現で示される事実である。すなわち、権力欲、傲慢（威信と「名誉」への斟酌を含む）、他者への侮蔑（傲慢の裏面であって、自己評価が絶えず他者の業績の挑戦を受ける世界では傲慢に必ず付随するもの）、偽善（自己利害よりも高い規範に適合しているように思わせる避けがたい偽装）などであり、最終的には、道徳的自律性の主張である。それによって、社会集団の自己神化は、自らを存在の源泉また目的として提示することであからさまとなる。

否定しがたいのは、生存本能がこうした利己主義の精神的な表現すべてに含まれ、それが個人の生にもあてはまる、ということである。これまで述べてきたように、死を恐れることは、あらゆる人間的偽装への基本的な誘因である。したがって、人間が行うあらゆる自己主張は、個人のそれであれ集団のそれであれ、次のように主張する矛盾に巻き込まれている。すなわち、自己主張は基本的な生存権によって正当化されると主張する一方で、同じ自己主張は、自らの利害や価値よりもさらに大きな利害や価値を支持し、こうした一層包括的な価値は競合する社会の意志との戦いを正当化するという主張である。自分たちの戦いが、生存闘争であるか、それとも超越的普遍的価値を維持する無私の努力であるかについて、態度を明らかにした近代国家はない。［第一次］世界大戦では常に両方が共に主張されたが、重要なのは、現代のドイツですら、国家の権力と傲慢とを自己正当化に利用するような原始的な部族宗教を構築しておきながら、それにもかかわらず、ヨーロッパで期待される自分たちの勝利を次のように偽装することもやむをえないと受け止めていることである。すなわち、劣等で頽廃的形態とされる（ユダヤ的またはリベラルな）文化に対する高等な（アーリア）文化の勝利こそが切望されている、という偽装である。国家は、自らがその偶然的な自己より普遍的な価値の手段であると主張する（あるいはそのような主張が国家についてなされる）が、それは、個人と同じく国家のありようが限定されたものであるということが、少なくとも現代人には否定すべくもないほど明白であるからこそである。しかし、国家それ自体が、最終的で究極的な価値であり人間存在に意味を付与する大義であるという主張は、個人が自身のためにもっともらしく行うことができる主張ではない。このような主張がほとんど信用できないにしても、もっともらしく思われるのは、ひとえに、個人が属する社会的単位とりわけ国家が、力と威厳と偽りの不死性において個人の生を大きく超越しているために、その無制約的価値をある程度まことしやかに高言することができるからである。

　このような主張の重要性は、それを通して人間の傲慢と自己主張とが、その究極的な形態にまで達し、あらゆる有限性の限界を打ち破ろうとすることにある。国家は、自分が神であると偽装する。この宣伝文句を覆う一定の曖昧さについてはすでに注意を喚起してきた。そのような主張は、一方において、個人に対して集団の意志と知性とが行う要求である。社会的集団は、個人に無制約的忠誠を要求し、その忠誠の必然性が個人の存在の究極的な法則であると主張する。しかし他方において、そうした忠誠は、個人が、個人としてではなく、集団の一員として自分自身に対して行う偽装でもある。集団的利己主義は、実際には個人が大きな全体の中でまさに自分自身を見失う機会となるが、しかし、それはまた個人にとっては自己拡張の可能性ともなる。その上、単なる個人の偽装は怪しげで信用できない。個人は、「それぞれひそかに自分自身と一体化するような神を立て、一斉に上げる賛美の声を膨らませ、その声をそれぞれひそかに横取りして自分自身に向けさせる」(3) ものである。このような集団の傲慢がある種の劣等感に悩む個人にとって特に誘惑となることはあるかもしれない。したがって、現代の全体主義的民族主義と中流下層階級の不安定さや劣等感との関係は重要である。しかし、否定しようがないのは、現代の民族主義の法外な形態が、集団的生と集団的利己主義の一般的な性格を際立たせているにすぎず、また、この傲慢がその埋め合わせをする特殊な形態の劣等感情も、すべての人間が苦しむ一般的な劣等感を目立たせているにすぎないということである。こうして、集団的傲慢は、自らの存在の限定された偶然的な性格を否定しようとする人間の、最後の、そしてある意味で最も痛ましい努力である。人間の罪の他ならぬ本質がそこにある。この形態の人間の罪が、人間の罪責つまり客観的な社会的および歴史的な悪を最も多く生み出すこともまた、驚くに当たらない。家族の傲慢から国家の傲慢に至る範囲全体において、集団的利己主義と集団的傲慢とは、純粋に個人的な傲慢よりも多くの不正や紛争の源泉を孕んでいるのである。

もちろん、国家の傲慢は全くの嘘偽りではない。それどころか、自らの単なる存在を超越する価値を体現しているという国家の主張には根拠がある。個人であれ集団であれ、自らの目前の利害を超越する価値を具現化することこそ、人間の生の性格そのものである。実際には、特定の国家や特定の国家群が、「民主主義的文明」や共産主義を担うということもある。人間は、動物ではなく、決して生存のためだけの争いはしない。なぜなら人間は、単に動物的に存在しているわけではないからである。人間の肉体の生は常に、それを超える価値という上部構造の基礎なのである。

国家の傲慢は、自らの制約された価値を無制約的なものとして主張しがちなところにある。こうした主張の無制約的性格には二つの側面がある。一つは、国家が、自らのありようを超越する価値に対して、事実が正当と認める以上の絶対的献身を要求するという面であり、もう一つは、国家が忠誠を誓う価値が実際以上に絶対的であると見なすという面である。国家は、「自由」や「民主主義」のために戦うかもしれないが、自身の死活に関わる利害が危険にさらされるまで戦おうとはしない。国家は、自分たちは戦うことを拒むが、それは、「文明を維持する」という欲求に促されてそうするのだと主張するかもしれない。偏った利害を「文明」への献身の背後に隠そうとする努力において、中立的な国家が好戦的な国家よりも罪が軽いということはない。さらに、国家がそれに対して忠誠を要求する当の文明は、国家が求めるほどの絶対的献身には値しないのである。

だからといって、人が壮絶な死闘を繰り広げてまで、文明の類型のどれかを運命をかけて選択するような必要がない、というわけではない。あらゆる文明は不完全だからどの文明も保護する義務が全くないと考える道徳主義者は、単純素朴なシニシズムに見舞われる。歴史の中では、相対的な区別は常につけておかなくてはならない。しかし、こうした必要な区別は、集団的生が常に傲慢の罪に巻き込まれているという、人間の集団的生に対する一般的な判断を無効にすることはない。

預言者宗教は、他ならぬ民族的自己神格化との戦いに端を発している。アモスに始まる偉大なヘブライの預言者たちは皆、神と民族との単純な同一視、すなわち、自分たちは神との独占的関係にあるという民族の素朴な確信に異議を唱えた。これらの預言者たちは、民族に対して審判を告げる聖なる神の名によって預言したが、この審判が向けられた根本的な罪は、イスラエルと神とが一つであり、神はイスラエルが独占する所有物であると主張する罪であった。(4) 審判はイスラエルだけでなくすべての民族を襲った。この中には、イスラエルに対する神の審判を執行する際に用いられた、自らの分を越えて自身を称揚するイスラエルと同様の罪に問われた諸大国も含まれていた（イザヤ四七章、エレミヤ二五・一五、エゼキエル二四―三九章）。

このような聖書宗教の洞察は、プラトンやアリストテレスの思想に見られる道徳と政治との単純な同一視や、自分たちが属していたギリシアの都市国家の相対的な性格と偶然的な業績とを裁く視点を見つけることができない無能さとは、きわめて鋭い対照をなしている。この思想領域では、ギリシア哲学は部族宗教の合理化された形態でしかないと言わざるをえない。ギリシア哲学は、きわめてもっともらしく装った人間の傲慢の形態を批判的に見渡す見晴らしのきく地点を獲得していないのである。それもそのはず、そもそも人間自身にはそのような見晴らし点など存在しないからである。集団的な傲慢が罪の最終形態であるとの確信は、次のような信仰における啓示宗教の枠組みにおいて初めて可能となるものである。すなわち、神の声は、あらゆる人間の威厳を超えたところから響き渡り、神の力は、「国々は革袋からこぼれる一滴のしずく」（イザヤ四〇・一五）と言われることとの比較において明らかにされる信仰である(5)。

この預言者的信仰の真髄ゆえに、キリスト教時代、アウグスティヌスは、ローマ帝国の滅亡について絶望することなく熟考し、キリスト教にこの没落の責任があるという批判に対して、むしろ、破滅は「この世の国」のありようの法則そのものであり、傲慢がその原因であるとの主張をもって応じたのである。「しかし、それ［地上の国］は、あらゆる揉め事を起こす者を無罪にするような善ではないため、この国は、不和や血生臭い死に物狂いの闘争や戦争によって勝利を追及し、それ自身の内部で反目しあって分裂するのである。……実際、その国のどんな部分であろうとある部分が他の部分に対して戦闘に立ち上がったなら、それ自体が悪徳の奴隷であるのに、他の民族の征服者となることを求める。そして、勝利をおさめたとき、その傲慢がいよいよ高められるなら、確かにその勝利は死を招くものとなる」[6]。ストア哲学の普遍主義には民族の傲慢について似たような視点が示唆されている。しかし、汎神論を前提としているために、ストア哲学は「アパテイア」（ἀπάθεια［不動心］）の原理の手に渡されている。この原理は、人間の生命力を見境なく批判し、その生命力には人間の傲慢と身勝手とを識別する判断力がないと見なす。国家の自己栄化に反対する確実で確固とした見晴らしがきく地点を見出すことができたのは、ストア哲学を除けば、預言者的キリスト教と条件つきでのユダヤ教だけであった[7]。もちろん、このことが、さまざまな形の歴史的キリスト教が国家の傲慢に対して宮廷付き聖職者の役割を果たすことを妨げてはいない。それにもかかわらず、帝国の偽装に反対するアウグスティヌスの言葉は、キリスト教信仰を前提にしなければ出てこないものである。「正義がなくなると、王国は大きな盗賊団以外の何であろう。盗賊団も小さな大国以外の何でもないのである。……ある海賊が捕らえられて、マケドニアのアレクサンドロス大王に述べた答えはまったく適切で真実をうがっている。すなわち、大王が海賊に、『海を荒らすのはどういうつもりか』と問うたとき、海賊は少しも臆するところなく、『陛下が全世界を荒らすのと同じです。ただ、わたしは小さい舟でするので盗賊とよばれ、陛下は大艦隊でなさるので、皇帝とよばれるだけです』と答えたのである」[8]。

残念なことに、アウグスティヌスのこの預言者的な洞察は、神の国と歴史上の教会とを条件付きにせよ同一視し、幾分曖昧なものとなった。この同一視はやがて、アウグスティヌスのつけた留保がすべて剝ぎ取られたことにより、帝国の政治的傲慢に対抗する普遍的教会の精神的傲慢の道具と化してしまった。この同一視には、宗教的政治的制度を世界に導入し、国家の自治権を実際に抑止するという功績はあった。しかしそのために、この制度の中に古代ローマ帝国との危険な類似物を創り出し、教皇をある種精神化された意味での皇帝として確立するという代償を支払ったのである。したがって、教皇制と皇帝との対立は、終始奇妙に皮肉な様相を露呈する。どちらも同じ穴の貉である。教皇と皇帝は互いに相手を反キリスト呼ばわりし、厳しく批判しあった。どちらの批判ももっともであった。どちらも相手が思い上がりの罪、つまり身の程知らずの自己称揚の罪にあると考えたからである。そしてそれらは反キリストを特徴づけるものである。[9] これは二つの政治勢力の闘争であった。一方は聖性の原理から政治的権力を引き出し、他方は聖性と釣り合うところまで権力を高めたのである。

人間の傲慢が、国家の傲慢と身勝手とに対抗する、キリスト教の宗教の戦いにまで徐々に入り込んだという事実は、次のことを端的に表す証左である。すなわち、人々の傲慢が、その傲慢を軽減しようとする手立てにさえ乗じてそれを利用することなど至極簡単であるということである。国家と同じく教会もまた、集団的利己主義の媒体になりうる。どのような真理も、人間は誰も真理に達しないという預言者的真理を含めて、罪深い尊大さの僕になることがある。この特殊な真理は、すべての人間は真理に達しないのだから、また、教会は人間の有限性と罪深さとを超越する啓示の貯蔵庫なのだから、教会には人間にはない絶対的真理がある、という意味にもなりかねない。

国家の傲慢に反対する中世キリスト教に入り込んだ人間の罪深い偽装の要素のゆえに、ルネサンスと宗教改革に始まる新しい国家の興隆は、宗教的専制からの解放という光のもとで興ったように見えた。ダンテのような敬虔なカトリック信者ですら、教皇制の政治的野心に反対することで、いち早くこの解釈を示していた。こうしてルネサンスは、個人だけでなく国家でさえ自由の名において被造性のあらゆる限界を無視するような時代の先触れとなったのである。マキャヴェリは国家の道徳的自律性の学説を作り上げ、ブルーノらは個人の道徳的自律について同様に考えた。意義深いことに、ルターは、切迫した宗教的戦いを通じて、諸侯の尊大さよりも教皇の傲慢に挑戦することに集中した。ルターにとって教皇は反キリストであったが、諸侯は神授権によって支配していた。このようにしてプロテスタンティズムは、人間のあらゆる活動における罪深さの不可避性という預言者的な考え方を抱いていたにもかかわらず、政治的尊大さには抜け道を認め、それは興隆する国家の乗じるところとなったのである。

この結果、一方ではルネサンスに、他方では宗教改革に育てられた文化は、今日の退廃の時代をもたらした。そこでは、集団的意志、とりわけ国家において具現化した意志は、かつて匹敵するものがなかったほど罪深い思い上がりの極みに達している。国家は神である。初期の帝国の素朴な多神教と、その結果である、存在の中心また目的としての自己の無意識の自己栄化とは、国家は存在のすべてではないという明白な事実に意識的に逆らう国家の如才なき自己栄化にその道を譲った。この最終結果は、ある程度、国家に反対するキリスト教の立証に忍び込んだ誤謬と罪、つまり歴史上の教会の神格化に対する反動である。しかし、現代の目に余る過度の民族主義は、部分的には、教会の誤謬への反動というよりもキリスト教の真理に対する反動と見なされなければならない。集団的利己主義がこれほどのすさまじい大きさになることがあるのは、たとえ頽廃的な文明であるとしても、キリスト教文明の範囲においてのみである。というのは、確立されている法に意識的に抵抗するためには死に物狂いになる［宗教的情熱に後押しされる］ほかないからである。この集団的行動の中にこそ、次のようなパウロが注目する真理についての印象的な注解がある。「律法が『むさぼるな』と言わなかったら、わたしはむさぼりを知らなかったでしょう。ところが、罪は掟によって機会を得、あらゆる種類のむさぼりをわたしの内に起こしました。律法がなければ罪は死んでいるのです」（ローマ七・七―八）。

国家の傲慢と、集団的人間の自己神格化の尊大さとは、キリスト教文化の内部で、またその文化に抗ってそれらが表現されるとき、一層はなはだしいものとなる。そこでは、西洋世界の文化を形成した信仰の至高の洞察が意識的に否定され無視されることになるのである。

今日の最も悪魔的形態の民族主義は、キリスト教文化の内部でというよりは、キリスト教文化に抗って表現されている。ドイツのナチスが、キリスト教信仰と自分たちの果てしない民族的利己主義とが両立しえないと考えるのは当然である。キリスト教は民族主義の道具とされるかもしれないが、キリスト教信仰は、それが多少とも生命力を保っているのであれば、民族に対する何らかの神の審判の言葉を取り次ぐはずであるが、それがナチスには我慢ならないのである。個人が傲慢の罪から自由でないように、傲慢の罪に陥らない国家はない。それにもかかわらず、次のような「キリスト教的」国家が存在することを認めることは重要である。すなわち、国家に対して告げられた預言者の審判の言葉を今もなお受け止める姿勢があるゆえに自らキリスト教的であることを証するような国家である。この審判を鋭く受け止めるのは《預言者的少数者》だけかもしれない。しかし、国家に対する宗教的預言者的審判を公式に抹殺しない国家と抹殺する国家との間には明確な違いがある。現代のあらゆる国家どころか歴史上の国家はすべて傲慢の罪に巻き込まれているとはいえ、人間の罪深さについての他の評価と同様に、この傲慢の罪について、以下のことを認識しておく必要がある。すなわち、あらゆる人間と国家が表す傲慢と身勝手とに程度の違いがあることを認めることは、神の目には人間と国家はすべて罪深いことを知ることと同様に重要であるということである。個人の生の場合と同じく、ここでも、最終的な罪は、われわれの罪に向けて語られる審判の言葉を進んで聞こうとしないことである。この基準に照らせば、現代の全体主義国家は、悪魔的な形態の民族的自己主張をもたらしてきたが、それは、古代の宗教的帝国の自己主張よりもはるかに危険である。なぜなら、現代の民族的自己主張は、キリスト教文化の洞察の内部で、またその洞察に抗って表現されているからである。

II　罪の平等と罪責の不平等

正統的キリスト教は、ほとんど一貫して、神の目にはあらゆる人間は等しく罪人であるという聖書の命題を保持してきた。「そこには何の差別もありません。人は皆、罪を犯して神の栄光を受けられなくなっています」（ローマ三・二二―二三）というパウロの主張は、キリスト教の罪理解に欠くことのできない表現である。それでも非常に明白なことは、この主張は、歴史の相対性において明らかとなる「程よく加減された」〔W・ワーズワースの詩句〕正義や善と取り組むあらゆる道徳的判断を危うくし、また弱めるように見えることである。パウロの言葉は、抑圧者と被抑圧者、生来の嘘つきと適度に誠実な人物、放蕩な好色家と自制力のある労働者、病的なまでに自己中心に突進する利己主義者と適度に「無私」で公共の福利に貢献する者との間に優劣をつけることを禁じているように見える。究極的な宗教的判断の次元では、これらの区別が消滅することは必要であり適切でもあるが、歴史の中でのあらゆる判断では、暫定的にこうした区別をつけることは明らかに重要である。社会制度における正義の幅と、個人における自己本位の幅の違いは、特定の状況における病と健康、悲惨と幸福の違いであるかもしれない。バルト神学のように、すべての人間が罪深いという究極の宗教的事実を排他的に強調することですべての相対的な道徳的判断を破壊しかねない神学は、歴史上の相対的な道徳的功績を危うくするかもしれないと疑ってみることが必要である。この関連で意味深いのは、アウグスティヌス―ルター的神学の遺産を受け継ぐドイツが、それよりペラギウス主義的で独善的で宗教的な深遠さに欠けるアングロサクソン世界よりも、一定の政治的な健全さと正義とを達成するのに大きな困難を覚えていることである。

正統的カトリシズムは、この相対的な道徳的判断の問題に、相対的自然法と絶対的自然法の区別をも含むストア哲学の自然法概念全体を自らの倫理制度の中に組み入れることによって答えを出した。それによって正義の合理的規範が、徳と悪についてのキリスト教的概念にとって決定的なものとされたのである。カトリック倫理のこの印象深い構造は最終的に、一般道徳基準を、考えられうるあらゆる特定状況に詳細にわたって決疑論的に適用することへと練り上げられていったが、この構造は、宗教的に絶対的なものを、きわめて偶然的で歴史的な道徳的判断に絶えず入り込ませてしまうという問題を抱えていた。このように、トマス的倫理学の堂々たる構造全体は、その一面において、十三世紀に花開いた封建社会制度の相対性を宗教的に神聖化したものにすぎない。カトリック思想における究極的な宗教的視点と相対的で歴史的な視点との混同は、カトリシズムが、たとえばスペインの現代史における封建的文明を擁護するときに見せる憤怒や独善の主な原因である。

正統的プロテスタンティズムは、カルヴァン派もルター派も、硬直化した自然法に道徳主義と独善の危険を正しく察知し、それゆえ、自然法理論を自らの思想体系において副次的な地位にのみとどめた。プロテスタンティズムが、聖書の権威（『ローマの信徒への手紙』一三章の、統治を神の命令とするパウロの教理）によって、歴史的相対性の領域で絶対的な道徳的判断を下すことを嫌う自らの傾向を抑制した事例が一つある。それは、政府と秩序原理に、反乱や政治的混乱に対する絶対的な優先権を与えた。この一つの例外が道徳的に悲惨な結果をもたらした。これによって、キリスト教会は、政治の領域においてあまりにも無批判に権力の中心と手を組むことになり、政府がしばしば不正と抑圧の主要な源泉であることを忘れるようになった。幸い、晩年のカルヴァンやとりわけ後代のカルヴァン主義者たちは、支配者を神の審判のもとに置くことが、支配者を個人の罪を抑制する神の道具と見なすことと同様に肝要であることを発見した。この重要なカルヴァン主義者の発見が、十七世紀および十八世紀に、カルヴァン的敬虔と社会正義を求める民主的運動とが結びつくという豊かな結果をもたらした。

相対的な道徳判断をあまりに単純に自然法の前提から引き出すというカトリックの道徳的決疑論の誤りと、すべての者は区別なく一様に罪深いという宗教的確信とに照らして歴史上の道徳的差異をすべて消し去るという、カトリックと正反対の正統的プロテスタンティズムの傾向とは、次のような作業において、われわれに用心深く歩むように促す。すなわち、すべての人は罪人であるという聖書的真理を、それにもかかわらず、歴史の現実における人間の間には、罪責の不平等が確認できるかたちで存在するというもう一つの真理に関連づけるという作業である。罪責（guilt）は以下の点で罪（sin）とは区別される。罪責は罪の客観的で歴史的な結果であり、罪人はその責任を負わされなくてはならない。罪人の自己愛が、家族が崩壊したり不幸になったり、親の抑圧で子どもが不幸になったり、支配者の虚栄心のために引き起こされた戦争で人々の生活が破壊されたり、貪欲のために貧困の犠牲者が出たり、嫉妬や羨望によって犠牲者が不幸になるといった結果をもたらすのは、罪人の罪責である。罪責は罪の客観的な結果であり、歴史世界における創造と摂理の計画を実際に頓挫させることである。

神の目には等しく罪深い人間が、ある特定の状況で等しく罪責があるということもありうることは明白である。それどころか、罪の同等性は、次のような一般的な思い込みにも通じる。すなわち、人間の罪責は、通り一遍の分析によって考えられているよりも同等であるという思い込みである。それゆえ、打ち続く戦争に巻き込まれている二つの国は、たとえ直近の挑発行為については一方の国だけに責任があるとしても、同等に罪責を負うとされる。冷酷な父親とわがままな息子には、表面的な分析が示す以上に等しく罪責があるかもしれない。見捨てられた妻と不実な夫には、あからさまな家族放棄の行為が夫側だけのものだったとしても、同等の罪責があるかもしれない。このようにすべての人間が罪人であるというキリスト教教理は、皮相な道徳的判断、特に判断を下す側に独善的に道徳的優位を与えるような道徳的判断を再検討することへの絶えざる挑戦である。パウロの次の言葉があてはまらないような道徳的状況はない。「だから、すべて人を裁く者よ、弁解の余地はない。あなたは、他人を裁きながら、実は自分自身を罪に定めている。あなたも人を裁いて、同じことをしているからです」（ローマ二・一）。

それにもかかわらず、神の目には等しく罪人である人間が、関係する特定の悪行について必ずしも等しく罪責があるというわけではない。聖書の宗教が、罪の平等性と同じ程度に罪責の不平等性についても強調してきたことを認めることは重要である。正統的ルター派が歴史上の特定の道徳的問題と効果的に取り組むことができなかったその主要な原因は、かれらが、聖書の預言者的な響きに目を向けなかったことにある。聖書では、特に道徳的悪行の罪責を問われた者たちが絶えず選択的に取り上げられているのである。特に厳しい審判が、富者や力ある者、権力者や高貴な者、賢者や正しい者たち（すなわち、社会的に認められた何らかの相対的な義の基準に到達していることによって、精神的傲慢へと誘惑されている者たちであるファリサイ派）に下される。権力者たちに抗い、その傲慢と不正を厳しく批判し、宗教的な罪と社会的な次元の罪のかどでかれらを告発する預言者たちの姿勢は、一貫して公平ではない。預言者の審判はもっぱら、「弱い者を圧迫し、貧しい者を虐げる」（アモス四・一）者たち、「象牙の寝台に伏し、長いすの上に身を伸ばし、群れのうちから子羊を取り、牛舎のうちから子牛を取って食べ」る（アモス六・四［口語訳］）者たち、「貧しい者を踏みつけ、また国の乏しい者を滅ぼす」（アモス八・四［口語訳］）者たちに狙いを定めているからである。

こうした預言者的審判の基礎となっている単純な宗教的洞察によれば、その高い地位と不当な権力の所持によって誘惑される者たちの傲慢と不正の罪の責任は、権力と地位のない者たちよりも大きくなる。権力側にある人間の不正と地位の高い者の傲慢はお見通しのこととされ、かれらは次のように審判の脅しを受ける。「万軍の主の日が臨む／すべて誇る者と傲慢な者に／すべて高ぶる者に……誇る者は卑しめられ／傲慢な者は低くされ／主はただひとり、高く上げられる」（イザヤ二・一二、一七。イザヤ二六・五も参照）。罪の宗教的次元である傲慢は常に預言者たちの主要な関心事であるが、かれらは、傲慢の避けがたい付随物が不正であることを、ほとんどの歴史的キリスト教よりはるかに明確に見抜いている。傲慢は、それ自体を存在の源泉また目的とし、他者の生を自らの意志に従属させ、他者からその正当な相続財産を奪い取る。それゆえ、イザヤはこう続ける。「主は裁きに望まれる／民の長老、支配者らに対して。『お前たちはわたしのぶどう畑を食い尽くし　貧しい者から奪って家を満たした。何故、お前たちはわたしの民を打ち砕き　貧しい者の顔を臼でひきつぶしたのか』と／主なる万軍の神は言われる」（イザヤ三・一四、一五）。預言者たちは、貧しい者が高く上げられ、力ある者が低くされるという結論を引き出すことに躊躇しない。「苦しんでいた人々は再び主にあって喜び祝い　貧しい人々はイスラエルの聖なる方のゆえに喜び踊る」（イザヤ二九・一九）。権力側にあって驕り高ぶる者への審判と、貧しく困窮する者への約束は、神の目には究極の審判であるだけではない。約束された審判は歴史の中にその姿を現す。「主はこう言われる。捕らわれ人が勇士から取り返され／とりこが暴君から救い出される。わたしが、あなたと争う者と争い／わたしが、あなたの子らを救う」（イザヤ四九・二五）。

富む者と貧しい者、権力側にある者と弱い者、奢る者と従順な者との間に道徳的な区別を見る預言者的響きは、新約聖書にも引き継がれている。それはマリアの「マグニフィカート」（Magnificat［マリアの讃歌］）に始まる。［主は］「権力ある者をその座から引き降ろし、身分の低い者を高く上げ、飢えた人を良い物で満たし、富める者を空腹のまま追い返されます」（ルカ一・五二以下）。パウロは「あなたがたが召されたときのことを思い起こしてみなさい。人間的に見て知恵のある者が多かったわけではなく、能力ある者や、家柄のよい者が多かったわけでもありません」（Ⅰコリント一・二六）と述べているが、これは同じ預言者的伝統に立つものである。ここで重要なのは、力ある者や家柄のよい者に加えて、知恵ある者が特に神の審判のもとにある者として挙げられていることである。これはそのとおりである。というのは、知恵ある者の傲慢や、文化や文明の精神的指導者の思い上がりのほうが、権力者や高貴な出自の者の単純な《権力への意志》よりも悪を多く生み出すことがあるからである。イエスの教えの中では、道徳的区別についての預言者的響きが無条件で維持されている。イエスは、『ルカによる福音書』〔六・二〇〕に記されているように、山上の説教で貧しい人々を祝福し富む者には苦難を告げたが、この表現は時に不都合なものとされてきた。注解者たちは、『マタイによる福音書』〔五・三〕に記録されている山上の説教の「心の貧しい人々」への祝福という、一見冷酷さが和らげられ、曖昧さを増している型のほうを喜んで採用してきた。しかし、イエスがおそらく使用していたと思われるアラム語のこの語にはきわめて重要な二重の意味合いがある。[10] この語には、「貧しい」と「謙虚な」の両方の意味が含まれているのである。したがって、この語が使用されたこと自体、この語を形づくった反貴族主義的伝統を支持するものであったと言えるかもしれない。「地の貧しい人々」は、ファリサイ的義を委細漏らさず守り続けることはできなかった。それゆえ、かれらは、道徳的貴族が作り上げた規則つまり善行への指針ではなく、むしろ貴族の権力と社会的威信の道具となりおおせた規則によって、社会から棄てられたのであった。それまで善人とされてきた者や独善的人間よりも貧しく謙虚な人々のほうを選ぶことは、預言者的で反貴族主義的な伝統を弱めるどころか強めることとなった。こうして《善人》もまた、特に神の審判のもとにある権力者、高貴な者、知恵ある者といった人々の群れに加えられるのである。

権力の体系としてのあらゆる文明が、権力の均衡をどの程度理想化し合理化するのか、また、こうした合理化が常に寡頭支配層の道徳的宗教的傲慢に奉仕する道徳の規準をどの程度含むのか、ということを理解するなら、ファリサイ主義への攻撃は、実際には、権力の最終的で最も込み入った不誠実な偽装への攻撃であることが明らかとなる。

聖書の反貴族主義的な強調点は、ある種のセクト的キリスト教や現代の世俗的急進主義によって、あまりに単純な政治的道徳的な観点から解釈されてきた。この種の思想では、イエスは、富裕層に対するプロレタリア的反抗の指導者の地位にまで引き下げられている。この同じ強調は、他方で、ほとんどの旧来型キリスト教によってあまりにも単純に曖昧にされてきた。かれらは、イエスが称揚した精神の謙虚さを、社会的で政治的で経済的なあらゆる環境を超越し、その有無が貧富の別によらないような霊的恵みと見なそうと熱心に努めてきた。聖書の宗教は、人間の究極的で永続的な状況にとりわけ深い関心を寄せているため、反貴族主義的傾向について単純な政治的解釈を施すことは許容できない。他方、聖書の宗教は、きわめて現実主義的であるため、次のような事実を曖昧にすることもありえない。すなわち、傲慢と不正へと誘われる者もあれば、励まされて謙虚へと向かう者もあるという人間の状況は、実際には、社会的経済的条件によって大方決定されてしまっているという事実である。

このような聖書の分析は、歴史上の既知の事実と合致する。資本主義者は、生まれながらにどれほど堕落しているとしても、それによって貧しい労働者にまさる罪人であるわけではない。しかし、神に逆らう傲慢や弱者への不正において、大きな経済的政治的力を保持する者たちが、権力や威信に恵まれない者たちよりも罪の責任が重い、ということは事実である。異邦人がユダヤ人よりも生まれつき罪深いわけではない。だが、異邦人はいくつかの国で支配的な力を保持しており、かれらのユダヤ人少数派に対する罪は、ユダヤ人少数派の異邦人に対する罪よりも大きい。アフリカやアメリカにおける黒人に対する白人の罪は、白人に対する黒人の罪より大きい。自然の富、歴史の偶然、権力の保持者の徳などが、個人や集団に、同胞を上回る権力、社会的威信、知的名声、道徳的是認などを付与すると、必ず自我が肥大する。自我は垂直にも水平にも拡大する。垂直に拡大するのは傲慢であって、自我を神に対する罪へと巻き込む。水平への拡大では、自我は、同胞を犠牲にして、自らを安全と威信を獲得しようとする不正な努力に巻き込む。この二つの拡大の形態は峻別することができない。なぜなら、すでに触れたように、宗教的偽装は社会的闘争の道具とされることがありうるし、社会的に見ると、支配的な権力は、宗教的偽装によって自らの体系の完成を追求せざるをえないからである。

あまりにも単純な社会的急進主義が見落とすのは、昨日までの貧者、弱者、社会的周縁者たちが、自分たちを貶めた者たちに対して社会的勝利を得たとたん、いかに素早く尊大さや《権力への意志》を露わにするかということである。こうした尊大さや《権力への意志》は、かつてはかれらが敵対者の内に見出し嫌悪し、それをこの者たちの先天的な罪と考えがちであったものである。不正の犠牲者たちが一様に誤っているのは、自分が苦しんでいる罪は抑圧者に固有の悪であると考える点である。これは強者の独善と区別される弱者の独善である。ニーチェが見ていたように、これが復讐への情熱の媒介となることは否定できない。歴史の幸運がかれらの弱さを強さに変えるとき、弱者の間のこのようなかたちの道徳的傲慢はその尊大さを悪化させることになる。この事実は、新しいロシアの寡頭制の独特の憤怒と、鼻持ちならない道徳的宗教的尊大さの説明となっている。ロシアは、かれら自身が自らの尊大さによってまさに権力の罪の実例となっているにもかかわらず、権力の罪は資本主義に特有の悪だと信じているのである。しかし、あまりにも単純な社会的急進主義の誤りによって次の事実が曖昧にされてはならない。すなわち、ある特定の歴史状況では、不正や傲慢に対する罪責は、力のある人間や階級のほうが力のない者よりも大きいという事実である。

聖書によれば、知的、精神的、道徳的に卓越した人も、権力者と同じ審判のもとに置かれるべきであるという事実は、多くの道徳主義者にとっては不快に思われることであろう。聖書の宗教の反貴族主義的な傾向が、あらゆる形態の合理主義ときわめて明確に対照的であるのは、この点においてである。合理主義は、知的な人間が善良な人間でもあると想定し、理性がどれほど情熱の僕であるかも理解せず、知性と良心の真正な達成もまた罪深い人間の傲慢を表現する新しい契機となりかねないということも認めない。「立っていると思う者は、倒れないように気をつけるがよい」［Ⅰコリント一〇・一二］とは、資本家、独裁者、すべての権力者たちだけでなく、司教、教授、芸術家、聖人、聖職者たちにもふさわしい警告である。「立っている者」は誰でも、神から受けた権利によって立っていると思い込みがちである。高度な文化形態を達成した者は誰でも、それが必要かつ最終の文化の形態であると思い込みがちである。歴史の相対的な達成と是認が最終的で究極的な是認であると思い違いをするのは、「立っている者」であり、達成している者であり、同胞に称賛され、認められている者である。

人間本性のあらゆる罪深さに対する聖書の洞察が、実際には、知恵ある者、力ある者、高貴な者、善良な者に対する預言者の厳しい批判を否定するのでなく、むしろそれを支持するのは、まさにこの点においてである。というのは、人間の心一般の罪深さを理解することがなければ、あらゆる時代の成功した階級の幻想と偽装を見抜くことはできないからである。神の目から見ればすべての人間に罪責があるということがわかっていないとしたら、以下のような者たちそれぞれの罪責の度合いを見分けることは容易ではなかったであろう。すなわち、人間の弱さと寄る辺なさとを自分の力によって、また、人間の罪深さを自分の善行によって目立たなくさせることができるような者の罪責である。アリストテレスとプラトンの思想は、そこから派生するあらゆる思想も含め、王に対してあなたは哲学者であり、哲学者に対してあなたは王であると、説得し続けるであろう。そして、徳の陰に《権力への意志》を隠し、寛大さの陰に不正を見えなくするようかれらを誘惑するであろう。歴史上の偉大な人物や善良な人物に特有の罪責が明らかにされるのは、ひとえにあらゆる人間の基準を超えたところからなされる究極的な分析によるのである。

Ⅲ　肉欲としての罪

ヘレニズム的キリスト教では常に、罪を基本的に欲望や肉欲と見なそうとしてはいるが、聖書宗教が罪を第一義的に傲慢と自己愛として定義し、古典的キリスト教神学がその概念にかなり忠実であり続けてきたということに疑いの余地はない。しかし、歴史や経験によって十分に裏づけられてきた、罪を傲慢とするこの定義は、肉欲と利己心との関係をめぐる問題を引き起こす。肉欲とは利己心の単なる一形態なのだろうか。それとも利己心の結果なのだろうか。それとも、肉欲は次のような結論へと駆り立てずにはおかない特徴を示しているのだろうか。すなわち、肉欲は、自己愛とは明確に区別されるべき罪の顕著な形態であるという結論である。

確かに、一応の区別をつけておく必要はある。利己心が、生を自己に集中させる自己の企てによって、生の調和を破壊することであるとしたら、肉欲は、自己を、自己自身の内部における特定の衝動や欲求と度を越えて同一視することによって、またそうした衝動や欲求に身を任せることによって、自己内部の調和を破壊することであるように見える。肉欲の罪は、たとえば性的放縦、暴飲暴食、浪費、酩酊など、さまざまな形態の身体的欲求に表現されているように、常に、自己愛というそれより根本的な罪に比べて、はるかに厳しく素早い社会的非難にさらされてきた。浪費家を裁く裁判官が、放縦な同胞を利己心の野心の力にまかせて裁くことで、教会や国家において名声を獲得するというようなことは頻繁になされてきた。そのような野心が、刑事被告人の罪にまさって重大な罪であるとされるのは当然である。とはいえ、キリスト教文化が、非キリスト教的文化が肉欲の罪に下してきた厳しい糾弾と異なる対応を取ることはまずなかった。異なる対応を取らなかった理由が、肉欲は利己心よりも明白で識別しやすい無秩序形態であるという事実にあることは明らかである。

旧来のキリスト教的道徳が、罪と肉欲とを本質的に同一視するこのような立場を順守したため、近代のキリスト教批判者たちは、次のような自分たちの信念を一部正当化してきた。すなわち、キリスト教は、性にまつわる問題を裁く際には好色さを強調し、また、あからさまな罪を犯した者に対しては、冷静で尊敬すべき教会員に非情で独善的態度を取るように促している、といった信念である。だが事実はこうである、罪を第一義的に肉欲として定義したり、肉欲をとりわけ性的放縦と同一視したりしてきたのは、他ならぬ、近代のキリスト教批判者たちがキリスト教的伝統の本体よりも近い関係を持っていたヘレニズム的で合理的な形態のキリスト教のほうであるということである。

最も偉大なヘレニズム的神学者のオリゲネスには、歴史以前の《堕罪》という説に加えて、実際の歴史上の《堕罪》というもう一つの説があった。前者では人間が物質世界に巻き込まれることになるが、後者では、蛇がエバを誘惑し肉体的に汚染したとされ、そこでは、原罪は「屈辱と不貞」への傾向として定義されている。[11] 結果として、オリゲネスは、あらゆる性行為を本来的に悪であり、あらゆる実際の罪の根拠であり源泉であると考えた。アレクサンドリアのクレメンスは、《堕罪》を「快楽の力のもとで」なされた堕落として定義したが、「それは、蛇が、快楽のひそかに這いながら忍び寄るさまを見えるかたちで表しているからである」[12]。ニュッサのグレゴリオスは、別の章［第六章］で触れたように、罪を快楽愛と同一視しただけでなく、その罪を、人間の生には獣欲以上のものが加えられていることを認めた上でだが、「われわれが非理性的な被造物〔動物〕に似せて造られた」ことから導き出している。というのは、快楽愛は、「人間の罪によってますます増幅され、多種多様な罪の源となり、それは、動物の間にも見ることができないほどであった」からである。[13] グレゴリオスは、性に関しては、プラトン主義の一般的な見解に従い、人間の二つの性を《堕罪》によって生じたものと考えた。そのような解釈が非聖書的であることは明らかである。なぜなら、『創世記』の創造の記述は、「男と女に創造された」〔創世記一・二七〕とあるように、二つの性を創造の一部と見なしているからである。グレゴリオスは、この問題を解決するために、神は堕罪を見越して人間を二つの性に創造したという見方を持ち出した。性に対するグレゴリオスの病的な態度は、「童貞論」（De Virginitate）という論文において極端に表現されている。ギリシア教父の著作を徹底して分析するまでもなく、次のような結論を打ち出すことはできる。すなわち、ヘレニズム的キリスト教は、悪の起因を動物的欲情とするギリシア思想の傾向によって、かなり一貫して、罪を、快楽愛と、また肉欲や欲望と同一視し、性の営みをこの欲望特有の象徴とするようになった、という結論である。[14]

パウロ―アウグスティヌス的神学の伝統は、肉欲と罪との関係を、かなり一貫して、パウロの『ローマの信徒への手紙』第一章に照らして解釈してきた。そこでは、情欲とりわけ自然にもとる情欲は、それよりも根本的な傲慢と自己神格化の罪の結果であり、またそれへの報いとして描かれている。人間が、滅びることのない神の栄光を、滅び去る人間の像と取り替え、また「造り主の代わりに造られた物を拝んでこれに仕えた」ために、「神は彼らを恥ずべき情欲にまかせられ」、「女は自然の関係を自然にもとるものに変え……彼らは神を認めようとしなかったので、神は彼らを無価値な思いに渡され、そのため、彼らはしてはならないことをするように」なった。すなわち、「あらゆる不義、悪、むさぼり、悪意に満ち……」等々である（ローマ一・二六〔二五〕―三〇）。さまざまな形態の罪を列挙する中で、パウロは、反社会的な悪徳（利己心）と情欲とをはっきりとは区別していない。だが、ここでのパウロの思想は明らかに、情欲（さらに言えば自然にもとる情欲）の罪は神への反逆という一層根源的な罪の結果である、ということである[15]。

アウグスティヌスは、パウロの理解を文字通り受け止め、『ローマの信徒への手紙』第一章の「その迷った行いの当然の報いを身に受けてい」る（二七節）との言葉を引用して、「この種の罪はまた罪の罰でもある」と言明する。さらに続けてこう述べている。「ペラギウスはいまや『罪人が罰によっていっそう多く罪を犯すように、罪は罰せられるべきではなかった』と主張したであろう。たぶんペラギウスは答えるであろう、神はこのような罰を強いるのではなくて、ただ見捨てられるに値するものだけを見捨てたもうと[16]」。

アウグスティヌスは、神への人間の反逆としての肉欲を、さらに明快な言葉遣いで次のように説明している。「最初の人間が神の律法を犯した時、かれは、自分に反する自分の肢体の中に別の律法を持ち始めた。その結果、かれが、自分自身の肉体の反逆において、自分自身に跳ね返ってくる当然の正しい報復を経験した時、不服従を悪と感じた。というのは、次のようなことが公正でも正しいことでもないことは確かだからである。すなわち、服従が、かれの下僕である肉体によって、かれ自身の主また主人に従わなかったかれのものとされるということである[17]」。アウグスティヌスが、肉体の欲情についてどのように言おうと、また性をそのような欲情の主要な象徴としてどれほど病的なかたちで使用しようと、かれの分析がこのような一般的な言明の枠内にあることに変わりはない。アウグスティヌスは、肉欲を、人間の動物的本性の自然な結果とは決して考えなかった。「したがって、わたしたちの悪徳をわたしたちの肉のせいにすることで、創造者を不当に扱うべきではない。肉は善である。しかし、創造者をなおざりにして、この造られた善に従って生きることは悪である[18]」。

肉欲を罪の結果であり報いであるとするパウローアウグスティヌス的解釈のトマス版は、その元となるパウロ—アウグスティヌス的解釈にかなり忠実である。トマスはこう書いている。「人間の精神が神に服従する限り、魂の下位の諸能力は理性的な精神に従属し、更にまた身体も魂に従属するように、神による恩恵が人間に対して、その造られた最初に与えられていた。だが、人間の精神が罪を犯すことによって神への従属をやめたことから、その結果として、下位の諸能力が理性に完全に従属することもなくなり、それゆえ感能的な欲求が理性に対して反抗することが増大した。更にまた、身体が魂に完全に支配され制御されることもなくなり、そこから死やその他の身体の衰えが生じた」[19]。トマスは、原罪を情欲と定義するが、それでも情欲は自己愛の結果であると次のように主張する。「すべての罪は何らかの時間的・現世的な善へのある秩序を外れた欲求からして出てくるものである。しかるに、ある者が何らかの時間的・現世的な善を秩序を外れた仕方で欲求するということは、かれが自己を秩序を外れた仕方で愛することから出てくる[20]」。

ルターの解釈は、トマスの解釈と実質上変わらないが、理性を肉体の主人として強調する隠れたアリストテレス的強調を排除している点で異なっている。トマスと同様、ルターにとって、罪は本質的には「情欲」(concupiscentia または cupiditas) である。ただし、ルターはこれによって肉体の生の自然な欲望や衝動のことを考えているのではない。情欲は人間が神に背いた結果であり、これによって、人間の心と意志は邪悪な欲望で汚されることになる。[21] この邪悪な欲望には自己愛と肉欲の両方が含まれる。それは、神の代わりに「自己と自己に固有のもの」(se et quac sua「自らと自らのもの」。『ルター著作集　第二集　9』ローマ書講義、下、徳善義和訳、リトン、二〇〇五年、一二七頁」) を優先することである。したがってルターは、トマスと同様に、情欲という語を、包括的に罪を表す用語として使用してはいるものの、罪深い快楽という狭義の意味での情欲を、人間の神からの離反すなわち人間の不従順と傲慢の結果と見なす一般的な伝統に従っている。肉欲とは、事実上、神への愛ではなく根源的な自己愛から生じる、被造的で移ろいやすいあらゆる価値への過度の愛なのである。

肉欲を罪の根源としそれを肉体の生の自然的傾向から引き出す傾向のあるヘレニズム神学を考慮に入れなければ、次のような結論に至るはずである。すなわち、キリスト教神学は、アウグスティヌス的な神学であれ半アウグスティヌス的（トマス的）な神学であれ、肉欲を（罪一般を示すために「情欲」〈concupiscentia や cupiditas〉という語を使っている場合でも）、それより根源的な罪である自己愛から派生するものと見なす、という結論である。肉欲は、存在の中心としての自己を神の代わりとするというもともとの混乱に発するさらなる混乱を示す。生の真の中心を失った人間は、もはや、独自の意志を自分自身の中心として維持することができない。この一般的な分析は受け入れられるとしても、肉欲と自己愛との関係についての説明が不十分であることは指摘しなくてはならない。それは、説明が曖昧模糊としすぎているからでもあり、部分的に矛盾しているからでもある。それは、自己愛がどのように肉欲というさらなる帰結に至るのかについて、正確な説明にも、心理学的に説得力のある説明にもなっていない。説明が正確である限りそこには、一方で、自己は、体の衝動を制御できなくなったと言われているのに、他方で、こうした衝動を自己が過度に満足させるのは、自己愛のさらなる形態にすぎないと見なされる、という矛盾がある。この矛盾は、興味深い問いを引き起こす。

その問いとはこうである。酔っ払いや大食漢が、自己愛を限界まで推し進め自分自身を制御できなくなってしまうのは、特定の肉体的欲求を際限なく満足させようとするあまりその満足が他の欲求と両立しなくなることによるのだろうか。それとも、節度の欠如は自己から逃れようとする努力なのだろうか。また、性的放縦は単に、この場合、過度の肉体的欲求において表現された自我の自己愛に他者が服従しているということなのだろうか。それとも、過度の性行動は、不安で混乱した部分の自己が自己それ自体から逃れようとする努力のことなのだろうか。言い換えれば、肉欲は、自己を神とする偶像崇拝の一形態なのだろうか。それとも、肉欲は、自らの自己崇拝が不適切であることに気づいた自己が何らかの他の神を見出すことによって自己から逃れようとする、別な偶像崇拝なのだろうか。

キリスト教神学全体において、こうした問いに対する答えが曖昧で不確かであるのは、おそらく、肉欲には両方の要素［自己崇拝と自己逃避］が少しずつあるということによるのであろう。肉欲の多様な形態を分析すれば、このことが明らかになろう。贅沢三昧の生活、つまりさまざまな肉欲を際限なく満足させることは、一面からすると、自己愛の一形態である。その目的は、時には、力の誇示であったり威信の高揚であったりする。(22) また、時には、それは、傲慢の僕というより、力が保証する自由の結果でもある。貧困がもたらす、あらゆる形態の広範な欲望への抑制から解放されると、力のある個人は、こうした欲望を無制限にほしいままにする。しかし、贅沢な生活は、自我の傲慢をひけらかすか、あるいは、肉体の生のさまざまな衝動に無邪気に無防備に黙って服従するよりも、むしろ自己から逃避しようとする狂信的な努力である場合もある。贅沢な生活は不安な良心を示す。自己は、自己自身から逃れようとして、不安な良心の内的緊張をたとえ一瞬であれ忘れさせてくれることがあれば、どのようなことであれそれに没頭する。自己は、自分がその存在の中心としては不適切であることに気がつく時、表向き自分が支配する自然の多様な力や過程や衝動のただ中に、別の神を探し求めるのである。

酩酊状態は、同様に、目的が二面的であることを示す。酒飲みは、普段の生活からは得られないような、力と高い身分の感覚を得ようとして、異常なまでに酔いの刺激を求めることがある。この種の酩酊は、自らが取るに足りない者であるとの自覚を持つ正常な理性では不可能なほど自己を世界の中心に据える哀れな努力を表す。しかし、酩酊には全く異なる目的があるかもしれない。酩酊が好まれるのは、自我を強めるためでなく、自我から逃れるためであるかもしれないのである。[23] 酩酊の第一の目的を、不安に根ざし、劣等感と不確かさとを不当に埋め合わせるような、罪深い自我の主張と定義しても大過ないであろう。しかし一方、酩酊の第二の目的は、罪責意識、もしくは、罪責意識がそれに先立つ不確かさと混ざりあった困惑状態から生じる。この困惑の緊張はあまりにも大きいため、意識から完全に逃れようとする努力に耐えることもできなければ、そうした努力につなげることもできない。それゆえ、酩酊は、誰の心にも明らかな、次のような罪の不可避的な関係が鮮明になる一形態にすぎない。すなわち、不安が自己を罪へと誘い、罪が不確かさを募らせ、その不確かさは、生の緊張全体から逃げ出す手立てを見つけたところでやっと緩和されるようになる、という関係である。

すでに指摘してきたように、あらゆる形態のキリスト教思想において、性的熱情は、肉欲の特に鮮明な形態、もしくは少なくとも肉欲を引き起こす機会と見なされている。近代の風潮は、キリスト教思想のこの特徴を、病的であり、その淫乱さを抑圧することでかえって性的熱情を募らせる結果になるとして嘲笑しようとする。キリスト教思想が、性をめぐってしばしば過度に病的となり、キリスト教の二元論的な形態が性そのものを悪と見なしてきたことは認めなければならないが、それにもかかわらず、罪についてのキリスト教的解釈には、近代思想が完全に見落としてきた性の問題への深い洞察がある。

近代思想も伝統的キリスト教思想も、性的熱情がとりわけ強力な衝動であり、人間の歴史を通じて、肉体の生殖機能の要求を超えて活発に発露してきたということについては、共に認めるであろう。通常なされる近代思想の説明によれば、この衝動の肥大は、衝動を抑制することによって一段と強められてきたという。[24] この説明は次のような事実を見落としている。すなわち、文明社会において、性的衝動を満たすことに社会的規律が加えられるようになったのは、性の衝動が、そもそもの初めから、種の保存に不可欠な限度を超えていたという事実そのものによるのであり、太古の人間においてさえ、性は、単に「生得的で生理学的な」ものではありえなかった、という事実である。人間における性的衝動は、他のあらゆる肉体的衝動と同様に、人間の精神の自由のもとにあり、またそれと混ざり合っている。それは、人間がそれを動物的衝動の何らかの自然的調和に組み込まれたままにしておくことができるようなものではない。性的衝動が、人間の精神性の最高地点に届くこともあれば、人間の自由の高みにおける人間の不確かさが、埋め合わせの手段、また逃避への手段としての性的衝動に堕してしまうこともある。

「純粋な自然」の観点から見ると、性的衝動は「利他主義」の自然な基盤である。というのも、性的衝動は、個人が自身を超えたその先にある《種の保存》に目を向けるものであることを、自然が保証する方法だからである。自己も他者も性的熱情に巻き込まれるのは純粋な本能に基づくという事実のゆえに、精神は、性という自然の素材を、自我の主張にも、自我の他者への逃避にも利用することができるようになる。こうして、性的行為は以下のような一つのドラマとなる。すなわち、人間の生においては、一つの生がもう一方の生の欲求を支配し、同じ生がもう一方の生のために自己を犠牲にするということが、困惑させる対立ともなり、不可解な混合ともなる、というドラマである。さらには、こうした性的衝動の逸脱は、自己が自身を他者に提供することを通して、自己を創造的に発見することと複雑に織りなされ混ざり合っている。したがって、性的結合の頂点は、創造性の頂点であるとともに、罪深さの頂点でもある。この経験に罪の要素があるからといって、性がどのような場合にもそれ自体罪深いわけではない。だが、ひとたび罪が前提されると、ということは、ひとたび人間の自己愛によって原初の自然の調和が乱されると、性の本能は、自己主張にとっても自己逃避にとっても特にそれらの効果的な手段となる。人間の性の営みに不安という質的要素が加わるのはそのせいである。性の営みは、自己を神格化するという根源的な罪の手段でもあり、他者を神格化することによって自己逃避を得ようとする不安な良心の表出でもある。他者の神格化は、多くの恋愛感情がほとんど文字通り表現していることである。恋愛感情にあっては、《完全さ》が持つさまざま性質が、人間が担いうる能力を超えて愛の対象者にあてはめられ、したがってそれは避けることのできない幻滅の原因となる。[25] 性関係において男性が能動的で女性が受動的であるということが、性行為において、自己神格化は男性特有の罪、他者に対する偶像崇拝は女性特有の誘惑を示唆しているように見えるかもしれない。しかしそれにもかかわらず、両方の罪の要素が両方の性に関わっているということに疑いの余地はない。

このように、性的熱情を分析してみると、一見矛盾して見える肉欲と自己愛との関係について、キリスト教的解釈の正しさが検証される。性的熱情には、自己愛の罪のさらなる拡大と、それから逃れようとするような努力が共に含まれる。その努力は、結局、「造り主の代わりに造られたもの」〔ローマ一・二五〕を拝むという虚しさに堕してしまうのである。この分析を完璧なものにするには、性的欲求がもう一段踏み込んだ肉欲の展開に左右されることに触れておかなくてはならない。性的熱情は、人間の罪の精神的混乱において展開するまさにその力によって、酩酊と全く同じ目的を果たすこともある。つまり鎮痛剤の役割である。自我は、自己を拝むことも他者を拝むことも空しいことに気づいて、性的熱情を、自己や他者と関係なく、生の緊張から逃れる手立てとして利用するかもしれない。肉欲が最も堕落した形態には、たとえば商業化された売春に見られるように、そのような人格的な配慮が性的衝動の満足から排除されるという特徴がある。これは偽りの神への逃避ではなく、虚無への逃避である。この束の間の逃避を可能にする性的衝動の強さは、それ自体、主として罪の結果であり、副次的には罪に伴う不安な良心の結果である。この分析が正しいとしたら、肉欲は、一層根源的な罪の刑罰でもあるさらなる罪である、というアウグスティヌス的概念が確認され、次のようなアウグスティヌスの結論が正当化されることになる。「神はこのような罰を強いるのではなくて、ただ見捨てられるに値するものだけを見捨てたもう」[26]［アウグスティヌス『自然と恩恵』第二三章、金子訳、一六〇頁］。

性が罪深い人間の精神性における決定的な点そのものであることの証拠は、性的機能の行使には羞恥心が普遍的につきまとっていることである。『創世記』における堕罪物語の深遠さは、どれほど高く評価しても評価しすぎることはない。なぜなら、その物語が、罪を、肉欲の熱情としてではなく、主として傲慢への誘惑による神への不従順として描いているとはいえ、堕罪の後、肉欲の熱情は罪責の念に巻き込まれることになるからである。というのも、人間は突然、性別を意識するようになるからである。「二人の目は開け、自分たちが裸であることを知り、二人はいちじくの葉をつづり合わせ、腰を覆うものとした」（創世記三・七）。

現代の心理学、特にフロイト派心理学は、この罪責感を、異常で、不必要で、すべて文明の抑圧によるものだと考えるが、それは、精神と自然の複雑に入り組んだ関係をあまりに皮相的に見た結果である。性に関わる羞恥感は、文明社会の慣習に先立つものであって、それは、性的熱情の過度な表現が、生のこの領域に課してきた社会的規律や抑制の原因であっても結果ではないのと全く同じである。性の機能をもっと公にする単純な仕掛けによって慎み深さと羞恥心を破壊しようとする詭弁的な努力は、人間の性のありようをめぐるさまざまな困難を悪化させこそすれ、軽減するものではない[27]。

他方で認めておかなければならないのは、キリスト教的ピューリタニズムや禁欲主義が、性に付きまとい、性において表現される罪を過度の抑圧によって排除しようとしてきたことは、同じような誤りであったということである。そのような努力は、性的問題を悪化させるだけでなく、性に関して、あからさまに罪を犯す者たちに対して、密かに罪を犯す者たちが示す独善的な憤怒を煽ってもきた[28]。

性と肉欲と罪の問題は、きわめて複雑であり、そのため絶えざる混乱の源となってきた。性に罪がつきまとうことは避けられないゆえに、二元論者や禁欲主義者は、性そのものが罪深いものであると見なしがちである。他方で、反禁欲主義者は、不健全と、はなはだしい淫乱とから生じる諸問題について思いめぐらしながら、あらゆる抑制を緩和し、社会的有用性から最小限の抑制だけを認めることによって、この問題を解決できると思い込む。その実際の状況はこうである。すなわち、人間は、「堕落した」性質が与えられているため、その性の営みにおいて罪を犯すが、それは、性が本質的に罪深いからではない。言い換えれば、人間は、神にある生の真の中心を失ったために肉欲に溺れるのであり、性は、肉欲を表現する最も明白な機会であり、その最も生々しい表出である。こうして、性は以下のことを明らかにする。まず、肉欲は自己愛のもう一つの、そして最終的な形態であり、次に、肉欲は他者を神格化することによって自己愛から逃避しようとする努力であり、最後に、肉欲は、無意識の中に飛び込むことによって二つの形態の偶像崇拝［自己神格化と他者神格化］の虚しさから逃避するようなものである、ということである。

肉欲について性が明らかにしていることは独特のものではない。しかし、肉欲一般の問題に関しては、性はその特徴をよく表している。酩酊、暴飲暴食、性的放縦、贅沢三昧といったことにおいてであれ、変わりやすい善への過度な傾倒においてであれ、肉欲とは、常に、（1）自らの目的を破壊するほどまで自己愛を拡大することであり、（2）自己の外側にある過程や人間の中に神を見出すことによって自己の牢獄から逃避しようとする努力であり、（3）罪が造り出した混乱から、何らかの潜在意識の存在形態へと逃避しようとする努力なのである。

第九章
原罪と人間の責任

Ⅰ　序

罪についてのキリスト教教理は、その古典的形態では次のような一見不条理な見解を主張することによって、合理主義者と道徳主義者の双方を不快にさせる。すなわち、人間は不可避的にまた運命的必然性によって罪を犯すが、それにもかかわらず、避けがたい運命に促された行為について責任を負わねばならないという見解である。この教理についての明確な聖書的基礎はパウロの教えにある。パウロは一方で、「彼らには弁解の余地がありません。なぜなら、神を知りながら、神としてあがめることも」しない（ローマ一・二〇―二一）と述べて、人間の罪深い自己栄化に弁解の余地はないと主張する。他方、人間の罪は避けられない欠陥であり、最初の人間〔アダム〕の罪に巻き込まれているか、またはそれに由来するものであるとも見なす。「このようなわけで、一人の人によって罪が世に入り、罪によって死が入り込んだように、死はすべての人に及んだのです。すべての人が罪を犯したからです」

（ローマ五・一二）。アウグスティヌスは、罪の不可避性と罪についての責任という二つの主張をともかくも一つにまとめて次のように記している。「人間の本性は確かに最初は過ちなく罪なきものとして造られていた。しかし、この人間としての本性は、各人がアダムからこの本性を引き継いで生まれるため、いまや医者を必要としている。というのはそれが健全ではないからである。付与されたすべての善なるものは、……その創造者にして製作者なる至高の神からそれらを受けている。しかし、この自然の善き能力を暗くし弱めている罪悪は、罪のない創造者に由来しているのはなく、……自由な意志決定によって犯した原罪から生じている[1]」。

ここに不条理が簡潔にまとめられている。原罪は、定義によれば遺伝による堕落か、少なくとも避けられない堕落であるが、それにもかかわらず、人間の本質的性質に属するものと見なされるべきでなく、したがって人間の責任の範囲外にあるわけではない。罪は人間にとって自然なものであるが、それは普遍的であるという意味であって、必然的という意味においてそうなのではない。カルヴァンは、このところを非常に注意深く区別している。「そういうわけで、人間は生来の邪悪さによって腐敗しているが、その邪悪は本性から生じたものではない、とわれわれは言う。邪悪が本性から生じたことを否定するのは、それが初めから備わった実体的な性質というよりも、外因的な性質もしくは偶発事であることを言うためである」。しかしまた、「それでもなお、われわれはこれを本性的のものと呼ぶが、それは悪しき風俗によって邪悪が得られたと考える人がないためである。すなわち、邪悪は『継承権』によってすべての人を包み入れるからである」とも言う[2]。

罪は、人間本性による必然的なものとも、人間の意志の単なる気まぐれとも見なされるべきではない。それはむしろ意志の欠陥から生じるものであり、それゆえに、全くの故意によるものではない。しかし、欠陥が見出されるのは意志においてであり、意志は自由を前提とするのであるから、その意志を、人間本性の汚点によるものと見なすことはできない。ここでもカルヴァンはきわめて正確である。「そういうわけで、プラトンがすべての罪を無知に帰したことについて非難されたのは当然であるが、それと同様に、すべての罪は意図的な悪意と邪悪から生じると主張する者たちの意見を拒否しなければならない。なぜなら、われわれは、善の意図を持ちながら常に失敗を繰り返すという経験を嫌というほど積んでいるからである。われわれの理性は、実にさまざまな形の欺きの中に埋没している」(3)。原罪の教理が、こうしたカルヴァンの言葉の多くに見られる論理的不条理を免れることはまずありえない。カルヴァンは、罪は必然というよりは「外因的な性質もしくは偶発事」であると主張することによって、論理的な立場にとどまっている。しかし、もしこれが真理ならば、罪は、カルヴァン自身の教理が前提しているように、避けがたいものではなくなるであろう。「罪は必然から来るものでも偶然から来るものでもない」(4)とキェルケゴールが述べていることのほうが一層正確である。論理的立場からはとても受け入れられないように見えるこのような見解が、非キリスト教的哲学者たちのみならず、多くのキリスト教神学者たちからも嘲笑され蔑まれてきたこ(5)とは言うまでもない。

原罪という教理の困難は全体として、その根底に自由意志があるという概念の外見的な不条理にある。アウグスティヌスと宗教改革者たちによって練り上げられたパウロの教理は、一方では、人間の意志は罪の奴隷となっており、神の掟を全うすることはできないと主張する。人間の意志は自由でありうるが、善をなす自由だけはないとアウグスティヌスは言う。「では、いったいどのようにして惨めな人間は、解放される以前にあえて自由を誇りうるだろうか。もしくは、自らが解放された後で、自らの強さを誇りうるだろうか」。しかし他方、原罪という概念が人間の責任という考え方を脅かす恐れがあるときはいつでも、その同じアウグスティヌスが自由意志の実在性を主張する。「罪の言い逃れをするために、あえて意志の自由を否定するようなことをさせてはならない」。カルヴァンは、アウグスティヌスが人間の責任を強調しようとするときには、アウグスティヌスの自由意志の強調を受け入れようとするが、アウグスティヌスとほとんど一致するペトルス・ロンバルドゥス［十二世紀のスコラ神学者］の定義は否定する。なぜならそれは、罪によって汚されることのない何らかの生来的資質を信じるカトリック的異端を含んでいるのではないかとカルヴァンは疑うからである。人間が自由であるというのは、善をも悪をも同等に選択できるという意味においてではなく、悪を強制によらず自発的に行うという意味においてであるというロンバルドゥスの主張を、カルヴァンは冷笑的に受け止める。「これはまことに真実であるが、このような些細なことにかくも高慢な称号をもって印づけるいかなる理由があるのか[6]」。

一方で、次のように主張するために論理的一貫性が犠牲にされるような例は、パウロ的伝統を引き継ぐ神学者たちの思想の中に数多く見出されるであろう。すなわち、意志が自由であるというのは、人間は自らの罪に責任があるという意味においてであり、自由でないというのは、人間は、自らの意志によっては悪以外なしえないという意味においてである、という主張である。時には、ルターにおけるように、罪の不可避性を否定するように見える自由意志の教理を攻撃する激しさのあまり、自由意志の教理についてはかろうじて名目を保っているにすぎない立場を支持してその一貫性が放棄されることもある。ルターの言葉によると、「自由意志は打ち倒されて横たわっているのである。……なぜなら、人間におけるサタンの支配なるものはなんら存在しておらず、したがってキリストが虚言していたもうことになるか、あるいはサタンの支配がキリストが述べておられるようなものだとすれば、自由意志はサタンの捕囚となった役畜以外のものではなく、したがって、まずサタンが神の指によって投げ出されるのでなければ、解放されえないかのいずれかだからである[7]」。ルターはここでも、他の場合と同様に、矛盾における一つの要素である人間の責任を危うくする代償を支払ってまでよりよく首尾一貫させようとして、アウグスティヌスの教理を強化しているように見える。自由意志は、人間の罪の言い訳ができるほどにまで否定されている。一方で論理的陥穽に陥らないようにし、他方で人間の道徳的経験における諸要素を曖昧にしないようにしつつ原罪の教理を提示するのが容易でないことは明白である。したがって、原罪の教理と実際の経験とが一致するかどうかを検討する前に見極めておくべき重要なことは、それより高い首尾一貫性という長所を有する他の教理も、人間の経験の諸要素とよりよく一致していると考えられるのかどうか、である。

II　ペラギウス的な見解

原罪の教理以外のさまざまな罪の教理はすべて、キリスト教思想史においてペラギウス主義として知られるようになったものの変形と見なすことができる。ペラギウス主義の本質的特徴は次のような主張にある。すなわち、実際の罪は、それが本質的に自由な意志から生じるものでないとしたら、罪深いもの、もしくは罪責に関わるものとは見なされえない、という主張である。悪への傾向、すなわち、古典的教理で「原罪」と呼ばれている罪の相は、人間の意志にではなく、自然の惰性のうちに見出される。言い換えれば、それは何ら罪ではない。実際の罪は一方では、古典的教理が考える以上に、神の意志に対する際限ない意図的反抗であり、善を知りながらあからさまに悪を選好することであるとも見なされる。アウグスティヌスとその批判者たちとの古典的な論争において具体化するまでは、伝統的ペラギウス主義は明確に定義されなかったとはいえ、アウグスティヌス以前のすべてのキリスト教思想家たちが多かれ少なかれペラギウス主義者であったと見なしても不当ではない。そうした思想家たちは、実際の罪を、意志のひねくれた選択であるとペラギウスほどあからさまには定義しなかったかもしれないが、原罪を、本質的には自然と歴史における何らかの惰性の力であるとしたことは確かである。言い換えれば、かれらが聖書の物語を自分たちの体系に組み込もうとしたことは言うまでもないが、あまりにもプラトンに影響されていたため、自分たちの思想の中に《堕罪》の神話が占めるべき真の場所を見出すことができなかった。キェルケゴールは、ギリシア教会が今日に至るまで原罪を「先祖の罪」(ἁμάρτημα προπάτορικόν)[8]、すなわち他に何の含みもないただの歴史上の出来事を表す概念として定義づけていることを重要であると考える。J・B・モズレー〔十九世紀イギリスの神学者〕によれば、アウグスティヌス以前には、いかなるキリスト教神学にも奴隷的意志という考えを示唆するものはない[9]。人間本性についてのプラトン的見解は本質的に、パウロの思想と表向きには一致しているということもできるが、それは、パウロの「肉」(sarx)という言葉から、人間の罪深さの原理という特別な意味合いを剝ぎ取って、精神と戦う「肉体」という文字通りの意味だけを受け入れるという、プラトンの見解の単純にしてもっともなご都合主義によるものである。

たとえば、世俗的な近代リベラリズムにおいても、キリスト教的なそれにおいても、本質的に古典的な人間観が主流となるところではいつでも、悪への傾向が、人間の意志の中にではなく、人間が獣類との関係から受け継いだ自然の怠惰さの中にあるとされるのは驚くに当たらない。このことは、シュライアマハーのような人物や、社会的福音の神学におけるように、この怠惰が、ただ単に肉欲的熱情や知性の有限性というよりは、歴史の制度や伝統によるものであるとされる場合にもあてはまることに変わりはない[10]。このように、受け継がれた怠惰を、各人自身の肉欲的自然ではなく歴史の中に位置づけることによって、すべての人間の行為がなされる実際の歴史的連続性をある程度正当に扱うことができる。しかし、悪への傾向は常に個別的意志の外にあり、決してその中に置かれることはない。こうしてその理論は、人間の行為における悪の説明としての「文化的遅滞」という近代的で世俗的な考え方とほとんど同一である。

悪への傾向に対する個人の責任をこのように否定することの明白な目的と、その常に避けがたい帰結は、しばしば、個人の悪しき行為に対する責任の感覚を高めることになる。このような議論はアウグスティヌスの批判者の時代から変わっていない。アウグスティヌスの教理に対する近代のあらゆる批判は、アウグスティヌスの同時代の人々がすでに先取りしているものである。そこでは、その教理の論理的非一貫性が強調される。その主張は、もし法を守り理想を実現する能力を欠くならば、そのようなことについて責任を負うことはできない、というものである。こうして、カントの「為すべきであるゆえに為すことができる」は、カエレスティウス〔四世紀のペラギウス主義者〕の次のような議論によってしっかり先取りされている。「人間は罪なしに存在するようにと命じられているのかどうかが探求されなければならない。実際、かれがそのように存在することができないか――その場合かれは命じられていない――、それともかれは命じられているから、かれがそのように存在することができるのか、のいずれかである[11]」。

個人の罪深い行為が犯される自由を強調することによって、その行為に対する責任の感覚を強めようとするような努力がもたらす結果は、あらゆる罪深い行為が、善を知りながらそれに反抗する意識的な悪の選択であるかのように見せることとである。F・R・テナント〔十九世紀から二十世紀のイギリスの神学者・宗教哲学者〕は、その最も精緻な現代版ペラギウス的な論文において、まさにそのような全くの強情による行為に罪という概念を限定したのであった[12]。また、シュライアマハーが《罪》と《罪の意識》とを区別していないことは重要である。「罪は総じて、罪の意識がある限りにおいてのみ存在するという事実をわれわれは主張しなければならない[13]」とかれは記している。要するにペラギウス主義は、カルヴァンの言葉を用いるならば、あらゆる罪を「意図的な悪意と邪悪」に帰するのである。

通常「半ペラギウス的」と見なされる、原罪についてのカトリックの公式の教理は、ペラギウス主義が強調するところとさして変わりはない。その教理は、「純粋な自然」(pura naturalia) すなわち人間を人間たらしめる本質的性格と、神が人間の自然的創造に加えて授けた「さらに付加された賜物」(donum superadditum) との区別を前提とする。この区別は、最初アタナシオスによって示され、アクィナスの体系において最終的に定められるに至り、それによってカトリック神学は、自然の惰性としての原罪という概念を混乱させることなく聖書の《堕罪》の考えを取り入れることができるようになった。なぜなら、《堕罪》においては「さらに付加された賜物」は失われ、それが秘蹟による恵みによって回復されない限り、人間はその有限的本性による自然的制限のもとに置かれるからである。[14] こうして原罪は消極的なかたちで述べられる。それは、もともと人間のものではないあるものを喪失することであるゆえに、人間の本質的本性の腐敗とは見なしえない。ペラギウス主義におけるのと同様に、その教理の根本的目的は、責任という観念を打ち砕き、それによって罪の意味自体を無効にするような《全的堕落》「人間は罪によって全面的に堕落しているという、プロテスタント特にカルヴァン主義の教理」という考え方に対して守りを固めることである。[15] こうしてペラギウス主義におけるのと同様に、アウグスティヌスの教理の論理的困難は回避され、また、自由の堕落を主張することによって自由の構造を否定しかねない危険をかわすことができる。しかし、ペラギウス主義もしくは半ペラギウス主義が、人間の悪行における心理学的また道徳的事実に対して真実であるかどうかという問題はなお残される。

Ⅲ　アウグスティヌス的な解釈

原罪についてのパウロの古典的教理は、一見不条理なものに見えるが、キリスト教の真理の一部分であるという威信は失われず、また、道徳主義者たちが常に見逃している人間の行為における複雑な諸要因に光を当てるその能力によって、合理主義者や単純な道徳主義者の攻撃に対抗して、絶えず再構築されてきたということは事実である。この点を示すために現代史の簡単な一例を用いるのも有益であろう。現代の宗教的民族主義は明らかに、あらゆる人間の行為が巻き込まれ、また、キリスト教信仰が罪の本質と見なす集団的傲慢のきわめて明白な表現である。この傲慢が、ユダヤ人迫害のような特定の残虐行為において発現する限り、そのような行為は、善に抗して意図的に悪意をもって悪を選び取ることから生じるものとすることはできないことは明らかである。現代の人種や民族という宗教の信奉者が、自分たちの民族を究極的善であると見なすとき、自らの集団的生こそが生きる目的であると一途に考える原始的部族主義者よりも慎重であることに、もちろん間違いはない。また、ナチスが、制限され条件づけられている人種と民族の価値を際限なく信奉するときに、より大きな善に抗してより小さな善をわざとひねくれて選択していると考えるのも間違いであろう。しかし、わざとひねくれて選択しているのではないというだけのことで宗教的民族主義者の責任を免除するのも同様に間違いであろう。

ナチスが自己栄化の態度をとるよう誘惑されるのは明らかに、かれらが全人類とともに共通の運命として分かち持つ劣等感によるものである。しかしナチスの場合、その階級と民族が置かれてきた歴史の栄枯盛衰によってその劣等感は強められてきた。この点を理解することは赦しを促すかもしれないが、だからといって責任を帳消しにすることはできない。なぜなら、人間の一般的な不確かさや、その階級や民族特有の劣等感は、ナチスが陥っているような過度の自己主張へと必ずしも結びつくものではないからである。まず罪が前提とされているのでなければ、そのようなことが罪をもたらすことはない。言い換えれば、実際の罪は、罪への傾向に巻き込まれており、その罪への傾向が特定の残虐行為として発現するのである。

もし自己栄化の罪が、不安や不確かさの避けがたい結果ではないとしたら、なおさら、より高い普遍的な忠誠を受け入れていない原始的な群集心理による当然の結果などではない。人間の悪についての「文化的遅滞」説は、人間の罪の分析には全く不適切である。なぜなら、宗教的民族主義者の罪は、それまで意識的に打ち立てられてきた、忠誠についての一層普遍的な基準に対する「意識的な」反抗だからである。その意味においてこの罪は、律法と罪との関係についてのパウロの教理に完全に一致する。律法は罪を一層明らかにする。「律法が『むさぼるな』と言わなかったら、わたしはむさぼりを知らなかったでしょう」〔ローマ七・七〕。罪は無意識的なものでもあり意識的なものでもある。選択がどの程度まで意識的であるかということは、もちろんそれぞれの場合によって異なるであろう。しかし、一層意識的な選択であっても、意識的な強情という範疇に完全にあてはまるものではない。たとえ並々ならぬ残虐行為であっても、それはおそらく意識的な悪への愛の結果ではないであろうし、また、他人に苦しみを与えることに露骨に満足を覚えるというわけでもないであろう。そのような行為はむしろ、罪の哀しい悪循環の結果である。他人を軽蔑することによって自負心と自尊心を保とうとする試みは、その軽蔑的態度が緩和するはずであったさまざまな不確かさに、さらに不安な良心を増し加えることになる。したがって、最終的な破滅を回避するために、ますます強力な手段がとられなければならない。ここでパウロの心理分析が、いかなる他の分析よりも一段と明快なものになる。この特定の罪の行為は盲目性の結果である。「その無知な心は暗くなった」〔ローマ一・

二一、口語訳〕。しかし、この盲目性は、単なる人間の自然的無知ではない。それは「むなしい思い」〔同上、新共同訳〕から生じたものである。かれらが「愚かに」なったのは、「自分では知恵があると吹聴」〔ローマ一・二二〕していたからである。

原罪と実際の罪との区別は、罪についての道徳主義的教説が考えるほどには明確にできないということは、このようなパウロの心理学による宗教的国家主義の分析から明らかである。実際の罪は、ふつう考えられているよりも一層不可避的に罪への傾向から生じる。他方、罪への傾向は単なる自然的遅滞や肉体的衝動や歴史的境遇以上のものである。言い換えれば、道徳主義的解釈が理解しうる以上に、実際の罪における自由は小さく、罪への傾向(原罪)に対する責任は大きい。

実際の罪は不安による誘惑の結果であり、あらゆる生はその中に置かれている。しかし、不安のみでは、実際の罪でもなければ原罪でもない。罪は必ずしも不安に由来するものではない。それゆえ、実際の罪がそこから生じる《罪への傾向》とは、不安に罪を加えたものである。もしくは、キェルケゴールの言葉を借りるならば、「罪はそれ自身を前提とする」のである。人間は、すでに罪を犯していなければ誘惑されることはありえなかったのである。

Ⅳ　誘惑と罪の不可避性

原罪の教理の正当性を立証する複雑極まる心理学的事実については、まず、誘惑と《罪の不可避性》との関係の観点から分析する必要がある。そのような分析によって、なぜ、人間は、不可避的に罪を犯すにもかかわらず自らの罪の責任から逃れられないのか、ということが明らかになるであろう。罪への誘惑は、すでに検討したように、人間の状況それ自体の中にある。この状況とは、精神としての人間が、自らが巻き込まれている時間的自然的過程を超越するとともに、自ら自身をも超越していることである。こうして人間の自由は、創造性の基盤であるが、しかしまた人間の誘惑の基盤でもある。人間は、一方において、自然的過程の偶然性と必然性とに巻き込まれ、他方において、それらの外部に立ち、それらの気紛れと危険とを予見するゆえに、不安に駆られる。その不安において、人間は、自らの有限性を無限性に、自らの弱さを強さに、自らの依存性を自立性に変えようとする。言い換えれば、人間は、自分の生を質的にではなく、むしろ量的に発展させることによって、有限性と弱さを免れようとするのである。有限性の量的正反対は無限性である。人間の生の質的な可能性は、神の意志への従順な服従である。この可能性は、イエスのこの言葉に表現されている。「わたしのために命を失う者は、かえってそれを得るのである」（マタイ一〇・三九）。

注目されるのは、この理想的な可能性についてのキリスト教的な表現によれば、そこに含まれているのが、自己否定ではなく、自己実現であるということである。言い換えれば、自己は特定の自己であるゆえに悪ではなく、その救済は永遠に吸収されることにあるのではない。自己は、ヘーゲル主義におけるように、特殊的ないし経験的自己と普遍的自己とに分けられるのでもなければ、救済が、自己の特殊性を脱ぎ捨て、普遍性を達成することにあるのでもない。自己についてのキリスト教的見解は、キリスト教的有神論の立場から初めて可能である。その立場では、神は、単に、無制約者あるいは未分化の永遠という x ［未知のもの］ではない。神は愛する意志として啓示され、その意志は、創造と審判と救いの中に働いている。それゆえ、自己にとって、至高の自己実現は、自己の特殊性の破壊ではなく、その特殊な意志を普遍的な意志に従わせることである。

しかし、自己は、自らを神に従わせるための信仰と信頼とに欠けている。自己は自らを独力で打ち立てようとする。自己は自らの命を見出そうとするが、そのことによってかえってそれを失う。というのは、自己が主張する自己は真の自己には達しないからである。そのような自己は、その目の前の状況のあらゆる偶然的で気紛れな要因における自己である。こうした目の前の状況の偶然的で気紛れな要因を主張することによって、自己は真の自己を失う。自己が自らの不確かさを増大させるのは、自己が、目の前の必然性に、それらに値しないような、またそれをすると創造の調和を乱さずにはおかないような高い評価を与えてしまうからである。生に偽りの中心を与えることによって、自己は、自己自身と他者にとっての真の可能性を破壊することになる。それゆえ、不正と傲慢との関係と不正の悪循環とは、自己がそうするように、傲慢が克服することをもくろんだ不安定さを増大させるのである。

こうして、過度の自己愛の罪は、それに先立つ、神への信頼の欠如という罪を指し示している。不信仰の不安は、単に神を知らないことから生じる恐れではない。「不安は自由の眩暈である」[16]とキェルケゴールは断言したが、重要なことは、不安をそそるその同じ自由には、神を知る理想的な可能性もまた含まれているということである。パウロの心理分析が鋭く意義深く思われるのはこの点においてである。パウロはこう言明する。「世界が造られたときから、目に見えない神の性質、つまり神の永遠の力と神性は被造物に現れており、これを通して神を知ることができ」る（ローマ一・二〇）のだから、弁解の余地はない、と。自由の不安は、それに先立つ不信仰の罪が前提される時初めて罪の原因となる。これが、罪は罪自体を前提としているというキェルケゴールの主張の意味である。[17]

このようにして、人間の過剰で過度の自己愛の罪は、単に、人間の動物的な本性が、人間のやや普遍的な忠誠心を妨げるものでもなければ、人間の自由と自己超越の必然的な結果でもない。ただし、前者の結果よりも、後者の結果のほうがもっともらしく見える。というのは、動物的本性の生存衝動には、まさに人間的欲望のあの果てしなく際限のない傾向が欠けているからである。過度の自己愛は、永遠の視点を自然的人間的有限性に持ち込むことによって引き起こされる。しかしそれは偽りの永遠である。それは、「気まぐれな善」を無限なるものに変質させることにある。この人間的欲望の果てしない性格は、人間が一方では時間的過程と関係し、他方において永遠と関係する自然な結果ではなく、不自然な結果である。もし人間が、その存在の創始者であり目的である神を知り、愛し、その神に服従していたとしたら、自然的生存衝動を含む人間の欲望にはしかるべき限界が設けられたことであろう。[18]

自己称揚の罪には虚偽がきわめて深く関わっている。人間は、自分が支持しているのは自分の利益ではなく普遍的な利益であると偽らずに自分自身を過度に愛することができないものであるが、その事実は、罪はそれ自体を前提とするものであり、自己を罪に強いるのは無知でもなければ、無知の無知でもないということのさらなる証明である。むしろ罪は、「不義をもって真理をはばもうとする」〔ローマ一・一八、口語訳〕ことである。

罪の不可避性が、単に、人間が時間的過程と永遠との双方に関わっているゆえに免れない誘惑の力に起因するものではないという考え方は、聖書の以下の言葉に最も完璧に表現されている。「誘惑に遭うとき、だれも、『神に誘惑されている』と言ってはなりません。神は、悪の誘惑を受けるような方ではなく、また、御自分でも人を誘惑したりなさらないからです。むしろ、人はそれぞれ、自分自身の欲望に引かれ、唆されて、誘惑に陥るのです。そして、欲望ははらんで罪を生み、罪が熟して死を生みます」[19]。しかし他方で、有限性と自由からなる状況は、ひとたび悪が侵入してくると誘惑となり、悪はいかなる人間の行動にも先んじて侵入してくるという考え方は、聖書の思想では悪魔の概念によって表現されている。悪魔とは堕落した天使であって、それが堕落したのは自分の身のほど以上に自身を高めようとしたからである。その後悪魔は、人間の生の中に誘惑を巧妙に入り込ませるのである。各人の罪に先立ってアダムの罪がある。しかしこの歴史上最初の罪でさえ最初の罪そのものではない。言い換えれば、人間の歴史以前にまでさかのぼってもなお、次のような結論を免れることはないであろう。すなわち、もし罪がすでに有限性と自由からなる状況の中に引き入れられていないとしたら、その状況が罪に至ることはないという結論である。これは、キェルケゴールの表現で言えば罪の「質的飛躍」〔キルケゴール『不安の概念』氷山英廣訳、『キルケゴール著作集10』、白水社、一九六四年、第四章参照〕であり、不可避性と責任との逆説的な関係を示すものである。罪の原因を、人間が人間として自分自身を発見するような、あるいは特定の人間が自分自身を見出すような特定の状況や条件から生じる誘惑にだけ求めることは決してできない。また、有限性と自由からなる状況に罪の事実が加わった誘惑は、ここでもまた、もし個々人の生において罪が最初に前提されていないとしたら、個々人の生において必然的に罪に至るものとして見なされることもない。このゆえに、不可避性を知ることさえも責任意識を消し去るものではない。

V　不可避であるにもかかわらず存在する責任

責任の事実は、罪深い行動に伴う後悔の念と悔い改めの感情によって裏づけられる。外見上、罪一般のみならず、どのような特定の罪も、それに先立つ誘惑の必然的な結果のように見える。それゆえ、単純な決定論は、人間の行動をめぐるあらゆる社会的解釈の自然な特徴である。しかし、人間の行動の内側から見ると、この解釈は許されない。罪深い行為に実際に伴いまた必ず伴うはずの合理化と自己欺瞞の過程にひそかに通じている自己は、外側から見た単純な決定論を受け入れることができないし、実際受け入れることはない。自己の行為を観想することは、自己の自由の発見とその再主張の両方に関わる。そのような観想によって、自己の行為にはある程度の意識的な不誠実が伴っていたこと、すなわち、自己がその行為に決定論的にまた盲目的に巻き込まれたのではなかったということが明らかとなる。観想におけるこの事実の発見は、行動する瞬間になしうる自由の主張よりもさらに一段進んだ自由の主張である。

このような観想の結果起こる後悔の念と悔い改めとは、自由と責任とを認め、それらを暗に主張する点では類似している。違っているのは、悔い改めが信仰と自由との表現であるのに対して、後悔の念が信仰なき自由の表現であるという事実である。前者は、パウロが言う「神の御心に適った悲しみ」であり、後者は、「死をもたら」す「世の悲しみ」［IIコリント七・一〇］である。後者は、言い換えれば、罪がそれに先立つ不安を絶望に変えるその絶望である。

言うまでもなく、自己が自分自身の欺瞞にあまりにも深く巻き込まれ、かつては罪深いと見なされた行動基準にすっかり慣れてしまっているように見えるため、後悔も悔い改めもおよそありえないような場合も少なくない。こうした自己満足は生の多くの段階にありうることであるが、そこには、精神の自由が十分に発達していない自然的異教の段階から、独善としての傲慢が傲慢の罪それ自体を曖昧にするファリサイ主義の洗練された形態までが含まれる。しかしそうだからといって、罪が習慣化すれば不安な良心は完全に破壊され、個人は道徳的責任の領域から無道徳的自然の領域へと移り住むことになる、などということはない。[20]

自然宗教では、太古の人々が宗教的犠牲を捧げて不安な良心を表現し、自然界の大災害は自分たちの罪に対する神の怒りの顕れだと考えるが、このことは、太古の人々の生活においてもある程度の自由が現実に存在したことの証左である。[21]いつの世のファリサイ人も自分の見せかけを見破る人々に対して残酷な抵抗をするものであるが、それは、かれの良心の不安を証ししている。罪の不安は常に二重の不安である。不安は、それを隠すことが罪の目的であるような視点の本来的有限性と価値の相対性とを隠そうとするだけでなく、それらを曖昧にしようとしてきた不誠実をも隠そうとせざるをえない。古今の寡頭制支配者、独裁者、祭司王、イデオロギーの偽装者といった人々がかれらの批判者や敵に浴びせる激しい怒りが不安な良心の現れであることは明白である。しかしその際、そのような良心が常に自らの姿に十分気づいていると考えてはならない。

十分に自らの姿に気づいていないような不安な良心は、さらなる罪の根源である。なぜなら、自己は、後悔もしくは悔い改めの行き着く「結末」(dénouement)を必死に回避しようとして、他者を糾弾し、自己の罪の責任をかれらに押しつけ、それ以上の罪をかれらに負わせようとするからである。この自己防衛には何ほどかの説得力はある。というのは、特定の罪にはそれが起こる社会的要因が常に見出されるし、最悪の犯罪者でさえ、自分よりももっとひどい不幸に陥っているように見える人を見つけては、それによって一定のはかない自尊心を確保することができるからである。他方、そのような社会的な比較が罪の力を募らせるのは常である。なぜなら、そのような比較は、たとえその罪人が神を明白に知らないとしても、自己と神との相互関係を隠そうとする努力だからである。あらゆる特定の罪には社会的要因もあり、それらは社会的結果ももたらすが、罪の真の本質は、魂と神との関係という垂直次元において初めて理解されうるものである。なぜなら、自己の自由はあらゆる関係の外部にあり、したがって神のほかに審判者はいないからである。[22] このゆえにこそ、罪の性格への深淵な洞察は次のような告白へとつながらなければならない。「あなたに、あなたのみにわたしは罪を犯し／御目に悪事と見られることをしました」(詩編五一［・六］)。それゆえ、不安な良心や後悔と悔い改めのあらゆる経験は宗教的経験である。たとえそれらが常に明白に意識的に宗教的ではないとしてもそうである。悔い改めの経験は、後悔と区別されて、神についての何らかの知を前提にしている。それらの知は、聖書的啓示と意識的に関係していないかもしれないが、それにもかかわらず、審判者としての神のみならず救済者としての神について、何ほどか、少なくともおぼろげには、気づいていることを前提としている。というのは、神の愛を知らずに、後悔が悔い改めに変わることはありえないからである。もし、人間が審判だけしか認めず、自らの罪が暴かれることしか知らないとしたら、その人は、後悔の失望から悔い改めの希望へと突破することはできない。

後悔と悔い改めの経験の垂直次元は、罪責意識を除去することができる道徳的善の境地が存在しないその理由を明らかにしている。それどころか、罪責意識は道徳的感受性とともに増大する。パスカルはこう断言している。「二種類の人々があるだけである。一は、自分を罪びとだと思っている義人、他は、自分を義人だと思っている罪びと」［パスカル『パンセ』第七章、五三四、前田陽一、由木康訳、中央公論新社、二〇一八年、三七〇頁］。少なくともこの文章に関する限り、パスカルは、霊的に盲目的な者の自己満足から、自分が聖人でないことがわかっている聖人の感受性に至る、罪責意識の陰影の幅がいかに限りなく大きいものであるかを十分に理解していない。しかし、罪責意識は霊的感受性とともに増大するものであるが、そのような意識を病的だと見なすのは、魂と神とについて何の真の知識もない道徳主義者たちだけであるということは明白な事実である。聖人の罪責意識は幻想ではない。実際には、罪はきわめて微妙な形態をとって、非常に恐るべき仕方でそれ自体を表現する。偶然的な自己と神との罪深い同一視は、より高度の霊的生ではその愚かさの度合いは少ないにしても、そのかなりのもっともらしさはかえって危険が大きいかもしれない。なぜそれが危険なのかを説明するために政治の領域から一例を挙げよう。最も公平である法廷でさえ避けることができない不公平は、正義にとって、公平な法廷が解決を目指している、社会において対立する政治的党派のあからさまな不公平よりも危険である。争い合う勢力の不公平があまりにもあからさまであるため、それを軽視することはできない。他方、法廷の不公平は、法廷が公平であるという威信によって覆い隠されている。

司法法廷における相対的な公平度は、政治活動の重要な功績ではある。しかし、最良の司法手続きに対してさえ、それより高度な判断から審判が下されなければ、最良も最悪と化す(23)。

次のような事実は自由と罪との関係に重要な光を投げかける。すなわち、罪責意識は、あらゆる道徳的達成に伴って垂直的に高まるものであって、道徳的達成によって鎮められることもなければ、世論の良し悪しによって高まったり、弱まったりすることもない、という事実である。人間精神の自由の究極的な裏づけは、善悪を選ぶ自由が自らの意志にないことを精神自体が認識していることである。というのは、精神の自由が達する最高地点において、自己は、それまでの行動が精神としての自己が感知する究極的な実在と価値と目前のさまざまな自己の必要とをいつも混同させてきたことを、観想し回顧することによって発見するからである。もし自己が、過去の行動におけるこの事実を知っているので、今後の行動ではこうした逸脱を避けることができるなどと考えるとしたら、それはファリサイ的誤謬の餌食となるだけである。

観想する自己と行動する自己とのこの相違は、精神としての自己と自然の生命力としての自己との区別と同義的に考えてはならない。この二つの区別を同一視することは、もっともらしく見える誤りであり、あらゆる観念論的人間解釈の根底にある誤りである。しかし、すでに見てきたように、行動する自己の罪が可能となるのは、精神の自由が、自然における自己の決定論的因果的な連鎖を打ち開き、自己を誘って威厳あるものと思い込ませ、安全なものを獲得しようとさせ、自分にありもしない神聖さを主張させるからである。したがって、正確に言えば真の自己ではない別の他の経験的自己は、自らの罪を意識するような観想する自己の眼には入らない。そこにはただ一つの自己しかない。自己は行動する時もあれば、行動を観想する時もある。行動する時、自己は、偽って自らの相対的な必要性に対して究極的な価値を主張し、偽って自らの生を生それ自体の主張と同一視する。観想する時、自己は、人間の状況全体を一層明瞭に見渡し、自己の行動に含まれている混乱と不誠実とにある適度気づくようになる。しかしながら、観想する自己を、有限で経験的な自己を裁く普遍的自己などと考えてはならない。せいぜいのところ、観想する自己は、自らの有限性と、自らとその有限性の限界また成就としての神との関係とに気づくようになった有限な自己である。観想する自己は、行動における自己の罪責に気づき、深く悔い改めるようになる時、その後の行動において、この自覚をさらに高度の正直へと変容させるであろう。悔い改めは、「悔い改めにふさわしい実を結」ぶ〔マタイ三・八〕ことにつながり、自己満足の生における道徳的資質と悔い改めた個人のそれとの違いは、必ず第三者の目に明らかとなる。しかし自己はそれに甘えるわけにはいかない。というのは、自己の真の規準は、他者が行うことでも行わないことでもないからである。自己の真の規準は、自己自身の本質的自己であり、したがってそこにあるのは規範としての神の意志だけである。この規準によって裁かれるとしたら、自己は、その悔い改めの経験によって、その後の行動において新しい不誠実から守られるなどということはない、ということは理解しておかなければならない。観想においてさえ、自己が有限な自己であることに変わりはない。ある瞬間、自己は自らの状況を確認し、自らの罪を見出すかもしれない。しかし次の瞬間、不安によって罪へと売り渡されるであろう。したがって、観想と行動との区別も杓子定規にとりすぎてはいけない。というのはどのような観想であれ、この不安の中にある有限な自己の利害、希望、恐怖、野心などに関わっているのであれば、観想はまさしく行動の領域に属するからである。また、観想は、いかなる行動もそこから自由ではないような、目前の事柄と究極的な事柄との偽りの同一視へと向かう前段階でもあるからである。

それゆえ、われわれは、超越的な人間精神における自由の最終的な行使とは、行動におけるその自由の偽りの使用を自ら認めることである、という究極的な逆説から逃れることができない。人間は、自分が自由ではないと悟ることにおいて、最も自由なのである。この逆説は、ほとんどのペラギウス主義者や多くのアウグスティヌス主義者たちによって曖昧にされてきた。ペラギウス主義者は、人間の自由の完全性を熱心に主張するあまり、この自由の発見が人間の罪責の発見にも深く関わっていることを認識することができなかった。一方、アウグスティヌス主義者は、人間の自由が罪によって腐敗していることを証明することに関心を向けすぎたため、この罪の汚れの発見が自由の働きによるものであることを十分に理解することができなかった。

VI 字義的解釈の誤り

人間の自由は、意志が奴隷状態にあることを悟ることにおいて、最も完全に見出され、主張されるという逆説は、簡単に曖昧にされてしまう。不幸なことに、ペラギウス派とアウグスティヌス派との論争において露呈された混乱は、アウグスティヌス派の字義的解釈によって一層ひどいものになった。ペラギウス派の単純な道徳主義に対抗して、アウグスティヌス派は、原罪を遺伝的汚染として解釈することを主張した。こうして、かれらは、罪の不可避性の教理を、罪には自然的歴史があると主張するような教義に造り変えた。これによって、アウグスティヌス主義者は、かれらを批判するペラギウス主義者に論争上不必要な強みを与えてしまい、批判者はこれを素早く利用したのである。[24]

アウグスティヌスの神学には、遺伝的な堕落の思想と原罪とを同一視し、生殖における肉欲をこの遺伝の主体とすることが多いような原罪の教理があふれている。しかし一方で、キリスト教思想が常に、アダムの罪の歴史的性格よりもむしろ代表的性格を示唆してきたことには意味がある。代表としてのアダムという思想によって、キリスト教思想は史的で字義的な幻想から逃れることができた。原罪の教理のそもそもの源泉であるパウロの思想は、原罪の概念を、次のような結論を認めるような、おそらくはそうせざるをえないような表現で説明している。すなわち、パウロは、歴史的遺伝ではなくむしろ「影響における同一性」において、人間はそれぞれアダムの罪と関係すると信じていた、という結論である。パウロの言葉はこうである。「このようなわけで、一人の人によって罪が世に入り、罪によって死が入り込んだように、死はすべての人に及んだのです。すべての人が罪を犯したからです」［ローマ五・一二、強調はニーバーによる］[25]。アダムとすべての人との神秘的同一性という考え方は、エイレナイオスによって見出され、アンブロシウスによって明白に定式化された[26]。遺伝的堕落説を強く主張するアウグスティヌスでさえ、パウロの『ローマの信徒への手紙』三章二三節を引用する際、同じ方向を指し示す興味深い但し書きを次のように挿入している。「『すべての人が罪を犯したからです』――アダムにおいてであれ、すべての人においてであれ――そして『神の栄光を受けられなくなっています』」［強調はニーバーによる］。カルヴァンは、遺伝の考え方を強調している時でさえ、原罪の説明の一部に同じ方向で表現しようと苦闘しており、部分的にはそうすることができている[27]。

不可避であるにもかかわらず責任があるという逆説が十分に理解されるべきだとしたら、原罪の教理における字義的解釈の幻想を取り除くことが必要であることは明らかである。というのは、遺伝によって受け継がれた第二の性質という考え方が、人間の悪を自然の惰性の結果とする合理主義的二元論的諸説と同じように、罪に対する責任という考えを破壊することは明らかだからである[28]。この字義的解釈の混乱が取り除かれる時、原罪の教理の真相が一層明瞭に浮き彫りになる。しかし心得ておかなければならないのは、この形態においてさえ、純粋な合理主義の立場からすれば、この教理が不条理であることに変わりはない、ということである。というのは、原罪の教理は、十分に合理的に説明されえない、宿命と自由との関係を表現するものだからである。ただしそれは、その逆説が、合理性の限界についての合理的な理解として、また、合理的に解決不可能な矛盾が、論理が処理できないような真理を指示しているかもしれない信仰の表現として受け止められることがない限りにおいてである。形式的には、もちろん、論理と真理との間に何の矛盾もない。論理の法則は、真理の領域において混沌を防ぐ理性の働きである。それは矛盾する主張を排除する。しかし、論理的な法則には、理性と矛盾する範疇に分類されることを要求するように見える特徴を示す複雑な現象の理解に役立つような手立てはない。あらゆる事実に忠実であろうとすると、経験の事実における複雑さが未熟な論理的一貫性のために否定されることのないように、論理を暫定的に無視することが求められるかもしれない。ヘーゲルの「弁証法」は、「存在」の範疇にも「非存在」の範疇にも属さないような現象としての「生成」の事実を公平に評価するために案出された論理である。

罪の不可避性と罪に対する人間の責任についての一見矛盾した主張を伴うキリスト教的原罪の教理は、次のような事実を公平に評価するある種の弁証法的真理である。すなわち人間の自己愛と自己中心性とは不可避であるが、しかし自然的必然性の範疇にあてはまるような仕方で不可避なのではない、という事実である。人が罪を犯すのは、自らの自由の内部においてであり、またその自由によってである。最終的な逆説は、罪の不可避性の発見こそ人間の自由の最高度の主張であるということである。罪の発見が常に、そのような発見がそれに続く行動における無罪を保証するというファリサイ的幻想を引き起こすという事実は、自由が罪の共犯者になるその仕方を浮き彫りにする。謙遜と人間の自尊心との最終的な戦いが繰り広げられるのは、まさにここにおいてである。

罪における自由と運命との弁証法的な関係をめぐるキェルケゴールの説明は、キリスト教思想における最も深遠な説明である。かれは次のように書いている。「罪と罪責という概念は、最も深い意味では、異教世界には現れない。もしこの概念が現れるとすれば、異教は、人が運命によって罪責を負うという矛盾に逢着して、崩壊するであろう。……キリスト教はこの矛盾から生まれるのである。罪と罪責の概念は、まさしく個人を個人として措定する。全世界とか全過去とかに対する関心はない。個人には罪責があるということだけが問題である。したがって運命すなわちそうしたことが問題にならない運命そのものによって、罪責を負うようになるべきなのである。それによって、かれは運命という概念を止揚するところのあるものになるべきなのであり、しかもかれは運命によってこれになるべきなのである。この矛盾を誤った仕方で理解すると、原罪に関する誤った概念が生じる。正しく理解すれば、正しい概念が出てくる。すなわち、おのおのの個人はそれ自身でありまた人類であって、後代の個人は最初の人間と本質的に異なっていないということである。不安の可能性において、自由は運命に圧倒されて打倒される。しかし今や、自由は現実のものとして立ち上がるが、しかし、それは罪ある者となったと理解されているのである(29)」。

第一〇章

原初的義 (justitia originalis)

I 序

パスカルはこう述べている。「人間の偉大さは、その惨めさからさえ引き出されるほどに明白である。なぜならわれわれは、獣においては自然なことを、人間においては惨めさと呼ぶからである。そこで、われわれは、人間の本性が今日では獣のそれと似ている以上、人間は、かつては彼にとって固有なものであったもっと善い本性から、堕ちたのであるということを認めるのである。なぜなら、位を奪われた王でないかぎり、だれがいったい王でないことを不幸だと思うだろう。……自分に口が一つしかないからといって、だれが不幸だと思うだろう。そして、目が一つしかないことを、だれが不幸と思わないでいられようか。目が三つないといって悲しむ気になった人は、おそらく今までにないだろうが、自分に目が一つもなかったら、なんとしても慰められることはないだろう」[1]。いかに深く罪に巻き込まれていようとも、罪の悲惨さを普通のことと見なす人間はいない。以前の、神に祝福された状態についての何らかの記憶は人間の魂に残っているように見えるし、かつて違犯した律法の何らかの残響も人間の良心に鳴り響いているように思われる。罪の習慣を正常のことのように見せようとするあらゆる努力には、錯乱する不安な良心の幾分かが露呈されている。人間の真の本来的なありようと人間の現在のありようとの対比は、この対比があらゆる人間に見出され、人間自身の意志の内にその座を占めているということを理解しないような人々にさえ明らかである。罪の真の性質をわきまえない者が、この対比を、人間文化の多様な段階の観点から説明することがあるかもしれない。現代のある科学者が最近こう述べている。「超人的な人間が飛行機を作った。しかし、それを手に入れたのは猿人であった」。また、その対比を、善良な人間と遅れている不完全な制度との対比と見なすこともある。(2) 人間の現実の姿とあるべき姿との対立の感覚は、たとえその説明が矛盾に満ち混乱することがよくあるとはいえ、いたるところに表現されている。

人間の経験についてのこのような普遍的な証しは、人間は、罪が破壊した《善についての何らかの知》を具えていることを否定するどのような人間堕落説に対しても、とりわけ説得力のある反論である。もちろん、キリスト教信仰が主張するように、祝福され完全な人間本来の姿と本性についてなされるいかなる人間的説明もそれ自体罪の影響を受けているので、《堕罪》以前の最初のアダムの像を回復するために第二のアダムとしてのキリストが要請されている、ということは確かである。キリスト教になぜ高度な罪意識があるかといえば、それは、キリストの像が、人間の本来の姿と現在の姿との違いを際立たせるからであり、生の罪深い諸形態がこの世界において周期的に実現する《まともさ》という威光を打ち破るからである。とはいえ、人間の魂が、その真の状態と現実の状態との対比について不安を覚えないとしたら、キリストへの信仰は、人間の魂の中に宿るべき場所を見出すことができないであろう。もっとも、この同じキリストへの信仰がこの対比を浮き彫りにもする。罪の悲惨さの内に深く頽落した人間は、決して心安らかではない。それどころかその不安は、しばしば、自分の幼少時の無垢や若い時代の憧れを鮮明に思い出させるものによって一段と深められるのである。

死を別にすれば、病気や堕落には、それらによって損なわれた健康的な構造の幾分かをも示すことがないような形態はない。盲目の目は、たとえ視力が完全に失われていてもなお目であることに変わりはない。精神障害における逸脱は、まさにその非統一性の混乱の中で、動物ではなく人間の精神のみが抱くことのできる統一性を示している。戦争の混乱が、何らかの国家の調和や相互依存の内部でそれに反して起こるのでなかったとしたら、それは、悪などではないであろう。また、戦争の混乱は、征服の力がそこから引き出される内政上の国内平和という善きものを利用することがなかったとしたら、それは、悪ではありえないであろう。アウグスティヌスはこう断言した。「強盗でさえ、他の人びとの平和を激しくおびやかしながら、自分たちの仲間との平和をもとうとするのである」[3]。

キリスト教神学は、しばしば人間の《全的堕落》の思想を過剰な言葉で表現してきたとはいえ、およそ次のように証言しないではいられなかった。すなわち、人間の罪は、人間の本質的な性格を、それが人間の現在の姿の中に暗示されることも、それと対比されることもないほどまでに破壊することはできないということである。トマス・アクィナスがこの点を強調しているのは驚くに値しない。かれは《全的堕落》に固執していないのである[4]。それにもかかわらず、罪深い人間には名ばかりの「神の像」しか残されていないと信じるルターでさえ、人間の不安な良心の重要性について論評している。人間の良心は、人間の本質的性質が人間の現在の姿に向ける異議として初めて理解されうる現象である。アウグスティヌスはきわめて明白に、罪の悪が、神が人間の内に創造したものの善きものを完全に破壊することはできないと主張し、こう述べている。「朽ちるべきものも善であることがわたしに明らかになった。朽ちるものは、最高善であれば朽ちるはずはなく、また善でなければ朽ちるはずはない。もし最高善であれば朽ちることはなく、またまったく善でなければそれらのうちに朽ちるようなものは何もないからである。……しかしそれらはまったく善を失うなら、まったく存在しなくなるであろう。……それゆえ、もし朽ちるものが善をすべて失うなら、まったく存在しなくなるであろう。それゆえ、それらは存在するかぎり善である」[5]。

人間の本質的性質とその罪深い状態との関係をめぐる問題は、不運なことに、キリスト教思想史上、原罪論においてすでに考察してきたある困難によって混乱してきた。すなわち、キリスト教神学は、《堕罪》を歴史上の出来事として主張する字義的解釈の誤りに陥ることなく《堕罪》神話の合理主義的否定を論駁する難しさに気づいたのである。この字義的解釈は人間の本質的性質をめぐる問題についての教会の思想に深刻な影響を与えてきたが、その一つの結果は、人間が堕落する前に具えていた《完全性》が特定の歴史上の時期すなわち《堕罪》以前の楽園の時期に帰されるべきだとする仮定である。時間の枠で表現するとその内容が偽りにならざるをえないような物語についてのこの時系列的な解釈を、もっぱら聖書神話の権威に起因すると考えてはならない。ストア哲学の学者たちもまた、結局、世界の始めに無垢の黄金時代があったと信じ、自然法が要求し、しかし実際の歴史の可能性のかなたにある平等と自由がその祝福された時代の現実のものであると考えた。そればかりではない。人は皆、現実の自分とあるべき自分との対比を時系列的に歴史的に説明しがちである。というのも、誰もが、自分の幼少期の無垢を自分の本質の象徴やそれを思い出させる契機と見なしているからである。それにもかかわらず、聖書の神話は、人間が堕落後に失った完全性を具えていた時系列上の時期に対するキリスト教的信仰の主要な源泉と見なされなければならない。

この字義的解釈の影響は、人間の本質的な性質とその罪深い状態との関係をめぐるキリスト教思想に混乱をもたらしてきた。プロテスタント思想においては、人間の堕落についての過剰な言明への傾向[6]を強め、そのような過剰な言明を、人間には正義の力がわずかだが残っていることを認めることによって緩和しようとする努力を混乱させてきた。というのは、人間に認められた原初の完全性は不当にも、他の人間の能力と同様に明らかに罪によって汚されている「市民的正義」の能力[7]と同一視されたからである。カトリック思想において、時系列的で字義的な解釈は、原初的義を、「純粋な本性」(PURA NATURALIA) すなわちアダムが人間として具えていた本質的人間性に付加された、特殊な「超自然的な賜物」(DONUM SUPERNATURALE) として定義するように促す。その結果、罪が人間の真の本質の破壊ではなくその堕落であるという逆説は、プロテスタント思想においてもカトリック思想においても曖昧にされている。カトリシズムの場合、《堕罪》は、人間にとって本質的ではないあるものの喪失を意味し、それゆえ人間の本質の堕落ではない。急進的なプロテスタンティズムの場合、人間における神の像そのものが破壊されたと信じられている。[8] また、そのような過剰な解釈を忌避するプロテスタント思想では、人間の原初の善の名残を人間の行動の重要でない部分に探し求める。

人間の本質的な性質と人間の罪深い状態との関係は、《堕罪》以前の完全性に対する時系列的な解釈の枠内では解決されえない。それは、言わば水平的な関係ではなく垂直的な関係である。《堕罪》が、人間の生におけるあらゆる歴史的瞬間に現れる様相の象徴ではなく、歴史における出来事とされる時、その瞬間、悪と善との関係は曖昧にされてしまう。

II　本質的性質と原初的義

人間の本質的性質と、その性質に従う徳との違いを区別せずに、神の像の概念と《堕罪》以前のその像の完全性とを正しく評価することはできない。本質的な性質と構造とを変えることができるものはない。それは、目が見えないからといって目を人体組織から取り除くことができないのと同じである。たとえ目が機能を失っても人体組織には二つの目があるという事実を変えることはできない。他方、人間の自由は、この本質的性質の要求に反し、またそれを否定し無視するような行動を取る可能性を生み出す。この事実は、本質的な構造と性質と、それに従う徳とを区別することを正当化する。人間は、この徳を失い、その性質の本来の機能を破壊することもあるが、人間がそのようにできるのは、ただ、その本質における要素の一つすなわち自由を利用することによってだけである。

この事実から、エイレナイオスは、『創世記』一章二六節に基づいて神の像と神の似姿〔「かたどって」（口語訳）、「似せて」（新共同訳）〕とを区別した。この区別は、宗教改革がその釈義的妥当性を問題視するまでは、キリスト教の伝統に根強く残っていた。[9] エイレナイオスによれば、《堕罪》が破壊したのは、神の似姿であって、神の像ではなかった。（ギリシア語では、εἰκών ではなく、ὁμοίωσις である。ラテン語では、imago ではなく、similitude である。）ルターがこの説を釈義的に拒否したのは正しかった。「我々にかたどり、我々に似せて、人を造ろう」〔創世記一・二六〕という原典の文章はヘブライ語によく見られる並行法にすぎない。したがって、「純粋な本性」（pura naturalia）と「超自然的な賜物」（donum supernaturale）という後期カトリックによる区別が正当化されないことは言うまでもない。後者の特殊な賜物は、人間に自然に付与されたものに加えて神が人間に与えたものであるが、両者の区別は、もともとエイレナイオスが行った区別に基づいていた。それにもかかわらず、この区別は、適切に限定されその分が守られるのであれば、有用であるだけでなく必要でさえもある。

重要なことは、人間の本質的性質と、その性質の通常の表現である徳および完全性とを区別することである。人間の本質的性質には二つの要素がある。それらは、人間の原初の完全性における二つの要素に対応する。人間の本質的性質には次のものが属する。すなわち、一方においては、持って生まれたあらゆる能力やさまざまな限定、人間の身体的社会的衝動、その性的人種的差異など、言い換えれば、自然の秩序に組み込まれている被造物としての特徴である。他方において、人間の本質的性質には、人間精神の自由や自然の過程に対する超越性、最終的には人間の自己超越も含まれる。

人間本性の最初の要素に相当する徳と完全性とは、通常自然法として示される。それは、自然の秩序の限界内で、人間の諸機能の適切な営み、人間の衝動の正常な調和、自分自身と同胞との正常な社会的関係などを規定する法である。生まれながらのあらゆる機能を限定するのは人間の自由であり、正常性を規定する「法」が必要であるのはただ人間の自由のゆえである。したがって、自然の法をそのように輪郭づけることには常に混乱の要素が伴う。それにもかかわらず自然法には暫定的な妥当性がある。というのは、自然法は、自然の秩序における被造物としての人間本性の明白な要求を、自由な精神としての人間本性の特殊な要求から区別するからである。

人間本性における第二の要素すなわち人間精神の自由に対応する徳は、カトリック思想の「神学的徳」すなわち、信仰、希望、愛に類似している。これらについては追って詳細に分析することになるが、さしあたって必要なことは、それらを、ごく暫定的に自由の基本的な要求として確定し、その正当性を確認することである。神の摂理への信仰は自由にとって不可欠である。なぜなら、その信仰がなければ、自由の不安によって、人間は、自らの力の及ばない諸力に依存していることと矛盾する自己満足と尊大さへと駆られることになるからである。希望は神の摂理に対する信仰の特殊な形態である。希望は、未来を無限の可能性が実現する領域として扱うが、神の摂理のもとにないとしたら未来は恐怖の領域であるに違いない。というのは、その場合、希望は、全面的な宿命と全くの気紛れのいずれかのもとにあることになるからである。このように、神を知ることは、人間の本質的性質を超える「さらに付加された賜物」である超自然的な恵みではない。それは、自由な精神としての人間本性が要求することである。

愛は、この同じ自由が単独に要求するものであるとともに、信仰から派生するものでもある。愛が自由の要求するものであるのは、人間がその社会的性質のゆえにそこへと駆り立てられずにいられない共同体がもっぱら人間の群居衝動に基づいて可能になるようなものではないからである。人間はみな、自らの自由と特異性において、自然の結合力や生と生とを結びつける知性の同質性の外に立ち、またそれらを超越する。人間は、自然の絆によっていかに密接に結びつけられていようとも、それぞれの精神の特異性と個人性とによって互いに隔てられているゆえに、自然の絆も精神の自由も共に生かすような立場で人間同士が関係しあうことは、愛による以外に不可能である。各人の最も内奥の本質の深みにおいて精神と精神とが出会うのは、愛においてである。自然の結合力は、この関係によって限定もされ、変えられもする。というのは、他者である自己は、自然と理性との親和性のゆえに自己に都合のよいような単なる客体ではなくなるからである。自己は、単なる対象としてではなく、それ自体、生と目的の特異な中心である主体として認められるのである。この「われ」と「汝」の関係は、以下の二つの理由から信仰の前提がなければ成り立ちえない。（1）不安から自由でなければ、人間は、自己中心の悪循環に陥り、自分自身を意識するあまり、愛の冒険に向けて自らを解き放つことができない。（2）神との関係がなければ、精神が精神と出会うはずの自由の世界があまりにも漠然としたものになり、その結果、人間は、絶えず人間が抱く空想上の事物の水準に落ちてしまう。それゆえ、「隣人を自分のように愛しなさい」［マタイ二二・三九］との命令に先立って、「あなたの神である主を愛しなさい」［マタイ二二・三七］という戒めと「思い悩むな」［マタイ六・二五］という命令とがあることは、当然なのである。

したがって、こうしたキリスト教倫理の究極的な要求は、単に不完全な自然の善を完全にするために必要とするにすぎないような完全性の勧告でもなければ神学的な徳でもない。そうした究極的な要求は、もしそれらを人間から取り去るならば、人間の自由が罪の汚染源になってしまうようなものである。そうした要求はなるほど完全性の勧告でもあるが、それはあくまでも、罪人にはそれらが欠けており、それらを達成することができない、という意味においてである。しかし、そうした究極的な要求は、人間の自由の基本をなすものであって、補足的なものではない(10)。

問題をこのように分析することによって次のような結論へと導かれる。すなわち、罪は、それによって人間が人間であるという構造を破壊することがないばかりか、人間の完全性の名残である人間の本質的性質に対する義務意識を排除することもないという結論である。それどころか、この義務意識は、人間の本質的性質が罪の状態にある現在の自分自身に対して行う要求である。したがって、人間の真の性質に対応する徳は、罪ある人間には律法の形をとって現れる。それは、「自分が望む」善ではあるが、「実行」しない善でもある［ローマ七・一九］。それは、「命をもたらすはずの掟」であるが、その掟が「死に導くものであることが分かりました」（ローマ七［・一〇］）とパウロは言う。その掟が死に導くものであるのは、掟が、人間がそれを実行に移すための助けを与えずに要求を突きつけるからである。それどころか、掟は、罪深い自己中心性を呼び起こすことによって、人間の本質的性質を一層意識的に無視するまでに罪を煽る（ローマ七・七）。掟はまた、人間は掟をわきまえているゆえにそれに従うものだと思い込ませることによって、罪深い傲慢を目覚めさせることもある。[11] 人間は、単に自らの内なる掟の観点から、すなわち、自ら知っているなすべき善の観点から自らを理解することはできない。人間は、自分自身を完全に知るためには、自らの規範と見なしている掟に自ら背いていることを知らなければならない。しかし、もしこの掟が自らの本質的性質が自らに対して行う要求であることを認識しないとしたら、自らを完全に理解することはできない。[12] ルターが、人間における神の像が崩壊したことを熱心に証明しようとし、それと同様の力強さで、律法と人間の不安な良心とが神と人間との最初の接触点であると主張していることは重要である。この良心は「罪人の義」（justitia peccatoris）である。「人間自身の心が自らを告発する」（cor accusator）のである。信仰がなければこの告発は絶望をもたらすが、信仰があれば悔い改めを引き起こす。[13] 人間の不安な良心は、言い換えれば、人間自身の心の中に書かれた律法の現れである。人間は、律法と自らの罪深い行動との対比と緊張において、この律法を十分に意識している。それどころか、良心の表現を行為に先立つ何らかの特殊な指導にではなく、行為から生じる不安に事実上限定する、という良心解釈もある。[14] そのような解釈はあまりにも狭すぎるが、良心が人間に知られるようになるのは、主として、動揺、すなわち、どのような道徳的生においても現れる内的葛藤という感覚によってである、ということはおそらく間違いないであろう。

パウロに従ってキリスト教思想は一貫して次のように主張してきた。すなわち、律法は単に、啓示か、さらに言えば社会の権威か、そのいずれかによって人間に与えられたものではなく、心に書き記されたものと見なされなければならない。[15] このことは、人間の本質的性質が指示する行動の諸要求は、人間の真の自己の一部であるということを意味するにすぎない。行動に際して、それらの要求は自己の外部にある。これらの要求が、「律法」であり、外部から課せられたものに見え、まさに「知識と真理の具体的な形」（ローマ二・二〇〔新改訳聖書〕）であるのは、そのゆえなのである。もちろん、良心の声の特定の内容が、歴史のあらゆる相対性によって条件づけられていることは言うまでもない。人間は、生が本質的に何であるかについて誤った解釈をするかもしれないし、良心は、実にその中身において罪の手段であるかもしれない。しかし、その中身においてさえ、良心の普遍性は少なくともその多様性や相対性と同様に重要である。[16] われわれはこう結論づけざるをえない。すなわち、たとえば相互に有機的関係と愛の関係とを共に要求する人間の同胞への依存性といった生の真の構造は、どれほど誤りがあるとしても、人間の自己中心性と傲慢とが人間関係に持ち込む混乱に対抗して自らを主張するものだということである。[17]

もしこの分析が正しいとしたらその結果は次のようになる。プロテスタンティズムが、《堕罪》は「超自然的な賜物」(donum supernaturale)を破壊したにすぎないゆえに人間の本質的性質を変えることはなかったというカトリックの教理を拒否したことが正しかったとしたら、そのプロテスタンティズムは、人間の本質的性質は破壊されたと主張することにおいて間違っている。カトリックの教理はおそらく、人間の徳にのみ変化を見たのであって、人間の構造にはそれを見なかったということであろう。しかし、その徳についてのカトリックの定義すなわち神との交わりと神との密接な接点という定義には、人間の本質的な構造の一部すなわち人間の超越的な自由が暗示されている。この超越的自由は、その源泉と目的と規範を神の意志の内に見出した時、初めて許容されまた創造的でありうる。この自由の構造は罪の束縛の中でこそ明らかになる。というのは、人間が自らの有限な自己を無限の大きさに変えるのはこの能力によるからである。人間が罪を犯し、しかもその罪について何ほどか知りうるのは、他ならぬこの能力によるのである。

このように、人間の原初の完全性を歴史上の《堕罪》以前の時期に位置づけるような歴史的—字義的解釈の幻想を否定することは、カトリック思想とプロテスタント思想とをともに明確にし、また修正することである。プロテスタントの思想に反して、神の像が人間の罪にもかかわらず維持されていると主張することが可能となる。カトリック思想と異なり、完全に失われた原初的義と失われていない自然的義との正当性のない区別を排除することができる。カトリック思想において原初的義と呼ばれているものは実際には、その最も究極的な意味において、人間の自由の前提要件となるものである。自然的義は、被造物としての人間の前提要件となるものを表している。原初的義と自然的義はどちらも罪によって汚されている。しかしどちらも、実際に実現されたものとしてではなく、要求されたものとして、なお人間と共にあるのである。

しかしながら、「堕罪以前」が歴史上の時期ではないとしたら、問題となるのは以下の点である。（1）人間への要求としてのこの完全性の場所はどこにあるのか。（2）その完全性の性格と内容は何か。

Ⅲ　原初的義の位置

もし、「原初的義」（justitia originalis）すなわち原初の完全性を位置づけることができる歴史上の時期が存在しないとしたら、それに相当する場所を見出すことは可能であろうか。この問題の複雑さは、比喩的ではあるがごく単純な次のような問いによって推し量ることができよう。すなわち、病んでいる有機体の命のどこに健康な場所があるのか、という問いである。感染部位が有機体の特定の器官にあることは明らかであるゆえに、他の部位は感染部位と比べれば健康である。とはいえ、有機体のどの部位における病気であれ、それは全身に影響を与える。こうして有機体全体は病気である。それにもかかわらず、命がある限りある程度の健康はある。病気の苦痛そのものがこの隠された健康の証拠である。というのは、苦痛は、有機体の正常の調和が乱されていることを明らかにするものであるからである。それゆえ苦痛は、健康が病気を告発していることなのである。病に侵された肉体に残っている健康に特定の場所をあてはめることはできない。

同様に、罪の病から「理性」ないし他の人間の能力を免除することは不可能である。罪は、自己の過度の傲慢と称揚であるゆえに、自己を、神への服従と同胞との連携という正常な位置に保とうとする人間の生におけるどの力も、健康の要素と見なされなければならない。この要素がなければ、生は完全に自己崩壊をきたすであろう。そのような健康に特定の場所を与えることはできないが、原初の完全性についての意識や記憶にその場所を見出すことは可能である。すでに述べたように、自らが罪ある者であることを知る自己は、超越的な自己であるが、さらに厳密にいえば、自己自身を超越する瞬間の自己である。自己自身を超越する瞬間の自己は、無限に自己を超越する自己の能力を働かせてかつての具体的な意志内容を自らの対象としているのである。原初の完全性についての意識と記憶が生まれるのは、この自己超越の瞬間においてである。というのは、この瞬間において、自己は、自己自身が他の多くの有限な被造物の中の一員にすぎないことを知り、行動する自己がその不安から行う過剰な要求が同胞に対する不正な行為となることを悟るからである。

《超越としての自己》における原初の完全性についての意識と記憶は、完全を所有していることと見なされてはならない。実際には、超越としての自己は、以前の行動において自己が行った過剰で不正な要求を裁き批判する能力が現在の自分にあることが、後続の行動における自らの徳を保証するものと誤って思い込むのが常である。ところがそうではない。というのは、自己が行動する時、自己は、決まって以前の超越的な視点を利用して、自己の利害に左右された行動を一部「正当化」し、また「偽装」するからである。したがって行動は常に罪深い。たとえ、利害に左右された行動や無私の行動、また、こうした行動を覆い隠そうとする偽装や自己欺瞞の大きさには無限の段階がありうることを認めることが重要であるとしてもそうなのである。

言い換えれば、《堕罪》以前の完全性とは行為以前の完全性である。しかし、「行為」の概念の意味を狭めすぎないようにすることが肝要である。自己は、行動が表に出ない時にも行動することはありうる。自己は、不安な自己として、自らの世界を構成している逆巻く危険や激情の中で自身を守ろうと考え動く時はいつでも行動しているのである。不安で有限で不安定な自己から生じる思想や雰囲気や行動には、多少とも罪の汚染が伴う。しかし、自己はその行動と完全に一体化しているゆえに、そのような罪深い行動に罪の意識はない。そのような内的一体感がなければ、自己は行動することすらできないであろう。自己が自らの行動の行き過ぎた性格に気づくようになるのは、行動の後、自己が、自身の内部にではなく外部に立った時である。

原初の完全性を意識するのは、経験的自己と区別された何らかの普遍的な自己においてではない。相互に争い合う二つの自己があるわけでないことは明らかである。しかし、存在のあらゆる瞬間において、次のような二つの自己の間には緊張がある。すなわち、世界の価値と必要の視点から世界と向き合う自己と、世界と自己自身の双方に目を向け、行動する自己の行き過ぎた主張によって不安にされる自己との間である。自己のこうした二つの視点は、たとえば、パウロの自己省察の過程に明白に表れている。パウロは一方でこう主張する。「わたしたちは、律法が霊的なものであることを知っています。しかし、わたしは肉の人であり、罪に売り渡されています」（ローマ七・一四）。ここでは罪深い自己は、自己の外側にいるように思われる実体を見ている。それは律法である。しかし、パウロは、ほとんど一気呵成に次のようにも主張する。「そういうことを行っているのは、もはやわたしではなく、私の中に住んでいる罪なのです」（同七・一七）。ここでは、自己は究極的な主体として、罪深い自己と直面し、それは自分ではないと主張する。それは、「わたしではなく……罪」である。自己超越の視点から罪深い自己を自己ではなく「罪」と見なす「わたし」は、罪深い行動の視点から自己の超越的可能性を自己ではなく「律法」と見なす「わたし」と同じわたしである。それは同じ自己であるが、このように変化する視点が明らかに重要である。

アウグスティヌスの思想、とりわけプロテスタント宗教改革者において表現されたその思想には、人間の堕落をごく単純に強調しようとして、上述の複雑さを否定する傾向があるが、その傾向の原因は、単に《堕罪》の字義的解釈の幻想にあるだけでなく、人間の自尊心に少しでも譲歩すると直ちに傲慢の罪を悪化させる恐れにもあるに違いない。これはもっともな恐れである。なぜなら、人間の独善の歴史はすべて次のこと、すなわち、人間は常に自分自身を、自分が何をしているかという視点からではなく、何をすべきかについての知の視点から裁くものであるということを示しているからである。自分は「律法」を知っているからそれに従うのだと思い込むことによって、人間は、不服従の責任を同胞に押しつける。これこそ、パウロが、その時代の「善」人たちの独善に対して行った厳しい批判が今日の道徳問題にあてはまるゆえんである。もっとも、この妥当性はリベラルなキリスト教では理解されていない[18]。道徳主義的キリスト教の最大の罪は、自分たちが抱く正義と愛の理想と同じ程度に人間は善良であるという思い込みに拍車をかけるその傾向である。この罪は、現代のキリスト教も共有していることは言うまでもないし、現代文化の一般的な道徳主義から取り入れたものでもある。それにもかかわらず、この混乱が《全的堕落》という法外な説を正当化するわけでもなければ、そのような諸説がリベラルな道徳主義の誤りに対して説得的な反論になっているわけでもない。

原初的義の意識を、自己の外部においてではなく、歴史を自己が超越する瞬間に位置づける際に、このことは、それが象徴的に解釈された場合の《堕罪》神話に完全に一致していると見るのは妥当であろう。この神話は、罪がなかったアダムの行動については何も記録していない。とはいえ、アダムが《堕罪》以前に有していた完全性については、神学的に多くの作業がなされてはいる。ほとんどの神学者よりもはるかに現実主義的な見方で、エイレナイオスは、アダムが完全であった期間は非常に短く、かれが創造されたほとんど直後に罪が生じたと考えた。アダムは、行動する前は罪がなかったが、最初の記録された行動において罪あるものとなった。言い換えれば、アダムの無罪性は、彼の最初の重要な行動以前にあり、罪性はその行動において明らかになったのである。これは、人間の歴史の総体を象徴している。人間の原初的義はいわば歴史の外部にある。それにもかかわらず、その義は、歴史における人間の内にあり、罪が生じる時、罪は実際にはこの原初的義の手を借りるのである。というのは、罪は、その行為が、歴史の内にあるのではなく、公平な行為であり永遠の行為であると偽装するものだからである。

Ⅳ　律法としての原初的義の内容

われわれは、原初的義もしくは原初の完全性が、「律法」として罪深い人間と共にあることを見てきた。また、この律法を、人間の本質的性質から引き出されるものと暫定的に定義し、人間の本質的性質における有機的な構造と自由とを区別してきた。そこでわれわれが示唆してきたのは、キリスト教思想とストア哲学的思想の双方において通常「自然法」として知られているものが被造物としての人間の要件とほぼ同義であり、カトリック思想において「神学的徳」として定義されている《信仰・希望・愛》という徳は人間の自由の要件であり、「原初的義」（justitia originalis）を表している、ということであった。また、この義は、《堕罪》において完全に失われたのではなく、人間のあるべき姿についての知として、すなわち人間の自由の律法として、罪深い人間に残存していると示唆してきた。

（a）原初的義の律法の内容をさらに詳細に分析するにあたって強調しておく必要があるのは、被造物としての人間の要件を示す自然法と、人間の自由の要件を示す「原初的義」（justitia originalis）との区別があくまでも暫定的で仮のものでしかありえないということである。カトリックの理論の主な誤りは、まさにこの二つの間に厳密な絶対的区別を設けたことである。カトリックの理論は、《堕罪》において失われた原初的義と、《堕罪》によっても本質的に腐敗せずに残った自然的義とを主張する。この区別は、人間の自由と人間のあらゆる自然的機能との複雑な関係と、あらゆる「自然的」ないし「合理的」な基準と規範とが結局罪に巻き込まれていることを曖昧にする。したがって、完全に失われた原初的義がないのと同様、腐敗していない自然法などないのである。人間の自由は、正義のあらゆる基準をさらに高い可能性のもとに置き、人間の罪は、偶然的で相対的な要素を、人間の理性の絶対的と見なされる規準の中に絶え間なく忍び込ませる。自然法の座でありまた源泉でもある人間の理性への過信は、この法の概念そのものを人間の罪の手段にしてしまう。そのことによって、特定の歴史的瞬間において理性が働く特定の条件や独特の環境に、普遍性という神聖さが与えられてしまうのである。このようにして、自然的正義の決定的な基準に達しようとする損なわれていない理性の能力に対する中世カトリシズムの確信は、その時代の罪深い偽装の手段そのものになった。トマス・アクィナスの社会倫理は、封建―農業的経済制度の特殊事情や偶然的要素を、固定された社会倫理的原理の体系に統合したのである。

あらゆる歴史上の規範を相対化する自由と罪双方の影響は、二、三の具体例によって説明することができよう。カトリックの自然法では、家族関係を含むあらゆる社会的関係は詳細に確定されている。とりわけ自然法は、産児制限を禁じることや妻に対する夫の優位性を要求することも主張している。産児制限の禁止は、人間の生における性の機能が、自然における機能すなわち生殖機能に限定されなければならないということを前提にしている。しかし、人間の生の性格はまさに、あらゆる動物的機能が自由の影響を受けて、一層複雑な関係性へと解放されるというところにある。この自由が創造性と罪双方の基盤である。性に関わる自由は、放縦を引き起こすかもしれないが、性的衝動と他のさらに複雑で洗練された精神的衝動との創造的な関係をも提供するかもしれない。性に関するカトリックの教説における自然法理論は、実際には「創造の秩序」（Schoepfungsordnung）というルター的概念の角度から一層もっともらしく表現されているように見える。というのは、「創造の秩序」という概念は、法を、たとえば自然的な男女両性のような自然の事実に限定し、そこに理性のもっともらしい普遍性などを持ち込むことがないからである。自然における男女両性の主要な目的が生殖にあるという自然の事実を免れることはできない。しかし、人間の人格性の歴史的な発展において、性の機能に絶えず限界を設けるような普遍的に有効な「理性の法」を確立することは容易ではない。

女性に対する男性の優位性については、正統的キリスト教の教説はすべて、パウロ的聖書的思想からさらなる後ろ盾を得ている。それゆえ、想定されている絶対的な基準についてのその確信は、聖書と理性の法の両者から支持を得ることで二重に確実視されている。両性間の自然法を明確化しようとすると、多少とも男性の傲慢の罪をその基準の中に組み入れざるをえないということを自覚しておくことは重要である。男性と女性との関係は、一方では性の分化という自然の事実によって、他方では人間の自由という精神の事実によって左右される。女性が子を産むという自然の事実は、女性を子どもに結びつかせ、母親本来の職分に関連しないような多様な可能性の広がりにおけるその選択の自由を幾分制限する。合理主義的フェミニズムが自然によって規定された避けがたい限界を超える傾向にあることに疑いの余地はない。他方で、家族に関する特定の歴史的基準を早まって固定化させることはどのようなものであれ、男性の尊大さを増大させ、母親の主要な機能と矛盾しない自由を達成しようとする女性の側の理に適った努力を妨害しがちであることは避けがたい。人類の特異な能力である自由のゆえに、両性の関係を含むどのような種類の関係にも常にあてはまる詳細な基準を規定することは困難となる。一方、人間の罪深さのゆえに、支配的な階級や集団や性が、その支配を保証するような関係を永久的な規範として明確化しようとすることは避けられない。もちろん、一夫一妻制のような特定の永久的規範はある。そのような規範は、カール・バルトのようなプロテスタント懐疑主義者の相対主義とは反対に、純粋に聖書の権威によってではなく、人類の蓄積された経験によって維持されている。基準の相対性のただ中にあって、こうした普遍性についてここで一言述べておかなくてはならない。

カトリックの自然法理論の限界は、それが国際関係の分野に適用されるとき、同じように明らかになる。カトリックの「正しい戦争」論[19]はその代表例である。カトリックの理論は、キリスト者を、国家の大義の相対的正義を判断する基準を何一つ持ち合わせていないような状態に放置してしまうルター的相対主義や道徳的懐疑主義とは比べものにならないくらい優れている。それにもかかわらず、カトリックの理論は、「正義」と「不正」との、「防衛」と「攻撃」との明白な区別が可能であると考えている。現代史は、この点について、歴史全体の明白な教訓を強固なものにしている。戦争がすべて等しく正義に適っているわけでもなければ、争う者たちがすべて等しく倫理的に正しいわけでもない。区別はされなければならない。しかし、区別をするための判断は感情や利害の影響を受けるものであるゆえに、最も歴然とした侵略でさえ防衛上必要であるかのように見せかけることができる。また、中立的な意見によって完全に防衛的であると判断されるような戦争でさえ、戦争が生じる状況には、現在防衛側にある者がかつて侵略したことについての記憶も込められているゆえに、完全な善意と良心とをもって遂行することはできない[20]。だからといって、どの特定の戦争の問題も両義性に満ちているとの理由から、一切の戦争を忌避する道徳主義者が正しいわけではない。無条件に明白な「正義」の事例となりえていないまさにその戦争が、それにもかかわらず、文明と文化の生死そのものに関わることもある。人間は、あらゆる歴史上の規範が有限性と罪双方の影響を受けていることや、人間の罪深さが自らのためにする偽りの究極性の主張にあることを認めざるをえないとしても、歴史の中で、一定の規範に基づいて重要な決断を下さなければならないことは言うまでもない。ストア哲学であれ、カトリックであれ、近代であれ、合理主義者たちの永続的な誤解は、理性を、有限性か罪、もしくはその双方から除外し、普遍的な合理的規範を理性に対するこの確信から引き出すことにある。

この誤りを拒否することは重要であるが、一般的規範の有効性をことごとく拒否する道徳的相対主義者が犯す正反対の誤りを認めないことも同様に重要である。非宗教的理論においては、この相対主義は、極端な自然主義的経験主義の産物である。宗教思想史においては、ルター派正統主義は、理性を、罪の堕落に完全に巻き込まれているものと見なしがちであり、その結果、いかなる「自然法」的規範をも信頼しなかった[21]。このような単純すぎる合理主義と完璧すぎる相対主義との対立は、理性の機能についての一層弁証法的な分析によって解消されるであろう。それどころか、理性は、主体としての自己と行動する行為者としての自己との間に、また、自己を超越する自己と行動における不安な自己との間に曖昧な位置を占めている。理性は、これら両者の僕である。理性の普遍的な判断、つまり、一貫性の体系の中であらゆる事物を相互に関連させようとする理性の努力は、主体としての自己が、罪深い自己の不公平で偏見を持った行動を糾弾する道具となる時もあれば、罪深い自己が、自らの特殊な必要や不公平な洞察に偽りの普遍性という神聖さを付与しようとする際の手段となりうる時もある。「自然法」や良心一般といった概念の基礎にある複雑な事実を分析するなら、理性の持つ二つの面が公平に評価されるはずである。[22]

（b）これまでわれわれは、限られてはいるが堕落していない純粋なものと想定されている理性から、無条件的すぎる道徳的規範を可能な限り引き出そうとするカトリック思想の傾向だけを考察してきた。しかしながら、この誤りをめぐる議論は、「原初的義」（justitia originalis）の問題への消極的な取り組みにすぎない。この「原初的義」は、カトリックの理論では、《堕罪》において完全に失われたものと見なされている。積極的に取り組むなら、「自然法」として知られているものと、「原初的義」として知られているものとは相互に密接な関係にあることが明らかとなる。両者が密接に関係するのは、双方共に罪に巻き込まれているからだけではない。人間の自由が「原初的義」の要求を、自然法の要求を超える究極的な可能性と位置づけるという事実にもよるからである。罪深い世界においてさえ、最終的に規範的と見なされうる正義はない。同時に正義の成就でもあり否定でもある愛の一層高度な可能性は、正義のあらゆる体系の上にとどまっているのである。

すでに見たように、カトリック神学の「原初的義」（justitia originalis）は、魂と神との完全な交わりであるとともに神の意志への完璧な服従であり、その結果魂が自らのあらゆる衝動と機能とを完全に相互調整するという徳である。この徳は、「信仰・希望・愛」という三つの徳に分けられる時、初めてさらに詳細に定義づけられる。この三つの徳は、カトリックの理論に従えば、神の恵みを罪深い人間に与える「神学的徳」であって、それによって、堕罪によって不完全なままにされていた徳の構造を完成するのである。こうした徳が果たして、カトリックの聖化論が想定するほど完全なかたちで救われた人間にさえ与えられるものかどうかは、後で考察しなければならない問題である。[23] ここでは、それらの徳が、カトリックの理論が想定するように堕罪において完全に失われたのではないということを確認しておくことが重要である。罪深い人間が失ったと考えられている《原初的義》は、実際には、自由への究極的な要求として人間の中に存在している。人間は単なる被造物ではなく自由な精神でもあるゆえに、また、あらゆる道徳的規範は人間の自由によって一層高い基準のもとに置かれているゆえに、「信仰・希望・愛」という基準を欠いたところでは、人間の精神は、いかなる道徳的基準にも安らぎを見出すことはできないのである。

罪深い人間に対する「律法」としての神学的徳のこの性格は、次のような愛の律法の「しなさい［という命令］」に完全に明らかにされている。「『心を尽くし、精神を尽くし、思いを尽くして、あなたの神である主を愛しなさい。』これが最も重要な第一の掟である。第二も、これと同じように重要である。『隣人を自分のように愛しなさい』」［マタイ二二・三七―三九］。ここでは何事かが命じられ要求されている。要するに律法である。しかし、命令されていることは、心や思いの状態、すなわち、魂と神との調和（「あなたの神である主を愛しなさい」）と、魂内部の調和（「心を尽くし、精神を尽くし、思いを尽くして」）と、自己と隣人との調和（「隣人を自分のように愛しなさい」）である。これらの戒めは、それが達成されてしまえば、全く命令ではなくなる。このような戒めは、魂と神との間、魂の隣人と魂自身との間の完全な調和という究極的な条件を、その調和が現実になっていない状況において提示しているものと理解されうる。もしその調和が現実のものになっているとしたら、「しなさい」は無意味であろう。またもし、罪の状態において究極的な完全を多少とも感知する可能性がないとしたら、「しなさい」は見当違いであろう。道徳をめぐる哲学的な説明が、「愛の律法」をおしなべて誤解してきたということには重要な意味がある。なぜなら、それらの分析の基盤には罪の概念が欠けているからである。

本性によってであれ、恵みによってであれ、あらゆる人間がこの戒めを全うし、神と隣人との、また自己自身と自らとの不調和を癒やすことが可能かどうかという問いは、キリスト教救済論を考察するまで先に延ばしておかなければならない[24]。さしあたってわれわれが関心を寄せるのは次のことだけである。すなわち、病人でさえ思い描くことのある健康像としての《愛の律法》を、所有していないが所有すべきであることを知っている原初的義として、その正当性を確認することである。なぜなら、人間が巻き込まれている矛盾と、その結果としての、神と隣人と自己自身との関係における強制と屈服とが理想的な健康状態でないことは明らかだからである。

愛の律法と律法そのものとの関係は、イエスと富める青年との出会いの物語［マタイ一九・一六―二二］において端的に理解される。その青年は、「そういうこと［戒め］はみな守ってき」た。しかし、戒めすなわちもっと限定された意味での「律法」は青年を満足させなかった。青年は、消えない良心の不安に駆られて「まだ何か欠けているでしょうか」と問わざるをえなかった。「まだ何か欠けているでしょうか」というこの問いは、罪人の不安な良心の中で感じているものが、生の究極的な律法が愛の律法であるという知識ではなく、むしろ正義や平等といった通常の規則に従うだけでは十分でないというもっと消極的な認識である、ということを物語っている。

イエスは、青年が願い求めているさらに究極的な可能性を次のような言葉で明らかにしている。「もし完全になりたいのなら、行って持ち物を売り払い、貧しい人々に施しなさい」。ここに要求されていることは、自己への関心を完全に排除する行動である。生の律法はただ従うためだけに提示されていると考える全く単純な道徳主義は、イエスの要求に対する若い指導者の次のような反応によって否定される。「青年はこの言葉を聞き、悲しみながら立ち去った。たくさんの財産を持っていたからである」。これはさしあたっては、自分の資産が大きかったということだけのためにこの青年は究極的律法に従うことができなかったということであろう。イエスもこう述べているからである。「はっきり言っておく。金持ちが天の国に入るのは難しい」。しかし弟子たちは、この命令が、万人が持つ自分自身とその持ち物についての心配と逆行するものであることにすぐに気づいている。「それでは、だれが救われるのだろうか」という弟子たちの問いは、直ちにそしていみじくも、富める青年が直面した窮境を、万人を巻き込むところにまで拡大している。なぜなら、万人は、自分が何を持ち、何であるかによって自身の安心を図ろうとする罪に巻き込まれているからである。

この絶望的な問いに対するイエスの答えは、弟子たちの見方が完全に受け入れられたことを暗示している。イエスは、「それは人間にできることではない」と述べて、人間の生の究極的な可能性が罪深い人間の能力を超えていることを認めている。しかしそれは、「神は何でもできる」とイエスが述べているように、神の恵みの究極的な可能性である。近代のリベラルな神学は、人間の本性に対するイエスの態度とパウロの態度との違いを重視してきた。しかし、この物語に暗示されまた主張もされている命題は、パウロの救済論が担っている命題と同じである。そこで示唆されているのは、人間の本質的性質と罪深い状態との矛盾は、人間自身が持つ力では解決されえず、神の力によって初めて解決されうるということである。

したがって、この物語から得られる、人間本性についての明示的かつ暗示的な視点は、以下のように要約されるであろう。（a）罪人としての人間は、自由な精神としての自らの本性の究極的な要求に無頓着ではない。人間は、律法のいかなる特定の歴史的な具現化も十分でないことを知っている。（b）人間は、こうした究極的な要求の本質を十分に意識していない。（c）人間には、こうした要求が明らかにされた時、それに対応する用意がない。以上の三つの命題は、「原初的義」と罪人としての人間との典型的な関係をめぐる的確な説明となっている（マタイ二二・三七―三九［「イエスは言われた。『心を尽くし、精神を尽くし、思いを尽くして、あなたの神である主を愛しなさい。』これが最も重要な第一の掟である。第二も、これと同じように重要である。『隣人を自分のように愛しなさい。』」］）。

律法以上の律法であるこのさらに高い律法、あらゆる法を超越するこの律法、罪人でさえ所有としてではなく何か欠けているという感覚において持っているこの原初的義の特定の内容は、これまで暫定的に定義されてきたが、その定義についてここでさらに説明を加えなければならない。その説明には、以下の三つの項目が含まれる。（a）魂と神との完全な関係。そこでは服従は愛と信頼と確信によって乗り越えられる（「あなたの神である主を愛しなさい」）。（b）魂と、そのあらゆる欲求と衝動における魂自身との完全な内的調和――「心を尽くし、精神を尽くし、思いを尽くして」。（c）生と生との完全な調和――「隣人を自分のように愛しなさい」。

（a）以上三つの要求の第一のものは最も基本的な要求であり、それは、不信や疑念が基本的かつ根本的な罪であるのと同様である。神への愛というこの基本的な要求は、パウロにおける三元徳のうちの二つの項目である「信仰」と「希望」と同一である。神の摂理への信仰がなければ人間の自由は耐えがたい。希望は信仰に従属するが、それにもかかわらず信仰と同一である。それは未来に関わる信仰である。未来は、時間の中に現れる永遠の予測しえない可能性の象徴である。信仰と希望がなければ、そのような可能性は人間の意味の小宇宙に対する耐えがたい脅威となる。そうした可能性は、いつ何時、予想がつかない計り知れない諸要素を、それによって人々が生き、家庭の安全を維持しようとする小さな意味体系の中に持ち込まないとも限らない。歴史は合理的ではない。少なくとも歴史は、人々が歴史の意味を把握するために定期的に構築する合理的な一貫性に従うものではない。そのような体系は、何らかの特定の意味の錨に繋がれざるをえないが、その錨はそれ自体歴史の栄枯盛衰のもとにある。したがって、歴史に意味がありうるのは信仰の視点から見た時のみである。信仰は、歴史の外見上非合理な諸相を理解し、それらを人間の理解を超えた神の知恵の表現と見なす。こうして神の知恵に対する信仰は愛の前提条件である。なぜなら、信仰は、それがなければ人間は不安となり、その不安によって自己満足と傲慢との悪循環へと追い込まれるその条件であるからである。すでに指摘したように、「思い悩むな」［マタイ六・二五］との忠告は、「あなたがたの天の父は、これらのものがみなあなたがたに必要なことをご存じである」［同六・三二］というイエスの言葉に示されている信仰と結びついて初めて意味をなすのである。

不安を取り除いてくれる信仰と希望と信頼とは、人間存在の単純な可能性と考えられてはならない。それは、キリストにおける神について多少の知識を持つ人々、すなわちキリスト教的啓示がその人の内部で罪の混乱を突き破っているような人々にとっても同様である。「思い悩むな」というこの戒めを守ることは単純にできることではないということは、誰であれ次のような説教者によって検証することができる。すなわち、この聖句について説教し、思い悩む自分にではなく、この戒めについての自らの解き明かしに対する会衆の称賛を得ようと懸命になっている自分に気づくところまで自らの魂を深く探る誠実な説教者である。言い換えれば、不安からの自由は、罪人としての人間がその行動において否定する究極的な可能性である。信仰の人でさえ、罪人である限り同じである。不安からの自由は、堕罪以前の完全性に属するものである。罪深い自己は、自己自身について思い悩むが、それにもかかわらず、自己は、そうすべきでないことを知っているのである。

次のように主張されることもある。すなわち、信仰と信頼が人間の自由の要件であるというこの知は、人間に自然に付与されたものでなく、キリスト教の啓示が、人間の自由の全次元とその自由の主人である神の実在とを明らかにする時、初めて人間に知られるようになるものであるという主張である。この主張は、聖書の象徴論によれば、《堕罪》以前のアダムの完全性は、「第二のアダム」がそれを明確にするまで十全に理解されることはないということであろう。この命題は、少なくとも部分的には正しい。というのは、キリスト教信仰は、人間の自己矛盾の状況への答えであるばかりでなく、その矛盾のより十全で明白な啓示でもあるからである。救済者としての神の啓示は、審判者としての神についての以前からの知を際立たせるが、それは、神の贖罪愛の啓示がその視点から人間の罪が裁かれる神の聖性を明らかにするという単純な理由による。この逆説がもたらす人間学的帰結は、人間が巻き込まれている矛盾を究極的に解決する神への信仰こそがこの矛盾についての人間の知を明確にするということである。人間は、自らの不安が自らの不信仰に起因することを知るのである。

とはいえ、このことが明らかでない時にも、「思い悩むな」という戒めの何ほどかの反響は不安の中にある人間にもたらされる。信仰が生み出す平静さは人間が所有しているのではない。しかし人間はそれを所有すべきであることを知っている。ストア哲学は、被造物としての人間にとっての「法」を明確化した精緻な「自然法」と「良心」(conscientia) 論とを生み出したが、同じストア哲学には自由な精神としての人間にとっての「法」もあるということは有益である。それは、ストア哲学の「アパテイア」(ἀπάθεια〔不動心〕) 論であるが、そこでは、人間の力を超える生のあらゆる栄枯盛衰に対して無関心の状態になることが要求される。この考え方は、「思い悩むな」という戒めについて、また、人間の自由にとっての健康の条件としての平静さの要求について、人間が自然神学の枠内で知りうることを詳細に指示しているものと見なされるであろう。しかしながら重要なことは、ストア哲学の汎神論の範囲内では、歴史における創造性を破壊することなく不安からの自由を達成することができないということである。ストア哲学の神は、それ自体自由な精神でもなければ創造者でもない。結果として、「アパテイア」とは、一方において、魂をそれ自体の中に引きこもらせ、歴史の問題や義務と魂とのあらゆる結びつきを切断するという代償を支払って手に入れた人間精神の自己充足のことである[25]。他方においてストア哲学は、創造の教理を持たず、したがって神と世界とを区別せず、また、創造された世界と罪にまみれた世界とを区別することもしないで、一切は善であるという偽りの信仰によって不安からの自由を勧める[26]。こうして、ストア哲学における、不安からのストア哲学的自由は、自己満足と決定論の両者に巻き込まれているのである。前者は、人間が自己を取り巻く世界に実際に依存していることに、また後者は、歴史における悪に、それぞれしっかりと向き合っていない[27]。こうした誤りは、人間の自由と依存性という問題と折り合いをつけようとする汎神論的合理主義の限界を露呈している。この問題は、神の摂理というキリスト教概念の問題として初めて解決が可能となる。それにもかかわらず重要なのは、ストア哲学が、罪深い人間でさえそれが自らの究極的な善であることをわかっている信頼と平静の幾分かを明確にしているということである。これは、人間が持っていないが持つべきであることを知っている原初的完全性の一部である。

（b）原初的義（justitia originalis）の第二の要求は、聖書的な愛の律法における「心を尽くし、精神を尽くし、思いを尽くして」という言葉で表現されている。この要求と理想的な可能性とは、魂の内部における完全な内的調和の要求であり可能性である。この内的調和は、罪深い人間における現実ではない。なぜなら、自己と神および自己と社会の間の場合と全く同様に、自己の内部には強制と屈服とがあるからである。しかし、罪深い人間でさえ、完全な健全さを表すのはそのような内的調和だけであることを知っている。罪深い魂は、何事も自らの心と精神と力を尽くして行うことはない。罪の影響の結果、罪深い魂は、善を行おうとするが実際には行わない。「善をなそうとする意志はありますが、それを実行できないからです」（ローマ七・一八）。ということは、人間のあらゆる行動が、「意志の欠陥」（アウグスティヌス）すなわち、特定の出来事において正しい全般的な意図を遂行することができない無力さを露呈するのである。

観念論者は伝統的に、この内的矛盾を知的自己と感覚的自己との、また、普遍的自己と経験的自己との緊張として説明してきた。この説明には常に一定のもっともらしさがある。なぜなら、超越的自己と行動の主体としての自己との間には実際相違があるからである。しかし、観念論的説明は、自己の統一性を無視し、一つの意志だけが存在する事実を曖昧にする。この意志は、自分の望む善を行うことができないゆえに、意志それ自体と矛盾する。意志は、特定の出来事において、超越的な目的を十分に遂行することができない。なぜなら、特定の出来事において、意志の原動力には部分的に不安な自己から生じる恐怖や思い悩みが伴い、そうした恐怖は、超越的全般的な意図とは異なる方向に突き進むからである。

不安な自己はきまって自己自身を自らの中心とし目的とする。しかし、自己は無限後退［事柄の原因をどこまでも無限にさかのぼっていくこと］的に自己を超えるものであるゆえに、自己の中心でもあり目的でもありうるのは自己ではなく、ただ神だけである。このように、神への服従の行為にさえも内的矛盾は存在する。行為が服従のわざであって愛のわざではないという事実は、行為は「心を尽くし、精神を尽くし、思いを尽くして」なされないということを意味する。自己は、中心を自己自身に置いている限り、完全な信頼と信仰に踏み切れず、どうしても強制されることになる。ところが、自己は、自己が自らの適切な中心であり保証であるとは決して納得することができない。それゆえ、この内的不調和が克服されてきたような理想的可能性についての示唆や記憶は常に存在する。この記憶が存在することは、あらゆる《全的堕落》の教理が誤りであることを証明している。しかし、内的緊張が現実に存在することは、無垢の人間の善を主張するあらゆる教理が誤りであることを証明している。

自己が自己自身に中心を置いている限り、自己が示しうるのは強いられた服従だけである。自己が自己自身を超越する限り、自己は、そのような不承不承の態度が不十分であることを知っている。それゆえ、愛に欠ける服従の行為は良心の困惑を生むが、その困惑は、不服従によって生み出される困惑と程度の差があるだけで種類は異ならない。理想的な可能性とは常に、「あなたが命じることを人々が愛し、あなたが約束することを人々が望む」［聖公会『祈禱書』特禱、受難週第五主日］ことである。

このように、魂のそれ自体との完全な調和は、神との完全な交わりと神への愛とから派生するものである。神の愛が服従を超越するところでは、魂は、無条件に自らの真の源泉と目的とにその中心を置く。罪深い人間の行動がこの理想的な可能性に完全に一致することがないことは明らかである。愛にまで至らないような服従がたとえ普遍的であったとしても規範的ではないという感覚が、《原初的義》(justitia originalis) である。それは、義務の意識はあるべきではない、という感覚である。またそれは、完璧な「なすべきこと」などないことを示す「汝なすべし」なのである。

（c）同様に、隣人への愛、すなわち生と生との、また意志と意志との完全な調和も、神への完全な信仰と信頼とから派生したものである。そのような信頼がなければ、人間は、隣人の必要に真正な関心を向けることを妨げる不安と自己満足との悪循環に巻き込まれる。このように、人間と人間との愛は、「原初的義」(justitia originalis) 全体の一面にすぎない。それはまたそのような義の最終形態でもある。相互関係にある人々の自由を考慮に入れるなら、愛は人間関係の最終的な要求である。

人間の人格性には、知の通常の手続きでは捉えられない深さと特異性とがある。そうした手続きは常に同胞を物や対象に引き下げがちである。神の人格性のみならず人間の人格性は、自己が他者を単なる観察の対象として理解しようとすると曖昧になる。他者の創造的な自発性、すなわち他者における人格性の固有の深みは、他者の生の表面には触れるが、その存在の内奥にまでは浸透しないような取り組みによって覆い隠されてしまう。各個人性の特異性は愛において知られうるのであって、一般的な知によってではない。一般的な知では、自己は、「他者」を理性の一般的な範疇に収めるために特異性を低く位置づけようとするのである。[28]

したがって、人と人との間の真の愛は、精神が精神に出会うところに生まれる関係であるが、それは、人間を結びつけも引き離しもするような自然の画一性と差異性とを共に乗り越えたところに成り立つ関係である。これは単純な可能性ではない。ある意味で個々の魂はその同胞にとって不可解であることに変わりはない。それはただ神の愛によってのみ可能となるものである。人と人との間に生じるあらゆる人間の愛は、各人の心の中の不可解な神秘と、人間と人間との間に立つ不透明な「隔ての壁」〔エフェソ二・一四〕によって挫折させられる。それゆえ、人間の愛が可能である限り、その愛は常に、ある程度まで、神との共通の関係によって成り立つ魂と魂との関係である。人間の愛が可能でない限り、その愛は、可能性の最終的な実現としての神を指し示す。神の愛によって、人間と人間との関係が補強され完成されることがなければ、自然が造り出し罪がそれを際立たせるような違い、すなわち、地勢、人種、時間、場所、歴史といったさまざまな違いが人々を互いに引き離してしまう。なるほど、自然の類似性や理性の類似性が人々を結びつけることはあるかもしれないが、それは精神と自由に達しない段階のものにすぎない。

このように、愛の律法は人間の自由が要求するものであり、自己の自由も他者の自由も共に愛の律法を要求する。自己の自由とは、自己が、どのような正義の規則であれ、自己の利害を他者の利害と調整するどのような特殊な方法であれ、それによって自らのできることをすべてやり遂げたと感じるまでになりえないようなものである。このような自由において、自己は、絶えずそうした法や規則の上に立ち、それらが、偶然的な要因によって決定されるものであり、「自分のように」隣人を愛するという究極的な可能性には達していないものであることを悟る。人々は、正義の感覚に促されて、困窮する隣人への一般的義務感を表現する失業保険の法制度を構築しようとする。しかし、そのような最小限の正義による措置の恩恵を受けている者たちが陥っている具体的窮状に直面するとき、自己は、そのような制度に満足しているわけにはいかない。他者の自由と特異性もまた、どのような正義による措置をも超えた道徳的要求を引き起こす。他者には、一般的な平等の規則では満たされない特殊な必要と要求がある。

共産主義理論においてさえ、その理論の基本である平等主義が、その最終的な未来像であるユートピアにおいて乗り越えられていることは重要である。そのユートピアでは、「ブルジョワ的平等」さえ放棄されて、各人が、「能力に応じて与え、必要に応じて受ける」完全な状態を迎えるのである。

こうして愛は、どのような道徳体系であれ、その最終条項である。愛は、正義のあらゆる構想が成就されまた否定される道徳的要求である。成就されるというのは、生に対する生の義務が、愛において、公平と正義のどのような構想におけるよりはるかに豊かに果たされるからである。否定されるというのは、愛が、程よく加減された正義の仕組みに終止符を打つからである。愛は、自己の必要と他者の必要とを注意深く調停するようなことはしない。なぜなら、愛は、自己を顧みずに他者の必要を満たすものだからである。

V　原初的義の超越的性格

人間の《全的堕落》を支持する悲観主義的人間本性論に抗して、原初的義すなわち愛の律法が、律法また要求として今もなお人間の中に存在すると主張することは重要である。同様に、近代の非宗教的またキリスト教的形態のユートピアニズムに反対して、愛の律法の成就が単純な可能性ではないと認めることも重要である。愛は自由の律法である。しかし、人間は完全に自由ではないし、人間が持っている自由は罪によって腐敗させられている。正義のあらゆる歴史的な構想や仕組みは、自然と歴史の偶然性と罪との事実を考慮に入れなければならない。人間は人種や民族、あるいは時間や場所を超越するゆえに、たとえば中国やアメリカの利益を規制するどのような正義の構想も、中国における個人の利益をアメリカにおける個人の必要よりも低く見なすことを止めることはできない。しかし、これらの利益を、愛の完全な一貫性の視点から相互に関連づけることによって、中国ないしアメリカの人間がアメリカないし中国の人間を、自国の人間の利益を確認するのと同じ程度に確認するのは生易しいことではない。人間の想像力はあまりにも限定されているため、他者の利益を自己の利益のように鮮明に見、また理解することはできない。その上、そのような調和の仕組みがどのようなものであれ、それを実現するには個人の行為以上のものが必要であろう。すなわち、地理学的な偶然性や自然資源の偶然的な変化を無視し、超越する巨大な経済的また政治的仕組みの機構が必要となるであろう。したがって、愛の律法を成就するか、それができないことに甘んじるか、そのいずれかを行うことができるような歴史上の正義の仕組みはない。

罪の事実は、さらに一層頑迷な腐敗の力さえも、自然と有限性の惰性の中に引き入れる。時間と場所とによって限定されている人間は、単に、自らの時間と場所との限界を超えて生きる他者の必要を感じ取ることができないのではない。人間は、自らの良心に基づいて、他者のさまざまな要求に抵抗し、他者の利益と両立しない自分自身の利益を要求するのである。ストア哲学の理論とカトリックの理論のいずれにおいても、絶対的な自然法と相対的な自然法とを区別することによって、罪の事実によって生まれる状況に特別な配慮が払われた。ストア哲学の理論は、罪の事実と妥協することのない良心の要求を示している。カトリックの理論は、罪深い世界における法的道徳的必要を説いた。こうして絶対的な自然法は完全な自由と平等とを要求した。他方において、相対的自然法は、統治の強制の必要、奴隷制をも含む所有や階級の不平等性、紛争の必然性といったことを明らかにした。絶対的自然法は、戦争を非合法化し、相対的自然法は、戦争を、罪深い世界において正義を達成するために必要な手段と認めた。

カトリックの合理主義は、自然法と「原初的義」(justitia originalis)とを峻別しすぎるのと同様に、相対的自然法と絶対的自然法との違いを徹底しすぎる傾向にある。それにもかかわらず、こうした区別は、道徳的な経験における実際の現実に符合しているが、近代の非宗教的およびキリスト教的ユートピアニズムは共にそれを無視する。区別が絶対的すぎるのは、罪の力や罪を超越する理想的可能性の限界を規定するのは不可能だからである。自然や歴史の不平等が避けられない運命として容認されなければならない場所や時期を、当然のように決定することができる者はいない。また、たとえ専制や不正への抵抗があからさまな紛争を引き起こすとしても、その専制や不正に抵抗しなければならない場所や時期を前もって決定することができる者もいない。相対的自然法と絶対的自然法との区別が明確にされすぎると（中世の理論におけるように）、相対的自然法が許容する不平等や紛争は過剰に独善的に受容されることになる。相対的自然法と絶対的自然法との間には明確は区別はない。それは、自然法と愛の律法との間に区別がないのと同じである。その理由は単純である。すなわち、精神の自由は自然の必然性にあまりにも深く巻き込まれ、その自由の健全さと病とは相互にあまりにも深く絡み合っているため、自由の要求としての愛の律法の当然の要求によって妨げられずに、自然と罪との特定の側面を取り出すことのできる規則を作ることは不可能だからである。

それにもかかわらず、こうした区別をつけることは、それがどれほど恣意的であれ、近代のユートピア主義者たちがするように全く区別しないで済ますよりもましである。キリスト教的ユートピア主義者たちは、愛の律法を成就することによって、あらゆる正義の仕組みや規則なしで済ませることができると考える。かれらは、愛の律法が歴史の中にではなく、歴史の縁に立つものであって、直接的な可能性ではなく、究極的な可能性を表していることがわかっていない。かれらは、専制に抵抗せず、それによって紛争を避けるように人々を説得することができさえすれば、神の国の先導役を果たすことができると考える。かれらは、罪深い世界における正義が、競合する勢力の緊張によって実際にはどの態度まで維持されるものかがわかっていない。そのような緊張は常に、あからさまな紛争になる危険にあるが、それがなければ、弱者の意志が強者の意志に従属するという専制的平和があるだけである。

十八世紀の非宗教的なユートピア主義者たちは、超越的で絶対的な自然法の自由と平等にあらゆる法を超える愛を付け加え、「自由・平等・友愛」が語の厳密な意味における「自然」の法を構成するものと好んで考える。かれらは、歴史をすべて超越する人間の自由のこのような究極的可能性は、歴史の単純な可能性であるばかりでなく、所与のものとしての自然の現実であると考えた。宗教的ユートピアニズムと非宗教的ユートピアニズムとの組み合わされた影響は、近代のブルジョワ―リベラル世界における正義の問題全体に混乱をもたらした。また、現代文明の退廃から生じてきた野蛮な行動の危険に対抗してこの世界の真正な価値を擁護するという問題を複雑なものにしてきた。

キリスト教は、人間の生を自然の必然性を超える自由の角度から測っているが、同時にその自由は罪によって腐敗させられていることにも気がついている。それゆえ、キリスト教には、律法として罪深い人間が持ち続けている原初的義ないし《堕罪》以前の完全性が、果たして最終的に歴史の事実として実現されたものになるかどうかという問題への単純な答えがないことは明らかである。これは、本研究の第二巻〔『人間の運命』〕において、その多様な相や意味合いが分析されることになる問題である。そのような分析では、かつてプロテスタント宗教改革が提起したほとんど忘れられた問題を再検討することが重要になるであろう。というのは、宗教改革以前のキリスト教の一般的な答えは次のようなものであったからである。すなわち、「原初的義」(justitia originalis) ないし愛の律法は、自然の人間にとっての可能性ではなく、「恵み」によって罪の傷が癒やされた贖われた人間によって実現されうるというものであった。宗教改革は、罪の事実を、歴史上の存在に永続的な範疇として一層深刻に受け止め、歴史が成就され人間の自己矛盾が終わりを告げるような時点は、歴史の中にはないと主張した。したがって宗教改革は、神の「恵み」を、人間の不完全を完全にする人間における神の力としてというよりも、むしろ、達成のあらゆる段階における人間の努力に絶えずつきまとう自己矛盾にもかかわらず、人間の不安な良心に安らぎをもたらす、人間に対する神の憐れみとして定義した。近代の精緻化されたプロテスタント思想では、宗教改革のこの中心的な論点は忘れ去られ、カトリックの聖化論や完全論をめぐる疑念さえ姿を消してしまった。その結果、人間の本性と人間の運命をめぐる近代リベラル・プロテスタントの諸解釈は、人間の歴史とりわけ現代史の悲劇的な事実と明白に矛盾しているが、それは、近代文化を主として特徴づけてきた一層非宗教的な諸解釈の場合も同様である。

プロテスタント宗教改革によるカトリック的楽観主義の拒否と、近代プロテスタントにおけるカトリックと宗教改革双方の人間本性に関する悲観主義の拒否との全面的な差異は、キリスト教人間学の未解決の問題を示す多くの指標の一つにすぎない。人間の本性をめぐる宗教改革的悲観主義と近代プロテスタント的非宗教的楽観主義との間に位置するものとして比較してみると、それらよりも穏健なカトリックの諸説は賢明で控えめであるように見える。ところがカトリック的総合は、ルネサンスと宗教改革とが結合した圧力によって崩壊した。ルネサンスは、人間の本性と人間の運命を無限の可能性の領域と見なし、中世の宗教については、人間の自由と人間の運命を正当に評価することができなかったと感じた。この点ではルネサンスは正しかった。しかし、善の可能性が悪の可能性を次第に取り除くと想定した点で間違っていた。進歩という偽りの思想は、キリスト教終末論と、ルネサンス的精神性の基礎であった古典的合理主義との奇妙な合成の中に潜在していた。

他方、宗教改革は次のような事実に取りつかれていた。すなわち、善悪の歴史的区別には何の意味もありえないどころか、そうした区別はすべて、その段階以前には何人も義とされない神の審判の最終段階で取り除かれるという事実である。また、歴史において善を実現する驚くべき可能性に何の意味もないどころか、人間の本性と人間の歴史とは、道徳的で社会的な達成の最低の段階と同様に、最高の段階においても自己矛盾の点においては何も変わらないという事実である。

ルネサンスも宗教改革も、「中世的総合」において理解されていた限界を超えて、人間の本性の複雑さを探求した。しかし、それぞれが発見したものは互いに矛盾していた。人間の本性についての近代文化の混乱には、この未解決の矛盾に起因するものがあった。また、次のような事実からもたらされた混乱もあった。すなわち、ルネサンスが宗教改革に対してあまりにも徹底した勝利を収めたため、宗教改革の諸洞察は、近代文化に見られるわずかな逆流と傍流の中で維持されたにすぎなかったという事実である。

人間の本性をめぐるルネサンスと宗教改革との洞察を実りある相互関係へともたらすことが、どの程度、またどのような方法で可能となるかということは、本研究の第二巻〔『人間の運命』〕において取り組む主要な問題の一つである。

注記

第一章

（1）Aristotle, *Physics*, 20.［アリストテレス『形而上学』（下）、出隆訳、岩波書店、一九六一年、一五三頁（1072b20）。原書記載の出典は誤り。］

（2）Cf. Werner Jaeger, *Aristotle*, Ch. VIII.

（3）アリストテレスの心理分析は、その自然主義にもかかわらずプラトンのそれに拠っているゆえに、アリストテレスの二元論は隠されていると主張することは間違っていよう。それは相当表に出ていた。アリストテレスは、肉体を伴わない命が魂の正常な状態であり、魂が肉体内部に留まっているのは重大な病気であると信じていた。*Ibid.*, p. 51.

（4）人間における理性と自然における理性との間のストア思想の混乱は、ストア哲学からの借り物である十八世紀の思想に絶えず保持されてきた混乱でもあるが、それは、ゼノンの思想についてのディオゲネス・ラエルティオスによる説明に明白に現れている。ラエルティオスはこう述べている。「理性的動物に、より完全な優位性のしるしとして理性が与えられるとしたら、自然と調和した理性的動物の生は、当然、理性と調和する生を意味する。というのは、理性は、衝動や欲望を形づくる工芸家のようなものだからである。したがって、人生の目的に関するゼノンの定義は自然と調和して生きることであり、有徳な生活をすることである。というのは、自然が帰着するところは徳だからである。一方、有徳な生活とは、われわれが経験する自然の過程と一致し、普遍的自然の一部としての人間本性に一致した生である」。Diogenes Laërtius VII, 85.

（5）ニーチェは、その著『悲劇の誕生』において、ギリシアの劇作家たちを、自らの生の哲学に全面的に取り入れている。悲劇の重要性は、ギリシア思想におけるオリンポス的原理とディオニュソス的原理、理性的原理と生命的原理の間の未解決の闘いの中にある。秩序と規範の神であるゼウスがギリシア悲劇において究極の権威であり続けていることは重要である。Friedrich Wilhelm Nietzsche, *Birth of Tragedy (Die Geburt der Tragödie)*.

（6）Cf. S. H. Butcher on "The Melancholy of the Greeks," in *Some Aspects of the Greek Genius*.

（7）Cf. E. Bevan, *Stoics and Sceptics*, p. 100.

（8）Nietzsche, *Kritik und Zukunft der Kultur*, Ch. IV, Par. 13.［ニーチェ「生に対する歴史の利害について」秋山英夫訳、『ニーチェ』世界文学大系42、筑摩書房、一九六〇年、三一四頁参照。］

（9）この件に関する重要な文献に以下のものがある。Manetti, *De dignitate, ex excellentia hominis*; Valla, *De libero arbitrio*; Pompanazzi, *De fato, libero arbitrio et predestinatione* および Pico della Mirandola, *Oratio de hominis dignitate*.

第二章

（1）この比喩は、『パイドロス』の中にある。［プラトン『パイドロス』、藤沢令夫訳、岩波書店、二〇一〇年、九二―九六頁参照。］

（2）In Friedrich von Schiller, *Letters on the Æsthetic Education of Mankind*.［フリードリヒ・フォン・シラー『人間の美的教育について』、小栗孝則訳、法政大学出版局、二〇〇三年、九〇―九三頁参照。］

（3）In Friedrich Wilhelm Nietzsche, *Birth of Tragedy*.［ニーチェ『悲劇の誕生』、秋山英夫訳、岩波書店、一九九六年。］

（4）同様のことが繰り返されている多くの主張から一つを選ぶなら、ニーチェは次のように書いている。「道徳的疑惑の出現（言いかえれば、ひとがそれにしたがって行為する価値の意識化）は、或る病的素質をあらわならしめる。強い時代や民族は、おのれの権利について、行為の原理について、本能や理性について、反省することはない。意識化は、本来の道徳性が、言いかえれば、行為の本能的確実性が、だめになっていることの兆候である」。*Works*, XV, p. 166.［引用箇所は、v.15ではなく、Friedrich Nietzsche, Friedrich The will to power : an attempted transvaluation of all values v. 2, translated by Anthony M. Ludovici (The complete works of Friedrich Nietzsche / edited by Oscar Levy, v.14) 2nd ed, T. N. Foulis, 1913. にあると思われる。「第二書　これまでの最高価値の批判　Ⅲ哲学の批判　四二三」、『権力への意志』（上）、原佑訳、『ニーチェ全集　11』普及版、理想社、一九八〇年、三四九頁。］

（5）Nietzsche, *Genealogy of Morals, Third Essay*, Par. 19.［ニーチェ『道徳の系譜学』、中山元訳、光文社、光文社古典新訳文庫、二〇〇九年、二七五―二七六頁、および『道徳の系譜』、信太正三訳、ニーチェ全集10、理想社、一九八〇年、四八一頁参照。］

（6）Henri Bergson, *Two Sources of Religion and Morality*, pp. 112, 113.［ベルクソン『道徳と宗教の二源泉』、平山高次訳、岩波書店、一九五三年、一五四―一五五頁。］

（7）この逆説の深遠な分析については以下を参照。Paul Tillich, *The Interpretation of History*, Part II, Ch. 1.

（8）Arthur Schopenhauer, *The World as Will and Idea* (*English and Foreign Philosophical Library*), p. 428.［アルトゥール・ショーペンハウアー『意志と表象としての世界』、第四巻、第六十一節、西尾幹二訳、中央公論社、一九七五年、五九〇―五九一頁。］

（9）ニーチェはこう書いている。「生理学者たちは、自己保存の衝動を有機体の根本衝動として設定することについて熟慮すべきであろう。なかんずく、生物はその力を放出しようと欲する。――生そのものが力への意志なのである、――自己保存は単にそれの間接的で最も頻繁な帰結の一つにすぎない」。Friedrich Nietzsche, *Kritik und Zukunft der Kultur*, Ch. IV, Par. 13.［ニーチェ『善悪の彼岸』改版、木場深定訳、岩波書店、一九七〇年、二九頁。強調はニーチェによる。］

（10）Jean-Jacques Rousseau, *Social Contract* (Everyman's Edition), p. 197.［ルソー『人間不平等起源論』、中山元訳、光文社、二〇〇八年、二五七頁参照（原書は『社会契約論』としているが、『人間不平等起源論』が正しい）。］

（11）Sigmund Freud, *New Introductory Lectures on Psychoanalysis*, p. 104.［フロイト「続・精神分析入門講義」、道籏泰三訳、新宮一成、鷲田清一、道籏泰三、高田珠樹、須藤訓任編『フロイト全集21』、岩波書店、二〇一一年、九七頁参照。］

（12）自らの推測において犯した誤りについてのフロイトの興味深い告白は、フロイトが自覚するよりはるかに多くのことを示している。エディプス・コンプレクスについての自らの分析の報告において、フロイトはこう言明している。「驚いたことに、結果は、われわれの予測とは逆であったとだけ言っておこう。不安を生み出すのは抑圧ではない。まず不安があって、抑圧がつくり出されるのである」（*Ibid.*, p. 120）［同上、一一二頁参照］。もし、フロイトが、不安が人間の自由の付随物としていかに基本的なものであるか、また不安が「外的危険」とはいかに無関係であるかということを理解していたら、次の点が明らかになっていたことであろう。すなわち、かれが取り組んでいるあらゆる倒錯は、「超自我」が抑圧された結果ではなく、人間の自由の性格そのものから発生するという点である。現代のきわめて聡明なフロイト主義者カレン・ホーナイは、アルフレッド・アドラーが基本的な衝動と見なした「権力への意志」も、フロイトにおける本能的衝動も、一層基本的な不安の派生物と見なすべきだということを証明しようとしている。「フロイトもアドラーも、そのような衝動を引き起こす不安の役割を認識しなかった」（Karen Horney, *The Neurotic Personality of Our Time*, p. 187）［ホーナイ「現代の神経症的人格」、我妻洋訳、我妻洋、安田一郎編『ホーナイ全集』第二巻、誠信書房、一九七三年、一七二頁参照］。ホーナイは、フロイトの学説が生物学的な概念にとらわれすぎていると見なしてこう述べている。「フロイトは、社会学的現象を心理的な要因に、とりわけ生物学的な要因に帰しがちである」（p. 28）［同上、二六七頁参照］。しかし、ホーナイはと言えば、不安を社会学的に説明するだけである。「近代文化は、経済的に競争原理に基づく。……個人間の潜在的な敵対的緊張は、絶え間なく恐怖を生み出す結果を招く」（p. 284）［同上、二六八―二七〇頁参照］。不安の原因をめぐる純粋な生物学的解釈の代わりにこの社会学的経済学的解釈を主張することによって、ほんのわずかにすぎないが、ホーナイは真理に近づいている。現代の精神分析家たちは、不安の基本的な性格とその人間の自由への関係とについて、最も偉大なキリスト教心理学者であるセーレン・キェルケゴールから多くのものを学ぶことができよう。キェルケゴールは、この問題に向けて深遠な研究『不安の概念』を著している。

（13）F. Engels, *Ludwig Feuerbach* (Duncker ed.), p. 56.［エンゲルス『フォイエルバッハ論』、松村一人訳、岩波書店、一九六〇年、六七―六八頁参照。］

（14）In *Dialectik und Natur*, quoted by Sidney Hook in *Toward an Understanding of Karl Marx*, p. 165.［エンゲルス『自然の弁証法』下、田辺振太郎訳、岩波書店、一九五七年、九二頁参照。］

（15）From letter to J. Bloch, quoted by Hook, *op. cit.*, p. 179.［「エンゲルスからヨーゼフ・ブロッホへ　一八九〇年九月二一日」、ドイツ社会主義統一党中央委員会付属マルクス＝レーニン主義研究所編『マルクス＝エンゲルス全集　第37巻』、大内兵衛、細川嘉六監訳、大月書店、一九七五年、四〇一―四〇二頁参照。強調はエンゲルスによる。］

（16）Lenin, *Works*, Vol. IV (Engl. Trans.), p. 122.

（17）In letter to F. Mehring, quoted by Hook, *op. cit.*, p. 342.［「エンゲルスからメーリングへ　一八九三年七月一四日」、ドイツ社会主義統一党中央委員会付属マルクス＝レーニン主義研究所編『マルクス＝エンゲルス全集　第39巻』、大内兵衛、細川嘉六監訳、大月

書店、一九七五年、八八頁参照。〕

(18) Marx, *The Capital* (Modern Library), p. 8.〔マルクス／エンゲルス『ドイツ・イデオロギー』新編輯版、「序論の第一草案」、廣松渉編訳、小林昌人補訳、岩波書店、二〇〇二年、三二頁参照。〕

(19) Engels, *Ludwig Feuerbach*, p. 64.〔エンゲルス『フォイエルバッハ論』、前掲書、三七頁参照。〕

(20) In letter to F. Mehring, quoted by Hook, *op. cit.* p. 341.〔「エンゲルスからメーリングへ　一八九三年七月一四日」、前掲『マルクス＝エンゲルス全集　第39巻』、八六頁参照。〕

第三章

(1) 特に Fritz Kunkel, *Charakter, Einzelmensch und Gruppe* 参照。

(2) 純粋に社会学的な表現によって、「精神」すなわち人間の自由の出現について説明しようとする努力は、時に驚くほど自己矛盾をきたしている。アメリカで広く支持されている社会行動学的な観点について詳述しているジョージ・H・ミードは、その著作『精神・自我・社会』(*Mind, Self and Society*) で次のように論じている。「われわれの見解は、精神についての部分的に社会的な見解から、はっきり区別されねばならない。この見解では、精神は組織化された社会集団の環境の中でしか、またはこの環境との関連でしか表現をもたないにもかかわらず、それでもやはり、ある意味で個別有機体の生得的資質——先天的または遺伝的な生物学的属性——である。……この後者の見地に立つならば、社会過程は精神を前提とし、ある意味で精神の産物である。これと全く対照的で正反対なのがわれわれの見地で、精神は社会過程を前提とし、社会過程の産物であるというものである。われわれの見地の利点は、それが詳細な説明を与え、実際に精神の起源と発展を説明することを可能にしていることである」(p. 224)。このような観点は、厳格なまでの一貫性以外には何ら称揚すべきところはない。しかし、ミードが脚注で次のように説明するとき、一貫性を犠牲にすることになる。「ゆえに、精神が生起する、もしくは生起しうるのは、人間社会においてのみであり、人間の中枢神経系が生理学的に可能にする社会関係や相互作用の特に複雑な関係においてのみである。こうしてまた、人間存在は明らかに、自己意識的もしくは自己所有的であり、またそうありうる唯一の生物学的有機体である」。(p. 235)〔『デューイ＝ミード著作集6　精神・自我・社会』、河村望訳、人間の科学社、一九九五年、二七五頁参照。〕

(3) *Meister Eckhardt*, comp. by Franz Pfeiffer, trans. by C. de B. Evans, Vol. I, p. 48.

(4) *Ibid.*, p. 220.

(5) Cf. Ernst Cassierer, *Individuum und Kosmos in der Philosophie der Renaissance*, p. 35〔エルンスト・カッシーラー『ルネサンス哲学における個と宇宙』、末吉孝州訳、太陽出版、一九九九年、五八—五九頁、E・カッシーラー『個と宇宙』、園田坦訳、名古屋大学出版会、一九九一年、四二—四三頁参照。〕

(6) *Meister Eckhardt, op. cit.*, Vol. I, p. 162.

（7）From Nicholas of Cusa, *De visione Dei*, Ch.6. Quoted from Cassierer, *op. cit.*, p. 34. ［クザーヌス『神を観ることについて 他二篇』、八巻和彦訳、岩波書店、二〇〇一年、三四—三八頁、前掲末吉訳、五七—五八頁、園田訳、四一—四二頁参照。］

（8）William Boulting, *Giordano Bruno*, p. 178.

（9）*Ibid.*, p. 180.

（10）イタリアの思想家たちの二つの論考、Pompanazzi の *De fato, libero arbitrio et praedestinatioe* (1436) と Valla の *De libero arbitrio* (1520) が特にこの主題に熱心に取り組んでいる。

（11）Michel E. de Montaigne, *The Essays of Montaigne*, trans. by John Florio, Book I, Ch. XLII ［モンテーニュ『エセー』（二）、原二郎訳、岩波書店、一九六五年、八七頁参照。］

（12）*Ibid.*, Book III, Ch. 8. ［モンテーニュ『エセー』（五）、原二郎訳、岩波書店、一九六七年、三〇〇頁参照。］

（13）*Ibid.*, Book III, Ch. 2. ［同上、三七頁参照。］

（14）John Locke, *An Essay Concerning Human Understanding*, Book II, Ch. 25. ［ジョン・ロック『人間知性論』（二）、大槻春彦訳、岩波書店、一九七八年、三二三—三三〇頁、ジョン・ロック『人間悟性論』（上）、加藤卯一郎訳、岩波書店、一九六一年、三一九—三二四頁参照。（訳本ではいずれも第二巻二十七章）］

（15）*Ibid.*, Book IV, Ch. 9. ［ジョン・ロック『人間知性論』（四）、大槻春彦訳、岩波書店、一九七七年、一七三頁、ジョン・ロック『人間悟性論』（下）、加藤卯一郎訳、岩波書店、一九六一年、一四二頁参照。］

（16）*Ibid.*, Book II, Ch. 25. ［前掲大槻訳、三三一—三三二頁、加藤訳、三二五—三二六頁参照。（訳本ではいずれも第二巻二十七章）］

（17）David Hume, *A Treatise of Human Nature*, Vol. I, Part IV, Sec. 6. ［デイヴィッド・ヒューム『人間本性論　第一巻　知性について』、木曾好能訳、法政大学出版局、一九九五年、二八六頁参照。］

（18）Cf. C. D. Broad, *The Mind and Its Place in Nature*, Ch. 6.

（19）William James, *Psychology, Briefer Course*, p. 203. ［ウィリアム・ジェームズ『心理学』上、今田恵訳、岩波書店、一九七四年、二五〇—二五一頁参照。］ジェームズは、「思考それ自体が思考する者である」(p. 216) という簡潔な言葉で、自らの立場を要約している。

（20）このことは、アメリカよりもヨーロッパの心理学諸派において一層寛大に承認されている事実である。G. F. ［原書は E.］ Stout, *Manual of Psychology* を参照。「自由についての決定的な言葉は、心理学にも倫理学にもない。自由について充分に検討するためには、個人の精神の思想や意志と、宇宙的実在との関係が吟味されなければならない。この関係は、いかなる有限的科学の観点からも全く説明のつかないものである。われわれが、何らかの特殊科学の通常の範疇において一層入念に、良心的にそのことを説明しようとすればするほど、それが奇跡、全く奇跡中の奇跡としか思われないことがますますはっきりしてくる。個人が意識的にあることをしようとしたり意図したりすることができるのはいかにして可能なのかということを心理学は説明できない」。p. 735.

(21) 自己意識についての数少ない研究の一つに、M. W. Calkins, *A First Book in Psychology* がある。

(22) W. Lowrie, *Kierkegaard*, p. 264に引用されている『おそれとおののき』より。〔キルケゴール「おそれとおののき」、桝田啓三郎訳、『キルケゴール著作集5』、白水社、一九六二年、一一七頁参照。〕

(23) ボーザンケト（Bernard Bosanquent）は、「動物的性質」という不用意な言葉を一貫して用いている。特に、*Philosophical Theory of the State*, p. 143参照。

(24) ジェームズ・ウォード（James Ward）は理性を次のように定義している。「理性は、世界に対して、体系としてであれ、有意味性としてであれ、全体性としての世界に関わる」。*The Realm of Ends*, p. 418. あらゆる合理主義の誤りは、「体系としての全体性」と「有意味性としての全体性」とを同一視してしまうことである。全体性における体系、もしくはその「論理」は、理性によって分析されたものとしての構造と一貫性である。キリスト教信仰は次のことを主張する。すなわち、全体性とは、このような構造において把握されるものでもなければ、語り尽くされるものでもなく、また、それゆえに、意味を合理的一貫性と同一視することはできないということである。この区別の妥当性は、自己が、自らの合理的過程の外に立って、その理性が現実の構造を把握できるか、また、その構造は現実の全体性を含んでいるかどうかを充分問うことができるという事実によって証明される。われわれの喩えによれば、自己は一つの高い塔であるが、それは、それが「何であるか」を眺めて理解するだけでなく、世界を超えたところに目をやってそれが「何故か」を探究するのである。前者は後者に手掛かりを与えることができるが、「何故か」に関する最終的解答を与えることはできない。

(25) *The Realm of Ends* においてジェームズ・ウォードが詳述している深遠な有神論的多元主義などがそうである。

(26) 「不幸な意識」の個人から、「真の自己」たる「不変の意識」への変容というヘーゲルの理論については、第四章において一層充分に分析している。

(27) Bernard Bosanquet, *The Principle of Individuality and Value*, p. 342.

(28) *Ibid.*, p. 282.

(29) *Ibid.*, p. 287.

(30) *Ibid.*, p. 288.

(31) *Ibid.*, pp. 285-286.

(32) Josiah Royce, *The World and the Individual*, Book II, p. 273.

(33) *Ibid.*, p. 302.

(34) *Ibid.*, p. 303.

(35) 熱烈な敬虔さにもかかわらず、ロイスがキリスト教的人間観の基本的前提をいかに理解していないかは、かれが人間についての聖書的見解とプラトン的見解とを同一視していることにおいて暴露されている。「ヨーロッパの歴史において、人間の高次の自己と低次の自己の二重性を最も強く主張してきた二つの教理、つまり、プラトンの倫理的教えとキリスト教会の福音は、以下の点を主張することにおいて一致してきた。すなわち、高次の自己は、個人によって教えることはできない永遠の世界に属するものの影響の結果であるということである。魂が元来の低い性質から解き放たれる過程についてのプラトンの説明において、永遠なるイデアは真と善の超自然的源泉として現れる。……キリスト教は、そのすべての重要な教えにおいて、高次の自己について語るにあたって同様の源泉と意味を強調してきた」。*Ibid.*, p. 251.

（36）Roger Holmes, *The Idealism of Giovanni Gentile*, p. 175.

（37）Bernard Bosanquet, *The Philosophical Theory of the State*, p. 140.

（38）E・F・キャリット（E. F. Carritt）は、国家についてのボーザンケトの思想には、同様の但し書きがしばしば見られることに注意を促し、かれの思想は、何よりも「これらのやや不可解な但し書きの挿入によって」、ヘーゲルの思想とは異なっていることを示している。それが不可解であるというのは、真剣に受け取るならば、それらの但し書きは、この観念論の学派によって保持されている国家論全体を無効にしてしまうからである。*Morals and Politics*, p. 160.［強調はボーザンケトによる。］

（39）James Ward, *The Realm of Ends*, p. 180.

（40）*Anthology of Modern Philosophy*, edited by D. S. Robinson, p. 649. における「非学問的後書き」David E. Swenson 訳より。［キルケゴール「哲学的断片への結びとしての非学問的あとがき」（上）、杉山好、小川圭治訳、『キルケゴール著作集7』、白水社、一九六八年、二二五頁参照。］

（41）Friedrich Wilhelm Nietzsche, *Beyond Good and Evil*, p. 20.［ニーチェ『善悪の彼岸』、信太正三訳、『ニーチェ全集11』、筑摩書房、一九九三年、三五―三六頁参照。］

（42）ルターは言った。「私のために地獄や天国に行くことができる者はいないように、私のために信じることができる者もいなければ、私のために天国や地獄の扉を開け閉めできる者はいない。そして、私を信仰や不信仰に仕向けることは誰にもできない」。

（43）Otto Uttendoerfer, *Zinzendorf's Weltbetrachtung*, p. 305.

（44）Friedrich Schleiermacher, *Monologen*, II. Trans. by Horace L. Friess (Open Court Publ. Co.).［シュライエルマッハー『独白』、木場深定訳、岩波書店、一九九五年、三九―四一頁参照。］

（45）August Wilhelm and Karl Wilhelm Friedrich Schlegel (eds.), *Athaneum* [*Athenaeum*], III, 15.

（46）Arthur O. Lovejoy, *The Great Chain of Being*, p. 307より引用。

（47）Schleiermacher, *Reden ueber die Religion*, II.［フリードリヒ・シュライアマハー『宗教について――宗教を侮蔑する教養人のための講話』、深井智朗訳、春秋社、二〇一三年参照。］

（48）Johann Caspar Lavater, *Antworten auf wichtige und unwerdige Fragen und Briefe weiser und guter Menschen*, Vol. I, p. 66.

（49）Schleiermacher, *Reden ueber die Religion*, p. 36.［シュライアマハー『宗教について』参照。］

(50) Nietzsche, *Beyond Good and Evil*, p. 52.［前掲ニーチェ『善悪の彼岸』、七六頁参照。］

(51) Fredericka Rowan, *Life of Schleiermacher as Unfolded in His Autobiography and Letters*, Vol. II, p. 55.

(52) Schleiermacher, *Predigten*, Vol. I, p. 230.

(53) K. Pinson, *Pietism as a Factor in the Rise of German Nationalism*, p. 92.

(54) Pinson, *op. cit.*, p. 101.

(55) ラヴジョイ（Arthur O. Lovejoy）は、この発展を的確に記述している。「それが自らのものであるゆえに、また、他文化との差異を保持することが人類全体にとって善いことであると認められたゆえに、最初に価値あるものとされたある種の国民的文化が、時を経て、それを他に強要するか、もしくは、できる限り世界の大部分に広めることが自分たちの使命であると考えられるようになった。こうして事態は一回転して元に戻る。特殊的普遍主義とでも呼ぶべき、そもそもは普遍的でなかったゆえに価値あるものとされていたものを普遍化しようとする傾向が、詩の中に、また、大国の政策とその住民の熱狂におけるある種の哲学の中に表現を見出したのである」。*The Great Chain of Being*, p. 313.

(56) Schleiermacher, *Predigten*, Vol. IV, p. 75.

(57) Schleiermacher, *Monologen*, p. 46.［前掲シュライエルマッハー『独白』、五九―六〇頁参照。］

(58) Johann Gottlieb Fichte, *The Vocation of Man*, trans. by William Smith (Open Court Publ. Co.), p. 152.［フィヒテ「人間の使命」、ラインハルト・ラウト他編『フィヒテ全集』第11巻、久保陽一、伊古田理、量義治訳、哲書房、二〇一〇年、五三九―五四〇頁参照。］

(59) *Ibid.*, p. 142.［同上、五二九―五三〇頁参照。］

(60) 以下を参照。「ドイツの愛国者は、この目的が最初にドイツ人すべての間で達成され、そしてそこから、残りの人類全体に広がることを願う。ドイツ人はこのことを願うことができる。というのは、ドイツ人のただ中に哲学はその起源を有し、ドイツの言葉によって発展するからである。哲学を考え出す知恵を持つ国民にこそ、哲学を理解する能力もまた宿ると考えることができよう。ドイツ人だけがこのことを願うことができる。というのは、ドイツ人だけが、哲学を所有し、それによって哲学を理解する能力を与えられていることによって、このことが人類の喫緊の目的であることを理解できるからである。この目的こそが唯一の可能な愛国的目標である。したがって、ドイツ人のみが愛国者たりうる。ドイツ人のみが、自国民に対する関心において全人類を包含できる。理性の本能が死滅し、利己主義の時代が始まっているゆえに、他のすべての国民の愛国心は利己的で偏狭で他のすべての人類に対して敵対的である」。H. C. Engelbrecht, *Johann Gottlieb Fichte* (Columbia University Press), p. 98における引用。

第四章

(1) T. E. Hulme, *Speculations*, p. 52.［T・E・ヒューム『ヒューマニズムと芸術の哲学』、長谷川鑛平訳、法政大学出版局、一九七〇年、

五〇頁参照。］

（2）P. H. T. Holbach, *System of Nature*, Vol. III, pp. 60, 152.［ドルバック『自然の体系』II、高橋安光、鶴野陵訳、法政大学出版局、一九九九年、一九四―一九五頁参照。］

（3）Helvetius, *De l'Homme*, Section VII, Cd. I.［エルヴェシウス『人間論』、根岸国孝訳、明治図書、一九六六年（翻訳は一、二、五、一〇巻のみ）。］

（4）Holbach *op. cit.*, p. 109.［前掲ドルバック『自然の体系』II、一九一頁参照。］

（5）Thomas Hobbes, *Elements of Law*, Part 1, Ch 15.［原書に *Elements of Law*, IV とあるのを訂正。ホッブズ『法の原理――人間の本性と政治体』、田中浩、重森臣広、新井明訳、岩波書店、二〇一六年、一四九頁参照。］

（6）Hobbes, *Elements of Philosophy, De Corpore* Part IV, Ch. 25, Part 13.［原書の *Elements of Philosophy*, Part IV, Ch, 25, Part 12. を補足・訂正。ホッブズ『物体論』、本田裕志訳、京都大学学術出版会、二〇一五年、四五二頁参照。強調はホッブズによる。］

（7）Hobbes, *Leviathan*, Part II, Ch. 17.［ホッブズ『リヴァイアサン』2、水田洋訳、岩波書店、一九九二年、三〇―三一頁参照。］

（8）W. Godwin, *Enquiry Concerning Political Justice*, Vol. II, p. 29.

（9）Holbach, *System of Nature*, Vol. II, p. 8［前掲ドルバック『自然の体系』I、二三七頁参照。］

（10）*Ibid.*, Vol. III, p. 91.［同上、二六九頁参照。］

（11）*Ibid.*, Vol. III, p. 91.［同上、二七〇頁参照。］

（12）James Mill, *Liberty of the Press*, p. 22.

（13）Jeremy Bentham, *Works*, Vol. X, p. 80.

（14）David Hume, *An Enquiry Concerning The Principles of Morals*, Sec. IX, Part 2.［原書の *General Principles of Morals*, Sec. VI, Part 2. を訂正。D・ヒューム『道徳原理の研究』、渡部峻明訳、理想社、一九九三年、一四七頁参照。］

（15）*Ibid.*, Sec. IX, Part 1.［同上、一三七―一三八頁参照。強調はヒュームによる。］

（16）*Ibid.*, Sec. III, Part 1.［同上、二五頁参照。］

（17）Auguste Comte, *A General View of Positivism*, pp. 100, 102.

（18）John Dewey, *Liberalism and Social Action*, p. 82.［「自由主義と社会行動」、『デューイ＝ミード著作集11　自由と文化・共同の信仰』、河村望訳、人間の科学新社、二〇〇二年、三二四頁参照。］

（19）*Ibid.*, p. 51.［同上、二九八頁参照。］

（20）*Ibid.*, p. 71.［同上、三一五―三一六頁参照。］

（21）Joseph Ratner, *Philosophy of John Dewey*, p. 381.

（22）Dewey, *Liberalism and Social Action*, p. 76.［前掲デューイ「自由主義と社会行動」、三二〇頁参照。］

(23) Alfred N. Whitehead, *The Function of Reason*, pp. 23-30.［ホワイトヘッド「理性の機能」、藤川吉美、市井三郎訳、『理性の機能・象徴作用』、ホワイトヘッド著作集第8巻、松籟社、一九八一年、一三—四四頁参照。］

(24) Cf. Whitehead, *Adventures of Ideas*, Ch. 5; John Dewey, *Philosophy and Civilization*.［ホワイトヘッド『観念の冒険』、山本誠作、菱木政晴訳、ホワイトヘッド著作集第12巻、松籟社、一九八五年参照。］

(25) Spinoza, *A Political Treatise*, Ch. 2, Part 8.

(26) Spinoza, *Ethics*, Part IV, Prop. LIV.［スピノザ『エチカ』（下）、畠中尚志訳、岩波書店、一九五一年、六五頁参照。］

(27) Spinoza, *A Political Treatise*, Ch. 2, Part 5-6.

(28) Hegel, *Phenomenology of Mind*, trans. by J. B. Baille, Vol. I, p. 201.［ヘーゲル『精神現象学』、長谷川宏訳、作品社、一九九八年、一四六—一四七頁参照。］

(29) W. E. Hocking, *Thoughts on Death and Life*, p. 72.

(30) Hegel, "Philosophy of Mind," from *Encyclopedia of the Phil. Sciences*, Section II, par. 539.［ヘーゲル『精神哲学』、第二篇、五三九、船山信一訳、ヘーゲル全集3、岩波書店、一九九六年、四五八頁参照。］

(31) Hegel, *ibid*., par. 552.［同上、第二篇、五五二、同上書、四八三—四八四頁参照。］

(32) T. K. Abbott, *Kant's Theory of Ethics*, par. 7.

(33) *Ibid*., par. 7.

(34) カントは、その思想の根本的傾向において、合理的人間の道徳的自己満足を示しているが、それは、近代の観念論が、あらゆる型の合理主義と共有するところのものである。しかしながらカントは、その『たんなる理性の限界内における宗教』において、かれの理論体系全体と全く相反する罪についての説を述べており、それは、かれに対する敬虔主義的キリスト教思想の影響の証拠としてのみ説明できるものであるという事実に注意を促す必要がある。しかし、その影響といえども、かれの倫理体系を変えることはなかったし、また、そのことは、完全にその影響を粉砕することなしには不可能であった。カントの説は「根本悪」という見出しによって解説されている。カントにとって根本悪とは、道徳命法を腐敗させて、それを、自己愛を投影するスクリーンにしようとする人間の傾向のことである。かれは述べる。「この悪はすべての格率の根拠を腐敗させてしまうから根源的である」。［「たんなる理性の限界内の宗教」、北岡武司訳、『カント全集』10、岩波書店、二〇〇〇年、四九頁参照。］人間の自己欺瞞の能力や、利己的行為に道徳的見せかけを与えるために理性を実際よりも善いものに見せようとしうる能力を分析するにあたって、カントは、精神の複雑さや神秘性を見抜いている。この点に関して、かれの『実践理性批判』のほうは終始全く盲目であるように見受けられる。

(35) Étienne Gilson, *The Spirit of Medieval Philosophy*, pp. 270-272.［E・ジルソン『中世哲学の精神』（下）、服部英次郎訳、筑摩書房、一九七五年、八五—八八頁参照。］

第五章

（1）ジョン・オーマン［John Oman, 1860-1939. イギリスの神学者、宗教哲学者］は、神秘主義的宗教と黙示的宗教との相違を以下のように定義している。「前者においては、永遠なるものは、はかないものから脱け出ることによって不変のものとなると考えられている。後者においては、永遠なるものは、はかないものの中に、その変化において強まっていく目的の啓示として求められる」。……「神秘主義的宗教は、――それは常に科学的に理解されなければならないのであるが――はかないものの幻の背後に永遠なるものを探し求める宗教である。しかし、はかないものの中に啓示を求めるあらゆる宗教について『黙示的』という言葉を用いるとき、この用語はその通例の用法から拡張されることになる。通例の用法というのは、突然の破局的な啓示を期待する宗教について言うのであるが、拡張的用法になると、それがあらゆる形で期待されることになる」。*The Natural and the Supernatural*, pp. 403-409.

（2）ジョン・ベイリー［John Baillie, 1886-1960. イギリスの神学者］が次のように述べているのは全く正しい。「どれほど過去にさかのぼっても、どれほど記憶力をふりしぼって子ども時代の無垢の未開拓地に達しようと努めても、無神論的心境に達することはできない。自分自身を意識しているのに他人を意識しない日にさかのぼりえないのと同様に、自分自身を意識しているのに神を意識しない日にさかのぼることはできない」。*Our Knowledge of God*, p. 4.

（3）Cf. Immanuel Kant, *Critique of Pure Reason*, Book II, Ch. ii, par. 9, IV.［原書に Ch. ii, par. 4. とあるのを訂正。イマヌエル・カント『純粋理性批判』下、石川文康訳、筑摩書房、二〇一四年、二五二頁参照。］

（4）Martin Buber, *Koenigtum Gottes*, p. 91.［マルティン・ブーバー『神の王国』、木田献一、北博訳、日本キリスト教団出版局、二〇〇三年、一三五頁参照。］

（5）マーサー［John Edward Mercer, 1857-1922. タスマニア主教］は、*Nature Mysticism* において、神秘主義が永遠なるものと神的なものを明らかにする過程について次のように述べている。「容赦ない抽象化の過程を経て、かれらは感覚の世界を放棄し、それについては否定なしには何も言いえないような存在の様態への忠誠を誓う。……それは、あらゆるものを受け入れながら、純粋な否定を保つ。――こういうわけだから、空虚によって死んでしまわないように、正統的神秘主義の言う絶対者のもとに置いてけぼりしないでほしい」。p. 10. ルーファス・ジョーンズ［Rufus Johns, 1863-1948. アメリカの著述家、哲学者、歴史家、クエーカー］も神秘主義におけるこのような傾向を認めているが、大部分のキリスト教神秘主義者と同様に、かれはそれを、神秘主義のそもそもの弱点ではなく、例外的なものと見ている。*Studies in Mystical Religion*, Ch. 6.

（6）預言者の言葉は深い宗教的洞察に満ちている。かれは言う。「彼は林の中で力を尽くし、樅を切り、柏や樫の木を選び、……木材の半分を燃やして火にし、肉を食べようとしてその半分の上であぶり、食べ飽きて身が温まると、『ああ、温かい、炎が見える』などと言う。残りの木で神を、自分のための偶像を造り、ひれ伏して拝み、祈って言う。『お救いください、あなたはわたしの神』と」（イザヤ四四・一四―一七）。

（7）第二巻、第一、二章において考察する。

（8）Clement, *Protrepticus*, i. 8.［「アレクサンドリアのクレメンス『プロトレプティコス』（『ギリシア人への勧告』）全訳」、秋山学、『文藝言語研究　文藝篇』五七、筑波大学文藝・言語学系、二〇一〇年参照。］

（9）この問題は、第二巻、第三章においてより詳細に扱われる。

第六章

（1）Cf. H. Wheeler Robinson, *The Christian Doctrine of Man*, pp. 20 and 65; also *Realencyklopaedie fuer Protestantische Theologie und Kirche*, Vol. VI, p. 452.

（2）*Ibid.*, p. 453.

（3）特に以下を参照。Weiss, *The History of Primitive Christianity*, Vol. II, p. 479. ホルツマン（Holtzmann）は同様の見解をとっている。この見解が決定的なものでないのは、パウロが、『コリントの信徒への手紙一』二章一一節および五章三節で、人間の霊について明確に語っているからである。

新約聖書におけるプニューマという聖書的概念についての包括的な分析とキリスト教思想における「霊」の定義と含意については、以下を参照。Edwyn Bevan, *Symbolism and Belief*, Chs. 7 and 8.

（4）ニュッサのグレゴリオスは、人間における神の像をこう定義している。「神は知性と言葉である。というのは、『はじめに言葉があった』からである。……人間性もまたこれらと無縁ではない。あなたはあなた自身の中に言葉と理解、すなわち真の『知性と言葉』の模倣を見る」（Par. V, "On the Making of Man"）。さらにこうも述べている。「このように魂はその完全な姿を知的で理性的なもののうちに見出す。知的で理性的でないすべてのものは、魂の名を共有しているかもしれないが、それは実際には魂でなく、魂という名と結びついた特定の生命的エネルギーである」（Par. XV）。ここに暗示されている本質的なプラトン主義は次のように十分に述べられている。「動物の被造物に特有の条件はすべて、魂の知的部分と調和している。その特有の条件には、怒りや恐れといった、われわれの内部で対立するあらゆる活動が属すが、理性と思考の能力だけは別である。それだけが、われわれの生について言われてきたように、最高の産物であり、神の像の特徴を担っているのである」（"On the Soul and the Resurrection"）。しかし、グレゴリオスは、この合理主義の中にもっと聖書的な要素を導入して次のように考察した。「さらに神は愛であり、愛の源泉である。……われわれの本性の創作者はこの愛もまたわれわれの特性とした。……したがって、もしこれに欠けているとしたら、神の似姿の特徴はすべて変わってしまうであろう」（Par. XI in the *Nicene and Post-Nicene Fathers: Second Series*, Vol. V, pp. 390-442.）。

オリゲネスのプラトン主義は、人間の統一性という聖書的な考え方を完全に損なっている。オリゲネスにとって、人間における神の像すなわち「霊的な魂」（ψυχή λογική）は、実は堕落した天上の霊であり、肉体の内にある生命によって前世の堕落を償うのである。

トマス・アクィナスにおいては、「神の像」についての主知的概念と聖書的概念とが、アリストテレス的要素が優位を占めることによってないまぜになっている。神の像は、「何よりも……知的本性」として定義されている。しかし、「副次的」に「神の像は……神へのある一定の模倣が人間のうちに見出されるという点に由来するものである。それは、たとえば、人間が人間から出るのは、あたかも神が神から出るごとくであるというかぎりにおいてであり、人間の魂が全身体において全体としてありながら、しかもまた身体のそれぞれの部分においても全体としてあることがあたかも神が世界に対するごとくであるというかぎりにおいてである」。それにもかかわらず、この考察がトマスの支配的な合理主義を揺るがすことはない。その合理主義は、トマスが、天使たちよりも人間のほうが神の像に似せて造られているというアウグスティヌスの主張に挑戦することになるほど強力である。トマスはこう書いている。「[知的本能に関するかぎりにおいて、天使は人間以上に神の像に似ている以上、]端的な意味においては天使のほうがより多く神の像に似ていることを容認すべきであるが、あるかぎられた意味においては人間のほうがより多くそうなのである」。Thomas Aquinas, *Summa thologiae*, Part I, Question 93, Art. 3.［トマス・アクィナス『神学大全』第七冊、第一部、第九十三問題、第三項、大鹿一正訳、創文社、一九八四年、五七―五八頁参照。］

神に対する人間の有徳な従順と愛の関係としての神の像に関して、アクィナスはこう主張している。神の像は、人間の原初の性質に属していたはずはないし、堕罪によってなくなったはずでもない。人間は現在それを所有していないのだから、堕罪において失われたのは超自然的な資質であると見なさなければならない。「人間が造られた際の最初の状態における正しさは、神に服従する人間の理性や、理性に服従する下位の諸能力や、魂に服従する体の中にある。そして第一の服従が第二の服従と第三の服従の原因であった。したがって、そのような服従が自然本性的なものでなかったことは明らかである。そうでなければ、罪の後にもなおその正しさは残ったであろう。……それゆえ、理性が神に服従するのは原始的な服従によるが、その原始的服従もまた、単に自然的な賜物ではなく恵みの超自然的な資質であったことは明らかである」（Thomas Aquinas, *Summa*, Part I, Question 95, Art. 1.［同上、第九十五問題、第一項、一〇九頁参照］）。

人間の自然的な資質を超えて与えられ、堕罪において喪失したが、その結果人間の自然的な徳性はそのまま残されたとすることの「さらに付加された賜物」（donum superadditum）というカトリック公認の教理は、非常にわかりづらい。表向き、失われるのは超自然的徳である。しかし、その超自然的特性をもたらす能力は、罪に通じる能力と同じもの、すなわち人間の自己超越的精神である。それゆえ、人間の構造は、堕罪後変わったことになる。人間は、本質的にアリストテレス的人間になった。人間は、有限性の中に没入する人間の限界のもとにある自然的な徳への能力を持つ。人間は、永遠への能力に欠けるのである。もしこのとおりだとしたら、人間は、罪深い自己称賛の能力にも欠けることになろう。

（5）カルヴァンは、初期教父たちの人間論が一貫性を欠き、曖昧であるのにひきかえ、アウグスティヌスの見解がいかに深遠であるかを正しく指摘している。カルヴァンは次のように述べている。「他の人々と比べてギリシャ教父たち、とりわけクリュソストモスは、度を過ごして人間の意志の機能を褒めそやすが、古代教父の全てが、アウグスティヌスを別とすれば、この問題については変節したり動揺したり、混乱したことを述べたりしており、その著作から確実なことは殆ど一つも得られない」(Jean Calvin, *Institutes*, Book II, Ch. 2, par. 4.［ジャン・カルヴァン『キリスト教綱要　改訳版　第1篇、第2篇』、第2篇、第2章、4、渡辺信夫訳、新教出版社、二〇〇七年、二八二―二八三頁］)。

(6) Augustine, *Joan. Evang.*, XXIII, 10.［アウグスティヌス『ヨハネ福音書講解』上巻、第二十三講、10、中沢宣夫訳、新教出版社、一九六六年、三七〇頁。］

(7) Augustine, *De trin.*, XIV, 4, 6.［アウグスティヌス『三位一体論』第四章、六、中沢宣夫訳、東京大学出版会、一九七五年、三九一頁参照。］

(8) Augustine, *Confessions*, Book X, par. 7-17.［［アウグスティヌス『告白』下、第十巻、第七章―一七章、服部英次郎訳、岩波書店、一九七六年、一七―三六頁参照。強調はニーバーによる。］

(9) Augustine, *Joan. Evang.*, XXIII, 10.［アウグスティヌス『ヨハネ福音書講解』上巻、第二十三講、10、中沢宣夫訳、前掲書、三六九―三七〇頁。］

(10) Augustine, *De vera relig.*, XXXIX, 72.

(11) Augustine, *Retract.*, I, i, 2. Quoted by Przywara, *Augustinian Synthesis*, p. 23.

(12) Augustine, *Serm. (de script.* N. T.), CXVII, iii, 5.

(13) Augustine, *Ps.* 118, *Serm.* xviii, 3.

(14) 次のカール・バルトの立場は重要である。バルトが大枠でアウグスティヌス的伝統の中にあることは言うまでもない。しかし、バルトは、神から人間への啓示には、啓示それ自体が造り出すものを除いて、事実上人間との接触点はないことをしきりに証明しようとし、人間における神の像についてのアウグスティヌスの定義を非常に不都合なものと見なし、それを厳しく批判している。Cf. Karl Barth, *Doctrine of the Word of God*, p. 281.

(15) Calvin, *Institutes*, Book I, Ch. 15, par. 3.［カルヴァン『キリスト教綱要』、第1篇、第15章、3、二〇七頁参照。］

(16) *Institutes*, Book I, Ch. 15, par. 8.［同上、第1篇、第15章、8、二一五頁参照。］

(17) *Institutes*, Book I, Ch. 15, par. 3.［同上、第1篇、第15章、3、二〇七頁参照。］同じ章でカルヴァンは、何人かの初期教父に従って、人間の高潔さを人間における神の像の一面と見なしている。「人間の外形も我々を動物から区別して隔てる限り、それが我々を神に近く結び付けるものであることを私は否定しない。また、他の動物が前に屈んでいるのに対し人間の頭は上に付けられ、天を見上げ、顔を真っ直ぐに星に向けるというところに神の像があるとする解釈に対しても、私はいっそう激しく言い争おうとは思わない」。［同上、第1篇、第15章、3、二〇五頁参照。］

(18) Martin Luther, *Commentary on Genesis* においてルターは、通常、神の像をもっぱら現在の罪の状態と対比させながら定義する。

かれは、どの宗教改革の神学者よりも、堕罪以前の完全な状態についての神秘的な側面によって混乱に見舞われている。もっともそうした神学者たちはみな、この完全な状態が史実であったと考えていた。ルターは、この完全な状態を描写するにあたって想像力を縦横に働かせることを認め、この完全の状態には知的で精神的な資質はもちろん、身体的な完全という属性までも含まれると主張する。アダムは「オオヤマネコにまさる視力を持っていた」し、「自分たちより強いライオンや熊を、子どもの動物のようにあしらった」。(*Ibid.*)

(19) 以上の引用はすべて以下による。Luther, *Commentary on Genesis*, Part IV, II, V, 26ff.

(20) Martin Heidegger, *Sein und Zeit*, p. 49.［ハイデガー『存在と時間』（一）、熊野純彦訳、岩波書店、二〇一三年、一二二頁参照。］

(21) Max Scheler, *Die Stellung des Menschen im Kosmos*, pp. 46-47.［マックス・シェーラー『宇宙における人間の地位』、亀井裕他訳、シェーラー著作集13、白水社、一九七七年、四六―四八頁参照。］シェーラーが上記の所論で自分の説を誇張していることは明らかである。エジソンのような技術的知能は、抽象化や一般化の能力に依存しており、これらの能力は、「自分自身を含めて全時間的空間的世界を自分の知識の対象にする」さらなる究極的な能力に由来している。もしそうでないとしたら、猿は程度においてエジソンの技術的知能に近づくことができなければならない。両者の差は、質的であって、単に量的ではない。しかし、シェーラーが単なる理性と対比して「精神」の最終的な次元を強調しているのは正しい。通常、「理性」が意味するものには「精神」の意味が含まれないが、「精神」が意味するものには「理性」の意味は含まれる。

(22) Søren Kierkegaard, *Entweder Oder*, Band, II, p. 182.［セーレン・キルケゴール『あれか、これか』第二部（下）、浅井真男他訳、『キルケゴール著作集4』、白水社、一九六五年、一〇〇―一〇一頁参照。］

(23) キリスト論と人間の自由をめぐるキリスト教思想との関係についてのこの問題は、第二巻第三章においてさらに詳細に検討されるであろう。

(24) マックス・シェーラーは、この違いを次のように明確化している。「理性の問題というのは次のようなものであろう。わたしは腕に痛みを覚える。どうしてこの痛みは生じたのであろうか、どうしたらそれは取りのけられるだろうか。それをつきとめることは、科学の課題であろう。しかし、わたしはこのわたしの腕の痛みを、この世界は一般に苦痛、禍、苦悩でけがされているという事態に対する『実例』としても把えることができる。その場合、わたしは別の問い方をするであろう――いまわたしがそれを感じているということから離れて――苦痛、禍、苦悩とは本来的に何であるかとか、そうした『苦痛一般』というようなものが可能であるには事物の根拠はどのような様相のものでなくてはならないのかと」。Scheler, *op. cit.*, p. 66.［シェーラー、前掲書、六一頁参照。］

(25) 『ヘブライ人への手紙』のその章にはこう記されている。「『主よ、あなたは初めに大地の基を据えた。もろもろの天は、あなたの手の業である。これらのものは、やがて滅びる。だが、あなたはいつまでも生きている。すべてのものは、衣のように古び廃れる。あなたが外套のように巻くと、これらのものは、衣のように変わってしまう。しかし、あなたは変わることなく、あなたの年は尽きることがない』」（ヘブライ一・一〇―一二）。この句は詩編一〇二編から取られている。詩編では、この同じ主題について、幅広く多様なかたちで説明されている。

（26）アウグスティヌスは、キリスト教の創造論における弁証法的な強調、すなわちその依存性と善の双方の強調を印象的に次のように説明している。「それではこういうものは何であろうか。わたしは地にたずねたが、地は『わたしではない』と答え、地にあるすべてのものも同じことを告白した。わたしは海と淵とそこに棲む生きものとにたずねたが、それらのものは、『わたしたちはあなたの神ではない。わたしたちの上にあるものを探せ』と答えた。……わたしは天と日と月と星とにたずねたが、それらのものは、『わたしたちはあなたの探している神ではない』というのであった。わたしはまた、わたしの肉の門戸をとりかこんでいるすべてのものに向かって、『君たちはわたしの神ではないから、わたしの神についてわたしに語ってくれ。わたしの神について何事かを言ってくれ』といった。そうするとそれらのものは、声高らかに叫んで、『その方がわたしたちを造ったのだ』と答えた。……わたしは世界全体に向かって、わたしの神についてたずねたが、世界全体は、『わたしは神ではない、神がわたしを造られた』と答えた」。Augustine, *Confessions*, Book X, par. 9.［アウグスティヌス『告白』下、第十巻、第六章、九、服部英次郎訳、岩波書店、一九七六年、一四―一五頁参照。］

（27）アウグスティヌスは、人間の神格化という神秘主義的な教理を拒否し、こう述べている。「ところでわたし自身は次のように考える。もしわたしたちのうちにもはや何をつけ加えることもできないほどの大いなる義が仮に実現したとしても、それでもなお被造物は創造者と同等に比較されないであろう。しかるに、もしある人たちが、わたしは神の実体にまで変えられ、しかもまさに神と等しい存在に創られるほどの大いなる前進をなす、と考えるならば、その人たちは自己の意見をどういうふうに［勝手に］増大させているかを用心すべきであろう。わたしはこれにより説得されていないことを表明しておく」。Augustine, *Treatise on Nature and Grace*, Ch. 33.［原書では Ch. 38 となっているが、Ch. 33 の間違いかと思われる。］*Anti-Pelagian Works*, Vol. I, p. 266.［アウグスティヌス『自然と恩恵』、第三三章、三七、『アウグスティヌス著作集　第九巻』、ペラギウス派駁論集（1）、金子晴勇訳、教文館、一九七九年、一七八頁。］

（28）Kierkegaard, *Die Krankheit zum Tode* (Diederich Verlag), p. 27.［セーレン・キルケゴール『死にいたる病』、松浪信三郎訳、『キルケゴール著作集11』、白水社、一九六二年、四三―四四頁参照。］

（29）ヘルメス文書の一つである『ポイマンドレス』には、堕罪のこの解釈が見られる。ギリシア思想は、『饗宴』におけるプラトンの示唆に追随する傾向にある。フィロンは、二つの性の創造が神の像に造られたものであるとは考えることはできなかった。Cf. C. H. Dodd, *The Bible and the Greeks*, p. 165.

（30）Nikolai Berdyaev, *The Destiny of Man*, p. 299.［ニコライ・ベルジャーエフ『人間の運命』、野口啓祐訳、『ベルジャーエフ著作集』第三巻、白水社、一九六六年、五〇九頁。］

（31）Gregory of Nyssa, *On the Making of Man*, XVIII. *Nicene and Post-Nicene Fathers: Sec. Series*, Vol. V.

（32）Gregory of Nyssa, *On the Soul and the Resurrection, op. cit.*

（33）Irenæus, *Treatise Against Heresies*, Ⅳ, 384. エイレナイオスはヘレニストではなかったが、合理主義的弁証家たちに多くを負っている。

（34）Augustine, *Anti-Pelagian Works*, Vol. I, p. 150.［アウグスティヌス『自然と恩恵』、第二三章、二五、前掲書、一六一頁参照。］

（35）『知恵の書』［旧約聖書続編］は次のように主張している。「神は人間を不滅な者として創造し」たが、「悪魔のねたみによって死がこの世に入」ってきた（二・二三、二四）。

（36）創世記には以下のように記されている。「神はアダムに向かって言われた。『お前は女の声に従い／取って食べるなと命じた木から食べた。お前のゆえに、土は呪われるものとなった。お前は、生涯食べ物を得ようと苦しむ。お前に対して／土は茨とあざみを生えいでさせる／野の草を食べようとするお前に。お前は顔に汗を流してパンを得る／土に返るときまで。お前がそこから取られた土に。塵にすぎないお前は塵に返る』」（三・一七―一九）。

（37）Athanasius, *De incarnatione verbi Dei*, Par. 4-5［原書ではPar. 5となっているが、Par. 4-5の間違いと思われる。アタナシオス『言《ロゴス》の受肉』、小高毅訳、中世思想原典集成2、平凡社、一九九二年、七五頁参照。］

（38）死が罪の結果であるという教理が多様に表現されていることは言うまでもない。しかしこの教理が、キリスト教正統主義の一貫した教理であることに変わりはない。エイレナイオスの解釈はこうである。「しかし神は、死を持ち込むことで人間の罪の状態に制限を加えた。そのようにして、それを、罪を終わらせる理由とし、地上で起こるべき肉体の崩壊によって罪を終わらせた。それは、ついに罪に生きることを止め、罪に死ぬことによって、神に生きることを始めるためであった」。Irenæus, *Against Heresies*, Book III, xxiii, 6.

　ニュッサのグレゴリオスは、神は人間が罪を犯すことを予想して人間を可死的な者に造ったと考えている。「しかし神は、造られたわれわれの本性のうちに悪への偏向があることと、人間が天使と同等の地位から自分の意志で堕落した後は自分より低い自然との交わりを要求したという事実を見抜いたため、そのゆえに神は、自らの像に、非合理的な要素を混ぜ合わせたのである。つまり、非合理的な形成物という特殊な属性を人間に移したのである」。Gregory of Nyssa, *On the Making of Man*, Ch. XXI.

　アクィナスの解釈はこうである。「人間の身体は、そこに現存している何らかの不死性の活力によって不可分解的だったわけではなく、かえって、かれの魂のうちに、神から超自然的に与えられたある力が内在していて、魂は、自らが神への服属のうちにとどまるかぎり、この力をもって身体をあらゆる滅びから護ることができたのである。……身体を滅びから護るといったそうした力は、人間の魂にとって自然本性的なものでなくして、恩寵の賜物によるものであった。そしてかれは、罪科の赦しと栄光の功業とのための恩寵はこれを回復したとはいえ、しかしやはり、失われた不死性の獲得のための恩寵までは及ばなかったであろう」。Thomas Aquinas, *Summa theologiae*, Part I, Question 97, Art. 1.［トマス・アクィナス『神学大全』第七冊、第一部、第九十七問題、第一項、山田晶訳、創文社、一九八四年、一四〇―一四一頁参照。］

マルティン・ルターの見解も、この点では類似している。「アダムは、罪を犯していなかったとしたら、なお肉体の生を生きたであろう。そして肉や飲み物や休息を必要としたであろうし、成長し産み増えたであろう。そしてついに神によって霊的な命へと造り変えられたであろう。そこでは、人間は、そう表現してもよいなら、生来の動物性なしに生きたであろう。……それでもなお、人間は、体と骨を持った人間であって、天使のような純粋な霊ではなかったであろう」。Martin Luther, *Commentary on Genesis*, III, 5, 7.

(39) 第二巻、第九章、第一〇章。

第七章

(1) Albrecht Ritschl, *Justification and Reconciliation*, p. 199.

(2) イザヤ一四・一二、一三、一五。スラヴ語訳エノク書［第二エノク書］では、悪魔の堕落のことが同様に描かれている。「そして天使たちの序列にあったものたちの一人は、自分より下級のものたちと背き離れ、ありえないことを考えた。それは、かれの宝座を地の上にある雲よりも高く上げ、わたし（神）の権力と同じ地位になろうというものであった。よってわたしはかれを仲間の天使たちもろとも高みから投げ落とした。するとかれは底なし（深淵）の宙空をとめどなく浮遊していた」。II Enoch, XXIX, 4.

(3) キェルケゴールは次のように述べる。「不安は罪に先行する心理学的な状態である。それは罪の間近に、不安におののきながら可能なかぎり罪に近く接近するのであるが、しかも罪の説明とはならない」。Søren Kierkegaard, *Der Begriff der Angst*, p. 89.［『不安の概念』、『キルケゴール著作集10』、氷上英廣訳、白水社、一九六四年、一三九頁参照。］不安と罪との関係についてのキェルケゴールの説明は、キリスト教思想においてもっとも深遠なものである。

(4) マルティン・ルターは、一般的なキリスト教の伝統にのっとり、「ベン・シラの知恵」一〇・一四を引用しつつ、『キリスト者の自由』において、「あらゆる罪の始まりは、神から離れ、神を信じないことである、と賢者は言った」と述べている［山内宣訳『キリスト者の自由（ラテン語版）』、『ルター著作集　第一集　2』、聖文舎、一九六三年、三七七頁参照］。ルターはしばしば、堕罪以前の完全な状態をすべての不安から完全に自由であることと定義している。ルターの思想においてはよくあることだが、かれはここで事柄を誇張している。理想としては、不安は信仰によって克服される。だが、不安の全くない生に自由はなく、信仰の必要もない。

(5) ハイデガーは、「気づかい」（care、［ドイツ語で］Sorge、［ラテン語で］cura）という言葉の持つ二重の意味合い［投企性と被投性］の重要性に注意を促している。それは、多くの言語に見られる二重の含みである。かれは述べる。「人間の完成、つまり、人間がその自由において自らの究極的可能性に従ってなりうるものになるのは、気づかいという能力による。しかし全く同様に根源的に、気づかいという語は、人間が、不安な世界と偶然性に翻弄されていることを指し示す（すなわち「被投性」Geworfenheit）。curaという語の二重の意味は、偶然性と可能性という人間の根本的ありよう（すなわち「被投的投企」geworfenen

Entwurfs）を指し示す」。Heidegger, *Sein und Zeit*, p. 199.［ハイデガー『存在と時間』（二）、熊野純彦訳、岩波書店、二〇一三年、四一五―四一六頁参照。］

ハイデガーによると、この二重の意味は、Sorgfalt と Sorge を並べてみるとはっきりしてくる。前者は《注意深いこと》としての気づかいであり、後者は《不安》としての気づかいである。あいにく、英語では Angst［不安］と Sorge［気づかい］とを区別することは不可能である。どちらも anxiety と訳すしかない。

（6）また一方では、キリスト教の思想が完全に一貫して傲慢を根本的な罪と見なしてきたとは言えない。初期ギリシア神学であれ、中世思想であれ、近代の自由主義的思想であれ、人間の古典的な理解が顕著なところでは、罪を肉欲と同一視する傾向がある。罪を傲慢とする定義は、一般にアウグスティヌス主義として知られる神学の流れにおいて一貫して維持されている。

アウグスティヌスは罪を次のように定義する。「高慢のほかに何がこの悪しき意志を始められるだろうか。ところで、高慢とは転倒した高揚を求めることでなくてなんであろうか。そして、転倒した高揚とは、精神がかたくよりすがるべきところのものを見捨てて、みずからの根源にたいして、ある意味でみずからが根源となることなのである。このことは、精神がはなはだしく自己自身に満足するときに起こるのである」。Augustine, *De civ. Dei*, Book XII, Ch. 13.［アウグスティヌス『神の国』（三）、服部英次郎訳、岩波書店、一九八三年、三一五頁参照。原書では十二巻となっているが、十四巻と思われる。］

あるいはこうも言う。「高慢とは不当な高揚感でなくして何であろうか。精神がその目的としてかたくよりすがるべきところのものを放棄して、自己自身が目的めいたものになるときに、そうなるのである」。*De civ. Dei*, Book XIV, Ch. 13.［同上参照。］

パスカルの定義はこうである。「自我は憎むべきものだ。……要するに、自我は二つの性質を持っている。それはすべてのものの中心になるから、それ自身、不正である。それは他人を従属させようとするから、他人には不快である。なぜなら、各人の自我は互いに敵であり、他のすべての自我の暴君になろうとするからである」。Pascal, Faugère, Vol. I, p. 197.［パスカル『パンセ』、第七章、四五五、前田陽一、由木康訳、中央公論新社、二〇一八年、三三五頁参照。］

ルターにおいては、傲慢と自己愛は同義的に用いられている（Superbia et amor sui）。原罪は時折、魂における欲望一般（Universa concupiscentia）として定義されるが（ワイマール版 III, 215）、この欲望は、魂を神から被造物へと転じることにおいて現れる。肉欲についてのルターの定義は、傲慢としての罪と対立するものではないし、またそれと著しく異なっているわけでもない。どちらも *caro*［ラテン語のカーロ］を源とするが、ルターにとって、これはパウロの σάρξ［ギリシア語のサルクス］と全く同じ意味合いを持つものである。これは、人間の有限性の象徴としての「身体」（body）ではなく、人間の罪深さの象徴としての「肉」（flesh）のことである。シュトンフはルターの考え方を次のように定めた。「ルターが『肉としての自己』と言うとき、その意味は、罪人は、あるがままの自分を見ておらず、また、そのような自分をはっきりと望んでいるわけではないにもかかわらず、自分があるがままであることを欲する、ということである」。M. A. H. Stomph, *Die Anthropologie Martin Luthers*, p. 73.

トマス・アクィナスは、肉欲について、それはより根本的な《自己愛》に由来するものと考えている。「罪の固有的で自体的な原因は、可変的な善への転向という面からして捉えるべきものである。じっさい、この面からいえば、すべての罪は何らかの時間的・現世的な善へのある秩序を外れた欲求からして出てくるものである。しかるに、ある者が何らかの時間的・現世的な善を、秩序を外れた仕方で欲求するということは、かれが自己を秩序を外れた仕方で愛することから出てくる」。Thomas Aquinas, *Summa*, Part I, Third Number, Question 77, Art. 4.［トマス・アクィナス『神学大全』第一二冊、第二部―第一部、第七十七問題、第四項、稲垣良典訳、創文社、一九九八年、一七三頁参照。］

カルヴァンはローマの信徒への手紙一章に示されたパウロの罪の定義に一貫して依拠している。罪は傲慢であって無知ではない。「彼らは神そのものではなく、むしろ己の想像や妄想を神の代わりに拝んでいるのである……。このような倒錯をパウロははっきり述べて、『自ら賢いと唱えて、愚かとなっている』と言う（ローマ一・二二）。その少し前に『彼らの思いは空しくなり』と言われるが、何ぴとも責めを免れることができないように彼らの心が暗くされたのは当然であると付け加える。というのも、彼らは節度を守ることに満足できず、己の限度を越えて思い上がり、自ら進んで闇を導き入れ、自分自身の虚妄と邪な思い上がりの中で愚かになっているからである。ここから結論されるのは、彼らの愚かさには言い逃れの余地がないということである。なぜなら、彼らの拠って立つ所は、単に空しい好奇心であるにとどまらず、偽りの信念によって、分を越えて知ろうとする欲望だからである」。John Calvin, *Institutes*, Book I, Ch. 4.［ジャン・カルヴァン『キリスト教綱要　改訳版　第1篇・第2篇』、第1篇、第4章、1、渡辺信夫訳、新教出版社、二〇〇七年、五〇―五一頁参照。］

(7) たとえばニュッサのグレゴリウスは、怒りを次のように分析している。「したがって我々のうちでの怒りの高まりは獣の衝動に似通っている。しかし、それは思想との結びつきによって強まる」。Gregory of Nyssa, *On the Making of Man*, XVIII, 4.

(8) 罪のこの側面の問題については第九章で扱う。

(9) これはキリスト教思想において伝統的な区別である。Mueller, *On the Christian Doctrine of Sin*, Vol. I, p. 177.

(10) Bertrand Russell, *Power, A New Social Analysis*, p. 11.［バートランド・ラッセル『バートランド・ラッセル著作集　第5　権力その歴史と心理』、東宮隆訳、みすず書房、一九五九年、六頁参照。］

(11) ラッセルは言う。「もし神になれるものならばなりたいと思わない者はない。そして、それが不可能であることを認めるのは困難であると思う者も少なくない」。*Ibid.*, p. 11.［同上、五頁参照。］

(12) 現代の国際社会のありようにおいて、過度な安心感によって、適切な時期に適切な防衛策を取らなかった大英帝国イギリスと、狂気じみた《権力への意志》を示したドイツは、既成の社会的勢力と新興の社会的勢力においてそれぞれ傲慢が示す異なった形態の見事な象徴である。大英帝国においては、国内の安定と対外的な安全が永らく続いたため、バビロン的［傲慢の］罪を犯し、「わたしはやもめになることなく、決して悲しい目に遭いはしない」［イザヤ四七・八参照］と言い放っていたと言えよう。一方で、ドイツは［第一次］世界大戦での敗北のはるか以前から昂じていた劣等感に苦しんでいた。ドイツは目下、宗教や文化や法において、これまで知られていたあらゆる境界を文字通り踏み越えているが、この際限ない自己主張は、権力への衝動が非常に強力な形をとったものであり、また、著しい内的な不安定さを暴露するものである。

（13）イザヤ四七・三—七。また、黙示録一八・七、ゼファニヤ二・一五参照。

（14）正当な支配は創世記一章二六節の言葉に象徴的に示されている。「我々にかたどり、我々に似せて、人を造ろう。そして海の魚、空の鳥、家畜、地の獣、地を這うものすべてを支配させよう」。

（15）バートランド・ラッセルは、経済的な欲望はそれが社会的傲慢と権力に仕える召使となるのでない限り過度のものとはならないと想定しているが、これは誤りである。かれは次のように述べる。「ものに対する欲望も、権力と光栄とから隔てられている場合には、限りがあるもので、それ相当な資産さえあれば、十分に充たすことができる。……適度の慰めを手に入れることができると、個人も社会も富よりはむしろ権力と光栄を追求するようになる。あるいはまた権力を増すために富の増大を割愛することすらあるかもしれない。しかし後者の場合と同じく前者の場合にもその根本動機は経済的なものではない」。Russell, *Power*, p. 12.［ラッセル『権力その歴史と心理』、前掲書、七頁参照。］

ラッセルが、経済的動機を優位におくマルクス主義の単純すぎる解釈を批判するのは正しい。だが、かれ自身の解釈にも誤りがある。というのは、かれは「権力と栄光」への欲望を純粋に社会的な観点で理解するからである。貪欲というのは確かに社会的力への欲望に仕える召使かもしれない。金銭は「人間を支配する力」の一形態だからである。しかし、他の人間を支配する力が求められていなくとも、経済的動機は過度なものとなりうる。典型的な守銭奴は絶対的な安全を求めているのであって、社会的承認を求めているのではない。かれが求めているのは、自身の運命を支配する権力であって、同胞を支配する権力を求めているのではない。

（16）Karen Horney, *The Neurotic Personality of Our Time*.［ホーナイ『現代の神経症的人格』、『ホーナイ全集』第二巻、我妻洋訳、誠信書房、一九七三年参照。］

（17）バートランド・ラッセルは、人類史上の偉大なる指導者たちの間において、恐れや不安を《権力への意志》の根源と考えてよいかどうか疑問視する。かれは「世襲的な支配の地位」がより妥当な基盤であると信じているようである。言い換えるなら、かれは、自身の弱さを認めない傲慢と、自覚された弱さを埋め合わせようとする傲慢とを、はっきり区別しようとする。かれは、エリザベス女王に言及して、その権力への意志は恐れではなく世襲的な地位によって促されたのだとしている（*op. cit.*, p. 20.［ラッセル『権力その歴史と心理』、前掲書、一七頁参照。］）。しかし、ある現代の歴史家は、エリザベスを悩ませた恐れについて、このような興味深い見解を述べている。「彼女の公的義務の感覚は強いものだったが、この点（彼女自身の王位継承問題への対処）ではだめであった。彼女は我執のために、この問題を議論しないことで国家が直面するかもしれないさまざまな危険に盲目であった。時が経てば自らの諸顕職は他人に移譲されなくてはならないと考えるにつけ、彼女は、それらの保持の頼りなさと、自身の権威の消滅が到来する時を思わずにはいられなかった。彼女には、そのような先行きに向き合う度胸はなかった」。J. K. Laughton in *The Cambridge Modern History*, Vol. III, p. 359.

(18) エンゲルス「F・メーリングへの書簡」より。Sidney Hook, *Toward an Understanding of Karl Marx*, p. 341. における引用による。[エンゲルスからフランツ・メーリングへ（一八九三年七月一四日）、ドイツ社会主義統一党中央委員会付属マルクス＝レーニン主義研究所編『マルクス＝エンゲルス全集　第39巻』、大内兵衛、細川嘉六監訳、大月書店、一九七五年、八七頁参照。]

(19) *Ibid.*, p. 341. [同上、八六頁参照。]

(20) Cf. Etienne Gilson, *Unity of Philosophical Experience*, p. 157. [E・ジルソン『理性の思想史――哲学的経験の一体性』新版、三嶋唯義訳、K&K・K出版行路社、一九七六年、一八五―一八六頁参照。]

(21) Auguste Comte, *Catechism of Positive Religion*, p. 211.

(22) Karl Mannheim, *Ideology and Utopia*, p. 225. [マンハイム『イデオロギーとユートピア』、鈴木二郎訳、未來社、一九六八年、二六七頁参照。]

(23) Cf. Paul Levinson, *Race, Class, and Party*. 本書は、支配的グループのこうした不安感についての印象的な事例を扱っている。

(24) 自己蔑視に対する防衛としての傲慢の興味深い例を、ある歴史家が、総裁政府［十八世紀末、フランス共和政下における、五人の総裁による集団指導体制］をめぐって提示している。かれが述べるには、「暴利を貪るこれらの者たちは同時に空論家でもあった。そしてかれらは一層頑強に自説に固執した。それは、そうでもしなければ内心感じるであろう自己蔑視から逃れることができなかったからである。かれらは、自分たちの送る人生について、樹立した政府の組織について、また、それを維持するために雇った者たちについて、いかなる幻想を持つこともなかった。しかし、悪辣の所業に身を沈めながらもかれらは、理想的目的の幻影にしがみついていた。……かれらは、セクト主義者、イルミナティ［十八世紀後半に活動したフリーメーソン的秘密結社］、狂信者などと非難されることを何より喜んでいた。なぜなら、そのようなとき、人々はかれらを『腐った者』呼ばわりするのを忘れるからである」。Pierre Gaxotte, *The French Revolution*, p. 390. [ピエール・ガクソット『フランス革命　下巻』、松尾邦之助訳、読売新聞社、一九五一年、三三五―三三六頁参照。]

(25) *Superbus primo est excusator sui ac defensor, justificator.* Martin Luther, *Works*, Weimar ed., Vol. 3, p. 288.

(26) *Nescimus, quid Deus, quid justitia, denique quid ipsum peccatum sit.* Ibid., Vol. 2, p. 106.

(27) その一例として、オラニエ公ウィレム一世に対するスペインのフェリペ二世の宣言［一五八四年］が引用に値する。「神の恩恵によってカスティリャの王とされたフェリペは、……わが領土において先代の皇帝とわれ自らによってかつて名誉を賦与され昇位した外国人であるナッソーのウィレムが、邪悪な行為とずる賢さで、不満分子、無法者、破産者、改革を標榜する者ら、またとりわけ疑わしい信仰を持つ者たちを掌握し、不信仰をもってわが聖なるカトリック信仰を廃絶せんとして、これらの異端どもを煽動して反抗し、聖なる像や教会を破壊し、神の秘跡を冒瀆している、……この恥知らずの偽善者がいる限り国の平和はありえないゆえに、……われはあらゆる者たちに、人類の敵としてこのナッソーのウィレムを捕らえその財産を没収する権限を賦与する。またわれは、国王また神のしもべたる者の言葉にかけて約束する。誰でも……かれを生け捕るなり殺害するなりして引き渡す者に……金貨で総額二万五千クラウンを与える。……また、前科ある者には、その罪が何であれ恩赦と貴族の特権とを与えるであろう」。

（28）Henrik Kraemer, *The Christian Message in the Non-Christian World*, p. 212.

（29）シュヴェンクフェルトに対するルターの態度や、カステリョやセルヴェトゥスに対するカルヴァンの態度がその例である。この章で扱ったような神学的諸問題について、カール・バルトが数年前［一九三四年］にエーミル・ブルンナーと神学論争を起こしたことに注意を喚起しても不当ではあるまい。かれはブルンナーの『自然と恩寵』についての小冊子が人間生来の善を過度に認めているのではないかと懸念した。『否』という標題が付されたバルト自身の答えには、異様な人格的傲慢と論争相手への侮蔑の雰囲気が見てとれる。

（30）パスカルは、「謙虚さについての論議も、うぬぼれた人たちには、高慢の種となり、謙虚な人たちには謙虚さの種となる」と述べる。Pascal, *Pensées*, 377.［パスカル『パンセ』、第六章、三七七、前田陽一、由木康訳、中央公論新社、二〇一八年、二六六頁参照。］

（31）罪の欺瞞を扱うその他の聖書箇所は次のとおりである。ヘブライ三・一三、ローマ七・一一、黙示録一二・九、IIコリント一一・三、また堕罪における蛇の欺瞞を描いた創世記三・一三。

（32）フィリップ・レオンは、人間の自己中心性についての非常に価値ある研究において、自己欺瞞を分析して次のように述べる。「自らを欺く者は、自分が言っていることを信じない。そうでなければ、欺く者とはならないだろう。かれはまた、自分が言っていることを信じる。そうでなければ、欺かれる者とはならないだろう。そして、かれは信じると同時に信じない。そうでなければ、自己欺瞞の者とはならないだろう」。Philip Leon, *The Ethics of Power*, p. 258.

（33）イザヤ四七章では、バビロンの罪は二つの主張にあるとされている。「わたしだけ、わたしのほかにはだれもいない」「見ている者はない」。これらは、世界の中心としての自己と、世界を超越するものとしての自己という幻想を簡潔に定義したものと言えるかもしれない。前者は、他者の生の存在の否定につながり、後者は、上級審の否定につながる。興味深いことにこれらの幻想は、一方で人間の精神の偉大さそのものに帰される。「お前の知恵と知識がお前を誤らせ」た。また他方では不誠実に帰されている。「自分の悪に寄り頼んだ」［口語訳］。

（34）「この世の快楽の力はそのようなものであるから、なおそれにあずかる機会を保つために、それ（自己）は、意図的な無知を引き延ばすことに腐心し、知識を抱き込んで不誠実な役割を果たさせるのである」。Tertullian, *De spectaculis*, Ch. 1.

（35）たとえばハロルド・ラスキは次のように述べている。「いかなる場合にも政治家たちは、その批判者たちと同じように、自分たちは国家の機構を自分の知っている限りの最高の目的のために献げようとしていると、まじめに信じているであろうことを、わたしは充分認める。私の主張はこれとは全く異なったものである。すなわち、かれらが知りうることは、国家が維持することを目的とする経済的諸関係によって限定される。……われわれ［英国］のアフリカ開発の歴史は、確かにこのことを充分に物語っている。われわれは同地の先住民の利益を保護するために、立派な財産管理の原則をうち立てた。ところが先住民の保留地に金が発見されるや否や、われわれは智力の限りをつくして、保留地を侵略すべき理由を見出そうとする。何よりもわれわれが関心を寄せているのは先住民の利益であるというわれわれの立場を、先住民に認めさせねばならぬという確信さえわれわれは持つようになる。……しかし、これらの人々は真面目なのである、最善を尽くそうとしているのである、心から社会全体の幸福を意図しているのである。確かにそうなのであって、もしも本書の読者に、私が政治家の動機に何らかの疑惑を投じているような印象を与えるならば、本書を書いたことは全く無駄であったということになろう」。Harold Laski, *The State in Theory and Practice*, pp. 101-164.［H・J・ラスキ『国家――理論と現実』、石上良平訳、岩波書店、一九五二年、八八―八九頁、一四三―一四四頁参照。］

ラスキはたいへん鋭敏な社会分析家であるが、明らかにマルクス主義的前提の範囲内に自身の信念を保とうとしている。しかしかれは十分に成功しているわけではない。「その批判者たちと同様に誠実であろう」というが、どのように誠実なのであろうか。そのような限界づけられた誠実さは、政治家たちの動機に疑いを投げかけるに十分足る根拠である。

（36）L. F. Shaffer, *The Psychology of Adjustment*, p. 168.

（37）だから、上に引用した著者はこう続ける。「それら［劣等あるいは非難さるべきものと見なされる衝動］は教養ある社会において承認されないだけでなく、個人も、そのような衝動を自分自身に存在させないよう仕向けられるのである」。*Ibid.*, p. 169.

第八章

（1）引用は以下による。F. Meinecke, *Die Idee der Staatsraison*, p. 377.［フリードリッヒ・マイネッケ『近代史における国家理性の理念』新装版、菊盛英夫、生松敬三訳、みすず書房、一九六〇年、四一二頁参照。］

（2）John Robert Seeley, *Introduction to Political Science*, p. 129. わたしは、既刊の著書において、主にこの観点から国家の行動を解釈しこう記した。「国家とは、知性によるのではなく、むしろより多くの力や感情によって結び合わされた一個の結合体なのである。倫理的行為なるものは、自己批判なしにありえないものであり、また自己批判なるものは、自己超越という理性の能力なしにはありえないものであるが、それゆえにこそ、国家的在り方がほとんど倫理的なものに接近しえないのは、当然のことなのである」。Reinhold Niebuhr, *Moral Man and Immoral Society*, p. 88.［ラインホールド・ニーバー『道徳的人間と非道徳的社会』、大木英夫訳、イデー選書、白水社、一九九八年、一〇六頁。］

（3）Philip Leon, *The Ethics of Power*, p. 140.

（4）以下のアモス七・一六、一七を参照。「今、主の言葉を聞け。あなたは『イスラエルに向かって預言するな、イサクの家に向かってたわごとを言うな』と言う。それゆえ、主はこう言われる。お前の妻は町の中で遊女となり　息子、娘らは剣に倒れ……」。

（5）もちろんアリストテレスにもプラトン（特に『ティマイオス』［後期プラトンの対話編の一つ］）にも普遍主義的な響きはある。

ストア哲学の普遍主義については間もなく検討することになる。だが、古典的哲学者たちは誰も、かれらには最終的なものに見えるギリシアの文化や文明の特殊な価値と矛盾する普遍的価値には思い至らなかった。かれらは、普遍的なるものを自身の特殊な視点の延長上に考えているのである。それはちょうど、現代の共産主義者が、共産主義が世界文明の基礎となるという自身の願望において普遍主義者であるというのと同じである。

一つの国家とその統治者に抗してその国家の内部から語られた最初の言葉は、預言者アモスによるものであった。かれは「イスラエルの聖なる神」［イザヤ四三・三］のイスラエルに対する審判の言葉を告げた。国家を超越し、国家とその統治者とに審判を下す神への預言者的信仰と、高尚な哲学者たちの普遍主義的な言葉遣いとの間には、大きな違いがある。この違いに目を向けると、理性だけが偏狭な偏りへの過度な専心から人間を解放することができるという、合理主義者たちの主張は無意味となる。

（6）Augustine, *De civ. Dei*, Book XV, Ch. 4.［アウグスティヌス『神の国』（四）、第十五巻、第四章、服部英次郎、藤本雄三訳、岩波書店、一九八六年、一八―一九頁参照。］

（7）「条件つきユダヤ教」と言わなければならないのは、捕囚後のユダヤ教は、民の統合性を維持するためにその精神的資源を使い尽くしてしまい、地上の国々に散り散りにされてしまったからである。その歴史上の信仰は、その人種を存在させるための必需品になってしまい、民に反対して告げた預言者の言葉をその本来の力強さのまま保つことができなかった。ユダヤ教はしばしば、リベラルな文化の全般的な潮流と協働して比較的普遍的な価値のある道徳的な理想を作り上げてきた。その点では歴史上、キリスト教よりも成功している。ユダヤ教は、正義への熱意においては「預言者的」であり続けたが、不正の根拠としての集団の傲慢という基本的な性格を理解することにおいては、いつでも「預言者的」であったわけではない。

（8）Augustine, *De civ. Dei*, Book IV, Ch. 4.［アウグスティヌス『神の国』（一）、第四巻、第四章、服部他訳、二七三頁参照。］

（9）中世の政治的教皇制を確立したグレゴリウス七世は、皇帝ハインリヒ四世を反キリストとして告発し、逆にドイツの司教たちから誇大妄想狂と非難された。個人的また聖職者の傲慢と純粋な「神の国」への情熱とが、グレゴリウスの政治を動かす動機にどの程度混ざり合っていたかを判断できる者は誰もいない。

中世の最末期、グレゴリウス九世とフリードリヒ二世とが互いを反キリストであると非難しあったことがあった。皇帝は教皇が堕落したキリストの代理者であるゆえに反キリストだと言い、教皇も同じ非難を皇帝に浴びせた。これには理由がないでもなかった。なぜなら、皇帝は、自ら新しいメシアであると宣言し、すべての善の第一の規範、理想の人間であるとしたからである。

（10）Cf. Alois Demph, *Sacrum Imperium*, pp. 190 and 324 ff.

（11）ヘブライ語で「アム・ハ・アレツ」（amē ha-ares［地の民］）。

（12）Cf. N. P. Williams, *The Ideas of the Fall and Original Sin*, p. 227.

（13）Clement of Alexandria, *Protrepticus*, XI, iii.

Gregory of Nyssa, *On the Making of Man*, XVIII, 4.

（14）アングロ・カトリック［アングリカン教会］の神学者N・P・ウィリアムズは、奇妙なことに、性への病的な態度が、パウロ―アウグスティヌス的神学、あるいはかれの用語では「アフリカ的」神学ないし「二度生まれ」の神学の特徴であって、「ギリシア的」観点と一貫していない、という怪しげな命題を打ち立てようとしている。Cf. N. P. Williams, *The Ideas of the Fall and of Original Sin*, p. 273.

（15）パウロはさまざまな悪徳と罪を数え上げる際に、あるところでは反社会的な罪と肉欲の罪とを分けて書き、また別のところでは両者を一緒くたに並べ、明確に区別してはいない。Ⅰコリント五・一〇―一一、Ⅱコリント一二・二〇、ガラテヤ五・一九―二一、エフェソ五・三―五、コロサイ三・五―八を参照のこと。

（16）Augustine, *Treatise on the Nature of Grace*, Chs. 24 and 25.［アウグスティヌス『自然と恩恵』、第二二章、第二三章、金子晴勇訳、『アウグスティヌス著作集　第九巻』ペラギウス派駁論集（1）、教文館、一九七九年、一五九―一六〇頁。］

（17）Augustine, *On Marriage and Concupiscence*, Ch. 7.

（18）Augustine, *De civ. Dei*, Book XIV, Ch. v.［アウグスティヌス『神の国』（三）、第十四巻、第五章、服部他訳、二七四―二七五頁参照。］あるいはまたこうも述べている。「もしもだれかが、肉はあらゆる種類の道徳上の失陥の原因なのであ（る）……と主張するなら、そのひとはまったく人間の自然本性の全体を入念に見ていないのである。というのも、『この朽ちる肉体が魂に重荷を課す』のだからである。……じつに、魂に重荷を課している身体の朽ちる状態が最初の罪の原因なのではなく、……かえって罪の負い目ある魂が肉を朽ちるものとなしたのであった。なるほど、肉のこの腐朽の状態からは悪徳へのある種の刺激と悪質な欲望そのものとが現れてくるのではあるけれども、だからといって、不実な生のあらゆる悪徳をこの肉に帰せしめてはならないのである。というのは、その場合、わたしたちは、サタンがいかなる肉も持っていないという理由で、それらすべての悪徳からサタンを免除するという結果になるであろうからである」。*De civ. Dei*, Book XIV, Ch. 3.［同上、第十四巻、第三章、二六五―二六六、二六八頁参照。］

（19）Thomas Aquinas, *Summa theologiae*, Part II (Second Part), Question 164, Art. 1.［トマス・アクィナス『神学大全』第二二冊、第二部―第二部、第百六十四問題、第一項、渋谷克美訳、創文社、一九九一年、二五三―二五四頁。］

（20）*Summa*, Part II (First Part), Question 77, Art. 4.［同上、第一二冊、第二部―第一部、第七十七問題、第四項、稲垣良典訳、創文社、一九九八年、一七三頁参照。］

（21）Martin Luther, "Mala inclinatio cordis, inordinatio in volunte." *Werke, Weimarausgabe*, Vol. III, 453.

（22）Cf. Thorstein Veblen, *Theory of the Leisure Class*.

（23）現代のある精神分析学者はアルコール依存の二重の作用を次のように説明している。「アルコール中毒者は、ほとんど例外なしに陽気で、人づきあいがよく、おしゃべりな連中で、自分に非常な人気がでるように仕向ける。それはまるで人に好かれるようにしなければならないという〝義務〟でもあるかのようにつとめる。しかもそれをじつに巧妙にやってのける。このように、どこへ行っても愛想よくしたり、人気を博するために、ひとかたならぬ苦労を重ねて、それでも他人《ひと》に好かれたいという、度のすぎた願望を持つのは、不安定感がその底を流れており、この感情は絶えず否定され、補償され、そして、麻痺させておかねばならない（からである）……われわれにはまた、この種の不安定感や劣等感は、現実の世の中で自分を周囲と比較してみてその結果として生じるというよりは、自分が自覚していない『不合理な』理由からくる方が多いこともわかっている。すなわち、一般的にいって、それは非常な願望の挫折とそれに対する激怒、ならびにこの激怒がかもしだす恐怖と罪悪感からくるものである。……飲酒の補足的な機能は右の感情や記憶がよみがえりそうになったり、意識の表面にでてきそうになるのを抑圧することにある。それらはいつか表面に浮上し再び意識に上ってくる恐れがある」。Karl A. Menninger, *Man Against Himself*, p. 169.［カール・A・メニンジャー『おのれに背くもの』上、草野栄三良訳、日本教文社、一九六三年、二四四—二四五頁参照。］

（24）現代のある心理学者は次のように述べている。「自然状態の下等動物では、また生来的には人間においても、性的衝動は本能的で生理学的なものであり、それが生じる時には（後天的に習得したにせよ）直接的な過程によって充足させられる。文明化した人間においては、性的衝動の直接的な充足は、幼少期における芽生えの時期と青年期における肉体の変化によるその増大の時期に、社会的慣習と経済的障害により阻まれる。このような阻止によってこの衝動に注意が向けられ、さらにこの衝動が多くの代替的刺激や代替的反応へと結びつくのである」。L. F. Shaffer, *The Psychology of Adjustment*, p. 105.

（25）性的愛着のこの側面についての説得力のある分析については、以下を参照。Emil Brunner, *Man in Revolt*, Ch. 15.

（26）自己の他者への逃避と、忘却への逃避は、D・H・ロレンスの性分析にたびたび表れるテーマである。たとえば、かれは、男性と女性の経験を『息子と恋人』において次のように描いている。「かれら自身の虚しさと、かれらを絶え間なく運んで行く生の洪水の威力を知ったことが、二人の心を平和にした。そのように大きな力に圧倒されて、これと一つになり、すべての草を、木を、生物を、それぞれの高さに立たせているこの巨大な波の、わずかな一部でしかないと自分というものを感じた以上は、その自分についてとやかく考えることは無意味だった。ただ生の波が自分たちを運んで行くままに任せておけばいいので、それが二人に、互いに相手が存在していることのうちにある安心を見出させた」。D. H. Lawrence, *Sons and Lovers*, p. 436.［D・H・ローレンス『息子と恋人』下巻、吉田健一訳、新潮社、一九五二年、一五二頁参照。］潜在意識にある自然への逃避というモチーフが、他者を見失うという感覚よりも支配的であることに注意すべきである。

　ロレンスは、時に、性的衝動と死への憧憬とを明白に同一視することもある。

（27）アウグスティヌスがキュニコス派［犬儒派］に向けた批判は、こうした現代の諸理論にも非常によくあてはまる。「キュニコス派の哲学者たちが驚くべき恥知らずの誤りにそこまで腐心したのは、生まれながらの慎み深さに反対だったからである。かれらは、夫婦間の交わりは実に称賛に値する行為であり、したがってそれは公になされるべきだ、と考えた。そのような厚顔な淫らな行為は、犬の名を受けるにふさわしい。それで、かれらは、『キュニコス派』（Κυνικοί は『犬のような』の意）と呼ばれるようになった」。Augustine, *On Marriage and Concupiscence*, Book I, Ch. 25.

(28) ここに、たとえばイプセンの『野鴨』やホーソーンの『緋文字』でなされている批判の核心がある。

第九章

(1) Augustine, *Treatise on Nature and Grace*, Ch. 3. *Anti-Pelagian Works*, Vol. I, p. 238. 〔アウグスティヌス『自然と恩恵』、『アウグスティヌス著作集　第九巻』、ペラギウス派駁論集（1）、金子晴勇訳、教文館、一九七九年、一三〇—一三一頁参照。強調はニーバーによる。〕

(2) John Calvin, *Institutes*, Book II, Ch. 1, par. 11. 〔ジャン・カルヴァン『キリスト教綱要　改訳版　第1篇・第2篇』、第2篇、第1章、11、渡辺信夫訳、新教出版社、二〇〇七年、二七七頁参照。以下、カルヴァン『キリスト教綱要』と表記。〕

(3) Calvin, *Institutes*, Book II, Ch. 2, par. 25. 〔同上、第2篇、第2章、25、三〇九頁参照。〕

(4) Søren Kierkegaard, *Begriff der Angst*, p. 95. 〔キェルケゴール『不安の概念』、『キルケゴール著作集10』、氷上英廣訳、白水社、一九六四年、一四八頁参照。以下、キルケゴール『不安の概念』と表記。〕かれはこの主張についての心理学的理由を提示しており、それは直接的な関連はないが重要なものである。かれは、必然でも偶然でもない何らかの特異なものについては、罪と不安との関係によって説明しうると信じている。

(5) パスカルが原罪の教理の論理的不条理を率直に受け入れていることを考慮すべきである。

「結局、もし人間がいまだかつて腐敗したことがなかったならば、その罪のない状態において、真理と至福とを、安心して楽しむことができたであろう。また、もし人間が、初めからただ腐敗しているばかりだったならば、真理についても、至福についても、何の観念も持たなかったであろう。だが、不幸なことには、そしてそれはわれわれの状態のなかに何の偉大さもなかったとする場合よりももっと不幸なことであるが、われわれは幸福の観念を持っていながら、そこに到達することができないのである。われわれは真理の影像を感じながらも、嘘ばかりしか持っていないのである。……なぜなら、最初の人間の罪が、この源からあんなに遠く離れており、それにあずかることが不可能であるように見える人たちまでをも、有罪としてしまうこと以上に、われわれの理性に、はなはだしく突き当たるものはないことには疑う余地がないからである。……確かにこの教理ほどわれわれにひどく突き当たるものはない。しかし、それにもかかわらず、あらゆるもののなかで最も不可解なこの秘義なしには、われわれは自分自身にとって不可解なものになってしまうのである」。Pascal, *Pensées*, 434. 〔パスカル『パンセ』第七章、四三四、前田陽一、由木康訳、中央公論社、二〇一八年、三〇八—三一〇頁参照。〕

(6) Calvin, *Institutes*, Vol. I, Book II, Ch. 2, par. 7. 〔カルヴァン『キリスト教綱要』、第2篇、第2章、7、二八七頁参照。〕

(7) Martin Luther, *On the Bondage of the Will*, trans. by Reverend Henry Cole, London, p. 298. 〔ルター「奴隷的意志について」、山内宣訳、『ルター著作集　第一集　7』、聖文舎、一九六六年、四〇五—四〇六頁参照。〕

(8) Kierkegaard, *Begriff der Angst*, p. 21. 〔キルケゴール『不安の概念』、四〇頁参照。〕

（9）J. B. Mozeley, *The Augustinian Doctrine of Predestination*, p. 125.

（10）原罪についてのシュライアマハーの説明は次のようなものである。「自我が、それぞれの後の世代に関して言えば、それに先立つ世代の行為に起因するように、罪深い感覚の自己主張は、それに先立つ発達から生まれるものであるから、その個人自身の生よりも一層遠いところに起源をもつ。しかし、いったん神についての意識が明確で実効性のある作用として現れ、またそれが発達することができるならば、それ以前の瞬間と比較して神意識が現れないようなあらゆる瞬間は、その行為者自身の中で起こる停止であり、またそれは真の罪である」。シュライアマハーは、この説明は、「原罪」という概念の「罪」という意味内容を破壊し、「原」（Erb）という観念だけを残すものであることを認めている。Friedrich Schleiermacher, *The Christian Faith*, par.69. ウォルター・ラウシェンブッシュは、社会制度による罪の伝達ということを第一に強調する。かれは記している。「神学は、宗教心の注意を悪の生物学的伝達へと向けたことにおいてはなはだしい害を及ぼした。それは、社会的伝達の力からわれわれの心をそらし、また、不正を正当化し、促し、美化する社会集団の権威から、そして、悪を擁護しはびこらせる経済的利益の決定的な影響から、われわれの心をそらしたのである」。Walter Rauschenbusch, *A Theology for the Social Gospel*, p. 67.

（11）Augustine, *Anti-Pelagian Works*, Vol. I, *Treatise on Man's Perfection in Righteousness*, p. 317.［アウグスティヌス「人間の義の完成」、『アウグスティヌス著作集　第九巻』、ペラギウス派駁論集（1）、金子晴勇訳、教文館、一九七九年、二五四頁参照。］原罪の教理の論理的困難について、カエレスティウスは次のように述べている。「罪は意志にかかわるものであるか、それとも必然性にかかわるものであるかが探求されなければならない。もし必然性から生じるなら、それは罪ではない。だがもし意志か生じるなら、それは避けうる」。*Ibid.*, p. 315.［同上、二五一頁。］さらに次のようにも言う。「人間が罪なしに存在しうることを否定する者は、なによりもまず、あらゆる罪の本質は何か、それは避けることができるものか、それとも避けることができないものかと問われなければならない。もし罪が避けられないなら、それは罪ではない。もし避けることができるならば、人は罪なしに存在することができる。なぜなら、それは避けうるのだから」。*Ibid.*, p. 315.［同上、二五〇頁。］

（12）Cf. F. R. Tennant, *The Concept of Sin, and The Origin and Propagation of Sin*.

（13）*Op. cit.*, par. 68.

（14）トマス・アクィナスは次のように記している。「原初の正義――それによって意志が神に従属させられる――の欠如が原罪における形相的要素である。これにたいして、霊魂の諸々のちからにおける他のすべての反秩序は、原罪において何らか質料的なものという位置を占める。……したがって、原罪はたしかに質料的には欲情であるが、しかし形相的には原初の正義の欠落である」。Thomas Aquinas, *Summa theol.*, Part Two (First Part), Second Number, Question 82, Art. 3.［原書の Question 83, Art. 1. を訂正。トマス・アクィナス『神学大全』第一二冊、第二部―第一部、第八十二問題、第三項、稲垣良典訳、創文社、一九九八年、二五九頁参照。］

（15）アクィナスは述べる。「罪によって人間からかれが理性的であるということが全面的に取り去られることは不可能である。なぜなら、そうなったら罪を犯すこともできなくなるからである。ここからして、前述の自然本性の善が全面的に取り去られることは不可能である」。*Ibid.*, Question 85, Art. 2.［トマス・アクィナス『神学大全』第一二冊、第二部─第一部、第八十五問題、第二項、稲垣良典訳、創文社、一九九八年、二九九頁。］

(16) Kierkegaard, *Begriff der Angst*, p. 57.［キルケゴール『不安の概念』、九一頁参照。］

(17) *Ibid.*, p. 27.［同上、四八頁参照。］

(18) バートランド・ラッセルの場合のように、それ以外では明瞭な分析がなされているのに、そこに混乱が生じるのは、避けがたいとはいえ、人間の行動の自然的特質と非自然的特質との違いを理解しないためである。ラッセルはこう主張する。「人間と動物とのあいだにはいろいろな違いがある。知性上の違いもあれば、情の上の違いもある。こうした情の上での違いのうち主なものの一つは、人間の欲望には、動物の場合とちがって、本質的にいって限りのないものがあるということであり、これを完全に充たすことは不可能だということだ」。Bertrand Russell, *Power*, p. 9.［バートランド・ラッセル『権力──その歴史と心理』、東宮隆訳、みすず書房、一九九二年、三頁参照。］

このように、ラッセルは、その人間本性の分析では過度の権力への意志を自然なものと見なし、その社会の分析では、悪の原理そのものと見なさざるをえないのである。

(19) ヤコブ一・一三─一五。

この言葉は、罪の不可避性を誘惑の力に帰するあらゆる哲学的説明に反対する聖書の一般的な態度を端的に表している。そうした哲学的説明のうちで最も独創的なものの一つは、シェリングの説である。シェリングは、ヤーコプ・ベーメの神秘主義的体系を借りて、こう述べている。神には、「自らが存在するための根拠」がある。ただこの根拠は神自身の外にあるのではなく神自身の内部にある。神には、自らの内部に、自身に属しているにもかかわらず神と異なる性質がある。神の中では、この根拠すなわちこの「暗い根拠」は神の愛と矛盾するものでなく、人間の中では、それが「絶えず働き、利己心と特殊化された意志を引き起こすが、それはまさに愛する意志がそれと対照的に生起するためである」。Friedrich W. J. Schelling, *Human Freedom*, trans. by J. Gutman, pp. 51-53.［フリードリヒ・シェリング『人間的自由の本質』改訳、西谷啓治訳、岩波書店、一九七六年、八九頁参照。］それゆえ、この見解に立つと、罪は徳の必要要件であるだけでなく、神の性質から引き出される論理的帰結でもある。

(20) ジェームズ・マルティノは誤って、習慣的罪の状態を自然的必然性への逆戻りと見なして、こう記している。「自由の喪失すなわち自動的必然性への退歩が絶えざる不信仰に対する最も恐ろしい刑罰であることは疑いない。しかし、ひとたびここにはまり込むと、その後のあらゆる行為の様相が一変する。その行為は、もはや罪の総額の新たな項目とはならず、罪の口座が閉鎖された後、別帳に記録される。……義の預言者たちがかれを見るとき最初に覚える衝撃は、『この者は罪を止めることができない』ということであり、それゆえに、かれへの永遠の罰を予言することであろう。しかしもう少し見方を深くすれば、預言者たちはむしろこう言うであろう。『かれは罪を犯す特権を失った。そして、人の地位から物体の定めへと転落した』」。James Martineau, *A*

Study of Religion, II, 108.

(21) Cf. W. E. Hocking, *The Meaning of God in Human Experience*, p. 235.

(22) 以下のⅠコリント四・三、四を参照。「わたしにとっては、あなたがたから裁かれようと、人間の法廷で裁かれようと、少しも問題ではありません。わたしは、自分で自分を裁くことすらしません。自分には何もやましいところはないが、それでわたしが義とされているわけではありません。わたしを裁くのは主なのです」。

(23) イザヤの以下の言葉の重要性がここにあることは確かである。「もろもろの君を無きものとせられ、地のつかさたちを、むなしくされる」（イザヤ四〇・二三［口語訳］）。エジプトにおける社会的抗議の偉大な文書の一つ「雄弁な農夫」において、告発された農夫は家令頭の前に立って次のように言明する。「あなたは、貧しい人が溺れることのないように造られたダムである。しかし、見よ、あなたはかれらを押し流す洪水となっている」。Cf. J. H. Breasted, *The Dawn of Conscience*, p. 190.［尾形禎亮、杉勇訳「雄弁な農夫の物語」、『古代オリエント集』、筑摩書房、一九七八年、四四六頁参照。］

(24) ペラギウス派と半ペラギウス派によるパウロ的教理への批判が、果たして、主としてその字義通りの堕落に向けられたものか、それともその根本にある不条理だが深遠な洞察に向けられたものか、誰にも定かではない。そのような批判の好例は、この主題をめぐる近代アングロ・カトリック派［イングランド教会］のある論文に次のように見出される。『原罪』論についてはその不条理性を指摘するだけで十分である。その説の主張によると、人間は、自分たちが犯さなかった行為や、自分たちがそうせざるをえなかった生理的心理的事実について、完全な正義の審判者に対して責任がある。……『仮説上』(ex hypothesi) 遺伝的精神病であるものを、神は、自発的に犯した罪の光のもとで評価する、という信仰に対して公式に反証することを要求する者たち（そのような人がいるとして）は、サミュエル・バトラー［十七世紀イギリスの小説家、思想家］の『エレホーン』［近代社会を風刺し、キリスト教弁証論を皮肉に弁護したユートピア小説］の痛烈な皮肉を参照するがよい」。N. P. Williams, *Ideas of the Fall and Original Sin*, p. 381.

(25) Cf. C. H. Dodd, *Epistle to the Romans*, p. 79.

(26) アンブロシウスはこう書いている。「それゆえ、アダムはわれわれ各人の中にある。というのは、アダムにおいて人間本性それ自体が罪を犯したからである」。Ambrose, *Apol. David altera*, 71.

(27) Cf. Calvin, *Institutes*, Book II, Ch. I, par. 7.［カルヴァン『キリスト教綱要』第2篇、第1章、7、二七二頁。］「主なる神が人間の本性として与えようとした賜物をアダムに委ねたもうたということだけで満足すべきである。したがって受けたものを失った時、アダムは単に自分にとってそれが失われただけでなく、我々全てにそれを失わせた。アダムが失った賜物は彼自身のための装飾であったに劣らず我々のためのものでもあったと聞く時、またそれらの賜物は一人の人に与えられたのではなく人間の普遍的本性として付与されたと聞く時、魂の起源が親からの派生によるものかどうかを心配する人があろうか」。ここで認めないわけにいかないのは、カルヴァンは、アダムと人間本性との同一性を原初の賜物に限定しているということである。こうした賜物の喪失は、アダムと後続の人間との遺伝的関係の観点から思い描かれている。カルヴァンが以下のように続けているからである。「子は父において汚れているため、子孫に対して汚す者になったのである。換言すれば、アダムの内に腐敗の始まりがあり、これが連綿とした流れとなって先祖から子孫に伝えられた」。

(28) ハルナックはこう言明している。「原罪の教理は、アウグスティヌスが決して克服することがなかったマニ教的二元論につながり、したがってそれは不敬虔で愚かな教義である。……アウグスティヌスの肉欲についての教理はこれと同様の見解をもたらす」。Adolf von Harnack, *History of Dogma*, Vol. V, p. 217. ハルナックの批判はもちろん、他のキリスト教的道徳主義者の場合と同様、割り引いて受け止めなければならない。なぜなら、ハルナックは、字義的解釈の誤りがすっかり剝ぎ取られているのに、字義通りの粗雑な形態で記述されているときと同じように、およそ原罪の教理を理解することができなかったからである。「アウグスティヌスは、その言わんとするところに従えば、邪悪な自然と、またそれゆえに、世界の悪魔的創造者とを認めている」というハルナックの主張は明らかに間違いである。

(29) Kierkegaard, *Begriff der Angst*, p. 105. ［キルケゴール『不安の概念』、一四七―一四八頁参照。］

第一〇章

(1) Pascal, *Pensées*, par. 409. ［パスカル『パンセ』、第六章、四〇九、前田陽一、由木康訳、中央公論新社、二〇一八年、二八一―二八二頁参照。以下「パスカル『パンセ』」と表記。］

(2) Cf. Robert Briffault, *Breakdown*.

(3) Augustine, *De civ. Dei*, Book IV, Ch. 12. ［アウグスティヌス『神の国』(五)、十九巻、十二章、服部英次郎、藤本雄三訳、岩波書店、一九九一年、五七頁。］

(4) アクィナスはこう書いている。「罪によって人間からかれが理性的であるということが全面的に取り去られることは不可能である。なぜなら、そうなったら罪を犯すこともできなくなるからである。ここからして、前述の自然本性の善が全面的に取り去られることは不可能である」。Thomas Aquinas, *Summa theologiae*, Second Part, Question 85, Art. II. ［原書では、First Part, Third Number, Question 85, Art I となっているが間違いかと思われる。トマス・アクィナス『神学大全』第一二冊、第二部、第八十五問題、第二項、稲垣良典訳、創文社、一九九八年、二九九頁。］

(5) Augustine, *Confession*, Book VII, Ch. 12. ［アウグスティヌス『告白』(上)、第七巻、第十二章、一八、服部英次郎訳、岩波書店、一九七六年、二二七頁。］

(6) 《全的堕落》の教理の最も極端な言明はおそらくルター派の「和協信条」に見られる。そこに次のようにある。「人間の本性は実際に大きく損なわれたが、それにもかかわらず、神的また霊的な事柄に関わるあらゆる善を完全に失ってはいないと教える者たちもまた同様に拒否され斥けられる」。［「和協信条」、『一致信条書』、聖文舎、一九八二年、六九九頁参照。］

（7）Cf. *Augsburg Confession*, Art. 18.［「アウグスブルク信仰告白」第十八条、『一致信条書』、聖文舎、一九八二年、四七―四九頁。］

（8）カール・バルトは、人間の罪深い状態を説明するにあたって、「人間は人間であって、猫でない」と認めるだけである。Cf. his [Barth's] brochure *Nein!, Antwort am Emil Brunner*, p. 27.［カール・バルト「ナイン！」菅円吉訳、『カール・バルト著作集』2、新教出版社、一九八九年、二〇六頁参照。］

（9）Cf. Harnack, *History of Dogma*, II, p. 171.

（10）Cf. Emil Brunner, *Man in Revolt*, Ch. 5, c. I.

（11）これはパウロの以下のくだりの要点である。「ところで、あなたはユダヤ人と名乗り、律法に頼り、神を誇りとし、その御心を知り、律法によって教えられて何をすべきかをわきまえています。また、律法の中に、知識と真理が具体的に示されていると考え、盲人の案内者、闇の中にいる者の光、無知な者の導き手、未熟な者の教師であると自負しています。それならば、あなたは他人には教えながら、自分には教えないのですか。『盗むな』と説きながら、盗むのですか」（ローマ二・一七―二一）。

この挑戦は、近代文化の独善性全体に対して驚くべき妥当性を示している。近代文化は、人間が正義と平和の理想を受け入れる者であるゆえに、不正と争いの責任は自分にではなく他の誰かにあることが明らかだと思い込んでいるのである。

（12）近代のリベラルな文化のユートピア的幻想や感傷的な逸脱は実際すべて、原罪の事実を否定する根本的な誤りに起因する。この誤りについては第四章で詳細に論じたが、近代人は絶えずその誤りに騙されて、人間の善を、社会正義と国際平和のための多様な企ての徳と同一視する。こうした企てが実現に至らない時、あるいは悲惨な闘争の後でようやく実現される時、近代人は、ユートピア主義から一転して幻滅と絶望に陥るか、あるいは、自分たちの失敗の責任をある特定の社会集団やある特定の経済的社会的機構形態に押しつけるか、そのどちらかとなる。

罪や罪責にさまざまな程度があり、ある人々やある国家が、「天から示されたことに背かず」［使徒言行録二六・一九］という点において、他よりも責任が重いことは明らかである。また、歴史には、社会的政治的機構における特定の不適応から生じる特殊な悪もある。しかし、こうした悪は、次のようなことがなければ十分に対応可能である。すなわち、人間が、もはや人間存在の法則に反することがないような、ある特定の社会機構があるかもしれないという幻想に陥ることである。さらには、それが人間の一般的状況の一層の悪化にすぎないということが認められるなら、特定の人間や国家における特定の悪質な形態や型の罪は、最も効果的に食い止められる。

現代のリベラリズムも現代のマルクス主義も、常に道徳的徒労か道徳的狂信かの二者択一に直面している。その純粋な形態におけるリベラリズムは、徒労の危険に陥るのが常である。リベラリズムは、自分たちは潔白であるという自らの活動の起点となる有利な立場を見出すまでは、悪に対して行動を起こさないであろう。言い換えれば、何も行動することができないのである。リベラリズムは、時に、この無為が、自分たちが追い求めてきた潔白さを示すものだと思い込む。少数のリベラルと大半のマルクス主義者とは、自分たちの行動は潔白だったと思い込むことによってこの問題を解決する。それによってこれらの人々は狂信の誤りに陥ることになる。近代文化の歴史全体は、特に、自分たちより劣る一層悪魔的な文化に対して自らを守ろうとするその最近の努力において、人間の性格についてのこうした幻想に起因する欠点と混乱を哀れなかたちで露呈しているのである。

(13) Cf. M. A. H. Stromph, *Die Antropologie Martin Luthers*, pp. 111-114.

(14) Cf. Rudolph Hoffmann, *Das Gewissen*, pp. 100ff.

(15) 以下を参照。「たとえ律法を持たない異邦人も、律法の命じるところを自然に行えば、律法を持たなくとも、自分自身が律法なのです。こういう人々は、律法の要求する事柄がその心に記されていることを示しています。彼らの良心もこれを証ししており、また心の思いも、互いに責めたり弁明し合って、同じことを示しています」(ローマ二・一四―一五)。

(16) デイヴィッド・ヒュームは次のように述べている。「愛想のよい、気立てのよい、人情のある、慈悲深い、恩に感じる、友情に富む、寛大な、恵み深い、およびこれらと同義の形容詞は、あらゆる言語において知られており、人間本性が到達しうる最高の価値を普遍的に表現している」。David Hume, *An Inquiry Concerning the Principles of Morals*, Sec. II, Part i. [デイヴィッド・F・ヒューム『道徳原理の研究』、渡部峻明訳、一九九三年、一〇頁参照。]

(17) もちろん、次のような場合もある。すなわち、ほとんどすべての人によって糾弾されるような活動が実際には特定の集団の習慣によって命じられ、その習慣の威信と影響によってその集団において個人の良心の中身となるような場合である。そのような場合、道徳的生は、大なり小なり《全的堕落》の状態に近づいているとも言えよう。しかしながら、どのような集団の習慣であれ、嘘や盗みや殺人を見境なく命じるようなことはないということは重要である。なぜなら、そのような法は、集団の中に全面的な無秩序をもたらすからである。このように、人間の良心における法の相対性には常に限界がある。

(18) 「原初的義」と罪との逆説的な関係は、パスカルの以下の言葉によって物の見事に表現されている。「虚栄はかくも深く人間の心に錨を下ろしているので……それに反対して書いている人たちも、それを上手に書いたという誉れがほしいのである。彼らの書いたものを読む人たちは、それを読んだという誉れがほしいのだ。そして、これを書いている私だって、おそらくその欲望を持ち、これを読む人たちも、おそらく……」。Pascal, *Pensées*, p. 149. [パスカル『パンセ』、第二章、一五〇、一一八―一一九頁参照。]

(19) スペイン人イエズス会士スアレス[フランシスコ・デ・スアレス]は、正しい戦争を次のように定義している。「戦争が正しく遂行されるためには、一定の条件が守られなければならないが、それは以下の三項目にまとめられよう。第一に、戦争は合法的な権力によって遂行されなければならない。第二に、戦争の理由は正義に適い倫理的に正しいものでなければならない。第三に、公正な方法が用いられなければならない。すなわち、戦争の開始において、その遂行において、その勝利において公正でなければならない」。Suárez, *Tractatus de legibus*, I, 9.

(20) 現在のヨーロッパの戦争がその格好の例である。ドイツの指導者たちは、ドイツの武力攻撃を「ベルサイユ条約の不公平」の修正以外の何物でもないとして正当化している。こうした主張は相当程度偽りであり、またそのように判断しうる基準もある。しかし、その点を裁定するために訴えることができる「普遍的理性」といったものはない。その論点についての判断は、地理的政治的状況によって相対化される。また、ドイツの武力攻撃が以前の不正の単なる修正以上のものであると十分に確信している人々でさえ、先の戦争を終わらせた平和に実際に含まれている不正について、良心の不安を免れることはできない。

(21)シンポジウム『キリスト教信仰と日常生活』（オックスフォード会議）におけるW・ヴィーズナーの主張は、行動のあらゆる合理的ないし「自然法」的規範を完全に拒否する現代のルター派の立場の興味深い例である。

(22)理性に対するカルヴァンの姿勢は、カトリックの視点とルターの視点との間に位置する。かれの立場は一貫性に欠けるとはいえ、カトリックやルター派よりは事実に即しているように見える。カルヴァンはこう書いている。「善悪を識別し理解し判断する理性は自然的賜物であって、完全には消し去られていないが部分的に弱り部分的に破壊されて、損なわれた形でしか残っていない」。John Calvin, *Institutes*, Book II, Ch. ii, par. 12.［ジャン・カルヴァン『キリスト教綱要　改訳版　第1篇・第2篇』、第2篇、第2章、12、渡辺信夫訳、新教出版社、二〇〇七年、二九四頁。］

「完全には消し去られていない」にすぎないものが、「破壊されて、損なわれた形でしか残っていない」ことを表していると主張することは論理的とは言えない。しかし、この非一貫性の中に、少なくとも、理性が罪深い自己愛の召使いでもあり、その自己愛を裁く器官でもあるという事実への取り組みは見られる。

(23)第二巻、第四章参照。

(24)第二巻、第五章―第六章参照。

(25)エピクテートスは、この思想を次のように表現している。「諸々の存在のうちある物はわれわれの権内にあるが、ある物はわれわれの権内にはない。意見や意欲や欲望や嫌悪、一言でいえばおよそわれわれの活動でないものはわれわれの権内にない。われわれの権内にないものは、肉体や財産や名声や指揮権、一言でいえばおよそわれわれの活動でないものである。……もし本性上隷属的なものを自由なものと思い、自分のものでないものを自分のものと思うならば、君は邪魔され、悲しみ、不安にされ、また神々や人々を非難するだろう。だがもし君のものであると思い、自分のものでないものを、事実そうであるように、自分のものでないと思うならば、誰も君に決して強制はしないだろう、誰も君を妨げないだろう、神は誰も非難せず、誰をもとがめ立てしないだろう、君は何一ついやいやながらすることはなく、誰も君に害を加えず、君は敵を持たないだろう、けだし君は何も害を受けないだろうから」。Epictetus, *The Enchiridion*, I.［エピクテートス「提要」一、『人生談義』下、三、鹿野治助訳、岩波書店、一九五八年、二五二頁参照。］

(26)マルクス・アウレーリウスの言葉ではこうである。「もし神々が私について、また私に起こるべきことについて協議したとするならば、必ず賢い協議をしたのである。なぜなら思慮のない神などというものは想像さえむずかしい。……しかしもし神々が特に個人的に私について協議しなかったとしても、ともかく宇宙のことについては協議したのであるから、私に起こることもその結果として生ずることなのであって、私はこれをよろこんで受け入れ、これに満足しなくてはならないのである」。Marcus Aurelius, *Meditations*, VI, 44.［原書では39となっているが、44の間違いであると思われる。マルクス・アウレーリウス『自省録』、神谷美恵子訳、岩波書店、二〇〇七年、一一〇頁。］

（27）マルクス・アウレーリウスは、ストア哲学的理論のこうした両側面を次のような段落にまとめて表現している。「我々は自分を励まして自然な分解を待つべきであり、それがなかなかこないのにいらいらせず、ただつぎの二つの思いにやすらうべきである。その一つは、宇宙の自然に適合しないようなことはいっさい私に起こらないであろうということ。もう一つは、私は自分自身にふさわしい神と内なる精神とに反することは一切行わずにすむということである」。Marcus Aurelius, *Meditations*, V, 10.［同上、神谷訳、七九―八〇頁参照。］

（28）この問題をめぐる深遠な議論については、マルティン・ブーバーの『我と汝』およびニコライ・ベルジャーエフの『孤独と社会』を参照。主体をめぐるベルジャーエフの取り組みは、次のような二元論的思い込みによって幾分損なわれている。すなわち、他者の「汝」を「それ」に引き下げるその傾向は、対象についてのあらゆる知の「堕落した」性質の一面にすぎないという思い込みである。こうして、あらゆる外的な知は、「堕落した」世界の一面と見なされるのである。

訳者あとがき

本書は、Reinhold Niebuhr, *The Nature and Destiny of Man: A Christian Interpretation*, Vol. I: *Human Nature* (New York: Charles Scribner's Sons, 1941) の全訳である。また、一九六三年に出されたペーパーバック版の「序文」も本書に関わる部分を訳出して付加した。

本書は、同じ訳者による『人間の運命——キリスト教的歴史解釈』(聖学院大学出版会、二〇一七年。Reinhold Niebuhr, *The Nature and Destiny of Man: A Christian Interpretation*, Vol. II: *Human Destiny*, New York: Charles Scribner's Sons, 1943) を第二巻とする、その第一巻にあたる。第二巻を先に訳したのは、第一巻には半世紀前のものであるが翻訳がすでに出版されていたため、まずは、まだ一度も訳されたことのない第二巻を先行させるのがよいであろうとの訳者の判断からである。ここに、ニーバーの主著『人間の本性と運命』全二巻の翻訳がようやく完結することになった。

著者ラインホールド・ニーバー (Reinhold Niebuhr, 1892-1971) は、人間と歴史の問題に独特なかたちで取り組んだ、二十世紀アメリカを代表する神学者であり、社会倫理学者である。また社会問題、とりわけ政治の領域で積極的に発言し、キリスト教現実主義を標榜して、冷戦時代アメリカの外交政策立案に一部参加するなどした現実主義的政治思想家であり活動家でもあり、さらに、その他の社会問題にも鋭い目を向けた文明評論家でもあった。

主な著書には、『人間の本性と運命』の他、『道徳的人間と非道徳的社会』(一九三二年)、『キリスト教倫理の解釈』(一九三五年)、『光の子と闇の子』(一九四四年)、『信仰と歴史』(一九四七年)、『アメリカ史のアイロニー』(一九五二年)、『自己と歴史のドラマ』(一九五五年)、『帝国と国家の構造』(一九五九年)などがある。

本書を含む『人間の本性と運命』はニーバーの主著と見なされてきた。その内容は、一九三九年、英国エディンバラ大学で行ったギフォード講演(1)である。この書でニーバーは、人間と歴史の問題に独特なかたちで取り組み、同時代のいわゆる弁証法的神学と共通する面を有しながらも、それとは明白に一線を画する固有の洞察と解釈を展開した。本書『人間の本性』が発表された時、それは、それまでのアメリカの楽観主義的思想動向に大きな衝撃を与え、ニーバーはアメリカを代表する神学者と見なされるようになった。そこでは、自然と精神、歴史と永遠、罪人と神の像、原罪と原初的義などをめぐる聖書の弁証法的性格を重視し、それを古代から近代に至る多様な思想との対話を通して浮き彫りにし、その現代的意義が訴えられている。本書はいわばニーバーの人間学の基盤をなすものである。そしてその人間学は『人間の運命』へと展開され、「歴史の神学」とでも言うべきものとなった。したがって両書は、内容的に対になっており、著者ニーバーが本書序文で読者に要請しているように、本来合わせて読まれるように意図されたものである(2)。

『人間の本性』は、これまでに二度翻訳出版されている。武田清子訳『キリスト教人間観　第一部　人間の本性』(新教出版社、一九五一年)と、野中義夫訳『人間の本性と運命　第一巻、人間の本性』(産学社、一九七三年)である。前者からは六八年、後者からは四六年が経過し、言うまでもなく両書とも版が切れてすでに久しい。また、いずれもその書名に示されているように第二巻の出版が意図されながら、ついにそれが果たされることはなかった。両書が絶版であることや文体等も古くなっていることなどから、今回、『人間の運命』の翻訳に合わせて、あらためて訳し直すことにした。

翻訳は、武田訳と野中訳を参考にしながら進めたが、とりわけ野中訳には学ぶところが多かったように思う。後進の有利さをどれだけ生かせたかは、読者の判断にお委ねするほかはない。できるだけ正確さを心がけたが、なお理解不足や思わぬ誤りがあるかもしれない。ご指摘ご叱正をいただければ幸いである。

翻訳は、本書も同僚の柳田洋夫氏と協力して進めた。両者は相互に訳文を修正しあう作業を続けたが、その緊密な作業のゆえに、『人間の運命』と同様今回も、当初の担当箇所を明示する必要を覚えず、文字通りの共訳とした。ただし、最終的な文言や表現は髙橋の責任である。柳田氏の鋭く厳密な訳業に感謝したい。なお、その過程で、第六章と第七章の下訳と索引の翻訳で聖学院大学准教授島田由紀先生のご助力をいただいた。

出版にあたって、聖学院大学出版会会長清水正之先生（学校法人聖学院理事長、聖学院大学学長）には、『人間の運命』に引き続き、本書の出版を出版会のプロジェクトとして進めてくださるなど、特段のご配慮を賜った。また出版会の花岡和加子さんには、校正、文献資料の確認、訳語訳文等についての幾多の提言のみならず、本書出版の多くの作業を担当してくださった。心からの感謝を申し上げたい。

二〇一九年春

髙橋義文

注

（1）ギフォード講演については、本書序文の訳注を参照。
（2）ニーバーの生涯と本書の意義等については、『人間の運命』の「訳者あとがき」、および、チャールズ・C・ブラウン『ニーバーとその時代』高橋義文訳（聖学院大学出版会、二〇〇四年）を参照。

訳者紹介

髙橋義文（たかはし　よしぶみ）

1943年生まれ。ローマリンダ大学文理学部卒業。アンドリューズ大学大学院修士課程修了。東京神学大学大学院修士課程および博士課程修了。神学博士（東京神学大学）。三育学院短期大学教授・学長、エモリー大学神学大学院客員研究員、聖学院大学大学院教授・同大学院アメリカ・ヨーロッパ文化学研究科長・同大学総合研究所長、同大学客員教授を経て、現在、聖学院大学総合研究所名誉教授。
〔**著書**〕『キリスト教を理解する』、『ラインホールド・ニーバーの歴史神学』、『ニーバーとリベラリズム』、『パウル・ティリッヒ研究』（共著）。〔**訳書**〕C・C・ブラウン『ニーバーとその時代』、J・ウィッテ『自由と家族の法的基礎』（共監・共訳）、A・E・マクグラス『アリスター・E・マクグラス宗教教育を語る』、W・パネンベルク『キリスト教社会倫理』、『現代に生きる教会の使命』（分担訳）、ラインホールド・ニーバー『ソーシャルワークを支える宗教の視点』（共訳）、ラインホールド・ニーバー『人間の運命』（共訳）ほか。

柳田洋夫（やなぎだ　ひろお）

1967年生まれ。東京大学文学部倫理学科卒業。東京大学大学院人文科学研究科（倫理学）修士課程修了。同博士課程中退。東京神学大学大学院修士課程修了（神学修士）。聖学院大学大学院アメリカ・ヨーロッパ文化学研究科博士後期課程修了。博士（学術）。現在、聖学院大学人文学部教授、大学チャプレン、人文学部チャプレン。青山学院大学・聖心女子大学非常勤講師。
〔**訳書**〕C・E・ガントン『説教によるキリスト教教理』、A・E・マクグラス『歴史のイエスと信仰のキリスト』、ラインホールド・ニーバー『人間の運命』（共訳）、スタンリー・ハワーワス／ジャン・バニエ『暴力の世界で柔和に生きる』（共訳）。〔**論文**〕「リチャード・ニーバーの責任倫理と日本人」、「なぜ日本に文化の神学が必要なのか——内村鑑三の文明論を中心に」、「関東大震災と説教者——植村正久と内村鑑三に即して」、「小山鼎浦の宗教思想」ほか。

聖書索引

［章（注番号）：頁数で表記
数字のみは本文頁数］

創世記
1章26　303, 7(14)：355
1章27　264
1章31　201
3章7　272
3章12　125
3章13　7(31)：357
3章17–19　6(36)：351

ヨブ記
7章13–14　69
7章16–21　161
42章3, 5, 6　203

詩編
8：4　24
49　173
51：4[6]　290
139　160

イザヤ書
2章12, 17　257
3章14[, 15]　257
14章12, 13, 15　7(2)：352
26章5　257
28章1–5　223
29章19　257
33章1　225
40章6, 8　202
40章15, 17　202, 248
44章6　171
44章14–17　5(6)：345
45章　172
47章　248, 7(33)：357
47章3–7　7(13)：355
47章10　172
49章25　257

エレミヤ書
25章15　248

エゼキエル書
28章2–9　172
29章3　173
30章8　223

アモス書
4章1　256
5章18　174
6章4　256
7章16, 17　8(4)：358
8章4　256

ゼファニア書
2章15　7(13)：355

知恵の書
2章23–24　6(35)：351

シラ書
10章14　7(4)：352

第二エノク書
24章4　7(2)：352

マタイによる福音書
6章25　217, 322
6章27　203
6章32　217, 322
10章39　285
19章16–23　320
22章37–39　319, 321

ルカによる福音書
1章52ff.　257
12章19–20　173, 224

ヨハネによる福音書
8章44　237

ローマの信徒への手紙
1章18–23　174
1章19–20　160, 166, 286
1章21　215, 274
1章25　237
1章26–30　264, 265
2章1　230, 256
2章14–15　10(15)：368
2章17–21　10(11)：367
2章20　307
3章22, 23　253, 295

5章12　208, 274–275
7章7–8　251, 283, 306
7章10　306
7章11　7(31)：357
7章14, 17　311
7章18　325
7章19　306
10章2–3　233
13章　254

コリントの信徒への手紙一
1章26　257–258
2章11　6(3)：346
4章3–4　162
5章3　6(3)：346
5章10–11　8(15)：360
15章56　208

コリントの信徒への手紙二
11章3　7(31)：357
12章20　8(15)：360

ガラテヤの信徒への手紙
5章19–21　8(15)：360

エフェソの信徒への手紙
2章1　208
5章3–5　8(15)：360

コロサイの信徒への手紙
3章5–8　8(15)：360

ヘブライ人への手紙
1章10–12　203, 6(25)：350
3章13　7(31)：357

ヨハネの黙示録
12章9　7(31)：357
18章7　7(13)：355

人名索引

あ

アイスキュロス（Æschylus）　32, 34
アウグスティヌス（Augustine）　188–193, 195–196, 199–200, 208, 248–249, 264–265, 275, 276–277, 280, 294–295, 300, 325, 347–348, 350, 353, 360, 361
アタナシオス（Athanasius）　209–210, 281
アドラー，アルフレッド（Adler, Alfred）　225, 337
アリストテレス（Aristotle）　28, 29–30, 32, 143, 188, 248, 358–359
アンブロシウス，ミラノ司教（Ambrose, bishop of Milan）　295, 365
ヴィーズナー，W（Wiesner, W.）　369
ウィリアムズ，N・P（Williams, N. P.）　359, 360, 365
ヴィンチ，レオナルド・ダ（Vinci, Leonardo da）　42
ヴォルフ，クリスチャン（Wolff, Christian）　109
エイレナイオス（Irenæus）　207, 295, 303–304, 313, 351
エックハルト，マイスター（Eckhardt, Meister）　85, 89
エピクテートス（Epictetus）　369
エピクロス（Epicurus）　31, 127, 153–154
エルヴェシウス（Helvetius）　131, 136–137
エンゲルス，フリードリヒ（Engels, Friedrich）　70–74, 229
オーマン，ジョン（Oman, John）　345
オリゲネス（Origen）　206, 263, 346

か

カエレスティウス（Cœlestius）　280, 363
カルヴァン，ジャン（Calvin, John）　193–194, 195, 254–255, 275–277, 281, 295, 347–348, 354, 365–366, 369
カント，イマヌエル（Kant, Immanuel）　104, 149–151, 166, 344
キェルケゴール，セーレン（Kierkegaard, Søren）　103–104, 109, 197–198, 205, 276, 279, 284–286, 288, 296–297, 337, 352
キャリット，E・F（Carritt, E. F.）　341
クリュシッポス（Chrysippus）　32
クリュソストモス（Chrysostom）　347–348
グレゴリオス，ニュッサの（Gregory of Nyssa）　206–207, 263–264, 346, 351, 354
クレマー，ヘンリク（Kraemer, Henrik）　357
クレメンス（Clement）　178, 206, 263
ゴドウィン，W（Godwin, W.）　132–133
コペルニクス（Copernicus）　42
コント，オーギュスト（Comte, August）　139, 228–230

さ

サン＝シモン（Saint Simon）　139
シーリー，J・R（Seeley, J. R.）　244
ジェームズ，ウィリアム（James, William）　101
シェーラー，マックス（Scheler, Max）　196–197, 349
シェリング，F・W・J・フォン（Schelling, F. W. J. von）　364
ジェンティーレ，ジョヴァンニ（Gentile, Giovanni）　107
シュペーナー，P・J（Spener, P. J.）　112
シュライアマハー，F・D・E（Schleiermacher, F. D. E.）　92, 112–117, 279, 280, 363
シュレーゲル，A・W・フォン（Schlegel, A. W. von）　113
ショーペンハウワー，アルトゥール（Schopenhauer, Arthur）　59, 63–64, 64–65
ジョーンズ，ルーファス（Jones, Rufus）　345
シラー，J・C・F・フォン（Schiller, J. C. F. von）　51, 58
ジルソン，エティエンヌ（Gilson, Etienne）　153–154
スアレス，フランシスコ（Suárez, Francisco）　368
スウィンバーン，A・C（Swinburne, A. C.）　25
スタウト，G・F［原書索引はG. E.］（Stout, G. F.）　339
スピノザ，バールーフ（Spinoza, Baruch）　145–146
セネカ（Seneca）　32

ゼノン（Zeno） 32, 335
ソフォクレス（Sophocles） 33, 34

た

ダンテ（Dante） 250
ツィンツェンドルフ，N・L・フォン（Zinzendorf, N. L. von） 112
デカルト，R（Descartes, R.） 43, 99, 100, 228–229
テナント，F・R（Tennant, F. R.） 280
デモクリトス（Democritus） 31
デューイ，ジョン（Dewey, John） 140–142, 144
テルトリアヌス（Tertullian） 238
ドゥンス・スコートゥス（Duns Scotus） 206
トマス，アクィナス（Aquinas, Thomas） 266, 281, 300, 314, 347, 351, 353–354, 363–364, 366
ドルバック（ホルバハ），P・H・T（Holbach, P. H. T.） 125–126, 136–137

な

ニーチェ，F・W（Nietzsche, F. W.） 33, 49, 59–62, 64–65, 67–68, 110, 111, 114–115, 116, 119, 152, 335, 336
ニコラス・クザーヌス（Nicholas of Cusa） 89–91
ノヴァーリス（Novalis） 114

は

ハイデガー，マルティン（Heidegger, Martin［原書索引は Heidigger, J. J.］） 196, 352–353
パウロ（Paul） 160, 162, 166, 173–174, 187, 208–209, 215, 233, 237, 251, 253, 254, 256, 257–258, 274, 282–284, 286, 289, 295, 306, 307, 311, 321, 346, 365, 367, 368
パスカル，ブーレーズ（Pascal, Blaise） 291, 298, 353, 357, 362, 368
バトラー，主教（Butler, Bishop） 139
バルト，カール（Barth, Karl） 253, 316, 348, 367
ハルナック，アドルフ（Harnack, Adolf） 366
パルメニデス（Parmenides） 29
ヒューム，デイヴィッド（Hume, David） 100–101, 138, 368
フィヒテ，J・G（Fichte, J. G.） 111, 117–118, 151
フィロン（Philo） 350
ブーバー，マルティン（Buber, Martin） 166
プラトン（Plato） 29–30, 55–56, 350
フランケ，アウグスト（Francke, August） 112
ブルーノ，ジョルダーノ（Bruno, Giordano） 42, 90–92, 250
フロイト，ジークムント（Freud, Sigmund） 59, 61, 68–70, 79, 152, 337
プロティノス（Plotinus） 106, 189
ベイリー，ジョン（Baillie, John） 345
ヘーゲル，G・W・F（Hegel, G. W. F.） 108, 122, 147–150, 228–230, 296
ペトラルカ（Petrarch） 43
ペラギウス（Pelagius） 278–279
ヘラクレイトス（Heraclitus） 30
ベルグソン，アンリ（Bergson, Henri） 62–63
ベルジャーエフ，ニコライ（Berdyaev, Nikolai） 206, 370
ヘルダー，J・G・フォン（Herder, J. G. von） 114, 116–117
ベンサム，ジェレミ（Bentham, Jeremy） 137
ボーザンケト，バーナード（Bosanquet, Bernard） 105–108, 340, 341
ホーナイ，カレン（Horney, Karen） 225, 337
ホッキング，W・E（Hocking, W. E.） 148, 365
ホッブズ，トマス（Hobbes, Thomas） 49, 98–99, 100, 101, 128, 129–130, 136, 152
ホワイトヘッド，アルフレッド（Whitehead, Alfred） 143–144

ま

マーサー，J・エドワード（Mercer, J. Edward） 345
マキャヴェリ，ニコロ（Machiavelli, Niccolo） 250
マルクス，カール（Marx, Karl） 59–61, 72–73, 122, 125
マルクス・アウレーリウス（Marcus Aurelius） 369–370
マルティノ，ジェームズ（Martineau,

James）364
マンハイム，カール（Mannheim, Karl）230
ミード，ジョージ（Mead, George）338
ミランドラ，ピコ・デラ（Mirandola, Pico della）45, 335
ミル，ジェームズ（Mill, James）137
ミル，ジョン・スチュワート（Mill, John Stuart）137
メニンジャー，カール（Menninger, Karl）360–361
モンテーニュ，M・E・ド（Montaigne, M. E., de）43, 46, 92

や

ユスティノス，殉教者（Justin Martyr）206

ら

ライプニッツ，G・W・フォン（Lebnitz, G. W. von）109, 147–148
ラヴァーター，J・C（Lavater, J. C.）114
ラウシェンブッシュ，ウォルター（Rauschenbusch, Walter）363
ラヴジョイ，アーサー・O（Lovejoy, Arthur O.）342
ラスキ，ハロルド（Laski, Harold）357–358
ラッセル，バートランド（Russell, Bertrand）222, 354, 355, 364
リッチュル，アルブレヒト（Ritschl, Albrecht）212
ルソー，J・J（Rousseau, J. J.）68, 112, 113, 122, 135–136, 152
ルター，マルティン（Luther, Martin）87, 112, 153, 194–196, 233, 250, 266–267, 277–278, 300, 303, 307, 341, 348–349, 352, 353
レーニン，ニコライ（Lenin, Nikolai）72
レオン，フィリップ（Leon, Philip）357, 358
ロイス，ジョサイア（Royce, Josiah［原書索引は James］）106–107, 340–341
ロック，ジョン（Locke, John）99–101, 130–131
ロレンス，D・H（Lawrence, D. H.）361
ロンバルドゥス，ペトルス（Lombard, Peter）277

事項索引

あ
愛　319-322, 325, 328-332
アウグスティヌスの，アウグスティヌス的　267, 312
悪，悪の，悪しき　23, 48, 125-134, 144, 145, 151, 167, 169, 201-204, 207-208, 287, 333
悪魔　214-215, 287, 352
アリストテレスの，アリストテレス的　28, 188, 261, 266, 347
イデオロギー　72, 74, 217, 227-231
意味　198-201
永遠　157-159, 178-179, 182-184, 287, 309, 345
エピクロスの，エピクロス的　41, 76
エロス　56-57

か
快楽主義　136-137
カトリシズム，カトリックの　85-86, 88, 235, 254, 302, 308-309, 313-318, 330-331, 333, 369
神
　憐れみとしての――　176-179, 183
　意志としての――　53, 84-87
　救済者としての――　177, 323
　言葉としての――　163
　審判者としての――　90, 120, 161-162, 165, 170-179, 183, 257-258, 323
　創造者としての――　165-170
体，身体　30, 35-36, 67, 81, 110, 147, 186-188, 202, 266, 347
完全　219, 301-302, 304, 323, 332-333
カントの，カント的　57, 151
観念論　35, 42-44, 46-47, 52-54, 57, 103-109, 118-120, 142-151, 156, 325, 344
気づかい（Sorge）　352-353
逆説　25, 41, 47, 63, 103, 104, 151, 196, 197, 201, 210
ギリシア的古典思想　29, 31, 34, 40, 45, 46, 88-89, 105, 147, 150, 279, 353
キリスト　52-53, 165, 176-181, 198, 299
悔い改め　288-294
偶像崇拝
　感覚の――　267-273
　教会の――　249, 251
　国家の――　243-245, 247, 249, 251
　理性の――　35, 104, 199-201
敬虔主義　110-112
啓示　40, 159, 162, 163, 235, 323, 345
　一般――　38, 52, 160, 163, 164-170, 177
　特殊，最終的――　38, 52, 160, 163, 165, 176-178
形式　33-34, 40, 45, 50-80, 155, 168
啓蒙主義　122, 124-128, 131-132, 332
原罪　263, 266, 274-297
原初的義　298-334
傲慢，誇り　25, 33, 67, 68, 94, 108, 221-236, 241-252, 262, 289, 353, 354, 355, 356
個人，個人性，個別性　28-29, 37-41, 45-47, 81-99, 104-106, 109-120, 148-149, 156, 202, 204, 305, 327
国家　107-108, 242-252

さ
さらに付加された賜物　281, 305, 347
死　127, 202, 208-210
自己
　観想する――　103, 288, 292-293, 310, 311
　行動する――　103, 288, 292-293, 307, 310, 311
　主体としての――　23, 36, 100-101, 305, 311, 317
　対象としての――　23, 26, 28, 36, 82, 100-101, 311, 317
自然　25-26, 41-43, 50-52, 57, 66-67, 81-83, 123-132, 134-141, 216, 328, 332
自然主義　26-27, 41-44, 46-49, 75, 97, 103, 109, 120, 128-131, 134-142, 167
自然神学　195
自然法　87, 175, 254-255, 311-332
資本主義　44, 95, 132
自由　37, 39-41, 45-46, 48, 51, 52, 66-69, 82-83, 84-88, 123-124, 127-136, 150-151, 156-159, 181-182, 196-201, 212-220, 231, 276-281, 284-297, 337, 338, 339
宗教改革　27, 183-184, 194-195, 251, 312, 332-334, 349
自由主義，リベラリズム　27, 80, 141, 179-181, 212, 312, 333, 367

受肉　178, 182
贖罪　176–183
信仰　217, 304–305, 322–323, 352
審判　39, 165
神秘主義　37–39, 62–63, 84–85, 89–91, 105–107, 157–159, 168–169, 192, 200–201, 345
新プラトン主義　32, 37, 45, 191, 204
進歩　48–49, 175
ストア哲学　28, 30, 32, 42–43, 124, 249, 301, 313, 317, 324, 330, 335, 370
性　206, 262–267, 269–273, 315–316
精神，霊　25–26, 36–41, 51–53, 66–69, 73–74, 82–83, 84–85, 87–89, 90–92, 143, 144–145, 186–188, 197, 292–294, 349
生命力　33–34, 40, 44–45, 50–80, 155, 168
絶対者　106, 107, 111
善，善き，良い　151, 167, 201, 333
全信徒祭司主義，全信徒祭司性　86, 235
戦争　317, 368
創造，創造物　35, 52–53, 55, 57, 122, 164–170
創造の秩序　315

た

堕罪　195, 206, 209, 214–215, 272, 279, 281, 299–303, 308–309, 314, 347, 349, 350
魂　29–30, 35–36, 55–56, 82, 90–91, 101, 110, 147, 186–189, 193–194, 335, 346–347
知性，精神　29–30, 33, 35, 73, 103, 105, 188, 213, 338
超自然的な賜物　303, 308
罪　39–41, 104, 120–122, 148, 151–153, 171–172, 173–174, 182–184, 203, 206–207, 208, 211, 212–240, 282–284, 299, 300, 308–309, 311, 313, 314–315, 317, 325, 344, 352, 353, 366
　——における責任　288–294, 295–297, 365
　——の不可避性　284–288, 295–297, 364
　集団的——　241–262
デカルトの　99

な

ニーチェの，ニーチェ主義　49, 76–77, 119–120
二元論　182, 208, 210
人間
　——のありよう　39, 41, 73, 124, 156–159, 195, 332
　——の意志　38–39, 47, 85, 108, 113, 135, 150–151, 221, 275–279, 325
　——の欺瞞　237–240
　——の偶然性　114, 213, 219–220, 231, 245, 246, 285–286
　——の権力への意志　49, 67, 68, 111, 115, 213, 225–227, 244–245, 260, 261, 336, 337, 354, 355
　——の罪責　122, 233, 253, 269, 272, 291–292
　——の責任　274–297
　——の全的堕落　281, 299–313, 329, 368
　——の徳　23, 31, 122–124, 134–142, 148, 195, 318
　——の肉欲　213, 220–221, 262–273
　——の不安定さ，不確かさ　223–232, 240, 246, 269–270, 283, 286, 289–290
　——の見せかけ，偽装，思い上がり　22, 228, 229, 238, 244, 245, 250, 251, 313
　悪としての——　30, 39–40, 48, 53, 87, 150, 151, 185–186, 206, 344
　神の像としての——　36, 42, 185–211, 299–303, 309, 346–347
　自己超越的なものとしての——　23–24, 26, 37, 82, 96–97, 100–101, 103, 154, 156–157, 181, 185, 196–201, 210, 238, 239, 304, 308, 312, 326
　集合的，集団的なものとしての——　111, 120, 149, 241–252, 282
　善としての——　23, 42, 48, 121–122, 142–143
　罪人としての——　39–42, 47, 53, 120, 153, 171, 174, 176, 203, 321, 325
　特異なものとしての——，固有な者としての——　26, 28, 44–48, 82–83, 84–85, 89–91, 98, 99–100, 109, 160–161, 305, 327
　被造物としての——　39, 42, 83, 85, 105, 120, 141, 181, 185, 201, 304, 309, 324
　必然（性）に巻き込まれた——　39, 216, 231, 275–276
　本質的人間としての——　29, 275, 300–304, 307–308
　矛盾としての——　22, 40, 324, 326, 333–334
ヌース　28, 29, 37, 143–145, 167–169

は

ファシズム　44, 47, 76–80, 110, 117, 133, 243, 246, 252, 282–283
不安　203, 217–220, 225–226, 284–286, 297, 304–305, 311, 323–324, 326, 337, 352–353, 355
不安（Angst）　353
不正　141, 213, 286
復活　91, 211
物質，質料　29, 73
プラトンの，プラトン主義　28–30, 47, 54–57, 178, 188, 206, 261, 264, 346
ブルジョワ　93–96
フロイトの，フロイト主義　49, 60, 61, 68–69, 78–80, 272, 337
プロテスタント，プロテスタンティズム　27, 86–88, 183, 233–235, 251, 254, 301–302, 308, 312
ヘーゲルの，ヘーゲル主義　57–58, 61, 71, 111, 285
ペラギウス主義　278–281, 294, 365
ヘレニズム的キリスト教　182, 206–208, 262–264, 267

ま

マルクス主義　44, 47, 57, 59–61, 70–75, 76–77, 78–80, 123, 133, 175, 229–231, 239, 358, 367
無政府主義，無秩序，無秩序状態　63, 77, 85–88
恵み　332–333
メシア的　176–178

や

唯物論　31, 43, 70–79
有限　185–211, 212–236
ユートピア　367, 331–332
赦し　176–179
預言者的　171–176, 247–249, 256–261, 345, 359

ら

理性　23, 28–30, 52, 76–77, 104, 128–129, 136–147, 150–151, 156, 167, 188–189, 196, 199–200, 314, 328, 335, 340, 349
理性主義，合理主義　29, 36, 41–45, 55, 75–76, 77–78, 91, 113, 117, 317
良心
　安易な――　121–154, 164
　不安な――，良心の困惑　40–41, 80, 177, 196, 229, 271, 289–290, 299–300, 307, 326
ルター派　253–256, 315–317, 369
ルネサンス　27, 42, 45–47, 86, 88–92, 96, 98, 183–184, 251, 333–334
ロゴス　29, 52–53, 57, 145, 168–169
ロマン主義　30, 44–45, 52–54, 57–59, 61–70, 76–77, 77–80, 109–120, 134–135, 152

ラインホールド・ニーバー
人間《にんげん》の本性《ほんせい》
――キリスト教的人間解釈《きょうてきにんげんかいしゃく》――

2019年 4 月25日　　初版第 1 刷発行

訳　者　髙　橋　義　文
　　　　柳　田　洋　夫
発行者　清　水　正　之
発行所　聖学院大学出版会
〒362-8585 埼玉県上尾市戸崎 1 番 1 号
Tel. 048-725-9801／Fax. 048-725-0324
E-mail : press@seigakuin-univ.ac.jp
印刷所　三松堂印刷株式会社

ISBN978-4-909022-99-8　C3010

聖学院大学研究叢書 2

歴史と探求――レッシング・トレルチ・ニーバー

安酸敏眞　著

A 5判　定価：5,000円＋税

ISBN978-4-915832-39-0

中間時における真理の多形性をとく「真理の愛好者」レッシング、「徹底的歴史性」の立場でキリスト教的真理の普遍妥当性と格闘したトレルチ、歴史の有意味性を弁証しつづけたニーバーのそれぞれの思想的連関を考察し、著者の神学的・宗教哲学的立場から偶然的な歴史的真理と必然的な規範的真理の関係性を明らかにする。

ラインホールド・ニーバーの歴史神学
——ニーバー神学の形成背景・諸相・特質の研究
高橋義文　著

四六判　定価：4,272円＋税

ISBN978-4-915832-06-2

神学者、社会活動家、政治哲学者、倫理学者、歴史哲学者、文明批評家等々幅広い活動を展開したＲ・ニーバーの神学思想を解明する気鋭の書き下し。ニーバー神学形成の背景（青年期のニーバーを育んだ教会とその神学的土壌、デトロイトでの牧会、ユニオン神学大学への赴任）、ニーバー神学の教義的諸相（中期のニーバーの思想を丹念に追い、神話・象徴・啓示、人間、終末論、キリスト論などを取り上げる）、ニーバー神学の特質の三部からなる。（平成５年度文部省科研費交付図書）

聖学院大学研究叢書８
ニーバーとリベラリズム
——ラインホールド・ニーバーの神学的視点の探求
高橋義文　著

Ａ5判　定価：8,000円＋税

ISBN978-4-907113-06-3

バラク・オバマ米大統領がその影響を受けていることを明言したことによって関心を集めることとなったニーバー。その思想の特質の明確化を試みる。神学的リベラリズムと政治的リベラリズムとの明示的・暗示的な取り組みを背景に、ニーバー特有の歴史との関係における超越的神学的視点を明らかにする。

ラインホールド・ニーバー　著／高橋義文・西川淑子　訳

ソーシャルワークを支える宗教の視点——その意義と課題

四六判　定価：2,000円＋税

ISBN978-4-915832-88-8

本書が書かれた1930年代のアメリカは、経済不況による凄まじい格差社会が到来していた。しかし社会の公正を実現するための「社会福祉事業」はあまりに理想主義的で、個人主義的で、感傷主義的で、機能していないという問題状況があった。著者は、「社会の経済的再編成」「社会組織再編」「社会の政治的な再編成」という壮大な社会構想のもとで、本来あるべき社会福祉の姿を提示する。

チャールズ・C・ブラウン　著／高橋義文　訳

ニーバーとその時代

——ラインホールド・ニーバーの預言者的役割とその遺産

A5判　定価：6,000円＋税

ISBN978-4-915832-49-9

「預言者的現実主義者」として、アメリカの神学者だけでなく、政治学者また政治家たちに多大な影響を与えたラインホールド・ニーバーの伝記。数多くのニーバーの伝記の中でニーバーの思想の意味をニーバーの生きた時代・社会との関連を明らかにしながら解明する「バランスのとれた伝記」として高く評価されている一冊。

R・ニーバー　著／武田清子　訳

光の子と闇の子——デモクラシーの批判と擁護

四六判　定価：2,136円＋税　【品切れ】

ISBN978-4-915832-03-1

R・ニーバーの主著の一つである本書は、デモクラシーという現代世界において再考を求められている思想原理を批判し、擁護する。権力が対立し、政治と経済が相剋する現実にあって、正義と自由を確立するためには、いかなる指導原理が存在するのか。人間の悪の問題の把握において深い洞察を欠いているマルクス主義、デモクラシー思想の楽観主義を批判し、キリスト教思想に基づくデモクラシー原理の正当性を弁護する。

ラインホールド・ニーバー　著／大木英夫・深井智朗　訳

アメリカ史のアイロニー

四六判　定価：3,800円＋税

ISBN978-4-915832-44-4

アメリカは20世紀の半ば、突如として、国民的経験も精神的準備もないままに世界史的勢力として台頭し、世界史の中に踊り出た。この「大国」アメリカはどこに向かうべきか。本書は、原書が1952年に出版されているが、世界史的「大国」アメリカの問題を「権力の腐敗」の問題として鋭くえぐり出し、アメリカを自己認識と責任意識へと導こうとする、現代の問題をも照射するアメリカ論の新訳である。付録として巻末にニーバーの「ユーモアと信仰」を収録。

◆◇◆　聖学院大学出版会の本　◆◇◆

ラインホールド・ニーバー　著／髙橋義文・柳田洋夫　訳

人間の運命――キリスト教的歴史解釈

A5判　定価：3,700円＋税

ISBN978-4-907113-22-3

ラインホールド・ニーバー『人間の本性と運命』第II巻（Reinhold Niebuhr, *The Nature and Destiny of Man*, Vol. II: *Human Destiny*（New York: Charles Scribner's Sons, 1943)）の全訳。

ニーバーの代表作の本邦初訳。歴史の本質的性格とその意味を、古代から近代に至るさまざまな思想と対話しつつ、キリスト教の視点に立って新たな解釈を試みている。歴史の限界をえぐり出すとともに、それを超える意味に目を向けながら、キリスト教的歴史観の現代における意義を訴える。

第１章：人間の運命と歴史／第２章：生と歴史の意味――その開示と成就／第３章：歴史の可能性と限界／第４章：知恵と恵みと力（歴史の成就）／第５章：恵みと傲慢との葛藤／第６章：近代文化における人間の運命をめぐる論争――ルネサンス／第７章：近代文化における人間の運命をめぐる論争――宗教改革／第８章：真理を持っているが、持っていない／第９章：神の国と正義を求める闘い／第10章：歴史の終わり